Stb

Die Autorin nutzt ihre mediale Begabung, um im veränderten Bewusstseinszustand Einblicke in die Urgeschichte der Menschheit zu gewinnen. Sie berichtet authentisch von den Anfängen des intelligenten Menschen vor 70 000 Jahren, von Megalithen und magischen Steinen, von Kult und Kosmologie, von Genen und Göttern. Sie hat Zugang zum Reich der Toten, zu den Gefilden der Seligen, zu uraltem mystischem Wissen um den Zyklus der Weltzeitalter. In 40 Regressionssitzungen »durchlebt« sie kosmische Unendlichkeit und irdische Leben; sie entdeckt den »roten Faden«, der alle Leben verbindet und sinnvoll macht. Diese Sitzungen werden als Sequenzen in Dialogform dargestellt. Ein Buch mit einer sensationellen, vor allem aber tröstlichen Botschaft!

DR. HEINKE SUDHOFF studierte an der Universität Bonn Kunstgeschichte, Archäologie und Anglistik. Ihr Buch »Sorry, Kolumbus« (1991) erschien in fünf Sprachen. Das vorliegende Buch erschien 2000 in Frankreich unter dem Titel »Conscience Immortelle«.

Heinke Sudhoff

EWIGES BEWUSSTSEIN

Vierzig Zeitreisen durch Urgeschichte und Unendlichkeit

Stb

ISBN 978-3-89767-614-5

1. Auflage 2008

Umschlaggestaltung: Murat Karaçay
Satz: Sebastian Carl
Herstellung: Reyhani Druck und Verlag, Darmstadt

www.schirner.com

INHALT

VORWORT

Ein *Buch mit sieben Siegeln* mag dieser Text für manchen Menschen sein, denn es geht in ihm um Metaphysik und Mystik, um Geist und Gott, um Leben und Licht, um Quanten, Raum und Zeit, um Megalithe und die unbekannte Frühgeschichte der Menschheit, vor allem aber geht es um veränderte Bewusstseinszustände und die Erfahrung von Tod und Wiedergeburt.

All diese Themen sind nicht für jedermann von Interesse und obendrein auch nicht für jedermann zugänglich. Die Mehrzahl der Menschen widmet sich leidenschaftlich und ausschließlich den Anforderungen des irdischen Lebens. Und dieses Leben endet für sie mit dem Tod – endgültig. Für diese Menschen habe ich mein Buch nicht geschrieben, und sie tun sich und mir keinen Gefallen, wenn sie sich mit diesem Text auseinanderzu setzen versuchen. Zugang zur Botschaft dieses Buches wird nur der finden, für den die Auseinandersetzung mit den hier behandelten metaphysischen Fragen ein Bedürfnis ist. Ich schreibe dieses Buch für Menschen, die auf der Suche sind nach dem Sinn, nach dem »Weg« und der »Wahrheit«, wie es die religiösen Texte nennen. Ich schreibe das Buch vor allem für all diejenigen, die ihre Suche zwar als bestimmende Kraft in ihrem Leben empfinden, aber das Ziel ihrer Suche noch nicht erreicht haben oder es noch nicht einmal definieren können.

Zu den Suchenden gehörte ich Zeit meines Lebens. Schon als Achtjährige fahndete ich nach den Geheimnissen der Welt, die ich als Kind einer protestantischen Familie in der mystisch anmutenden Dunkelheit der katholischen Kirche vermutete. Später faszinierten mich antike Münzen, Mauern, Mythologie und Märchen, weil sie meiner undefinierbaren Suche nach dem Ursprung der Dinge eine Richtung gaben, wie ich glaubte. Geschichten von lang vergangenen Epochen waren als Kind meine Lieblingslektüre. Zeit zum Lesen hatte ich genug, denn ich war meist krank und musste oft monatelang das Bett hüten. Mit dreizehn konnte ich deswegen sogar neun Monate lang die Schule nicht besuchen. Drei Jahre meiner Kindheit verbrachte ich in Sanatorien und Kinderheimen. Dieser »Jugendzeit« werde ich sicher keine Kränze winden.

Mit siebzehn Jahren entschloss ich mich dann, gesund zu werden. Nun begann ich endlich, das Leben zu leben und zu lieben. Meine erste große Liebe war die Moorleiche im Museum von Schleswig. Sie hielt mich wochenlang in ihrem Bann, sie begeisterte mich. Für mich war sie eine Zeugin finsterer Vergangenheit, deren Geheimnisse ich so gern verstanden hätte. Später studierte ich dann Archäologie, da ich hoffte, auf diesem Weg Erhellung und Erkenntnis zu erlangen. Auch das Studium der Anglistik versuchte ich, für meine Suche nach Sinn und Wahrheit zu nutzen. Unter den zahllosen Themen, die für mein Rigorosum in Frage kamen, wählte ich die *Metaphysical Poets* der Renaissance. Ihre philosophischen Erörterungen über Gott und die Welt gaben mir Anregung und Bestätigung der Gültigkeit meiner Suche. Vielleicht waren diese metaphysischen Dichter auch der Grund für die Wahl des Themas meiner kunstgeschichtlichen Dissertation: *Die Ikonographie der Blindheit.* Die blinden Augen des Sehers und die Erkenntnisfähigkeit des Blinden, der in Christus das Licht der Welt »erkennt« und – antithetisch – der Blinde, der in die Grube stürzt, weil er nicht seiner geistigen Einsicht, sondern den Menschen vertraut – dieses Thema faszinierte nicht nur die Künstler vieler Jahrhunderte, sondern drei Jahre lang auch mich. Aber was ich wirklich suchte, hatte ich mit den Recherchen zu dieser Doktorarbeit nicht gefunden. Die Suche nach dem unbekannten Ziel ging weiter.

Auf der Suche zu sein, gibt dem Leben ein Element der Unruhe. Und dieses Element der geistigen Unruhe wurde in meinem Leben durch eine physische Unruhe verstärkt, die sich durch den Beruf meines Mannes ergab. Als Diplomat wurde er – und mit ihm seine Frau und sein Sohn – meist alle vier Jahre in ein anderes Land versetzt. So zogen wir von Bonn nach Amsterdam, von dort zurück in die Heimat, dann nach London und anschließend nach Israel, danach wieder nach Bonn und dann nach Mexiko und wieder nach Bonn. 1991 wurde mein Mann dann deutscher Botschafter in Paris, und in dieser Zeit entstand das Manuskript zu diesem Buch.

Als stabilisierendes Element in der Instabilität dieses Lebens dienten die Bücher, die ich schrieb. Und natürlich ging es auch in den Büchern um die Suche nach dem Verborgenen, nach Vergessenem, nach den Anfängen der Geschichte, nach übergeordneten Zusammenhängen, kurz: nach dem Essenziellen.

Mit meinem Buch *»Sorry, Kolumbus«*, das 1991 erschien, erbrachte ich den Nachweis, dass keineswegs Kolumbus, sondern dereinst die alten Phönizier als Erste den Atlantik überquerten und damit Amerika entdeckten. Das geschah um 1200 vor unserer Zeitrechnung. Historiker, Amerikanisten und andere Skeptiker ließen sich vom Ergebnis meiner Forschungsarbeit überzeugen. Das Buch erschien in fünf Sprachen und wurde allgemein mit guten Kritiken bedacht. Ich hätte also sehr zufrieden sein können. Stattdessen gestand ich mir ein, dass die Suche nach der Wahrheit über geschichtliche Fakten nicht wirklich mein Anliegen war. Nicht Rätsel der Frühgeschichte wollte ich lösen, sondern Licht bringen in die Finsternis der Anfänge der Menschheit. Die früheste Zeit der Menschheitsgeschichte war es, die mich magisch anzog. Es drängte mich, hinter die grauen Schleier des Vergessens zu blicken, die uns von unserer eigenen, urzeitlichen Vergangenheit trennen.

Ich wusste nun, dass ich meine Forschung auf die ältesten Zeugnisse menschlicher Aktivität richten musste. Und diese ältesten Zeugnisse sind die Megalithmonumente. Die Wissenschaftler geben ihnen ein Alter von maximal 7000 Jahren. Ohne zunächst über irgendwelche Anhaltspunkte zu verfügen, hatte ich diese Datierung seit jeher intuitiv abgelehnt. Nun aber wollte ich es genau wissen. Als Schriftstellerin erhielt ich Zugang zu der berühmten Pariser *Bibliothèque Nationale* und las dort alles, was ich zum Thema Megalithepoche finden konnte. Das allerdings war wenig und für meine Ansprüche sehr unbefriedigend: Angaben zur Position, zur Anordnung, Größe und Lage der gewaltigen Steine waren alles, was die Fachliteratur zu bieten hatte. Antworten auf meine Fragen nach dem Ursprung der kosmologischen Konzepte und der astronomisch-mathematischen Kenntnisse der vorgeschichtlichen Erbauer, nach ihren mythischen, philosophischen und religiösen Vorstellungen, die den Megalithbauten ganz offensichtlich zugrunde liegen, suchte ich in den Büchern vergebens. Sie gaben wirklich keinerlei Aufschluss über die Ideenwelt der Megalithkultur, die möglicherweise den frühesten Zeitpunkt der Zivilisation auf diesem Planeten markiert.

Mich ergriff so etwas wie Panik. Ein ganzes Kapitel der Menschheitsgeschichte schien für immer und alle Zeiten im Nebel der Vergangenheit verschwunden! Unwiederbringlich … vergessen! Ich wollte und konnte das nicht akzeptieren. Aber wo war der Weg zur Antwort auf meine Fragen? Wie konnte ich etwas erfahren über die geistige und physische Welt der Megalithmenschen? Die Frage ließ mich nicht mehr los.

Und dann erinnerte ich mich eines Tages an ein lang zurückliegendes Gespräch mit einem französischen Freund, der mir von »Rückführungen« in frühere Leben erzählt hatte. Zu jener Zeit war das Thema Reinkarnation für mich noch ohne Bedeutung gewesen. Nun aber erschien es mir plötzlich als eine mögliche Lösung meines Problems. Ich nahm mir vor, mich in ein oder mehrere Leben der Steinzeit vor mindestens 10 000 Jahren zurückversetzen zu lassen. Auf diesem Weg hoffte ich zu erfahren, wie die Menschen damals lebten und dachten. Vor allem aber wollte ich erfahren, welche Erklärungen es gibt für ihre unglaublich »fortgeschrittenen« kosmologischen, mathematischen und astronomischen Kenntnisse. Und schließlich erhoffte ich mir Aufklärung über die enormen, schier »unmenschlichen« Kräfte, die die ersten Menschen für die Steinbearbeitung einsetzen mussten.

Ich konnte davon ausgehen, dass es in Paris, wo ich damals wohnte, Ärzte oder Regressionstherapeuten gab, die derartige Rückführungen und Arbeiten mit dem »erweiterten Bewusstsein« durchführten. Aber ich brauchte ein volles Jahr, bis ich einen solchen Spezialisten gefunden hatte. Um mich selbst und den deutschen Staat, den ich damals in Paris angepasst und pflichtbewusst mithalf zu repräsentieren, nicht in Misskredit zu bringen, hatte ich nur ganz vorsichtig und diskret nach einem solchen Spezialisten gefahndet. Im Sommer 1993 fand ich dann schließlich einen guten und anerkannten Arzt. Als ich ihm allerdings mein Anliegen vortrug, in ein Leben aus der Megalithzeit zurückversetzt zu werden, gab er vor, die nächsten sieben Monate voll ausgebucht zu sein. Ich glaube noch heute, dass er mich auf diese Weise abzuschrecken versuchte, damit ich von meinem Plan – und von ihm – abließe. Die Personen, mit denen er es sonst in seiner Praxis zu tun hat, kontaktieren ihn ausschließlich für therapeutische Zwecke. Niemand hatte bis dahin die Rückführung in frühere Leben zur Geschichtsforschung nutzen wollen.

Sieben Monate später war ich wieder in seiner Praxis und wir besprachen detailliert, was ich in den Sitzungen zu erfahren hoffte, nämlich »Erhellung über den geistigen Ursprung der kosmologischen Konzepte, die den Megalithkonstruktionen ganz offensichtlich zugrunde liegen«. Es ist nötig, dass Arzt und »Patient« vor jeder Sitzung das Ziel der Rückführung absprechen. Und so geschah es auch in meinem Fall, Sitzung für Sitzung, insgesamt vierzig Mal.

Vor der ersten Sitzung war ich sehr nervös. Wir einigten uns deshalb darauf, zunächst lediglich in den sogenannten Alpha-Rhythmus zu gehen, in jenen langsamen Rhythmus der Gehirnwellen, der dem Zustand völliger Ruhe entspricht, in dem sich jeder Mensch unmittelbar vor dem Einschlafen oder während der Meditation befindet. Die Hirnstrommuster können durch den eigenen Willen oder durch Konzentration beeinflusst werden. Die Frequenzänderung bewirkt, dass sich das Bewusstsein in dieser Phase aus der Bindung an den physischen Körper löst und sich »weitet«. Es kommt gelegentlich auch zu einem *holotropen* Bewusstseinszustand. Dieser Fachausdruck wurde in den Dreißigerjahren von dem bekannten Arzt und Psychotherapeuten Stanislav Grof geprägt. Der Begriff bedeutet wörtlich »auf die Ganzheit ausgerichtet«. Allgemein spricht man von einem »erweiterten Bewusstseinszustand«, was meiner Meinung nach nicht korrekt ist, denn es ändert sich der Frequenzbereich der Hirnstromwellen, nicht aber das Bewusstsein selbst, das als Ur-Grund des unendlichen Energiefeldes alle erdenklichen Formen und Gedanken als Möglichkeit enthält. Das Bewusstsein befindet sich außerhalb bzw. jenseits des menschlichen Körpers, wohingegen das Gehirn Teil des physischen Körpers ist und die Funktion eines Computers hat, der die physische Existenz regelt und registriert. Das Bewusstsein dagegen ist »ewig«, es verbindet sich mit dem Körper des Menschen lediglich für die Zeitspanne seines jeweiligen irdischen Lebens. Das Bewusstsein ist für das Gehirn dasselbe wie der elektrische Strom für den Computer.

In diesem Buch wird dennoch der geläufigere Begriff »erweiterter Bewusstseinszustand« verwendet. Während eines solchen Bewusstseinszustands ist der Geist hellwach und hat Zugang zu Dimensionen und Erkenntnissen, die ihm im normalen Wachzustand verschlossen sind. Genaueres hierüber und zum Thema Rückführungen in frühere Leben findet sich im nachfolgenden Text, den der von mir konsultierte Pariser Arzt und Regressionstherapeut Dr. Yves Ducher für dieses Buch verfasste.

BEITRAG VON DR. MED. YVES DUCHER, PARIS

Ich erinnere mich sehr gern an meine Begegnung mit Frau Dr. Heinke Sudhoff, denn mit ihr hatte ich eine Person in meiner Praxis, die in ganz besonderer Weise für die Arbeit in einem erweiterten Bewusstseinszustand geeignet ist. Sie ist in ungewöhnlichem Maße in der Lage, die Schwingungsfrequenz ihres Gehirns so zu verändern, dass die normalen psychischen, intellektuellen und geistigen Begrenzungen, die sich im Wahrnehmungsbereich der fünf Sinne ergeben, nahezu ganz überwunden werden. Meine Arbeit als Arzt und Regressionstherapeut besteht darin, Personen, die mich konsultieren, in einen erweiterten Bewusstseinszustand zu bringen, was meist ohne jede Schwierigkeit gelingt. So war es auch bei Heinke Sudhoff. Aber ihre Fähigkeit, ihr Bewusstsein in einen anderen Frequenzbereich zu bringen, geht weit über das hinaus, was ich in über zehn Jahren in meiner Praxis erlebt habe. Es handelt sich bei ihr wahrhaftig um ein außergewöhnliches Phänomen. Die Zeugnisse der Sitzungen, die stets auf Kassetten aufgenommen wurden, sind deshalb von großem Interesse sowohl für Naturwissenschaftler als auch für Geisteswissenschaftler.

Im Zustand des erweiterten Bewusstseins gelangte Heinke

Sudhoff auf folgenden Gebieten zu neuen und oft erstaunlichen Erkenntnissen: Quantenphysik, Philosophie, Theologie, Metaphysik, Mystik, Mythologie, Geschichte, Früh- und Vorgeschichte, Gentechnologie, Kosmologie, Psychologie – und natürlich gewann sie auch Erkenntnisse über ihre eigene Psyche bzw. ihre eigene Persönlichkeitsstruktur. Sie sah ihr jetziges Leben als Teil einer Kette ihrer Inkarnationen und erkannte deren inhärentes Prinzip. Sie formulierte Erinnerungen an die Vorgeschichte der Menschheit und an Kontakte zu Wesen höherer Intelligenz aus Parallelwelten. Und schließlich erlebte sie Bilder der Zukunft unseres Planeten Erde.

Der Physiker Patrick Drouot war in Frankreich der Erste, der die Methode der Rückführung in frühere Leben mithilfe des »erweiterten Bewusstseins«, das heißt der Überschreitung der Grenzen der Wahrnehmung durch die fünf Sinne, anwendete. Er hat sie in den USA kennengelernt und ich wiederum habe diese Methode von ihm erlernt und übernommen.

In meiner Praxis führe ich Regressionen ausschließlich aus therapeutischen Gründen durch. Bei Heinke Sudhoff war das anders. Sie wollte mithilfe der Regressionen in weit zurückliegende Leben hinein, um auf diese Weise – vielleicht – zu erfahren, wie die Menschen der Megalithzeit gelebt, gedacht, gearbeitet und ihre kosmologisch-mathematischen Kenntnisse erworben haben. Ich habe ihr geholfen, das Bewusstsein auf eine Schwingungsfrequenz zu bringen, mit der es möglich ist, Raum und Zeit zu verlassen und die physische Existenz zu transzendieren.

Zur Methode

In meiner Praxis sorge ich in einem abgedunkelten Raum zunächst für eine entspannte Atmosphäre und Ruhe. Der Patient liegt auf einer Couch und hört über Kopfhörer sowohl meine Stimme als auch eine Musik, die sorgfältig abgestimmt wird auf die Situation, in der sich der Patient in einem veränderten Bewusstseinszustand befindet. Dieser Zustand wird herbeigeführt durch das Absenken der Schwingungsfrequenz des Gehirns auf den Alpha-Rhythmus. In diesem Rhythmus befindet sich der Mensch kurz vor dem Einschlafen oder während der Meditation. Ein Elektroenzephalograph verzeichnet dabei zwischen zwölf und sieben Schwingungen pro Sekunde. Im Normalzustand, während des sogenannten Beta-Rhythmus, liegen die Schwingungen zwischen vierzig und zwölf. Im Theta-Rhythmus – zwischen sieben und vier Schwingungen – vergisst der Mensch seinen physischen Körper ganz und gar, sein Bewusstsein aber ist hellwach. Bei weniger als vier Schwingungen pro Sekunde befindet sich der Mensch in einem tiefschlafähnlichen Zustand, hat jedoch ein waches Bewusstsein. Auf der untersten Stufe, dem Delta-Rhythmus, »verliert« der Mensch das Bewusstsein.

Obgleich ich meine Patienten stets nur in den Alpha-Rhythmus bringe, passierte es bei Heinke Sudhoff sehr häufig, dass ihre Gehirnfrequenz absank in den Theta-Rhythmus und gelegentlich sogar in den Delta-Rhythmus. Ihre während der Sitzung auf Band gesprochenen kosmischen und astrophysikalischen Erkenntnisse jenseits von Raum und Zeit geben

Anlass zu dieser Vermutung. Die von ihr beschriebenen mystischen Erfahrungen des Absoluten sind in ihrer tiefen, ja universellen Dimension äußerst selten.

Im Zustand des »erweiterten Bewusstseinszustandes« beantworten mir die Patienten Fragen, für die ich die »geleitete Imagination« verwende. Fast ohne Ausnahme gelingt es den Patienten, Aspekte ihres eigenen Lebens und des Lebens allgemein in größeren Zusammenhängen zu sehen. Die Erfahrung zeigt, dass Menschen in einem »erweiterten Bewusstseinszustand« die Begrenzung überwinden, die im Normalzustand durch psychische, mentale, intellektuelle Muster vorgegeben ist. Als Arzt habe ich mir logischerweise und legitimerweise die erstaunlichen Möglichkeiten zunutze gemacht, die sich dadurch für die Behandlung meiner Patienten ergeben. Auf diese Weise gelang es mir bereits viele Male zu heilen, was zuvor mit anderen Mitteln nicht zu heilen gewesen war. Ich spreche hier von physischen Beschwerden wie Migräne, Bluthochdruck, Gelenkschmerzen etc., aber auch von psychischen Beschwerden, wie z.B. Phobien, Bindungsangst, Antriebsschwäche und Schlafstörungen. Für alle diese und viele andere Leiden sind die Rückführungen in frühere Leben in der Tat ein Weg zur Besserung oder sogar zur Heilung.

Wie ist das zu erklären? Das menschliche Gehirn verfügt über Fähigkeiten, die bis dahin noch nicht genutzt wurden oder zumindest nicht in dem Umfang, in dem dies tatsächlich möglich wäre. Im »veränderten Bewusstseinszustand« gelingt es, die Gesetze von Zeit und Raum zu überwinden, was zur Folge hat, dass das Bewusstsein des Menschen sich unmittelbar an jedweden Ort und in jedwede Zeit hineinbegeben und die entsprechende Situation *erleben* kann. Auf diese Weise erreicht das Bewusstsein die Erinnerung an die Ursache des Leidens, das heute – im gegenwärtigen Leben – behandelt werden soll. Ob die Ursachen der Beschwerden auf der psychischen oder auf der physischen Ebene liegen, ist für den Erfolg der Rückführung in diesen Konflikt unerheblich. Im Prinzip leistet der Psychoanalytiker die gleiche Arbeit wie der Regressionstherapeut, da beide »zurückführen« – der eine bis maximal zur Geburt, der andere in ein früheres Leben. Der Radius des Feldes, in dem die Ursache eines Leidens gesucht wird, ist bei der Regressionstherapie größer – und so ist auch der Erfolg der Behandlungsmethode größer.

Wie ich schon erwähnte, kam Frau Dr. Sudhoff nicht als Patientin zu mir, sondern als Forscherin. Es gelang ihr in den vierzig Sitzungen mit mir nicht nur, Licht in die Vorgeschichte zu bringen. Auch ein anderes Licht konnte sie erleben und beschreiben: das nicht-physikalische, das so genannte numinose Licht, das im »erweiterten Bewusstseinszustand« erlebt wird als etwas Universelles, als etwas den irdischen Augen Unbekanntes, als ein beglückender Zustand. In diesem Zustand versteht man die Ordnung des Universums und wird eins mit ihm. Man wird selbst zum Universum.

Bereits in unserer ersten Sitzung hatte Heinke Sudhoff dieses Lichterlebnis. Sie beschrieb die energetischen Strukturen des Kosmos, die sie vor ihrem geistigen Auge auftauchen sah. Und sie erfuhr sich als »Wind«. Diese Formulierung findet sich bereits in den ältesten Texten der indischen Mystiker, in den *Veden* bzw. in den *Upanishaden*. Hier wird die Erfahrung des nicht physisch begrenzten Geistes geschildert und als wesentlich für die Verwirklichung des menschlichen Weges bezeichnet. Heinke Sudhoff beschrieb sich als Punkt, der gleichzeitig das Ganze ist, oder sie sah sich als Teil eines unteilbaren Ganzen – davon sprechen auch die alten Texte. Über Jahrtausende haben die Erkenntnisse der alten Mystiker offensichtlich nichts von ihrer Gültigkeit eingebüßt. Auch heute werden sie in derselben Weise erfahren und beschrieben. Die Mystiker aller Zeiten geben eine holistische Sicht des Universums und sprechen von einer Wirklichkeit, in der sich alles allein durch Schwingungen in verschiedener Frequenz definiert.

Nicht unser Normalbewusstsein und auch nicht unser Unterbewusstsein, sondern unser »Höheres Bewusstsein« erschließt uns Einsichten in universelle Zusammenhänge und nicht-manifestierte Welten. Es erschließt uns Einsichten in das Leben und den Rhythmus, in den alles im Universum eingebunden ist. Die Kette der Inkarnationen ist ebenfalls ein solcher Rhythmus. Erst die »Erkenntnis« – das Erkennen der letzten Wahrheit – bringt den Kreislauf der Wiedergeburten zu einem Abschluss. So jedenfalls sagen es uns die Philosophen aller Zeiten und rufen uns zu: »Erkenne dich selbst!«

Dr. med. Yves Ducher
Regressionstherapeut, Paris

QUANTENPHYSIK · MYSTIK · BEWUSSTSEIN

Was kann man von den Naturwissenschaftlern erfahren über das Phänomen des »erweiterten Bewusstseinszustands«, vor allem aber über den »holotropen Bewusstseinszustand«? Heute noch herrscht unter den Naturwissenschaftlern die Meinung vor, der Mensch bestehe aus Materie und sein Bewusstsein sei ein Produkt des Gehirns. Die Wissenschaftler führen »veränderte Bewusstseinszustände« auf messtechnisch erfassbare Änderungen neuro-biochemischer Stoffwechselprozesse und bioelektrischer Erregungsmuster neuronaler Systeme zurück, bei denen sogenannte neuromodularische Botenstoffe (Transmitter) eingeschaltet sind. Entsprechend dieser Denkweise gibt es kein Leben und kein Bewusstsein, das unabhängig ist von der Materie. Daraus folgt dann auch die Verneinung eines Lebens nach dem Tod und erst recht die Verneinung einer Reinkarnation. Doch diese Ansicht ist nicht mehr zeitgemäß, seit die Quantenphysik das Bewusstsein als einen bestimmenden Faktor der Realität und die (einzige) schöpferische Kraft im Universum erkannt hat. Der Kreis hat sich geschlossen: Quantenphysik und Mystik ergänzen und bestätigen sich gegenseitig, wobei das Bewusstsein eine zentrale Rolle spielt. Die heutigen interdisziplinären Neurowissenschaften sehen den veränderten Bewusstseinszustand als einzigartigen physikalisch-physiologischen Zustand in Verbindung mit einer komplexen Veränderung zeitlicher Organisation der Binnenstrukturen des Gehirns (z.B. bioelektrische Aktivitätsmuster bei Wahrnehmungen, Erinnerungen, Entspannung etc.), ohne bisher genaue Kenntnisse über das Zusammenwirken der neuronalen Netzwerke zu haben.

Alle alten Kulturen wussten um die Bedeutung des Bewusstseins als der einzigen Realität und benannten es mit klangvollen Namen wie »Welt-Gedächtnis«, »Akasha-Chronik«, »Welt-Geist« u.a. Sie wussten auch um die Möglichkeiten, die sich dem Menschen im erweiterten, holotropen Bewusstseinszustand eröffneten. Heute besinnen wir uns erneut auf diesen »Königsweg«. Die Forschung auf diesem einzigartigen Feld macht kleine und größere Entdeckungen: »Morphogenetische Felder«, »Implizite Ordnung«, »Holistisches Weltbild«, »Holographische Strukturen«, »Heisenbergsche Unschärferelation«, »Fuzzylogic«, »Superstringtheorie« etc. sind neue Ansätze, um das traditionelle Weltbild zu überwinden.

Es geht in diesem Buch um unterschiedliche Bewusstseinszustände, um veränderte Schwingungen, Rhythmen und Frequenzen der Gehirnwellen und die dadurch möglichen Einsichten in eine anders dimensionierte Realität. Es zeigt die Möglichkeiten des menschlichen Bewusstseins vor dem Hintergrund der quantenphysikalischen Gesetze, die offenbar werden lassen, dass heute das physikalische Konzept des Weltalls dem philosophisch-spirituellen Konzept der Mystiker entspricht. Die über Jahrhunderte als grundverschieden erachteten Konzepte »Physik« und »Metaphysik« sind heute zu einer Art Kongruenz gekommen. Diese sensationelle Tatsache macht deutlich, wie richtig die Erfahrungen und Erkenntnisse sind, die in der mystischen »Schau«, in einem erweiterten Bewusstseinszustand, gemacht werden und seit jeher gemacht wurden.

Gewisse Grundkenntnisse über einige der wesentlichen Elemente der Quantenphysik sind für den Zugang zu diesem Buch ebenso unerlässlich wie die Kenntnis über den Weg zur philosophisch-mystischen Erkenntnis. Es folgt daher eine kurze Übersicht über die neuesten Einsichten der Wissenschaftler und über die ältesten Einsichten der Weisen aller Zeiten – soweit sie sich in diesem Text widerspiegeln.

Trotz modernster bildgebender Verfahren, die Einblicke in die Hirntätigkeit beim Denken und Wahrnehmen gestatten, kann die Arbeit des Gehirns bisher noch nicht beschrieben werden. Das Gehirn speichert alles Erlebte als unterschiedliche Frequenzen, die den Objekten, Farben, Tönen, Emotionen etc. eigen sind. Alles Erlebte und Erfahrene definiert sich letztlich durch verschiedene Schwingungsfrequenzen, die das Gehirn – für immer – speichert und – bei Bedarf – dekodiert. Die Erinnerung an Erlebtes und Erfahrenes ist dabei nicht in einer bestimmten Region des Gehirns gespeichert, sondern ist in jedem einzelnen seiner Teile hoch geordnet und komplex existent. (Über den Stand der Hirnforschung informierte mich Frau Prof. Dr. Hannelore Baumann (neurophysiologische Grundlagenforschung/Hirnforschung) in einem persönlichen Gespräch.)

Dieses Phänomen findet sich auch – und anschaulicher

– im Hologramm. Die gesamte Information über das Ganze steckt in jedem seiner Teile. Die Teile und Bilder des Hologramms, das heißt seine »Informationen«, werden vom Laserstrahl zum »Leben« erweckt. Wer oder was aber erweckt die gespeicherte »Information« im Gehirn zum »Leben«? Wer oder was interpretiert die vom Gehirn gespeicherten Frequenzen? Wer oder was schafft die Illusion einer Wirklichkeit, die vor unseren Augen wie ein Film abläuft? Es ist das Bewusstsein. Es »schafft« eine Illusion, die wir als unsere Realität wahrnehmen.

Die Quantenphysik hat offenbart, dass das Bewusstsein tatsächlich eine schöpferische Kraft ist – und vielleicht die einzige im Universum! Um diesen Sachverhalt zu verbildlichen, spricht der Quantenphysiker David Böhm vom Bewusstsein als einer »Linse«, die aus dem Feld, dem Energiemeer der nicht-manifestierten Möglichkeiten, ein »Bild« herauslöst und damit eine »Realität« erschafft, die nur so lange wirklich ist, wie die Linse, also das Bewusstsein, sich mit seiner schöpferischen Kraft darauf richtet. Das Bewusstsein wird damit zur »letzten Instanz« im Universum, zur mathematisch dekodierenden, interpretierenden Intelligenz.

Das Phänomen Bewusstsein ist heute verstärkt zum Gegenstand der Forschung geworden, und zwar fachübergreifend für die Physik, Astrophysik und Quantenphysik, aber auch für die Medizin, Psychiatrie, Physiologie und Biologie. Für die Philosophie war die Reflexion über das menschliche Bewusstsein ohnehin seit jeher unerlässlich. Dennoch steht die Erforschung des Bewusstseins heute immer noch am Anfang. Einigkeit herrscht vielleicht inzwischen darüber, dass das Bewusstsein außerhalb des physischen Körpers zu suchen ist und sich lediglich für die Dauer des Erdenlebens eines Menschen an die physische Existenz bindet. Das Gehirn hingegen ist Teil des physischen Körpers und verarbeitet die Impulse, die es von dem Bewusstsein erhält.

In der modernen Physik entstand die Frage nach der Bedeutung des Bewusstseins zunächst im Zusammenhang mit der Beobachtung atomarer und subatomarer Phänomene. Die Quantentheorie hat gezeigt, dass atomare Phänomene nur als Glieder in einer Kette von Prozessen zu verstehen sind und dass das Ende dieser Kette das Bewusstsein des menschlichen »Beobachters« dieser physikalischen Vorgänge ist. Nur unter Bezugnahme auf das involvierte Bewusstsein konnten die Gesetze der Quantentheorie folgerichtig formuliert werden.

Die grundsätzlich stimmige Ordnung und Einheit des ganzen Universums ist eine der bedeutendsten Offenbarungen der modernen Physik. Sie tritt im atomaren Bereich zutage und manifestiert sich umso deutlicher, je tiefer man in die Materie eindringt. Es wurde erkannt, dass die Bestandteile der Materie und die daran beteiligten Grundphänomene alle miteinander zusammenhängen, zueinander in Beziehung stehen und voneinander abhängen. Sie können nicht als isolierte Einheiten, sondern nur als integrierte Teile des Ganzen verstanden werden.

Das Verhalten eines jeden Teils wird bestimmt durch seine »nichtlokale« Beziehung zum Ganzen, und da wir diese nicht genau kennen, müssen wir den klassischen Begriff von »Ursache und Wirkung« durch den weiter reichenden Begriff der »statistischen Kausalität« ersetzen. Die Gesetze der Kernphysik sind statistische Gesetze, nach denen die

Wahrscheinlichkeiten atomarer Geschehnisse durch die Dynamik des ganzen Systems bestimmt werden. Dabei sprechen die Physiker von einer »impliziten Ordnung«, die in Analogie zum Hologramm nach dem folgenden Prinzip strukturiert ist: Jedes Teil enthält das Ganze, so wie das Ganze jedes einzelne Teil enthält.

Dieses neue Weltbild beschreibt das Universum als dynamisches Gewebe zusammenhängender Vorgänge. Vor dem Hintergrund eines allumfassenden Energiefeldes ist alles mit allem verbunden. Einstein erkannte in diesem unbegrenzten Energiefeld die »einzige Realität«. Das ist gar nicht lange her und schon arbeitet man an einer neuen, zukünftig alles umfassenden Theorie, die auch schon einen Namen hat: »Superstringtheorie«. Darin geht es um ein theoretisch angenommenes, eindimensionales Objekt, das in seinen verschiedenen Vibrationszuständen alle bekannten Teilchen ausmacht. Sämtliche Elementarteilchen und Wechselwirkungsquanten werden nun als verschiedene »angenommene« Schwingungszustände aufgefasst. Das geht über das bisherige »holistische Konzept« und die Idee der »impliziten Ordnung« weit hinaus. Das Universum als ein eindimensionaler Punkt in verschiedenen Vibrationszuständen … Es ist leer geworden im Universum! Ein leeres Feld … voller Energie … Einsteins »einzige Realität«.

Die Materie hat seit Langem ihre Vormachtstellung im Universum verloren. In der klassischen Physik stimmt der Begriff »Materie« nicht mehr überein mit der klassischen Auffassung von einer materiellen Substanz. Der Begriff »fester Körper« wurde von der Atomphysik zertrümmert. Man ist nun nicht mehr der Ansicht, dass Teilchen aus irgendeinem »Grundstoff« bestehen. »Teilchen« sind lediglich eine örtliche, ephemere Verdichtung des Feldes, eine Konzentration von Energie. Die Grundlage des mechanistischen Weltbildes des Isaac Newton hat damit ihre absolute Gültigkeit verloren.

Versuche hatten zunächst gezeigt, dass Atome keine unzerstörbaren Festkörper, sondern leerer Raum sind, in dem sich extrem kleine Teilchen bewegen. Und dann erklärte die Quantentheorie, dass auch diese Teilchen keine Festkörper im Sinne der klassischen Physik sind. Die subatomaren Einheiten der Materie sind sehr abstrakte Gebilde mit einer »doppelten Natur«: Entweder sind sie Partikel, oder sie sind Welle. Aber diese Wellen sind keine wirklichen Wellen, wie etwa Wasser- oder Schallwellen, sondern sie sind »Wahrscheinlichkeitswellen«: abstrakte, mathematische Größen. Auf der subatomaren Ebene existiert Materie nicht mit »Sicherheit«, sondern zeigt eher eine »Tendenz« dazu, zu existieren.

Auch die klassisch formulierten Gesetze von Raum und Zeit gelten nun nicht mehr. Im Sinne der Relativitätstheorie ist der Raum nicht dreidimensional und die Zeit ist keine selbständige Einheit. Beide hängen zusammen und bilden ein vierdimensionales Kontinuum – die »Raum-Zeit«. Sie ist ein zeitloser Raum von höherer Dimension, in dem alle Ereignisse zusammenhängen. Aber der Zusammenhang darin ist nicht kausal. Vielmehr erscheint die subatomare Welt als ein Netz von Strukturen und energetischen Verbindungslinien, welches alles tatsächlich Existierende und Erdachte (!) zu einem Ganzen verstrickt. Die Quantentheorie enthüllt somit die grundsätzliche Einheit des Universums, in dem das *Bewusstsein* eine den Physikern bis dahin unbekannte Rolle spielt. Konsequent weiter gedacht, bedeutet dies, dass physikalische Gesetze jenseits der »Raum-Zeit« nicht gelten und dass das Bewusstsein demnach nicht den physikalischen Gesetzen unterliegt. So viel zu den neuesten Forschungsergebnissen der Wissenschaft.

Die für dieses Buch relevanten Punkte lauten zusammengefasst:

- Frühere Vorstellungen von Zeit und Raum sind überholt.
- Materie ist lediglich die vorübergehende Verdichtung eines Energiefeldes.
- Das Bewusstsein hat schöpferische Kraft.
- Das Energiefeld ist die einzige Realität.
- Der eindimensionale Punkt enthält alle denkbaren Möglichkeiten.
- Das Ganze ist paradoxerweise enthalten im eindimensionalen Punkt.
- Statt Logik gelten »Widersprüchlichkeit« und »Wahrscheinlichkeit«.
- Im subatomaren Bereich ist keine herkömmliche Berechenbarkeit möglich.
- Physikalische Gesetze gelten nicht jenseits der »Raum-Zeit«.
- Die Welt ist Illusion.

Das mögen für heutige Wissenschaftler zwar Neuigkeiten sein – wirklich neu sind die Erkenntnisse jedoch nicht. Die Mystiker wissen all das seit Jahrtausenden aus eigener

»Anschauung«. Die Mystiker aller Zeiten haben in ihrer mystischen Schau »gesehen«, was heute in der Wissenschaft »erdacht« wird. Im veränderten Bewusstseinszustand der tiefen Meditation haben die Weisen und Erleuchteten schon immer die Welt als »Illusion« erkannt. Sie sprechen von der Flüchtigkeit der materiellen Welt, von den Sphären jenseits von Raum und Zeit, in denen die Gesetze der uns bekannten Welt aufgehoben sind. Sie sprechen von dem Ur-Grund als einem Energiemeer, in dem alles Erdenkliche als Möglichkeit angelegt ist. Sie sprechen von dem Paradoxon der »Doppel-Natur« der Dinge, und schließlich und vor allem sprechen sie von der »Einheit«, in die das individuelle Bewusstsein eingeht während der Meditation ... oder nach dem Tod.

Mystiker betrachten das Bewusstsein seit jeher als integralen Teil des Universums. Einer der ersten Wissenschaftler, der auf die Kongruenz von Physik und Metaphysik hinwies, war der Astrophysiker und Nobelpreisträger Niels Bohr (1885–1962). Um zur Lehre der Atomphysik eine Parallele zu finden, so sagte er, müsse man sich den erkenntnistheoretischen Problemen zuwenden, mit denen sich bereits Denker wie Buddha und Lao-tse auseinandergesetzt haben.

Der Astrophysiker Fritjof Capra schrieb in seinem Bestseller »Das Tao der Physik« vor fast dreißig Jahren: »Ich begriff, dass sich aus der modernen Physik eine logische und folgerichtige Anschauung der Welt entwickelt, die mit der alten östlichen Weisheit in Einklang steht.« Dieser Erkenntnis schließt sich inzwischen eine immer größer werdende Zahl von Physikern an.

Die Vorstellung von physikalischen Erscheinungen als vergängliche Manifestation eines Energiefeldes entspricht der östlichen Weltanschauung. Wie Einstein betrachtet der Mystiker das allem zugrundeliegende, zeit- und raumlose Energiemeer als die »einzige Realität«. Diese Realität liegt für den Physiker genau wie für den Mystiker jenseits aller Vorstellungen und Begriffe, das heißt jenseits von Raum und Zeit, jenseits der fünf Sinne – und damit letztlich jenseits der menschlichen Logik. Die Erfahrung der letzten Realität kann niemals Objekt logischen Folgerns oder demonstrierbaren Wissens sein. Sie kann niemals mit Worten angemessen beschrieben werden, da diese Erfahrung jenseits des sinnlichen Wahrnehmungsbereichs und des menschlichen Intellekts liegt, aus dem unsere Worte und Begriffe stammen.

Die neu erkannte Wirklichkeit der Quanten ist somit nicht nur verbal kaum zu vermitteln, sie überschreitet auch die Grenzen der menschlichen Logik und der Vorstellungskraft des Menschen – in einem »normalen« Bewusstseinszustand. Doch die »erweiterten Bewusstseinszustände« ermöglichen den Zugang zu einer außersinnlichen, die fünf Sinne transzendierenden Welt. Sie ermöglichen, kosmische Zusammenhänge zu »sehen«, zu »verstehen« und Wahrheiten zu »erkennen«.

Durch eine Erweiterung seines Bewusstseins hat der Mensch also die Möglichkeit, eine entsprechend erweiterte Wahrnehmung zu erlangen. Auf der physikalischen Ebene drückt sich dies in Form einer veränderten Gehirnstrom-Struktur aus. Mit der veränderten Frequenz der Gehirnwellen wird der Zugang zu Bereichen möglich, die außerhalb des normalen Feldes der Wahrnehmung liegen. Um diese Tatsache an einem kleinen Beispiel zu verdeutlichten: Gewisse Tonhöhen, die der Hund ohne Weiteres hört, bleiben dem Menschen unzugänglich. Ähnlich begrenzt ist die Wahrnehmung des Menschen für Gerüche, Farben u. ä. Aber er hat die Möglichkeit, einen anderen »Sender« oder »Kanal« einzustellen, indem er – bewusst oder unbewusst – die Frequenz der Gehirnwellen verändert. Seine »Wahrnehmung« wird dann »außersinnlich« oder »übersinnlich«.

Da das verbale Beschreiben außersinnlicher oder übersinnlicher Wahrnehmung – wie schon gesagt – ein Problem ist und der Versuch, derartige Erfahrungen im spirituellen »Denkgebäude Universum« zu vermitteln, scheitern muss, sucht der Mystiker oft Zuflucht beim Paradoxon. Aber auch die Physik hat es heute mit paradoxen Aspekten zu tun, wenn z.B. der eindimensionale Punkt das ganze Universum enthält und das Ganze in jedem seiner Teile enthalten ist. Ein weiteres Paradoxon der Physik ist die Realität der Doppelnatur bestimmter Phänomene, insbesondere des physikalischen Lichts mit seinen Photonen. Wie kann man sich wirklich vorstellen, dass etwas nicht einfach existiert, sondern lediglich eine Tendenz hat zu existieren? Und wie kann man sich vorstellen, dass etwas wahlweise gleichzeitig oder nacheinander Welle *oder* Teilchen ist?

Als ich mir selbst die »Doppelnatur« der Phänomene, das heißt deren Wechsel zwischen »Welle« und »Teilchen« vorzustellen versuchte, sah ich vor meinem geistigen Auge auch die menschliche Existenz als ein solches Welle-Teilchen-Phänomen: Der rhythmische Wechsel zwischen materieller Existenz und nicht-materieller Existenz, zwischen Leben und Tod bzw. zwischen Leben im Diesseits und Leben im Jenseits, zwischen Materie und reinem Geist – dieser Wechsel verdient ebenfalls die Bezeichnung »Doppelnatur« – genauso wie das physikalische Licht. Die menschliche Existenz als ein ständiger Wechsel zwischen »Welle« und »Teilchen«, zwischen reinem (nicht-inkarniertem) Bewusstsein und physisch-inkarniertem Bewusstsein – wie das Licht? Mir gefällt diese Vorstellung.

So wie die naturwissenschaftliche Kenntnis auf dem Experiment beruht, so gründet sich das Wissen des Mystikers auf der Erkenntnis, auf der »Schau« in einem metaphorischen Sinn. Durch die innere Erfahrung erlebt er eine höhere Wirklichkeit, in die er durch Versenkung in einen veränderten Bewusstseinszustand gelangt. Die »fromme Schau« ist die Basis des Wissens mystischer Philosophen. Die Erwähnung der »inneren Schau« findet sich in allen mystischen Traditionen und bei jedem einzelnen der Weisen, Heiligen, Mystiker und Erleuchteten. Es handelt sich (natürlich) um ein Schauen mit dem geistigen Auge. Die mystische Erfahrung der letzten Realität ist eine im Wesentlichen nicht-sinnliche Erfahrung.

Bis heute sieht man die Texte der Mystiker mit Vorliebe als eine *species sui generis*, als eine Gattung eigener Art. Eine mögliche Übereinstimmung mit »realen« physikalischen Begebenheiten in unserem Universum wurde erst gar nicht ernsthaft in Betracht gezogen. Nach westlichem Verständnis hatten Physik und Metaphysik keine Berührungspunkte. Und jetzt ergeben sich nicht nur Berührungspunkte, sondern eine erschütternde Kongruenz der Weltbilder, die von Physikern und Mystikern unabhängig voneinander erdacht und erschaut wurden. Die moderne Physik und die zeitlosen mystischen Lehren können sich gegenseitig bestätigen und das Verständnis erleichtern.

Wissenschaftliche Kenntnis und philosophische Erkenntnis sind an einem Schnittpunkt angekommen. Wissenschaft und Philosophie, die beiden Parallelen, die sich niemals treffen bzw. schneiden konnten, haben sich geschnitten … in der Unendlichkeit! Welch ein Paradoxon!

Mystiker und Physiker waren auf verschiedenen Wegen zu derselben Erkenntnis gekommen: Alle Dinge zeigen sich als voneinander abhängige und untrennbare Teile des kosmischen Ganzen, als verschiedene Manifestationen der gleichen letzten Wahrheit. Das kosmische Gewebe lebt; es bewegt sich, wächst und verändert sich laufend. Das Universum ist eine dynamische Einheit. Die einzige Realität ist die Ur-Energie, in der alles entstellt und vergeht in einem zeitlosen Zyklus.

Viele Physiker werden heute zu Philosophen, und viele Philosophen lassen sich inspirieren von den Forschungsergebnissen der Physiker. Ein Umdenken ist erforderlich – ein Bemühen um höhere Erkenntnis, um Erkennen durch das geistige Auge. Die kosmische Einheit zu erkennen, zu »schauen«, ist das oberste Ziel der Mystiker. Diejenigen, die dies erreichen, sprechen von Harmonie, grenzenloser Liebe, von Glückseligkeit, von Wissen und Verstehen, von Einverstandensein und Einssein mit der Schöpfung. Die Vollkommenheit dieses Zustands wird oft als ein Lichterlebnis oder als »Erleuchtung« erfahren.

All diese Erfahrungen gehen meines Erachtens zurück auf das Sehnen nach der ursprünglichen, universellen Einheit, so wie sie vor der Schöpfung der Materie »existent« war. Wie die ältesten Texte der Mystiker bereits sagen, strebt die individuelle menschliche Seele danach, einzugehen in die

All-Seele, in die Einheit, die auch als Weltgeist oder Gott bezeichnet werden kann. Geht aber die individuelle Seele ein in die All-Seele, so ist jede Form von Dualität aufgehoben. Diese Existenz in der Einheit empfindet der Mensch als »Harmonie«, als »Glückseligkeit« oder als »bedingungslose Liebe«. Was im reinen Zustand des holotropen Bewusstseins – man kann es auch Gottesbewusstsein nennen – erfahren werden kann, ist somit die Erfüllung dieses Sehnens nach der Einheit, nach der Auflösung des Ichs im Ur-Grund. Die Erfüllung dieses Sehnens nach dem Ende des Dualismus »Welt und Ich« kann als *Erleuchtung* definiert werden.

Aber zurück zum Phänomen Bewusstsein: Erwähnenswert und neu ist die Rolle des »Beobachters«, wie der Astrophysiker das Bewusstsein heute in seinen physikalischen Formeln nennt. Die Mystiker wissen seit jeher aus eigener »Anschauung«, dass das menschliche Bewusstsein in der Erfahrung z.B. der kosmischen Strukturen oder der Leere des Ur-Grunds eine kreative Kraft ist. Mystiker wussten immer, dass der »Beobachter«, das heißt dessen Bewusstsein, indem es sich auf »Etwas« richtet oder konzentriert, dieses »Etwas« verändert oder aber erschafft. So habe ich es erlebt in tiefer Trance. So wurde es schon immer von den Mystikern erlebt. Und so wird es heute auch von den Astrophysikern in ihre Berechnungen einbezogen. Das Bewusstsein ist eine Komponente, welche in die Messung einbezogen werden muss und welche die Messergebnisse der Quantenphysiker mit bestimmt. Es ist die entscheidende kreative Kraft innerhalb der Schöpfung – für die manifestierte und auch für die nicht-manifestierte Welt. »Das Bewusstsein ist ein wesentlicher Aspekt des Universums, den man in eine künftige Theorie physikalischer Phänomene einbeziehen muss«, schreibt der Astrophysiker Fritjof Capra. Welch eine Hommage an das Bewusstsein.

Aber das Bewusstsein beeindruckt nicht nur als kreative, sondern auch als allgegenwärtige Kraft. Seine simultane Präsenz ist gleichbedeutend mit einer unendlich großen Geschwindigkeit der Übermittlung von Informationen. Mit Erstaunen hat man kürzlich in einem Experiment festgestellt, dass Informationen zwischen zwei Elektronen mit entgegengesetztem »Spin«, die sich mit Lichtgeschwindigkeit voneinander fortbewegen, unmittelbar und ohne jegliche Verzögerung übermittelt werden – in jedem Fall aber schneller als mit Lichtgeschwindigkeit. »Nichts übersteigt die Geschwindigkeit des Lichts«, habe ich noch in der Schule gelernt. Nun wurde auch dieser Lehrsatz überholt. Als Träger und Übermittler der Informationen zwischen den Elektronen in jenem Experiment muss das kosmische Bewusstsein angenommen werden, das als omnipräsent und omnipotent erfahren wird. Der »Beobachter« bzw. dessen Bewusstsein steht am Ursprung aller kosmischen Vorgänge und dynamischen Strukturen. Ja, es scheint, als ob die dem Kosmos innewohnende Energie und Dynamik identisch ist mit diesem beobachtenden Bewusstsein.

Die Wissenschaftler geben der Erforschung des menschlichen Bewusstseins ihre erhöhte Aufmerksamkeit, seit sie wissen, dass die Forschung in der Physik und Quantenphysik ohne Berücksichtigung des Bewusstseins stagnieren wird. Aber bis die Wissenschaftler irgendwann vielleicht gültige, aufsehenerregend »neue« Ergebnisse ihrer Bewusstseinsforschung präsentieren, werden zahllose Menschen weiterhin in aller Stille ihre eigenen Erfahrungen mit dem Bewusstsein machen. Sie werden ihren Geist zentrieren, ihre Motorik zur Ruhe bringen und so dem Bewusstsein die Möglichkeit geben, in andere Dimensionen aufzusteigen, weit jenseits der materiellen und irdischen Welt, weit jenseits von Raum und Zeit. Der weise Chuang-tzu findet für dieses Phänomen die Worte: »Der stille Geist des Weisen ist ein Spiegel des Himmels und der Erde – das Schauglas aller Dinge.«

HYPNOSE · TRANCE · REGRESSIONSTHERAPIE · HOLOTROPE BEWUSSTSEINSZUSTÄNDE

Gültige Aussagen über veränderte Bewusstseinszustände können wohl lediglich von jenen erwartet werden, die ihre eigenen Erfahrungen auf diesem Gebiet gemacht bzw. erlebt haben. Der Kreis der »Fachleute« ist also klein. Dennoch wird dieses bisher noch weitgehend unerforschte Gebiet von der Wissenschaft zunehmend gut ausgeleuchtet. Die Hypnose galt lange Zeit als der Zwillingsbruder des Schlafes, eine Annahme, die man nach gegenwärtigen Erkenntnissen als falsch bezeichnen muss. Es handelt sich bei der Hypnose vielmehr um einen entspannten Wachzustand, dessen Besonderheit durch die extrem eingeengte und auf einige wenige Inhalte ausgerichtete Aufmerksamkeit gekennzeichnet ist. Die elektronegative Aufladung der Großhirnrinde verändert sich in Hypnose nicht signifikant gegenüber dem normalen Wachzustand. (Zitiert nach Gieselher Gutmann, Universität Wien.)

In der hypnotischen Trance bleibt ein logisches und semantisches Denken aktiv, wobei das Ich-Bewusstsein und das Bewusstsein von Raum und Zeit vermindert sind. Die hirnelektrischen Analysen liefern Hinweise darauf, dass die induzierte Trance einen *altered state of consciousness* (veränderten Bewusstseinszustand) herbeizuführen vermag, der eine seltsame Mischung aus psychischer Hochspannung und Entspannung zu sein scheint. Gieselher Gutmann hat für diese »entspannte Hochspannung« den Begriff *paradoxical arousal* (paradoxe Erregungszustände) eingeführt.

Die Wissenschaft fand heraus, dass die Qualität der Erfahrung in der Trance abhängt von der inneren Haltung, mit der jemand in die Trance geht. Die innere Haltung verändert die Gehirnwellen, den »Sender« und »Empfänger« für das »Schwingungsfeld des Bewusstseins«. Das veränderte Schwingungsfeld der Gehirnwellen ist für den messenden Forscher letztlich das einzig Beweisbare, schreibt Günter Haffelder, und bietet dann einen »Beweis« ganz anderer Art: »Es ist, als ob (in der Trance) der Zugang ermöglicht wird zum Wissen unserer Ahnen, zum Erkennen von Informationen, die uns nicht mehr bewusst waren. [...] Diese Informationen sind (im Zustand der Trance) abrufbar.« (Zitiert nach Günter Haffelder, Institut für Kommunikation und Gehirnforschung, Stuttgart.)

Um eben diesen Zugang zu dem »vergessenen Wissen der Ahnen« geht es in meinem Text.

Ich werde in diesem Buch von meinen Erfahrungen in einem erweiterten Bewusstseinszustand berichten. In vierzig verschiedenen Sitzungen von jeweils zwei bis drei Stunden machte ich sehr unterschiedliche Erfahrungen und erlebte den Zugang zu erstaunlichem und für mich neuem Wissen.

Ausgangspunkt der Serie von Rückführungen in früher

gelebte Leben war zunächst mein Wunsch, mehr zu erfahren über die früheste Phase der Menschheitsgeschichte, über die Menschen der Megalithzeit, über ihr unerklärlich großes kosmologisches, astronomisches und mathematisches Wissen sowie über ihre Kulthandlungen und Bräuche. Auf diesem Gebiet erhielt ich überraschende, mir und der Fachwelt bis dato unbekannte Informationen über die frühesten Zeugnisse menschlicher Aktivitäten auf diesem Globus, über Kult und Kenntnisse unserer frühesten Vorfahren – und eine neue Datierung der frühesten Steinmonumente.

Daneben und wichtiger noch waren für mich letztlich die neuen Erkenntnisse, die ich im holotropen Bewusstseinszustand gewinnen konnte. Ich machte metaphysische Erfahrungen in der Welt der Quantenphysik mit ihren paradoxen Erscheinungsformen in den Sphären jenseits der »Raum-Zeit«. Ich gewann Einsichten in die Strukturen des Energiefeldes, das von Einstein als die »einzige Realität« bezeichnet und von mir als eine göttliche Ordnung erfahren wurde.

Neben den spirituellen Einsichten und Erkenntnissen über kosmische Zusammenhänge habe ich auch Erfahrungen durchaus irdischer Natur gewonnen. Ich meine hier den eher erdbezogenen Rhythmus von Leben–Tod–Wiedergeburt. In den Phasen zwischen den einzelnen Inkarnationen erfuhr ich das Wesen von »Schuld«, »Läuterung« und »Gnade«.

Ein weiteres Ergebnis der vierzig Regressionssitzungen war die Erkenntnis, dass die Reihung von Leben durch die Jahrtausende hindurch einen Rhythmus und einen Zusammenhang erkennen lässt. Gleichsam wie in einer Psychoanalyse zeigen sich durchgängige Verhaltensmuster und

Grundstrukturen. Wenn dieser »rote Faden«, der sich durch alle Inkarnationen hindurchzieht, erkannt wird, kann er genutzt werden wie ein Ariadne-Faden, der aus dem Labyrinth des irdischen Problemkreises herausleitet. Zumindest aber lebt man dieses Leben nach der neu gewonnenen Einsicht bewusster … und lieber.

Ein unerwartetes Ergebnis der Rückführungen war für mich die Begegnung mit Wesen aus Parallelwelten bzw. von anderen Planeten. In mehreren meiner früher gelebten und jetzt erneut durchlebten Leben hatte ich Kontakt mit »fremden Besuchern«, die sehr deutlich eine höhere Intelligenz besaßen als die Erdbewohner – als ich – und die über eine hoch entwickelte Technologie verfügten. In drei Regressionssitzungen machte ich Erfahrungen mit ihrer Überlegenheit und ihrer Manipulation der Erdbewohner. Ich erfuhr mich in einem Leben um 40 000 v. Chr. als ein »fortgeschrittenes Tier«, wie ich mich bezeichne, und sah, wie fremde Wesen – intelligente Menschen – in meiner Umgebung erschienen und eine mir bis dahin unbekannte Geschäftigkeit entfalteten. Auch die Produktion von hybriden Wesen durch Genmanipulation erlebte ich, wenngleich ich diese Vorgänge aufgrund meiner begrenzten bzw. künstlich reduzierten geistigen Fähigkeit nicht verstand und entsprechend dürftig beschreibe. Es scheint mir, als hätten sich diese von mir durchlebten Ereignisse in der Zeit ereignet, als der Neandertalertypus und der moderne Menschentypus gleichzeitig auf der Erde lebten. Der Neandertaler starb um 35 000 vor unserer Zeitrechnung allmählich aus, und der »moderne« Cromagnon-Mensch, der *nicht* ein Abkömmling des Neandertalers ist, erschien vor ca. 70 000 Jahren auf dem

Plan. Aber nicht nur in der Steinzeit, auch in der Antike und in der Neuzeit habe ich im holotropen Bewusstseinszustand erstaunliche Erkenntnisse gewonnen.

All das habe ich intensiv durchlebt und es hat mein Leben – zumindest innerlich – verändert. Jeder, der ähnliche Erfahrungen im Zustand des erweiterten Bewusstseins gemacht hat, verändert sich und seine Einstellung zum Leben – und zum Tod. Meist wird davon gesprochen, dass sich nach solchen Jenseitserfahrungen die Angst vor dem Tod verliert, dass das Leben als sinnvoll erkannt wird, dass es freudiger, intensiver und mit weniger Aggression und falschem Ehrgeiz gelebt wird. Auch eine neue Hinwendung zur Religion oder, genauer gesagt, zur Essenz der religiösen Lehren wird als Folge außersinnlicher Erfahrungen genannt. Diesen Wandel in der Einstellung zum Leben habe auch ich an mir selbst festgestellt. Ich bin dankbar und empfinde es als Gnade, dass ich – auf dem Umweg über die Erforschung der Megalithzeit – zu diesen Erkenntnissen kommen konnte.

Da ich auf meinem ungewöhnlichen Weg der Sinnsuche eine innere Freude und Gewissheit gefunden habe, möchte ich meine Erfahrungen in diesem Buch veröffentlichen. Vielleicht erkennt der eine oder andere Leser, der noch diese undefinierbare Leere und Orientierungslosigkeit in seinem Leben verspürt, durch diesen Text ein lohnendes Ziel für seinen Lebensweg. Dieses Ziel ist schon in uns angelegt. Das Bewusstsein richtet sich auf dieses Ziel, sobald es zur Ruhe kommt, sobald es sich löst von den Verstrickungen mit dem physischen Körper und seinen Forderungen. Das Bewusstsein löst sich vom Physischen, sobald es die Welt der fünf Sinne transzendiert, sobald es »loslässt«. Dieses Loslassen erfolgt, sobald sich das Bewusstsein »konzentriert« auf die eigene Mitte, die als die Mitte des Universums erfahren wird, wenn das Ich-Bewusstsein eingeht in das All-Bewusstsein. Das Ich erschaut und versteht die Ordnung des Universums, es wird selbst zum Universum.

Es geht in diesem Buch also um das Bewusstsein, genauer gesagt um das »Höhere Bewusstsein«. Dieses unterscheidet sich von dem Alltagsbewusstsein, das den Ablauf des Lebens regelt und ein Reservoir ist an Erinnerungen und Kenntnissen, die uns das tägliche Leben meistern lassen. Es unterscheidet sich auch vom Unterbewusstsein, der Gedächtnisbank, in der nicht nur die Daten, sondern auch die emotionalen Werte eines Erlebnisses gespeichert sind, die dann zur Ursache werden für Verhaltensweisen, Vorlieben, Charaktereigenschaften etc. Dieses Unterbewusstsein hat keine Möglichkeit zu urteilen oder einzuschätzen. Es speichert lediglich.

Grundsätzlich anders verhält es sich mit dem »Höheren Bewusstsein«, das erst vor vierzig Jahren zum Gegenstand der Forschung wurde. Dieses »Höhere Bewusstsein« scheint der Sitz ungeahnter psychischer Fähigkeiten zu sein. Mithilfe verschiedener Techniken wurde es möglich, diesen sublimsten Teil des menschlichen Wesens zu erfassen, jenen Bereich, in dem der an die physische Existenz gebundene Erfahrungsbereich der fünf Sinne überschritten wird.

Der Mensch findet mithilfe dieser Techniken Zugang zu unbegrenzten Dimensionen. Die Erfahrung von umfassendem Wissen um kosmische Zusammenhänge und um die Beschaffenheit des Universums ist ebenso Merkmal des »Höheren Bewusstseins« wie die Erfahrung »universeller

Liebe«, »Harmonie«, »Glückseligkeit« sowie Verstehen und Zustimmung zur ganzen Schöpfung. Der Geist erfährt sich als Teil des Weltgeistes, als einen Teil des Ganzen in einem ewigen Rhythmus, als eine schöpferische Kraft. Menschen, die Erfahrungen mit dem Zustand des »Höheren Bewusstseins« gemacht haben, erzählen davon, dass sie in Kontakt gewesen seien mit der wahren Natur der Realität … mit der Wahrheit.

Die Existenz in einem »Höheren Bewusstsein« benennt man mit den verschiedensten Begriffen: Kosmische Erfahrung, Mystisches Erleben, Ozeanisches Bewusstsein, Transzendenz, Ekstase etc. Der mit diesen Begriffen belegte Bewusstseinszustand ist zunächst und immer gekennzeichnet durch die Auflösung der dualistischen Wahrnehmung. »Ich und die Welt« wird zu »Ich als Einheit mit der Welt«. Das Bewusstsein des Individuums gibt seine Abgrenzung gegenüber der Welt auf und geht ein in das undefinierte, unbegrenzte Energiemeer, das als ein All-Bewusstsein bezeichnet wird.

Verwirrend für die Menschen, die von außersinnlichen Erlebnissen hören, ohne sie selbst erfahren zu haben, ist der Mangel an Bezugspunkten zu ihnen bekannten Erfahrungen und zur Logik. Das Koordinatensystem »Raum und Zeit«, in das sich alles irdische Geschehen einordnen lässt, existiert nicht im außersinnlichen Bereich. Auch Emotionen haben jenseits der »Raum-Zeit« einen anderen Stellenwert. Dazu kommen Phänomene und Erfahrungen, für die es einfach keine adäquate Beschreibung gibt. Liebe, zum Beispiel, Freude und Glückseligkeit haben im »Jenseits« eine Dimension, die in allen Jahrtausenden mit anspruchsvollen Begriffen wie ewig, heilig, universell, göttlich oder unendlich – und dennoch unzureichend – umschrieben wurden.

Zu allen Zeiten war dieses Wissen um das »Heilige« und »Ewige« nur einem kleinen Kreis von Weisen, Heiligen oder Erleuchteten bekannt. Ihnen wurde das Wissen durch Initiation oder einen Akt der Gnade zuteil. Sie hießen Auserwählte, Initiierte, Esoteriker oder Eingeweihte. Jede Religion fand ihren eigenen Namen – das Ziel der Erkenntnis aber war immer dasselbe: der Weg, die Wahrheit und das Licht … Eingehen in die himmlische Sphäre, das Erleben einer nicht-irdischen Freude … die Erlösung aus der materiellen Welt.

Jenseitserfahrungen zu machen ist das Herrlichste, was das Leben zu bieten hat. Im Zyklus der »Reinkarnationen« die universelle Ordnung zu erkennen und zu erleben ist eine sehr wichtige, vielleicht sogar befreiende und zumindest in meinem Fall auch eine sehr beglückende Erfahrung. Das Erleben des Rhythmus der ewigen Wiedergeburt macht es möglich, das Bewusstsein als etwas über den Tod hinaus Existierendes zu erkennen, dessen Bestimmung und Sehnen es ist, mit dem als Licht wahrgenommenen Energiemeer zu verschmelzen – zur Einheit zurückzufinden.

Der Glaube an das Weiterleben der Seele nach dem Tod und eine spätere Wiedergeburt wird mit den verschiedensten Namen umschrieben: Reinkarnation, Metempsychose, Transmigration, Palingenesis, Metemsomatose, Seelenwanderung oder Wiedergeburt. Die größten Geister der Menschheitsgeschichte – Goethe, Nietzsche, Platon und viele andere – schrieben über ihren Glauben an die Reinkarnation. Dieser Glaube ist die Basis sehr alter, aber auch sehr junger Religionen. Die Anthroposophen und ihr Vordenker

Rudolf Steiner sind ein Beispiel aus dem 20. Jahrhundert. Obwohl das Christentum heute die »Präexistenz der Seele« nicht akzeptiert und seit dem Konzil von Konstantinopel (533 n. Chr.) als Irrlehre verdammt, lassen sich auch in der heutigen Bibel noch einzelne Textstellen finden, die auf den Glauben an die Reinkarnation hinweisen. In einer sehr aufschlussreichen Textstelle fragt Christus seine Jünger: »Für wen halten die Leute den Menschensohn?«. Und die Jünger antworten: »Etliche sagen, du seiest Johannes der Täufer, die anderen, du seiest Elias, etliche, du seiest Jeremias oder der Propheten einer.« (Matth. 16,14). Und bei Lukas (9,18–20) heißt es dazu: »Sie sagen, du seiest Johannes der Täufer, und andere sagen, der Elias, wieder andere, dass ein Seher des alten Volkes auferstanden sei (von den Toten).« Hochrangige katholische Geistliche, die ich dazu befragt habe, konnten oder wollten mir keine Interpretation dieser Bibelstellen geben – vielleicht aus Angst vor Rom? Für mich hat diese Bibelstelle nur dann einen Sinn, wenn davon ausgegangen werden kann, dass für Christus und seine Jünger der Glaube an die Reinkarnation eine Selbstverständlichkeit war.

Auch ohne den Segen der christlichen Kirche sehen viele Christen die Reinkarnation als Basis ihres Weltbildes. Der Glaube an ein Weiterleben der Seele in einem anderen Körper lässt sich für diese Menschen ohne Weiteres mit der christlichen Lehre vereinbaren. Erfahrungen im holotropen Bewusstseinszustand und ganz besonders die kosmischen Erfahrungen ermöglichen und erleichtern den Zugang zur christlichen Botschaft, in der es vor allem um Licht und Liebe geht.

Die überirdischen Erfahrungen, die der Mensch im Zustand des »Höheren Bewusstseins« erleben kann, klingen an in den Worten des Papstes in seiner Generalaudienz vom 28.10.1998: »Man darf nicht glauben, dass das Leben nach dem Tode erst mit der endzeitlichen Auferstehung beginnt. Ihr geht jener spezielle Zustand voraus, in dem sich jeder Mensch vom Augenblick des physischen Todes an befindet. Es handelt sich um eine Übergangsphase, bei welcher der Auflösung des Leibes die Fortdauer und Subsistenz eines geistigen Elements gegenübersteht, das mit Bewusstsein und Wille ausgestattet ist, sodass das Ich des Menschen weiterbesteht.«

MEINE REGRESSIONSSITZUNGEN

Es folgen nun die Tonbandaufzeichnungen der vierzig Sitzungen in der Praxis des Pariser Arztes und Regressionstherapeuten. Die Protokolle werden in ihrer ursprünglichen, chronologischen Reihenfolge aufgeführt. Auf diese Weise lässt sich nachvollziehen, wie mühsam es für mich zunächst war, die Schwingungsfrequenz meiner Gehirnwellen abzusenken und damit einen veränderten Zugang zu meinem »Höheren Bewusstsein« zu bekommen. Es wird deutlich, wie schwierig zunächst der Einstieg in die physischen und metaphysischen Erfahrungen war, mit denen ich während der Rückführungen konfrontiert wurde. Auch wird deutlich, wie ich mit den Monaten besseren Zugang fand zu den nicht-physischen Welten und wie mir mit der Zeit das Formulieren leichter fiel.

Zum besseren Verständnis der Protokolle sei noch gesagt, dass nicht etwa ein »Film« vor meinem geistigen Auge abläuft, sondern dass ich belebte Szenen und Sequenzen »sehe«, die ich nur deswegen beschreibe, weil der begleitende Arzt mich dazu animiert. Durch die Aufforderung oder durch das Zählen des Arztes, meistens von eins bis fünf, richtet sich das Bewusstsein auf eine neue Sequenz des Lebens, in das die Regression geführt hat.

Beim Arbeiten im »veränderten Bewusstseinszustand« sind mehrere Faktoren bestimmend: die innere Haltung des Menschen, die karmische Reife und die parapsychologische Begabung.

Es sollte also niemanden verwundern, dass unterschiedliche Menschen unterschiedliche Erfahrungen machen. In meinem Fall ist auch wichtig zu betonen, dass ich vor den Sitzungen mit dem Regressionstherapeuten nichts über veränderte Bewusstseinszustände wusste. Ich hatte mich bis dahin auch niemals mit mystischen Schriften befasst. Den letzten Stand der Forschung auf dem Gebiet der Quantenphysik kannte ich nicht besser als jeder andere Laie. In Anbetracht dieser Tatsache ist es erstaunlich, wie genau meine Formulierungen während der meditativen Zustände übereinstimmen mit Texten der Mystiker einerseits und andererseits mit dem Vokabular, das heute in der modernen Physik verwendet wird. Die Visionen, die mir im Zustand des »Höheren Bewusstseins« spontan kamen, entsprechen in einer mir immer noch unbegreiflichen Weise den Erkenntnissen, die sich die Quantenphysiker mühsam erarbeiten.

Fragen, die in der Quantenphysik oder in der Neurophysiologie entweder noch offen sind oder aber erst in jüngster Zeit beantwortet werden konnten, habe ich als außersinnliche Wahrnehmung erfahren, verstanden und formuliert. Oft handelte es sich hierbei um Phänomene jenseits der »Raum-Zeit«, für die wir kein Vokabular haben, da unser Wortschatz sich auf physikalisch Messbares im Diesseits bezieht. Ich musste deshalb ausweichen auf Bilder, Symbole oder Ideogramme, die schlecht und recht die kosmischen Phänomene umschrieben. Ich »sah« zum Beispiel das Phänomen »Raum-Zeit« als geschlossene Kugel und beschrieb es auch so. Jahre später las ich, was Stephen Hawking erst 1989 errechnete: Die »Raum-Zeit« – mathematisch dargestellt – hat die geschlossene Form einer Kugel (»… boucle sur elle-meme«). (Stephen Hawking, »Trous Noirs et Bébés Univers«, Paris 1993, S. 79).Oder ich »sah« in der unendlichen Leere des Universums kubische, aufgetürmte Formen, die ich in der Regressionssitzung als »Gebilde aus Blöcken und Konstruktionen« bezeichne, was ich erst im Jahr 2004 verstand, nachdem ich in »Bild der Wissenschaft« (4/2003) gelesen hatte: »Im Weltbild der allerneuesten Weltformel ›Stringtheorie‹ erscheint das Universum wie ein kubistisches Gebilde. Der Kosmos beruht auf Geometrien, die perspektivisch wechseln wie ein Vexierbild.« Bevor die Quantenphysiker es errechneten, hatte ich das »kubistische Bild« im holotropen Bewusstseinszustand gesehen!

Ich sah und beschrieb auch anderes: das Bewusstsein als Ur-Grund jeglicher Schöpfung, oder: das Licht als identisch mit dem Bewusstsein, oder: das grenzenlose Energiemeer, aus dem das Bewusstsein schöpft und erschafft, oder: der ewige Rhythmus bzw. Zyklus, in den alles im Universum eingebunden ist, oder: die energetischen Verbindungslinien, die mathematischen Strukturen in einem universellen, multidimensionalen Netz, oder: die göttliche Ordnung im Universum, oder: der Punkt enthält die unendliche Vielfalt des Ganzen.

Als ich meine Konzentration, mein Bewusstsein auf einen

Punkt in dem vibrierenden Energiemeer richtete, öffnete sich dieser Punkt vor meinem geistigen Auge und ich sah eine Explosion wie ein gewaltiges, buntes Feuerwerk: Aus dem Punkt wurde ein Universum von Formen und Farben. Auch sah ich das Ende des Dualismus, das Aufgehen des Ich-Bewusstseins im All-Bewusstsein. Ich sah das individuelle menschliche Leben als einen Lichtpunkt im Energiefeld. Ich sah die Sphären jenseits der »Raum-Zeit«, die Sphäre, in der Raum und Zeit genauso wenig Gültigkeit haben wie die Materie. Und schließlich sah ich mich nicht mehr! Ich war aufgegangen im Ur-Grund, ich war allgegenwärtig, unendlich und ewig ... als Bewusstsein.

Die metaphysischen Erfahrungen waren für mich zunächst zwar nicht das eigentliche Ziel der Rückführungen gewesen, sie waren aber mit Sicherheit deren wesentlichstes Ergebnis. Der ursprüngliche Grund der Rückführungen – die Erforschung der Megalithkultur – führte aber ebenfalls zu neuen, unerwarteten Erkenntnissen, die verblüffend, aber durchaus logisch und plausibel sind. Die von mir gemachten Aussagen zur Frühphase der Megalithzeit betreffen u.a. die Lebensbedingungen, die Denkweise und die kosmologischen Kenntnisse des *homo sapiens sapiens*, den es gemäß moderner Forschung seit rund 70 000 Jahren auf dieser Erde gibt. Neben diesem kreativen Typus tauchen in den erneut gelebten Leben auch »primitivere« Menschenarten auf. Auch wenn die in Trance gemachten Äußerungen zur Vorgeschichte oder Urgeschichte stets logisch und stimmig erscheinen, bleibt doch die Tatsache bestehen, dass sie sich selten nachprüfen lassen, weil diese früheste Epoche der Menschheitsgeschichte nirgends dokumentiert ist – außer in uns selbst, in der Datenbank unseres »Höheren Bewusstseins«.

Leicht und nahezu lückenlos ließen sich dagegen die Angaben nachprüfen, die ich während der Rückführungen über Leben in der Neuzeit gemacht habe. In einer der vierzig Regressionssitzungen lebte ich das Leben des heiligen Hieronymus und machte erstaunlich korrekte Angaben zu seiner Kritik an der Kirche, zu seinem Leben als Asket und Einsiedler. Ich sprach von dem »Kreuz« als einem »Hammer«, mit dem wir uns Schaden zufügen. Zu meiner größten Verwunderung ist dieses Zitat vom »Hammer« aus einem Brief des Hieronymus an Papst Damasus überliefert! Auch in den übrigen Sitzungen machte ich korrekte Angaben. Es gelang mir, in Stadtarchiven, Kirchenbüchern, historischen Texten etc. die von mir im Zustand des erweiterten Bewusstseins angegebenen Daten, Familiennamen, Städtenamen, Erbschaftsverträge, Rituale, Titel, Berufe, Lebensumstände, geschichtlichen Fakten, Farben, Wappen etc. zu verifizieren. Alles scheint im »Höheren Bewusstsein« gespeichert und bei der richtigen Frequenzeinstellung abrufbar zu sein.

Dr. Yves Ducher, der als Regressionstherapeut die Sitzungen durchführte, hat mir immer wieder gesagt, dass er in den über zehn Jahren als Regressionstherapeut nie einen Menschen in seiner Praxis hatte, der im Zustand des »erweiterten Bewusstseins« ähnlich universelle Erkenntnisse erfahren und formuliert habe wie ich. Sehr wenige Menschen gelangten zu gültigen Erfahrungen in kosmischen Dimensionen, so sagt er. Es wird schon stimmen. Schließlich bestätigt auch der Hirnforscher Ernst Pöppel die Seltenheit kosmischer Erfahrungen: »Solche extremen Erlebnisse im Verlauf einer Meditation (d.h. im Zustand eines veränderten Bewusstseins) sind [...] auch für den regelmäßig Meditierenden außerordentlich selten«. (Ernst Pöppel, »Lust und Schmerz«, München 1995, S. 267.)

In den meisten Sitzungen durchlebte ich eine Existenz aus der Vergangenheit – zwei Mal auch aus der Zukunft, was für mich überraschend war. Normalerweise sprach ich mit dem begleitenden Arzt vor der Sitzung ab, in welche Zeit ich versetzt werden wollte. Und dieser Wunsch erfüllte sich dann auch – meistens. Fünf Mal habe ich ein Leben aus den letzten Jahrhunderten erlebt. Alle anderen Male sollte die Sitzung meinen Wissens- und Erfahrungsstand zum Thema »Steinzeitmenschen« erweitern. Das gelang aber nicht immer. In zwölf Rückführungen war ich nicht in einem anderen Leben inkarniert, sondern ich blieb in einer nicht-inkarnierten Phase zwischen den Leben. Mein Bewusstsein war während der zwei bis drei Stunden der Sitzung in den Sphären oder Frequenzbereichen, in denen Materie, Raum und Zeit nicht existieren. Eine solche Sitzung ist auch die erste, die hier entsprechend auch zuerst wiedergegeben wird.

Um den Ablauf einer Sitzung verständlich zu machen, gebe ich die ersten beiden Sitzungen, die wie alle anderen auf einer Kassette aufgenommen wurden, vollständig und ungekürzt wieder. Die anderen Sitzungsprotokolle kürze ich vor allem in den Passagen, in denen der veränderte Bewusstseinszustand eingeleitet wird, weil das Verfahren immer das gleiche ist und es sich somit erübrigt. Außerdem würde die Wiederholung dem Leser unweigerlich monoton erscheinen.

Erst kurz vor der vierzigsten Sitzung habe ich den Entschluss gefasst, meine Erfahrungen in den Regressionssitzungen später zu Papier zu bringen und zu veröffentlichen. Ich kann mir gut vorstellen, dass viele Menschen Schwierigkeiten haben werden, das Denkgebäude zu betreten, das ich hier errichtet habe, und das von mir Geschaute und Beschriebene anzunehmen. Deshalb habe ich vor den letzten Sitzungen dem Arzt – und meinem »Höheren Bewusstsein« – gegenüber den Wunsch geäußert, in ein Leben hineinzugehen, das sich nachprüfen lässt. Alle Angaben, die dann während der Rückführung gemacht wurden, ließen sich tatsächlich detailliert und vollständig überprüfen und erwiesen sich in jeder Hinsicht als korrekt.

Die Tatsache, dass hier in der Probe aufs Exempel die Richtigkeit meiner Aussagen nachgewiesen werden konnte, legt nahe, dass auch die anderen Aussagen richtig sind, die schwerer oder gar nicht nachgewiesen werden können, weil sie aus der Vorzeit der Menschheitsgeschichte oder aber aus den Sphären jenseits der »Raum-Zeit« stammen. Ohnehin bleibt aber die Frage, ob selbst ein noch so guter Nachweis der Richtigkeit meiner Angaben einen überzeugten Skeptiker überzeugen kann.

In allen vierzig Sitzungen werden die Fragen von Dr. Ducher in Normalschrift, die Antworten der Autorin kursiv abgedruckt.

1

TOTENREICH · SCHATTEN · LICHTTUNNEL

Die Sitzung fand am 7. Januar 1994 in der Praxis des Regressionstherapeuten Dr. med. Yves Ducher statt.

Dr. Ducher: Geht es Ihnen gut? Ja? Ich werde jetzt die Vorhänge schließen … Beginnen Sie, tief und gleichmäßig zu atmen. Konzentrieren Sie sich auf Ihre Atmung. Atmen Sie ganz tief, mit Ihrem Bauch und mit den Lungen, und denken Sie an nichts anderes als daran, tief zu atmen. Sie wissen, dass die Atmung ein Schlüssel ist für die Befreiung des Geistes, ein Schlüssel für das Wiederauffinden von Vergangenem. Konzentrieren Sie sich auf Ihren Atem und spüren Sie ein Gefühl von Frieden, Ruhe und Heiterkeit. Sie werden Ihre gewöhnlichen Sinne zum Schweigen bringen, Ihre Ohren, Ihre Augen werden zur Ruhe kommen … Sie werden gleichzeitig jeden Ihrer fünf Sinne öffnen, während Sie weiter tief und ruhig atmen. (*Es folgen ca. 6 Minuten der Stille.*)

In einigen Minuten werde ich eine Musik anstellen, und von diesem Moment an wird nichts mehr Ihre Sinne erreichen, außer dem Ton meiner Stimme und dem Ton der Musik. Aber alle Ihre Sinne sind ungewöhnlich wach, aufnahmebereit und offen. Seien Sie ganz entspannt. Sie atmen immer tiefer und ruhiger. (*Ca. 4 Minuten Stille.*) … Ich werde jetzt die Musik anstellen und Sie werden wieder normal atmen. (*Die Musik beginnt.*) … Ich möchte, dass Sie sich vorstellen, auf einer wunderschönen Waldlichtung zu sein, bekleidet mit einem langen, weißen Kleid, in dem Sie sich sehr, sehr wohl fühlen. Geben Sie sich diesen Gefühlen ganz hin. Stellen Sie sich einen herrlichen Sommertag vor. Lassen Sie ihn Wirklichkeit werden, indem Sie ihn mit Ihren Gedanken erschaffen. Sie wissen, dass Ihre Gedanken, die in der Welt der physikalischen Gesetze immateriell sind, in den subtileren Welten ganz und gar wirklich sind. Es ist, als ob die Natur lebendig würde, wenn Sie sie mit Ihren Gedanken real werden lassen, wenn Sie Ihre Aufmerksamkeit darauf richten, wenn Sie wirklich Ihre Lebensenergie mit dieser Natur verbinden. Fühlen Sie die Energie unserer Erde in Ihrem Körper, in Ihrem Geist … Und nun möchte ich, dass Sie gewahr werden, wie aus dem tiefen Blau des Himmels eine wunderbare Kugel aus goldgelbem Licht herunterschwebt. Sie schwebt gerade über Ihrem Körper, Ihrem Geistkörper. Fühlen Sie diese Kugel aus goldenem, nichtirdischem Licht. Wie eine Sonne verströmt diese Kugel die schönsten Strahlen des spirituellen Lichts. Es berührt Ihren Körper und alle energetischen Körper Ihres Seins. Sie schaffen eine Art Schutzhülle aus spirituellem Licht, die alle Ebenen Ihres Seins schützt.

Ich spreche zu Ihnen, die Sie reiner Geist, reines Bewusstsein sind. Der Geist wird immer klarer. Ich spreche zu Ihnen, die Sie mich verstehen als reiner Geist, der perfekt versteht, was ich sage. Was immer geschieht, lassen Sie es geschehen. Akzeptieren Sie die Eindrücke, die Bilder, die sich Ihnen jetzt darbieten. Öffnen Sie sich, schauen Sie, hören Sie, nehmen Sie wahr und geben Sie sich ganz diesen Eindrücken hin. Sie sind reiner Geist, reines Bewusstsein. Akzeptieren Sie alles, was Sie erleben. Als reiner Geist haben Sie sich mehr und mehr von Ihrem Körper aus Fleisch und Blut entfernt. Ihr Körper ist auf der Erde geblieben. Sie wurden zu reinem Geist, reinem Bewusstsein. Lassen Sie sich schweben für einige Augenblicke. Akzeptieren Sie es …

Ich werde jetzt beginnen, Ihnen Fragen zu stellen. Und obgleich Sie sich in einem veränderten Bewusstseinszustand befinden, sind Sie gut in der Lage, auf die Fragen zu antworten, die ich Ihnen stellen werde … Wo immer Sie sich jetzt befinden, sagen Sie mir bitte, ob Sie sich eher gut fühlen oder ob Sie irgendwelche Schwierigkeiten haben. Fühlen Sie sich zurzeit gut oder nicht so gut?

Autorin: Gut.

Ich möchte, dass Sie dieses Gefühl des Wohlbefindens einige Minuten genießen … Öffnen Sie sich gleichsam, als ob Sie immer noch schwebten. Fühlen Sie, wie frei Sie geworden sind als reines Bewusstsein in diesem Universum. Ich möchte, dass Sie wahrnehmen, ob in diesem Universum, in dem Sie sich wohl fühlen, eher Dunkelheit herrscht oder Licht.

Dunkelheit mit einem zentralen Licht.

Gut. Und hat dieses Licht eine Farbe?

Es ist farblos.

Sehr gut. Und wo befinden Sie sich im Verhältnis zu diesem farblosen Licht?

Ich bin mitten in diesem Licht ... Ich bin verschmolzen mit diesem Licht.

Es ist, als seien Sie selbst ein farbloses Licht geworden. Ich werde einige Momente still bleiben, damit Sie dieses Gefühl genießen können. Fühlen Sie, wie frei Sie sind ohne Gewicht, ohne Körper. Spüren Sie, wie Sie reine Energie sind, reines Licht, Bewusstsein, Geist. Machen Sie diese Erfahrung ... Wie geht es Ihnen in dieser Umgebung? Lenken Sie Ihre Aufmerksamkeit mehr und mehr auf diesen Zustand, in dem Sie sich befinden. Es gibt vielleicht einen Ort in dieser Umgebung, der Sie besonders anzieht. Schauen Sie um sich. Haben Sie das Gefühl, dass alles uniform, von gleicher Gestalt ist, oder nehmen Sie Unterschiede wahr? Irgendwo in diesem unendlichen Raum gibt es etwas, das Sie anzieht, etwas, das Sie wahrnehmen.

Es gibt dort etwas, das ich nicht kenne.

Gut. Ich werde jetzt bis drei zählen und Sie werden sich dorthin bewegen. Sie sind reiner Geist, reines Bewusstsein. Sie sind die Energie des Lichts und Sie werden sich dorthin bewegen mit der Geschwindigkeit des Geistes, dorthin, wo Sie etwas wahrnehmen, was Sie nicht kennen. Ich zähle bis drei und Sie werden es aus der Nähe sehen ... 1 ... 2 ... 3 ... voilà. Was fühlen Sie, nachdem Sie sich genähert haben? Woran erinnert es?

Eine Öffnung, eine Höhle ... Aber ich verspüre keine Lust hineinzugehen.

Akzeptieren wir das. Was möchten Sie jetzt tun?

Ich möchte hineingehen. Also ... es ist keine Höhle, denn

es ist am hinteren Ende offen ... und von der anderen Seite kommt ein strahlendes Licht ... Ich wollte zuerst nicht hineingehen, weil ich dachte, es wäre nur die Öffnung zu einer Höhle, in der man eingeschlossen wäre. Es gibt dort zahllose Gestalten, Wesen, Personen ... Seitlich stehen viele Gestalten in dem Tunnel.

Wie sehen diese Gestalten aus? Wem ähneln sie?

Es sind nur Schatten. Ich sehe wenig ... Es sind eben nur Schatten.

Möchten Sie dort bleiben, wo Sie sind?

Nein, ich möchte weitergehen.

Also, gehen Sie weiter Ihren Weg. Was empfinden Sie jetzt?

Es ist heller, als es jemals war, es ist sehr, sehr, sehr hell ... Ich habe keine Form ... Ich bin Teil des Lichts.

(Bei dem Licht handelt es sich nicht um das »normale«, sichtbare, blendende Licht, sondern um einen auf Erden unbekannten Lichtzustand voller Harmonie und Freude. Einen passenden Ausdruck für dieses Phänomen gibt es nicht. Newton, Platon und andere Wissenschaftler und Philosophen unterscheiden zwischen dem »phänomenalen« Licht und dem »numinosen« Licht, zwischen dem sinnlichwahrnehmbaren und dem außersinnlich-spirituellen Licht. Diese unterschiedlichen Lichtphänomene haben unterschiedliche Frequenzen: Die Frequenz der sichtbaren Lichtwellen liegt bei 10 hoch 16, während die Frequenz der kosmischen Strahlung bei 10 hoch 28 Schwingungen pro Sekunde liegt. Die erwähnten Schatten sind als Symbole der Gegenwelt des Lichts zu verstehen. In den meisten Kulturen ist der Schatten ein Synonym für Tod oder tote Seelen. Sie werden

auch als Astralkörper mit niedriger spiritueller Entwicklung gesehen. Der Begriff ist eindeutig negativ besetzt, und in eben diesem Verständnis spreche ich auf meinem Weg durch den Lichttunnel von den Schatten, die sich nicht zum Licht hin bewegen wollen oder können.)

Was sehen Sie jetzt? Was fühlen Sie?

Es ist die absolute Stille. Man hat keine Lust, diese Stille jemals wieder zu verlassen … Man möchte für immer in dieser Stille bleiben … Nichts passiert … Ich drehe und bewege mich ein wenig …

Lassen Sie es geschehen. Akzeptieren Sie es.

Ich bin zurück bei den Schatten. Sie haben sich unter schwarzen Mänteln versteckt, sich mit schwarzen Mänteln zugedeckt. Sie hocken auf dem Boden. Man sieht nichts von ihnen.

(Die Begriffe Mantel und Boden werden als Gegenbild zum Lichterlebnis durchaus negativ belegt.)

Die Schatten verschließen sich dem Licht, indem sie sich bedecken. Und statt sich auf das Licht hin zu bewegen, kauern sie am Boden.

Ist es, als ob die Schatten das Licht meiden, weil es nicht zu ihnen gehört? Verstecken sie sich vor Ihnen, weil Sie selbst das Licht sind? Alles, was dunkel, obskur und schattenhaft ist, meidet das Helle, fühlt sich nicht gut vor dem Licht. Schauen Sie es an.

Ich bin jetzt Teil dieser Gruppe … Sie, die Schatten, sind jetzt weniger dunkel und ich bin weniger hell.

Sie wissen ja, dass Sie nur ein wenig höher steigen müssen, wenn Sie wieder mehr im Licht sein möchten. Sie werden sich wieder anfüllen mit diesem Licht, damit Sie den Schatten helfen können, immer heller zu werden. Sie können diese Aufgabe erfüllen.

Die Schatten folgen mir.

Erkennen Sie Ihre Mission, den Schatten Licht zu bringen …

(Sehr lange Stille der Meditation.)

Alles ist zu einer Struktur geworden … Eine Struktur wie ein Gewebe, wie ein einheitlicher Organismus … Er verändert sich … in einem weiten Rhythmus, in den alles einbezogen ist … Es ist eine Ordnung … Eine universelle Ordnung, die mich mit Freude erfüllt … Nun ist es nicht mehr klar zu sehen.

Dann gehen Sie zurück zu diesem Licht, das Sie schon kennen. Füllen Sie sich ganz mit seiner Energie und geben Sie diese Energie weiter an die gesamte Struktur, an alle Elemente, aus denen diese Struktur besteht, an alle Teile, die das Ganze formen, aus denen die Einzelteile der Einheit bestehen. Erfüllen Sie diese Aufgabe.

(Es folgt eine lange Stille.)

Diese Strukturen sind jetzt größer geworden und … Ich bin gleichzeitig überall … als ein Punkt auf … als ein Punkt in diesem Netz von Strukturen … Ich weiß nicht, wo ich bin. Es ist irritierend … Ich kenne dieses Erlebnis gar nicht … Ich bin ein Punkt … und ich bin gleichzeitig überall … Ich bin alles, das Ganze … Ich verstehe das gar nicht.

Sie können sich überall hinbewegen, wenn Sie gleichzeitig der Punkt sind und das Ganze. Es ist wie zuvor, als Sie mit dem Licht verschmolzen waren. Es war, als seien Sie selbst das Licht gewesen. Ein Punkt im Licht und gleichzeitig ein Punkt, der sich im Licht verströmt, der sich auflöst im Licht und zu Licht wird. Sie sind die Einheit und gleichzeitig ein Teil von ihr. Verstehen Sie es.

(Es folgt eine lange Stille.)

Wie geht es Ihnen?

(Ich gebe keine Antwort, da ich die Frage nicht höre. Ich bin in sehr tiefer Trance.)

Erleben Sie die Energie dieses Lichts …

Achschav, ach, das ist Hebräisch … Ich will sagen »jetzt«, jetzt ist es hell.

Jetzt werde ich bis drei zählen und Sie werden die Gegenwart eines Lichtwesens spüren, das weiter fortgeschritten ist auf dem Weg, ein Geistiger Führer, ein Meister, ein Wesen, das in enger Verbindung zu Ihnen steht. Sie werden seine Gegenwart spüren … 1 … 2 … 3 … Dieser Geistige Führer wird Ihnen eine Botschaft, einen Schlüssel, ein Geschenk oder ein Symbol übergeben. Seien Sie aufmerksam und öffnen Sie sich ganz seiner Gegenwart.

Es ist ein gleichseitiges Dreieck mit der Spitze nach oben. In der Mitte des Dreiecks sehe ich ein Auge … Aber es war nur kurz sichtbar, nun ist das Dreieck leer. Man hat mir das Auge nur gezeigt, damit ich in meinem Leben danach suche. Das Symbol ist eine Mahnung an mich.

(Telepathisch wird mir vermittelt, dass ich des Anblicks des Auges noch nicht würdig bin. Eines Tages soll ich es sehen, wenn ich meine spirituelle Aufgabe erfüllt habe. Das gleichseitige Dreieck mit der Spitze nach oben symbolisiert – seit alters her – die Harmonie und Vollkommenheit der göttlichen Schöpfung und Ordnung. Das Auge ist in vielen Kulturen vor allem ein Symbol der Erkenntnis, der übersinnlichen Erfahrung, des Göttlichen.)

Sie sind jetzt erfüllt von der Schwingungsfrequenz des Geistigen Führers, von seiner Energie, von seiner unendlichen Liebe, von seinem Wissen und Verstehen. Sie haben all diese Erfahrung zu Ihrer Verfügung. Jetzt werden wir diese Sphäre verlassen. Wir danken voller Demut Ihrem Geistigen Führer, Ihrem Meister. Und nun werden wir ganz langsam zurückkehren zu der Erde. Sie bleiben erfüllt von den herrlichen Energien, von diesem Licht und der unendlichen Liebe. Ich werde von eins bis fünf zählen, damit Sie heruntersteigen zur Erde 1 … 2 … 3 … 4 … 5 …

Wie ist das traurig, dass ich dort oben nicht bleiben kann … in der Gegenwart dieses Lichtwesens, dessen Energie mich so sehr mit Glück erfüllt.

(Ich spreche mit großer Bewegung und weine vor Glück.)

Alles ist immer da, alles bleibt. Sie nehmen es mit in Ihr Erdendasein. Dort unten gibt es eine physische Hülle, einen Geist-Körper, den Sie gereinigt haben mit der Energie des Lichts.

(Weiterhin weine ich leise vor Ergriffenheit.)

Ja, lassen Sie diese Gefühle zu. Es ist nicht Trauer und Schmerz, was Sie fühlen, denn Sie wissen, dass Sie zurückfinden müssen zu dem Körper, der unentbehrlich ist für Ihre Entwicklung in Zeit und Raum. Der Körper bietet uns eine Möglichkeit, uns zu entwickeln als menschliche Wesen. Der Geistige Führer verlässt Sie in Wahrheit nie. Bewahren Sie die Erinnerung an ihn und seine Energie. Und jetzt werden wir herunterkommen auf die Erde mit all diesem Licht, voller Freude, mit dieser energetischen Schwingung der göttlichen Liebe, mit dem Geschenk, mit dem Symbol werden wir herabsteigen zu dem Körper, einem vom Licht veränderten Körper. Ich zähle von zehn bis eins, und Sie beginnen herabzukommen … 10 … Beginnen Sie herunterzukommen zu dem Körper, alles ist immer noch bei Ihnen, das Licht, die Liebe, die Energie … 9 … akzeptieren Sie die Notwendigkeit herunterzukommen … 8 …

(Ich stöhne und weine leise, weil ich unsagbar traurig darüber bin, zum Körper zurückkehren zu müssen.)

… 7 … Akzeptieren Sie, dass Sie wieder zu Ihrem Körper gehen müssen … 6 … steigen Sie herunter. Sie sind mit der Liebe und der herrlichen Energie erfüllt … 5 … Fühlen Sie wieder einen Körper aus Fleisch und Blut. Es ist nicht derselbe, den Sie verlassen haben. Es ist etwas Neues, das Sie auf der Lichtung finden. Es ist ein Körper, dessen Schwingung harmonisch und voller herrlicher Energien ist. Lassen Sie diese Energien ihre Wirkung tun in diesem Körper und in diesem Geist. Es erfüllt Sie eine Glückseligkeit, Heiterkeit, Gelassenheit, es erfüllt Sie Friede und Weisheit, die Ihren Körper und Ihren Geist verändern. Und jetzt bewegen Sie langsam Ihre Füße … 5 … und Ihre Beine … 4 … Bewegen Sie Ihre Arme und Hände … 3 … Atmen Sie tief ein … 2 … Bei der nächsten Zahl werden Sie im Hier und Jetzt sein … 1 … voilà, Sie sind hier in Paris, in Frankreich, auf der Erde, im Sonnensystem, im Universum. Es ist Freitag, der 7. Januar 1994. Empfinden Sie, was Sie wirklich sind in diesem Universum … ein Lichtpunkt, ein unendlicher Punkt, ein Punkt, der keine Grenzen hat. Sie sind erfüllt von Licht und unendlicher Liebe. Das ist es, was Sie in Wahrheit sind. Sie können jetzt Ihre Augen öffnen … Ich danke Ihnen.

Nach der Sitzung erfüllte mich eine fast berauschende Freude, eine Glückseligkeit und Heiterkeit, eine mir bis dato unbekannte elektrisierende Hochstimmung, die mich schweben ließ und tagelang anhielt. Ich ahnte, dass der Grund für diese »himmlischen« Gefühle die Einsichten und Erkenntnisse waren, die ich im Zustand des erweiterten Bewusstseins gewonnen hatte. Erst drei Jahre später fand ich in den ehrwürdigen Texten der alten Mystiker die Beschreibung ihrer Heiterkeit und Gelassenheit, ihres inneren Friedens und ihrer bedingungslosen Liebe für die ganze Menschheit. Diese Geisteshaltung und Erkenntnis sind das Ergebnis ihrer oft jahrelangen Vorbereitung auf ein Lichterlebnis, auf die Erleuchtung. Ein mühsamer Weg für viele! Ich bin dankbar, dass es mir so leicht gemacht wurde, Erkenntnisse kosmischer, spiritueller und mystischer Natur zu erlangen. Gleich in der ersten Sitzung – und in vielen späteren Sitzungen – formulierte ich fast die gleichen Worte wie die alten Mystiker – und die modernen Physiker.

Dr. Ducher kommentierte meine Äußerungen in der ersten Sitzung: »Mais vous êtes mon champion!« und gab damit zu verstehen, dass er ähnlich »weitsichtige« Beschreibungen der Sphären jenseits der »Raum-Zeit« in seiner Praxis noch selten vernommen hatte.

2

NICHT-INKARNIERTES BEWUSSTSEIN · DER WIND · DAS BOOT

Der Anfang der Sitzung verläuft wie in Sitzung (1).

Dr. Ducher: In einigen Minuten werde ich die Musik anstellen, und von diesem Moment an werden Sie wieder normal atmen. Alle Ihre Sinne sind besonders wach, offen und aufnahmebereit. Sagen Sie mir bitte, welches Thema Sie heute arbeiten möchten.

Autorin: Die Zeit um 1000 v. Chr.

(Mein eigentlicher Plan für die Regressionen war es, etwas über die Anfänge der Megalithzeit zu erfahren, indem ich in ein Leben in der Zeit vor mindestens 10 000 Jahren zurückgehe. Aber in dieser Sitzung hatte ich noch zu viel Angst, derart weit zurückzugehen. Die Zeit um 1000 vor unserer Zeitrechnung war mir dagegen sehr vertraut, weil ich darüber gelesen, geforscht und ein Buch geschrieben hatte.)

Ich werde jetzt die Musik anstellen, und Sie werden wieder

einen normalen Atemrhythmus einnehmen. Ich wende mich mit meinen Worten an Sie, die Sie reines Bewusstsein, reiner Geist sind. Am Horizont erscheint ein kleiner blauer Punkt. Er wird größer und größer. Es ist der Zeitkanal. Sie gehen hinein, ganz hinein. Sie beginnen, sich durch ihn hindurch zu bewegen, immer schneller und schneller. Ich zähle bis fünf und Sie werden auf der anderen Seite, am Ende des Zeitkanals, in eine neue Existenz gelangen … 1 … 2 … 3 … 4 … 5 … Akzeptieren Sie die Eindrücke, die Bilder, die Sie jetzt sehen. Öffnen Sie sich, schauen Sie, hören Sie, nehmen Sie wahr und lassen Sie es geschehen. Sie sind reiner Geist, reines Bewusstsein und Sie sind in einer irdischen Existenz inkarniert. Fühlen Sie, ob da, wo Sie sich befinden, eher Licht oder eher Dunkelheit herrscht.

Autorin: Licht.

Fühlen Sie sich in einem Raum oder unter freiem Himmel?

Im Freien.

Gut, Sie spüren das Licht und den freien Raum. Haben Sie den Eindruck, dass es Ihnen gut geht, oder eher nicht so gut?

Ich fühle mich wohl.

Sind Sie allein oder sind andere Wesen bei Ihnen?

Allein.

Gut, und jetzt werden Sie sich selbst kennenlernen. Wir wissen noch nicht, wer Sie sind. Wir wissen noch nicht, was Sie tun. Die Dinge werden sich jetzt klären. Konzentrieren Sie sich auf Ihre Füße und fühlen Sie, ob diese Füße Schuhwerk tragen oder nicht.

… weiß nicht.

Die Dinge werden nun immer klarer. Haben Sie den Eindruck, dass sie bekleidet sind?

Ich habe keine Beine.

Es erscheint Ihnen, als hätten Sie keine Beine. Haben Sie den Eindruck, ein Mann zu sein oder eine Frau?

Ich weiß nicht.

Gut. Nun werden Sie mit Ihren energetischen Händen über Ihr Gesicht streichen. Was spüren Sie?

Es ist zu schwer zu antworten.

Gehen Sie allmählich immer tiefer hinein in Ihre Persönlichkeit. Akzeptieren Sie alles, was Sie spüren, selbst wenn Sie nicht alles verstehen, was Sie verspüren. Was empfinden Sie dort … im Licht, draußen in der Natur?

Ich blicke auf ein … Fell … eines Tieres … Ich bin kein Mensch.

Lassen Sie die Eindrücke zu, selbst wenn Sie nicht alles verstehen, was Sie erleben. Ist es, als ob auf Ihrem Körper ein Fell sei?

Nein, nicht auf mir, sondern neben mir.

Ein anderer Körper? Nehmen Sie sich Zeit, sehen Sie sich das Fell genau an. Ist das Haar des Fells eher lang oder kurz?

Eher lang. Es ist eine Art Mantel, dieses Fell.

Aha, eine Art Mantel. Sie werden sich jetzt anfassen und feststellen, wer Sie sind. Allmählich klären sich die Dinge. Nehmen Sie mit Ihrer Umgebung Kontakt auf. Erforschen Sie Ihre Umgebung.

Ich glaube, ich sehe die … Wüste … mit einigen kleineren und größeren Steinen in einem roten Ton, gelb-rot.

Geht es Ihnen immer noch gut?

Ich bin ein wenig allein … einsam … Es ist die absolute Stille … und ich erwarte nichts … Ich habe Schwierigkeiten, mich zu sehen … Ich blicke einfach nur um mich … Es ist, als sei es ganz normal, nur um sich zu sehen … keine Erwartungen zu haben.

(Dieses Gefühl des In-sich-Ruhens, die Hingabe an den Augenblick, das Fehlen von Streben und Erwartung ist eine in unserer Zeit eher unbekannte Geisteshaltung. Ich, der ich in dieser Rückführung davon spreche, kenne diese Haltung jedenfalls nicht.)

Haben Sie den Eindruck, dass Sie sich fortbewegen können von diesem Ort, oder nicht?

Ich sitze, glaube ich … Ich habe schon gesagt, dass ich mich nicht spüre … meine Beine, meinen Körper … Ich habe nur Augen, ich kann nur schauen.

Gut, ich werde jetzt bis drei zählen und etwas Neues wird passieren in dieser Existenz. Was immer es ist, akzeptieren Sie, was sich ereignet. … 1 … 2 … 3 … Sind Sie noch am selben Ort?

Nein, jetzt bin ich ein ganz winziger Mensch vor etwas, das hoch vor mir aufgerichtet steht. Ein Gegenstand … Es ist nicht beängstigend … Ich bin neugierig. Ich wüsste gern … Ich nähere mich dem Ding … Es ist ja gar nicht möglich, dass ein Mensch so klein erscheint vor einem Boot. Er ist ja nicht derartig klein! Aber ich fühle mich winzig vor diesem Boot … Jetzt trage ich das Tierfell … Wie seltsam …

(Es ist dasselbe Fell, das ich in der vorigen Szene »von außen« gesehen habe, als mein Bewusstsein sich noch nicht als inkarniert in diesem Körper empfand, als ich noch nicht

wirklich in diesem Körper steckte, dessen Leben ich lebte und jetzt vor dem Boot lebe.)

Haben Sie den Eindruck, dass Sie ein Kind sind?

Nein, kein Kind! Aber ich sehe mich selbst aus einer Entfernung von mir selbst und von dem Schiff, und deshalb kann ich beurteilen, dass ich im Vergleich zu dem Schiff sehr klein bin.

Welchen Eindruck haben Sie von sich, wenn Sie sich aus der Distanz betrachten? Wie sehen Sie aus?

Wie ein Wilder … Er bewegt sich nicht.

Jetzt werden Sie wieder in Ihren Körper gehen und sich nicht mehr von außen betrachten. Und Sie werden empfinden, was in Ihrem Kopf vorgeht.

Jetzt sehe ich nicht mehr sehr klar. Ich stehe vor dem Holz, den Planken eines Schiffes. Ich bin erstaunt über all das … wie ein Dummkopf. Das Boot ist riesengroß. Ich sehe das Holz der Schiffswand, ich sehe die Konstruktion des Schiffes.

Werden Sie auf das Boot steigen?

Ich könnte hinauf, das Schiff liegt ja auf dem Strand. Ich will aber nicht hinauf … Niemand ist auf dem Boot zu sehen … Es ist, als ob ich das Boot gefunden hätte … Und ich habe nicht einmal Angst … vor dieser mir unbekannten Größe … Ich sehe die Farbe auf den Schiffsplanken … Sie sind ganz schwarz und glänzen fett … Jetzt sehe ich jemanden oben auf dem Schiff … Er sieht mich nicht. Erarbeitet … Er tut irgendetwas auf dem anderen Ende des Schiffes, das halb im Meer liegt.

Schauen Sie sich alles genau an. Haben Sie Angst?

Ich habe keine Angst, aber ich weiß nicht, wie ich das

machen soll. Die Schiffswand ist zu hoch, um hinaufzusteigen ... Das Boot liegt schließlich am Strand ... Es ist nicht möglich.

Und die anderen Menschen an Deck?

Sie drehen mir den Rücken zu. Sie arbeiten an Deck und beachten mich nicht.

Haben Sie den Eindruck, dass diese Menschen genauso groß sind wie Sie?

Sie sind genauso groß wie ich. Ich bin ja gar nicht so klein. Nur im Vergleich zur Höhe des Schiffes erscheine ich winzig. Vielleicht ist es für mich das erste Mal, dass ich vor etwas so Hohem stehe wie diesem Schiff.

Ja, außer den Bäumen vielleicht. Oder gibt es dort keine Bäume?

Nein. Ich bin am Strand mit denselben Steinen, die ich zu Anfang erwähnt habe. Bäume gibt es hier nicht.

Ja, gut. Die Zeit setzt sich nun wieder in Bewegung, sie beschleunigt sich. Ich zähle bis drei und sogleich wird etwas Neues erscheinen. ... 1 ... 2 ... 3 ... Akzeptieren Sie, was immer es sei. Sind Sie immer noch nahe bei dem Boot? Was passiert jetzt?

Licht ... Wieder sehe ich nicht mich, sondern Schatten. Schatten sind sonst schwarz, aber diese nicht. Sie sind hell ... Vielleicht sind es Silhouetten ... Sehr große Silhouetten ... Alles ist licht und hell. Es ist nicht wie die Erde. Wieder bin ich ein wenig neben mir ... vor diesen Lichtern.

Fühlen Sie die Anwesenheit von anderen Wesen?

Nein, es ist vielmehr ... als wenn die Lichter mich umfingen ... Hinter dem Dunkel ist es wieder Licht. Es ist wirklich sehr, sehr hell. Ich selbst bin nur erstaunt über so viel

Licht … und fühle mich sehr wohl. Und diese Silhouette … es ist eine einzige Silhouette … Die anderen … sehe ich nicht mehr … sie wurden zu einer einzigen Silhouette … Es ist eine einzige helle Lichtgestalt. Ich bin zu Füßen dieses Lichts … Diese Lichtgestalt ist mir überlegen … Sie ist überwältigend … Ich fühle mich ihr gegenüber sehr klein … Nun ist alles zu einem Lichtkreis geworden … Und ich bin zu einem Teil dieses Lichtkreises geworden. … Nichts geschieht … Das Licht hüllt mich ein, umarmt mich … Es zieht mich hinein in das Licht.

Möchten Sie sich gern zu diesem Licht hinbewegen?

Langsam verliere ich meine Form … Ich löse mich auf, sozusagen … Ich werde zu Licht … Ich sehe mich nicht mehr.

Sie sind im Licht.

Die Silhouette ist immer noch da. Sie hat sich nicht verändert.

Spüren Sie die Verbindung zwischen Ihnen und diesem Wesen. Erfahren Sie diese Schwingungen. Verstehen Sie, was vorgeht in Ihnen, um Sie herum und in dieser Lichtgestalt, im Lichtkreis.

Ich bin allein … Ich existiere nicht mehr … Ich war allein. Vielleicht sind die anderen bereits in diesem Lichtkreis … Ich sehe sie nicht.

Ist das unangenehm oder angenehm?

Neutral … Es gibt keine Worte für diesen Zustand. Jetzt habe ich wieder die Schatten gesehen … am Boden … bedeckt mit ihren schwarzen Mänteln … Und plötzlich waren es Steine, gerundete, große Steine … so groß wie Menschen … versteinerte Menschen. (In der Symbolik vieler Völker besteht zwischen dem Stein und dem Menschen ein enger Bezug. Der unbehauene Stein gilt als androgyn und Sinnbild der ursprünglichen Vollkommenheit des Menschen. Die Mythologie sieht sie als vom Himmel gefallen und keineswegs leblos an. Steine, die sprechen, die Wunder bewirken, die Menschen aus sich heraus gebären und die eine göttliche Weisheit vermitteln … all das war aber nicht der Sinn meiner Vision in dieser Sitzung. Ich sah diese Steine zunächst in Menschengestalt, in einem bildlichen Gegensatz zum Licht, der Stein als Prototyp der Materie. Mit diesem Sinnbild wurde mir die Botschaft oder Erkenntnis vermittelt: Alle Materie führt nur ein Schattendasein, denn keine andere Realität existiert außer der Realität des Lichts. Menschen, die fernab vom Licht als Schatten existieren, sind zu reiner Materie reduziert. Aber diese Materie hat auch nur eine Scheinexistenz.)

Ich schwebe schon wieder … über dem Strand, über dem Meer … Ich bin kein menschliches Wesen … Ich bin der Wind …

(Diese Benennung meines Zustands als »Wind« ist heute für mich sehr erstaunlich, denn mit genau diesem Wort »Wind« haben die Weisen und Mystiker – zuerst in den viertausend Jahre alten vedischen Texten, den »Upanishaden« – und seitdem in allen anderen mystischen Schriften – den Zustand beschrieben, in dem sich das Bewusstsein nach dem Tod oder in veränderten Bewusstseinszuständen befindet. Die Einzelseele als »Atem« löst sich auf im Wind, in der Welt-Seele, in der Ur-Energie. »Durch den Wind sind diese und jene Welt, sind alle Wesen miteinander verknüpft.« (Vgl. »Upanishaden. Die Geheimlehre der Inder«, München 1977, S. 65.)

Obgleich die Texte mit derartigen Beschreibungen geistiger Zusammenhänge im nicht-materiellen Bereich jahrtau-

sendealt und das Bedeutendste sind, was zu diesem Thema geschrieben wurde, wusste ich zur Zeit dieser Sitzung gar nichts von ihnen.)

Es ist herrlich ... Es ist ein großartiges Gefühl ... ein großes Gefühl ... Der Wind ... Der Wind streichelt die Dinge ... Auch meine Steine ... Aber kein menschliches Wesen ist hier ... Niemand ist hier ... Wo sind sie alle? Es ist die absolute Leere.

Sie können sich frei bewegen, da Sie der Wind sind. Bewegen Sie sich zu einem Ort, wo Sie vielleicht menschliche Wesen finden.

Es ist, als ob ich sie schon kenne ... Es ist nicht interessant. Warum sehe ich sie überhaupt an? Ich sehe die Stelen der Maya. Ich bin nicht von ihnen fasziniert. Ich sehe sie an, das ist alles, denn ich kenne sie ja schon ... Menschen gibt es hier nicht, nur Inschriften ... (tiefer Seufzer). Ich kann sie nicht lesen, aber ich wollte es gern. (Die Trauer darüber, dass ich etwas nicht lesen oder verstehen kann, ist ein Motiv, das sich in mehreren meiner in den Regressionssitzungen wiedergefundenen Leben finden lässt.)

Ich sehe das Dorf hinter den Stelen ... und einige Menschen.

(Die Kassette, auf der diese Sitzung aufgenommen wurde, wird vom Arzt gedreht, und dadurch wurden einige Sätze nicht mitgeschnitten.)

Das Licht und die bedingungslose Liebe, nehmen Sie es in sich auf mit der Hilfe Ihres Geistigen Führers, Ihres Meisters. Seien Sie erfüllt von dieser Energie des Lichts und der Liebe. Und nun empfangen Sie von Ihrem Geistigen Führer ein Geschenk.

(Nur wenige Male ist mir wirklich ein Geistiger Führer erschienen und nicht immer habe ich von ihm ein bedeutungsvolles »Geschenk« oder Symbol erhalten. Auch bei dieser Sitzung kann ich mich nicht an ein Symbol erinnern. In dieser Phase der Sitzung liegt die Frequenz der Gehirnwellen meist derart niedrig, dass ich nicht spreche. Die Kassette registriert in dieser Phase meist nur Stille.)

Jetzt, da Sie von diesem herrlichen Licht erfüllt sind, werden wir dem Geistigen Führer voller Demut danken. Er wird jetzt wieder auf seine eigene geistige Ebene zurückkehren und wir werden heruntersteigen in den Bereich einer niedrigeren Frequenz, auf die Erde. Ich zähle bis eins und wir werden zurückkehren zu dem Körper, der dort unten auf der Erde liegt. Sie bringen zu diesem Körper all das Licht und die bedingungslose Liebe und das Geschenk des Geistigen Führers ... 10 ... Beginnen Sie, zurückzukommen zu dem Körper. Senken Sie langsam die Frequenz ... In Ihnen ist die Energie des Lichts und der Liebe und das Symbol des Geistigen Führers, ein neues Wissen um die Welt, um das Universum, über die Zeit und den Raum, über die Menschen auf der Erde und über die allumfassende Energie ... den Wind. Sie nehmen die Erkenntnis zurück, dass dem Geist alles möglich ist, wenn er sich öffnet, und dass die Fähigkeiten und Möglichkeiten des Menschen wirklich ohne Grenzen sind. Die Grenzen, die es für den Menschen gibt, ergeben sich nur aus seinem irdischen Intellekt, aus der Begrenztheit durch die fünf Sinne. Sie sind wichtiger, als Sie es je gedacht haben. Lassen Sie diese Energien in sich wirken.

Ende der Sitzung.

3

SEEFAHRER DER ALTEN WELT · FREMDER UNTER INDIOS

Dr. Ducher: Welches Thema möchten Sie in der heutigen Sitzung behandeln? Welche Erfahrungen, Fakten und Erlebnisse möchten Sie wiederfinden? In welche Zeit möchten Sie zurückgehen? Ist es dieselbe Zeit wie in der vorigen Sitzung?

Autorin: Ja, zur Periode um 1000 vor unserer Zeitrechnung.

(Es folgt die übliche Einleitung der Sitzung.)

Mein Blick ist nicht mehr klar … alles ist dunkel … ein Nebel, der alles unklar erscheinen lässt.

Fühlen Sie sich wohl oder unwohl?

Ich fühle mich sehr gut.

Was tragen Sie an Schuhwerk?

(Der Arzt fragt zu Beginn der Sitzung meist nach dem Schuhwerk, damit es mir leichter fällt, in die Person hineinzuschlüpfen.)

Ich trage eine Art Leder, eine Art Wickel aus Leder um meine Füße … keine Schuhe. Die Beine sind unbekleidet.

Spüren Sie, ob Sie ein Mann sind oder eine Frau.

Ich bin ein Mann … Ich habe einen Bart … glaube ich.

Sie glauben es? Spüren Sie es deutlicher.

Der Bart ist sehr dicht und dunkel.

Und Ihr Haupthaar?

Es ist blond und ein wenig grau, es ist glatt, trocken und lang, eher gesagt halblang.

Fühlen Sie, ob Sie etwas am Finger tragen oder um den Arm.

Die Arme sind sonnengebräunt … Schmuck trage ich nicht … ich sehe nichts.

Gut, und jetzt die Kleidung. Was tragen Sie, oder sind Sie nackt?

(Ein kleines Lachen über die Vermutung, ich könnte nackt sein.)

Ich trage etwas Kurzes … eine Tunika … nicht primitiv, aber sehr einfach. Kein Leder, sondern ein Gewebe.

Und welches Alter würden Sie diesem Mann geben?

Ungefähr vierzig Jahre.

Jetzt werde ich bis fünf zählen und Sie werden noch weiter hineingehen in diesen Körper. Bisher haben Sie diese Person von außen besehen, aber jetzt werden Sie wirklich dieser Mann sein. Gehen Sie noch tiefer hinein in diese Person. Sie spüren nicht nur seinen Körper, sondern auch seine Gefühle. (*Er zählt von 1 bis 5.*) Sie sind ganz und gar diese Person. Sie haben natürlich zur gleichen Zeit ein anderes Bewusstsein, aber Sie sind vor allem diese Person dort draußen in der Natur. Jetzt möchte ich gern, dass Sie fühlen, ob Sie sitzen oder liegen, knien oder in welcher Position Sie sich befinden.

Ich bin auf meinen Knien … Ich glaube, ich arbeite …

vor mir liegen Körner auf einem Stein und ich bereite sie zu, damit ich sie essen kann ... Ich habe Schwierigkeiten ... Ich bin immer noch ... Ich bin viel höher ... Ich schwebe über dem Mann, der sich die Körner bereitet.

Sie werden allmählich hineingehen in diese Person. Sie werden selbst zu diesem Mann werden, um das zu leben, was er lebt. Und zur selben Zeit können Sie über ihm sein. Also, Sie knien auf dem Stein. Sie sind dabei, sich eine Mahlzeit zu bereiten? Sehen Sie die Ingredienzien, die Sie benutzen. Sie können die Körner fühlen, ja sogar riechen. Was haben Sie vor sich?

Nichts Besonderes ... Nüsse, Körner, wie ich schon sagte, es handelt sich nicht um Kochen, es handelt sich lediglich darum, etwas Essbares vorzubereiten. Ich esse sie so, wie sie sind.

Haben Sie den Eindruck, allein zu sein?

Es gibt noch andere Menschen außer mir ... weiter weg ... Sie haben alle schwarze Haare. Ich bin blond. Es ist eine ganze Gruppe.

Haben Sie den Eindruck, dass Sie zu dieser Gruppe gehören, oder unterscheiden Sie sich von ihnen?

Ich unterscheide mich von ihnen.

Aha, ist es, weil Sie aus einer anderen Region kommen, oder sind die anderen hier fremd?

Sie sind hier bei sich zu Hause.

Und Sie? Warum sind Sie hier?

Ich verstehe mich gut mit ihnen, aber ich gehöre nicht zu ihnen. Man lässt mich in Frieden ... Ich bin kein Held ... sehr bescheiden und armselig, deshalb lässt man mich zufrieden, man lässt mich essen.

(Die gestellte Frage, warum er sich an diesem Ort befindet, wird nicht beantwortet, da sie als peinlich empfunden wird, wie der folgende Text deutlich macht.)

Aus welchem Grund sind Sie hierher gekommen? Woher kamen Sie?

Es ist, als ob man mich hier vergessen hat. Vielleicht, weil ich nicht mehr jung bin, hat man mich hier zurückgelassen.

(Den wirklichen Grund für sein Leben unter den Fremden will er sich selbst und dem Fragenden noch nicht ohne Weiteres eingestehen.)

Die anderen sind abgereist … Man hat mich zurückgelassen unter den Schwarzen … Sie haben schwarze Haare … Was die Haut angeht, so haben sie keine schwarze, sondern eine braune Haut. Sie gehören zu einer anderen Rasse als ich.

Gehören sie zur schwarzen Rasse?

Sie gehören zur mongoliden Rasse.

Wie fühlen Sie sich an dem Ort, der nicht wirklich Ihr Zuhause ist?

Ein bisschen traurig … als ob das Leben nicht genau das für mich gebracht hat, was ich von ihm erhofft hatte.

Warum sind Sie nicht mit den anderen fortgefahren? Ich werde bis drei zählen und wir werden uns in der Zeit zurückbewegen bis zu dem Moment, in dem die anderen Sie zurückgelassen haben an diesem fremden Ort … 1 … 2 … 3 … Sie sind jünger als zuvor.

Um Sie herum sind die Menschen, denen Sie ähneln, Ihre ethnische Gruppe, Ihre Rasse, Ihre Leute, die Sie jetzt hören und sehen. In einem bestimmten Moment passiert etwas.

Diese Menschen werden wegfahren und Sie zurücklassen. Spüren Sie, wie die Dinge sich wirklich zugetragen haben. Sie werden immer deutlicher diesen Moment erleben. Was fühlen Sie?

Es war eine Bestrafung ... dass das Boot ohne mich weiterfuhr.

Sie werden jetzt verstehen, warum Sie diese Bestrafung ereilt hat. Ich werde bis drei zählen und Sie werden verstehen, warum das geschah ... 1 ... 2 ... 3 ... Lassen Sie sich forttragen von dieser Energie ... 4 ... Was haben Sie verbrochen? ... 5 ...

Es waren Frauen an Bord ... und ... ich ... ich ... ich hatte nicht das Recht ... es war nämlich die Frau von jemandem, der mir vorgesetzt war ... also deshalb ...

Sie wurden also damit bestraft, nicht mehr an Bord gelassen zu werden? Was ist Ihre Reaktion? War in Ihnen ein Gefühl der Wut, der Revolte, des Hasses, oder war es ein Bedauern, eine Resignation oder etwas anderes? Was fühlen Sie in dem Moment, als man Sie allein gelassen hat?

Ich war sicher, dass ich es nicht verdient hatte, derart hart bestraft zu werden ... und obendrein ... Es ging mir ja gut bei den Schwarzen, den Eingeborenen. Es war gar nicht so schlimm, weil man mich dort schon sehr gut kannte. Wir hatten schon zuvor sehr viel Zeit verbracht mit den Eingeborenen.

War es wirklich ungerecht? Oder war es Teil der Regeln ...

Ja, der Regeln an Bord. Aber die Strafe war übertrieben hoch.

Empfinden Sie Zorn, Hass oder Auflehnung?

Nein, ich akzeptiere es, weil ich es ohnehin nicht ändern

kann … und außerdem, wie ich schon sagte, ist es gut, mit den Schwarzen hier am Strand zu sein.

(Ich weiß, dass ich während der Rückführung etwas anderes empfand, als ich sagte. In Wirklichkeit war ich ganz und gar unzufrieden mit diesem fremden Land. Und dass ich die Eingeborenen wiederholt als »Schwarze« bezeichne, ist als ein Ausdruck meiner Geringschätzung zu werten. Aber ich will es mir nicht eingestehen, dass mein Leben verpfuscht ist.)

Wo kam Ihr Boot einst her? Aus welcher Region stammen Sie?

Woher ich komme? … Ich weiß es nicht … Ich habe sehr lange Zeit auf dem Boot gelebt …

(Ich weiß, dass ich bei diesen Sätzen an meine phönizische Heimatstadt Tyros denke, aber der Gedanke schmerzt zu sehr, als dass ich den Namen Tyros aussprechen wollte.)

Haben Sie den Eindruck, dass Sie dort, wo Sie sich jetzt am Strand befinden, sehr weit fort sind von Ihrer Heimat?

Ja.

Hatten Sie und die anderen die Ankunft in dieser Region geplant oder landete das Schiff eher zufällig an dieser Küste?

Wir hatten mit den Eingeborenen Geschäfte abzuwickeln … Es war nicht wichtig, wo genau wir die Waren einkauften, dort oder anderswo. Jedenfalls in dieser Region. Wir hatten nicht dieses spezielle Dorf angesteuert … Übrigens ist es kein Dorf, sondern eher eine Gruppe von Menschen, die an diesem Strand leben.

Welche Produkte suchten Sie denn an dieser Küste? Gewürze, Getreide, Früchte?

Holz.

(Dem Fragenden wird nicht gefügig geantwortet, sondern es wird trotz des veränderten Bewusstseinszustandes eigenständig gedacht und widersprochen. Das erwähne ich hier exemplarisch, weil häufig die Kritik geäußert wird, der Fragende stelle Suggestivfragen oder würde telepathisch seine eigenen Gedanken auf den Menschen in verändertem Bewusstseinszustand übertragen.)

Warum kaufen Sie das Holz hier? Warum ist es für Sie so wichtig, dass Sie dafür von weither angereist kommen?

Das Holz glänzt. Es ist wunderschön und ich sehe es sehr schwarz. Ein sehr hartes Holz. (Die Rede ist wohl von Ebenholz.)

Nachdem das Schiff ohne Sie fortgefahren ist, mussten Sie Ihr Leben selbst in die Hand nehmen. Wie haben Sie die Tage verbracht? Haben Sie den Eingeborenen Dinge beigebracht oder haben Sie etwas von ihnen gelernt?

Ich verbringe meinen Tag mit der Suche ... nach Früchten.

Sie betreiben Forschung in der Botanik des Landes?

Nein, ich betreibe keine Forschung ... Ich bin ziemlich dumm ... kein großes Kirchenlicht ... Ich habe kaum Reaktionen ... Ich nehme alles hin, wie es so kommt. Ich bin nicht wirklich ein Dummkopf, aber sehr einfach. Dinge zu suchen, die ich essen kann, das genügt mir schon, um meinen Tag hinzubringen.

Wie tauschen Sie sich mit den Eingeborenen aus? Verbindet Sie etwas oder lässt man Sie einfach nur in Ruhe?

Ich spreche kaum ihre Sprache ... Aber sie haben mich akzeptiert ... aus Freundlichkeit hat man mich aufgenommen.

Die Zeit hat sich weiterbewegt. Was spüren Sie jetzt? Sind Sie immer noch am selben Ort?

Jetzt habe ich ein Haus, ach, das Wort ist übertrieben für dieses kleine Etwas aus Holz ... Es ist eher eine Hütte ... Ich habe eine Frau und ich gehöre zum Dorf. Vielleicht habe ich auch Kinder?

(Es folgt ein Augenblick der Konzentration.) Ich sehe viele Menschen in der Hütte ...

Ist Ihre Frau eine Eingeborene?

Ja.

Wie geht es denn mit dieser Frau? Sind Sie glücklich?

Also, glücklich wäre wirklich zu viel gesagt ... Schon eher könnte man sagen, ich sei zufrieden. Die Frau ist sehr lieb und freundlich.

Tut es Ihnen leid, dass Sie keine weiße Frau haben?

Nein.

Sind Sie in dieser Gruppe voll integriert?

Wie kann man sich wie sie fühlen, wenn man derartig anders ist?! Ich bin zufrieden, dass man mich akzeptiert hat. Ich lebe in der Mitte des Dorfes ... in meinem eigenen Haus ... aber ...

Wollen Sie sagen, dass Ihr Herz und Ihre Gedanken woanders sind?

Ich bin vielleicht heute viel mehr im Zorn als früher darüber, dass man mich einfach hier zurückgelassen hat ... Ich mache keine Fortschritte. Ich bin einfach anders als die Eingeborenen.

Empfinden Sie Zorn oder Rebellion?

Ich bin kein Mann des Zorns, aber ich bin entrüstet ... mehr als früher, als es begann.

Ich möchte, dass Sie sich das merken: Ich bin kein Mann des Zorns.

Ich sehe immer klarer, dass sie nicht diese Reaktion gegen mich haben durften … diese Leute vom Boot.

Hoffen Sie noch auf eine Änderung Ihrer Situation?

Ich denke noch nicht einmal mehr an ihre Rückkehr. Ich habe einfach akzeptiert, dass ich das Ende meines Lebens hier unter den Schwarzen verbringen werde … Auf jeden Fall … das Boot ist nie zurückgekehrt.

Wir werden jetzt zum Ende dieses Erdenlebens kommen. Ich zähle bis fünf … 1 … 2 … 3 … 4 … 5 … Fühlen Sie, ob Sie verletzt sind, krank oder einfach nur alt …

Ich habe Nahrung zu mir genommen, die nicht mehr gut war. Ich habe eine Vermutung, dass mich diese Nahrungsmittelvergiftung umbringen könnte … aber selbst in diesem Moment habe ich keine heftigen, intensiven Reaktionen. Ich bin wirklich kein emotionaler Mensch. Alles nehme ich sehr gelassen, ohne innere Beteiligung.

Ich möchte, dass Sie sich dies merken: ein Mensch ohne große Emotionen.

(Ein wichtiges Gebot in der östlichen Philosophie und Mystik ist es, seine Gefühle zu mäßigen und sich an nichts und niemanden allzu stark zu binden: »loslassen« zu können. Dr. Ducher empfindet die von mir geschilderte Gemütshaltung wohl als beispielhaft und erstrebenswert, während ich selbst die innere Ruhe und Gelassenheit des gestrandeten Seefahrers durchaus als Mangel und Schwäche empfinde, während ich über mich erzähle.)

Ist jemand bei Ihnen, während Sie krank sind und leiden, oder sind Sie allein?

Nein, mehrere Personen sind anwesend. Jemand kühlt mir meine Stirn, mein Gesicht mit einem feuchten Lappen. Ich schwitze.

Ist auch ein Arzt anwesend?

Es stehen allerlei Tiegel und Töpfchen auf dem Tisch. Man hat Tinkturen für mich bereitet ... Ein Arzt ist nicht da ... Ich sehe nicht hin ... Ich bin sehr krank und fühle mich sehr elend.

Liegen Sie?

Nein, man hat meinen Oberkörper aufgerichtet.

Ich werde bis drei zählen und Sie werden sich zum Ende dieses Lebens bewegen, einige Momente, bevor Sie hinübergehen in die andere Welt. Wie fühlen Sie sich?

Ich bin ruhig ... Ich liege ... Ich sehe mich bereits von außen, ich habe meinen Körper bereits verlassen ...

Bevor Sie dieses Leben verlassen, möchte ich, dass Sie ein Resümee ziehen ... dass Sie dieses Leben vor Ihren Augen vorbeiziehen lassen. Welches Alter haben Sic im Moment des Todes?

Fünfundfünfzig.

Sind Sie eher zufrieden mit diesem Leben oder eher unzufrieden?

Ich habe nicht das Leben gelebt, das ich wollte. Ich habe meine Chancen vertan in diesem Leben. Ich sollte nicht in dieser fernen Region leben. Es war nicht aufgezeichnet in meinem Lebensplan. Ich bin von mir und meinem Leben enttäuscht. Es scheint mir, als wenn dieses Leben keine Gültigkeit hätte, als wenn ich wieder neu beginnen müsste, weil dieses Leben nicht zählte und mich nicht weitergebracht hat. Es war kein wirkliches Leben ... als ob ich andere

Aufgaben im Leben hätte meistern sollen ... zum Beispiel eine Arbeit auf einem Schiff ... Das war meine Arbeit, aber nicht dieses Leben am Ende der Welt! Es war nicht mein Leben.

Am Ende spüren Sie also Bedauern?

Ja.

Spüren Sie auch Hass, Rebellion, Zorn gegen Menschen, die Sie dort in der Fremde ausgesetzt haben?

Nein, sicherlich nicht derartig heftige Gefühle, vor allem nicht jetzt am Ende meines Lebens, wo ich dermaßen schwach bin.

Sie könnten solche Gefühle selbst in den letzten Minuten Ihres Lebens haben. Aber Sie haben diese Gefühle nicht?

Nein. Ich fühle nur, dass ich das falsche Lehen gelebt habe. Ich bin einen Weg gegangen, der nicht der meine war.

Aber Sie waren ein Opfer von Ungerechtigkeit.

Ich sehe es aber jetzt nicht so. Es ist nur ein Bedauern, dass ich nicht mein Leben geführt habe, dass das, was ich gelebt habe, nicht wirklich mein Leben war.

Haben Sie den Wunsch, sich zu rächen an denen, die Sie in diese Lage gebracht haben?

Nein. Ich wollte auf einem Boot leben, reisen, die Welt sehen, mit meinen Kameraden zusammen sein. All das macht Spaß. Ich habe mir diese Arbeit ausgesucht und diese Art zu leben.

Aber Sie hätten auch Freude empfinden können, indem Sie die Eingeborenen lieben, sie, die Ihnen sogar eine Frau überlassen haben, die Sie aufgenommen und akzeptiert haben.

Ich habe sehr freundliche Gefühle ihnen gegenüber, aber

ich gehöre nicht zu ihnen. Ich bin hier ohne Wurzeln ... Ich habe mich im Leben verirrt.

Gut, jetzt werden Sie Ihren Körper verlassen. Ich werde bis zehn zählen und Sie werden sich hinbewegen zum Licht. Spüren Sie die Gedanken, die Sie aus diesem Leben mitnehmen, die Gefühle, Emotionen, wenn es denn in diesem Moment solche Gefühle gibt. Und spüren Sie auch, ob Sie allein aufsteigen, oder ob Sie begleitet werden, ob Ihnen beigestanden wird. Steigen Sie höher ... 1 ... 2 ... 3 ... steigen Sie ins Licht ... 4 ... 5 ... steigen Sie ... 6 ... noch höher ... 7 ... zum Licht ... 8 ... 9 ... Bei der nächsten Zahl werden wir in diesem Licht der Welt der Toten sein ... 10 ... Spüren Sie die Anwesenheit einer oder mehrerer Lichtwesen, die Sie dort empfangen. Sie haben die Frequenz dieser Welt der Toten. Spüren Sie, wie Sie empfangen werden, geliebt werden, verstanden werden. Und dort sehen Sie jetzt wie in einem Film Ihr ganzes Leben, das gerade zu Ende gegangen ist. Sie können es verstehen mit dem weiten Bewusstsein, das Sie dort oben haben ... Jetzt danken wir demütig dem Geistigen Führer, Ihrem Meister, sowie allen anderen Lichtwesen, allen Wesen, die auf dem Weg weiter fortgeschritten sind. Sie sind voller Licht, Wissen, himmlischer Liebe und Frieden. Sie haben das Symbol, das Geschenk Ihres Geist-Führers. (*Es wird von zehn bis eins gezählt.*) Kommen Sie zurück zu Ihrem Körper ... Fühlen Sie erneut Ihren Körper aus Fleisch und Blut, der sich verändert hat. Sie sind erfüllt von Licht, von Frieden, Harmonie, Schönheit, von Größe und Weisheit. Sie fühlen sich im Frieden und glücklich.

Es folgt das übliche Ende einer Sitzung.

Die Angaben über die Handelsbeziehungen zwischen dem Mittelmeerraum und Amerika stimmen überein mit neueren Forschungsergebnissen, die belegen, dass ab 1200 v. Chr. die phönizischen Schiffe die mittelamerikanische Küste ansteuerten. Für die Anwesenheit von weißen Seefahrern unter den Indios zu dieser Zeit gibt es überzeugende Beweise.

Ein interessanter Aspekt des »Lebens unter Fremden« ist die Schuldfrage, die hier einmal in physischer Form und einmal im metaphysischen Bereich aufscheint. Der Verstoß gegen die Regeln an Bord führt zu dem Verstoß gegen das Gebot der »Realisation« des Lebensplans. Der gestrafte Seefahrer schafft es nicht, seinen Lebensplan zu verwirklichen. Das ist seine eigentliche Schuld. Die Verstrickung in Schuld zieht weiteres Verschulden nach sich – so die karmische Idee von Ursache und Wirkung – und so Schiller in »Die Piccolomini« (aus der Wallenstein Trilogie): »Das eben ist der Fluch der bösen Tat, dass sie fortzeugend immer Böses muss gebären.«

4

WÜRDENTRÄGER · SCHANDE · FLUCHT

Zunächst die übliche in den Sitzungen (1) und (2) notierte Einführung in den Zustand des veränderten Bewusstseins.

Dr. Ducher: Was spüren Sie? Licht? Dunkelheit?

Autorin: Dunkelheit.

Gut. Sind Sie allein oder spüren Sie die Anwesenheit von anderen Wesen?

Niemand ist hier ... Ich sehe niemanden, auch mich selbst nicht.

Sind Sie im Inneren eines Raumes oder draußen?

Im Inneren.

Und was fühlen Sie, wenn Sie mit Ihren energetischen Händen Ihre Füße anfassen? Sind Ihre Füße nackt oder tragen Sie Schuhe?

Ich trage Schuhe.

Was tragen Sie an den Beinen?

Enge Beinkleider, eine Art Strumpfhose.

Sind Sie ein Mann oder eine Frau?

Ein Mann.

Ist Ihr Gesicht behaart?

Ja, ich habe einen Bart. Meine Haare sind blond und ein wenig grau ... und halblang, ein wenig lockig.

Gut, jetzt spüren Sie, ob Sie Schmuck tragen.

Einen Fingerring ... sehr groß ... an der rechten Hand, an dem vierten Finger.

Welche Kleidung tragen Sie?

Ich trage ein Hemd aus Leinen und eine Weste aus Leder.

Wie alt ist dieser Mann?

Fünfundvierzig.

Sie werden jetzt spüren, was er spürt, sehen, was er sieht.

Ich stehe aufrecht ... in einem Saal ... Ich habe Sorgen ... Ich glaube, ich sehe gar nicht auf diesen Saal. Ich weiß nicht, was, aber irgendetwas bedrückt mich.

Haben Sie den Eindruck, dass irgendjemand bei Ihnen ist?

Ja, aber niemand von Bedeutung, niemand, der zählt.

Verstehen Sie sich gut mit diesen Personen?

(Die Frage wird als unwichtig überhört.)

Ich verstehe nicht, was mich besorgt macht. Ich blicke immer auf denselben Platz in diesem Saal, ohne mich zu bewegen ... Ich habe Sorgen, aber ich verstehe nicht, warum.

Geht es um Geld, um Gefühle, um eine Frau?

Nein, es geht um eine Entscheidung, die getroffen werden muss. Es ist, als ob es gelte, diesen Ort zu verlassen.

Lieben Sie diesen Ort?

Er ist gut, er ist in Ordnung, aber mit diesen Sorgen wäre es überall auf der Welt unangenehm.

Warum müssen Sie diesen Ort verlassen?

Ich kann mich nicht mehr akzeptieren ... Ich habe einen Fehler gemacht ... Ich habe Entscheidungen getroffen, die nicht korrekt waren, die falsch waren. Vielleicht will ich mich einfach verstecken, fliehen, um ... einer Bestrafung ... einer Demütigung ... einer Kritik ... zu entgehen.

Wo befinden Sie sich gerade? Zu welchem Gebäude gehört der große Saal? Zu einem Schloss, zu einem Herrensitz?

Der Saal hat sehr hohe Decken ... Die Wände sind aus Holz.

(Die Stimme ist leise und von Stöhnen unterbrochen.)

Es ist der Versammlungsort ... nicht in einem Schloss, das ist ausgeschlossen ... Ich sehe kleine Straßen mit Kopfsteinpflaster aus grauem Stein ... Es ist heiß ...

(Ich fühle, dass die Stadt im Osten liegt.)

Ich sehe nur Personen, die sich von mir fortbewegen ... die sich entfernen. Ich kann nichts sagen über sie. Wovon entfernen sich die Leute? Man könnte sagen, sie entfernen sich von diesem großen Gebäude. Davor liegt ein kleiner Platz ... Es ist vielleicht der Versammlungsraum der Stadt.

Gehen Sie auch fort?

Das ist eben die Frage: Soll ich auch gehen? Ich kann aber nicht einfach fortgehen ... Ich müsste es heimlich tun ... Ich bin eine wichtige Person in der Stadt ... Verglichen mit mir ... sind die anderen klein ... Vielleicht lassen sie mich nicht so einfach fortgehen. Ich bin der Verantwortliche.

Wofür sind Sie verantwortlich? Für die Politik? Für die Religion?

Nicht für die Religion.

Gut. Die Zeit wird sich jetzt weiterbewegen. Ich zähle bis fünf und etwas Neues wird sich Ihnen zeigen aus diesem selben Leben … 1 … 2 … 3 … 4 … 5 … Sind Sie immer noch am selben Ort?

Nein, ich wohne jetzt auf dem Hang eines Berges, der hoch ist … und schwarz … Diesen Ort liebe ich wirklich nicht … Es ist so etwas wie Resignation in mir.

Ja, sehen Sie sich das genau an. Wie alt sind Sie zu dieser Zeit?

Ich bin alt … sechzig Jahre … Ich frage mich, ob es wirklich damals notwendig war zu fliehen … an diesen Ort zu fliehen, um in Sicherheit zu sein … vor der Blamage. Es ist zu weit weg von allem, von der ganzen Welt. Außerdem habe ich inzwischen etwas weniger Angst … Ich habe gar keine Angst mehr … Vielleicht habe ich mich an diesen Ort gewöhnt … Ich bin zu schwach, um ihn noch zu verlassen. Ich bedaure, hier zu sein. Ich bedaure, diesen Platz gewählt zu haben.

Warum haben Sie ihn als Zufluchtsort gewählt?

Von dem Berghang aus … sehe ich meine kleine Stadt … von ferne … und ich war sicher, dass man mich hier nicht finden würde. Ich habe ihn gewählt, weil er nicht zu weit weg ist von meiner Stadt und weil ich sie von hier aus sehen kann.

Haben Sie die Menschen in Ihrer Stadt nötig? Fehlen Sie Ihnen?

Nein, aber es war unehrenhaft von mir, mich davonzustehlen. Ich brauche sie nicht … aber am Ende meines Lebens … auf dem Berghang allein zu sein … fort von allen und allem … das ist sehr schwer.

Was war das Motiv Ihrer Flucht?

Ich hatte das Geld aus der Stadtkasse ausgegeben. Ich hatte es ausgegeben, oder vielmehr, ich hatte es gegeben … Ich sehe nicht … (sehr leise und zögernd gesprochen). Ich sehe nicht … Es war nicht in Ordnung, das Geld aus der Schatztruhe zu geben.

Haben Sie es zu Ihrem persönlichen Nutzen ausgegeben?

Nein, es war eher eine Dummheit … (Mit Erstaunen in der Stimme wegen dieser abwegigen Vermutung.)

Der Schatz in der Schatztruhe der Stadt existiert nun nicht mehr, und man machte mir deswegen Vorwürfe. Ich verstehe nicht, warum ich den Schatz übergeben habe … an die Fremden, außerhalb der Stadt. Ich wollte dadurch vielleicht … Auf jeden Fall, die Fremden haben das Geld genommen … Es war kein Geld, sondern Perlen, Münzen, Gold … eben die Schätze der Stadt, ein Schatz in einer Schatztruhe.

Und das haben Sie den Fremden erlaubt?

Ich habe sie sogar ermuntert, es zu nehmen … Ich glaube, man hat mich hintergangen, betrogen … Ich war zu dumm … oder zu leichtgläubig, um das zu verstehen … Ich glaube, ich war dumm genug, mit dem Schatz die Sicherheit für die Stadt erkaufen zu wollen bei den Fremden, den Feinden, den Gegnern, damit sie die Stadt in Frieden ließen … Aber es war lächerlich, weil sie nur einfach den Schatz genommen haben … und die Gefahr für die Stadt änderte sich nicht.

Welche Strafe hätte Ihnen für diese Tat gedroht?

Vielleicht das Gefängnis … aber vor allem die Scham. Ich war zu leichtgläubig, zu dumm … Und dann bin ich vor allem geflohen, um der Kritik … meiner Untertanen, meiner

Untergebenen zu entgehen. Es war nicht so sehr die Angst vor dem Gefängnis.

Also, Sie sind geflohen. Haben Sie eine Frau und Kinder bei sich?

Ich habe zwei Diener und das ist alles.

Sehen Sie sich die Diener genau an.

(Ich beantworte die für mich unwichtige Frage nicht.)

Ich sehe jetzt das Kostüm, das ich trage. Es ist ganz schwarz mit Dutzenden von Knöpfen auf der Brust, sehr schlicht geschnitten, mit schwarzen Hosen.

Sehen Sie die Diener genau an.

Es sind Schatten ... Sie führen ein Schattendasein ... Sie beschäftigen sich. Sie tun ihre Arbeit, das ist alles.

Sie werden jetzt zum Ende dieser inkarnierten Existenz kommen. Spüren Sie die letzten Momente dieses Erdenlebens. Sind Sie in jenen Momenten in dem Haus am Berghang?

Ja, auf einem Bett unter dem Dach, auf einer Galerie. Man kommt über eine Leiter dort hinauf. Von unten ist der Schlafplatz nicht sichtbar. Er ist gut versteckt. Alles ist dunkel.

Welches Alter haben Sie im Moment des Todes?

Ich weiß es nicht. Meine Haare sind sehr lang und grau.

Sind Sie fünfundsechzig, siebzig oder achtzig Jahre alt?

(Die Frage wird erneut nicht beantwortet, weil sie entweder unwichtig erscheint oder die Antwort nicht gewusst wird.)

Fühlen Sie, dass Sie bald sterben werden?

Ja, meine Kräfte sind erschöpft. Ich habe kein Interesse mehr am Leben.

Sind Sie im Moment des Todes allein oder sind andere bei Ihnen?

Da, wo meine Bettstatt ist, unter dem Dach auf dieser Plattform … dahin folgt mir niemand … Aber der Diener ist unten und hockt in der Ecke … Er ist wirklich nur ein Diener, er steht mir nicht sehr nahe.

In welchem Gemütszustand sind Sie vor dem Sterben? Sind Sie ruhig, heiter, friedlich oder sind Sie voller Kummer, Traurigkeit, Bedauern oder Angst?

Ich fühle immer noch das Bedauern … Diese Geschichte mit der Stadt … ich habe sie mir nie verziehen … Aber was den Rest angeht, so bin ich zufrieden … dass es vorbei ist … das Leben.

Steigen Sie auf in das Reich der Toten …

Es folgt das in (1) und (2) wiedergegebene Ende der Sitzung.

In dieser Phase der Sitzung bin ich meist in sehr tiefer Trance und nicht in der Lage oder gewillt, die vor mir auftauchenden Bilder, Erscheinungen von Geistwesen, Symbole oder kosmischen Erfahrungen zu kommentieren. Ich habe mir aber nach der Sitzung Notizen gemacht, wann immer ich mich noch erinnern konnte. In dieser Sitzung war das Sterben, wie in fast allen anderen Sitzungen, ein positiv durchlebter Prozess. Das Ich ging in eine Lichtwelt ein und erfuhr sich als schwerelos, sorglos und als einen Teil einer bis dahin noch nicht erlebten Harmonie.

Zu erwähnen ist zu dieser Sitzung, dass zwischen dieser Inkarnation und der zuvor gefundenen Inkarnation als »Seefahrer unter Fremden« (Sitzung 3) wesentliche Parallelen bestehen:

Das Motiv der »Schuld« und des »Ausgestoßenseins«, das Leben »fern« der eigenen Gruppe, das »Verlorensein« an einem ungeliebten Ort und schließlich die Erfahrung, das Leben verpfuscht zu haben, den Lebensplan nicht wirklich gelebt zu haben. Die äußeren Gegebenheiten beider Existenzen sind ansonsten grundverschieden. Die Leben werden in zwei verschiedenen Erdteilen gelebt, der soziale Rang unterscheidet sich, und die intellektuellen Fähigkeiten der beiden Männer sind verschieden. Ihre Probleme aber sind nahezu identisch. Wie die einschlägige Literatur sagt, speichert das Bewusstsein alle Erfahrungen aus allen gelebten Leben – bis der Lebensplan realisiert wurde. Ein Problem, das nicht gemeistert wurde, präsentiert sich in einem späteren Leben erneut und meist unter erschwerten Bedingungen.

5

WÜSTENHEILIGER · JERUSALEM · 4. JAHRHUNDERT V. CHR.

Vor der Sitzung wurde wie üblich zwischen dem Arzt und mir abgesprochen, in welche Zeit ich in der Rückführung hineinversetzt werden wollte. Zum ersten Mal wagte ich, mein eigentliches Ziel, nämlich die Megalithzeit, zu nennen, und gab zunächst noch vorsichtig das vierte Jahrtausend an. Während der Rückführung nannte dann der Arzt nicht das vierte Jahrtausend, sondern das vierte Jahrhundert vor der Zeitrechnung. Auf diese Weise, so glaube ich, suchte mein »Höheres Bewusstsein« eine Existenz in dieser von mir gar nicht anvisierten Zeit. Und ich bin dankbar, dass ich durch diesen »Zufall« ein für mich ganz besonders wichtiges Leben wiedergefunden habe.

Dr. Ducher: Fühlen Sie sich gut oder schlecht?

Autorin: Weder das eine noch das andere.

Also ein neutraler Zustand. Haben Sie den Eindruck, drinnen oder draußen zu sein?

Draußen.

Sind Ihre Füße bekleidet oder nicht?

Ich weiß es nicht, ich sehe es nicht.

Und welche Kleidung tragen Sie?

Eine Art Rock … einen langen Rock.

Spüren Sie, ob Sie ein Mann sind oder eine Frau.

Ein Mann. Ich trage einen Bart, einen langen Bart.

Und Ihre Haare?

Viele Haare … lange Haare … dunkelrot.

Tragen Sie etwas am Finger oder am Handgelenk?

Ein schwarzes Armband … am linken Handgelenk … aber keinen Fingerring. Es ist biegsam … Ich kenne das (französische) Wort nicht für das Material.

(Angestrengtes Überlegen ist spürbar. Das gesuchte Wort war »Rosshaar«, jedenfalls habe ich gespürt, dass es sich um ein gedrehtes Band aus diesem Material handelte.)

Spüren Sie, ob Sie dieses Armband aus rein ästhetischen Gründen tragen oder ob es eine andere Funktion hat?

Das Armband ist eine Auszeichnung.

Was tragen Sie außer einem langen Rock an Ihrem Körper?

Es ist kein Rock … Es fällt lang herunter von den Schultern … Es ist ein langes, gerade geschnittenes Gewand … aus einem hellen Leinenstoff, ein recht leichter Stoff.

Welches Alter haben Sie?

Fünfundvierzig Jahre.

Spüren Sie alles, was um Sie herum ist. Öffnen Sie sich … Haben Sie den Eindruck zu stehen, zu liegen, zu knien, zu laufen?

Ich stehe aufrecht. Berge … sehe ich in einiger Entfernung

... in großer Entfernung. Alles ist sehr trocken ... und hell.

(Ich spüre die Hitze der Wüste und auch, dass diese Wüste im Heiligen Land liegt. Die erwähnten Berge sah ich mit weichen, senkrecht verlaufenden Furchen. Dieses Bild aus der Rückführung sah ich drei Jahre später auf einer Israel-Reise in der »Realität« und erkannte es wieder.)

Sind Sie dort allein, ein Mann von fünfundvierzig Jahren, bekleidet mit einem hellen Leinengewand und bloßen Füßen?

Nein, ich trage Sandalen.

(In dieser Phase der Rückführung haben sich die Frequenzen meiner Gehirnwellen soweit verändert, dass ich auch Details angeben kann, die ich am Anfang der Sitzung nicht wahrnehmen konnte. Über die Schuhe konnte ich zuvor keine Aussage machen.)

Was machen Sic dort? Bleiben Sie stehen oder bewegen Sie sich?

Ich glaube, ich bin sehr zufrieden ... allein zu sein. Es sind die Gedanken, die zählen ... die mir wichtig sind. Ich habe keine Sorgen. Ich bin dort, um zu denken, um zu meditieren, um allein zu sein.

Bleiben Sie immer in dieser Haltung, um zu meditieren, um sich innerlich zu sammeln?

Ja, ich stehe immer aufrecht.

Ich werde jetzt eine Zeit lang still sein, damit Sie, der Mann von fünfundvierzig Jahren, an diesem auserwählten Ort meditieren können ... *(Es folgen fünf Minuten der Stille.)*

Ist Ihnen die Meditation sehr wichtig?

Sie ist Teil meines Lebens ... Ich mache die Meditation für die Gruppe, zu der ich gehöre ... man hat mich hierher (in die Wüste) geschickt, um für die Gruppe zu beten, um an ihrer statt mit Gott zu sprechen … in der Ruhe und Einsamkeit der Wüste. (Meine Stimme ist ganz tief, ich bin in tiefer Trance.)

Zu welcher Gruppe gehören Sie?

Ihre Häuser sind flach, die Dächer sind flach … die Frauen tragen weiße Kopftücher … und die Gruppe ist nicht sehr groß, wir sind nicht sehr zahlreich … und es ist sehr heiß.

Spüren Sie die Harmonie innerhalb der Gruppe?

Ja … sie sind sehr fromm, bescheiden … man arbeitet viel … das ist ungefähr alles, was ich über sie sagen kann … Um Gott zu gefallen, um Gott gnädig zu stimmen, verbringt jemand aus der Gruppe, ein Stellvertreter für alle – das bin ich – sehr, sehr lange Zeit in der Wüste …

Sie sind also im Kontakt mit Gott? Warum hat man gerade Sie ausgesucht als Botschafter? Weswegen fiel die Wahl auf Sie?

Man hat mich gewählt, weil ich ruhig bin … und … im Frieden mit mir … und … ich habe keine Ambitionen. Man hält mich für weise … für einen Weisen.

Ruhig, im Frieden mit sich selbst und keinen Ehrgeiz, das sind wahrlich die Eigenschaften eines Weisen. Sind Sie verheiratet und haben Sie Kinder? Gehen Sie in das Dorf zurück. Gehen Sie zu Ihrem eigenen Haus und spüren Sie, ob Sie Frau und Kinder haben.

Ja.

Spüren Sie die Vibration dieser Frau … Lieben Sie diese Frau?

(Ich überlege sehr lange, weil mir die Frage seltsam unpassend erscheint. Die Frage, ob ich meine Ehefrau liebe

oder nicht, hatte sich mir nie gestellt. Sie ist auch vielleicht in jener Zeit und in jener Gegend ein unwichtiger Aspekt bei der Brautwahl.)

Es ist eine gute Frau ... Nein, ich liebe sie nicht wirklich.

Sie lieben sie nicht? *(Große Überraschung in der Stimme des Arztes.)*

Nein, so ist das eben. Sie ist eine gute Frau, nett und freundlich.

Die Zeit wird sich jetzt weiterbewegen. Sind Sie immer noch am selben Ort?

Ich bin in einer Stadt in einer herrlichen Stadt.

Welches Alter haben Sie?

Fünfzig.

Wie fühlen Sie sich in dieser Stadt?

Ich habe keine Verantwortung mehr ... Ich befinde mich vor einer großen Mauer eines Gebäudes ... des Tempels (der Tempel zu Jerusalem). Ich sehe die großen Quadersteine, gerundet an der Vorderseite, das Gebäude ... es glänzt ...

(Im Französischen sage ich: »Ça brille«, was sowohl »glänzt« ... als auch »(die Sonne) scheint« heißen kann.)

Die Sonne scheint?

Nein, das Gebäude glänzt.

(Bei dem Tempel handelt es sich um den sogenannten »zweiten« Tempel, der im 4. Jahrhundert v. Chr. wieder aufgebaut wurde, nachdem der erste Jerusalemer Tempel zur Zeit der »Babylonischen Gefangenschaft« 587 v. Chr. zerstört worden war.

Erst im März 2003 fand ich im »Dictionnaire Encyclopédique du Judaisme« *(Robert Laffont, S. 10.022), unter dem Stichwort »Zweiter Tempel in Jerusalem« ausgeführt: »Josèphe décrit l'extérieur du Temple, recouvert d'immenses plaques d'or reflétant les rayons du soleil.« Übersetzt: Joseph (Josephus Flavius) beschreibt den Zweiten Tempel als von enorm großen Goldplatten bedeckt, welche die Sonnenstrahlen reflektieren. Dieses bauliche Detail – wie wohl die meisten anderen baulichen Merkmale des (Ersten und des) Zweiten Tempels – ist sicher den meisten Menschen unbekannt. Auch ich hatte bis vor kurzem nie etwas von der goldenen Fassade des Jerusalemer Tempels gehört. Umso bemerkenswerter ist, dass ich im Zustand des veränderten Bewusstseins 1994 dieses Bild des »leuchtenden Zweiten Tempels« vor mir »gesehen« und beschrieben habe.)*

Stehen Sie noch vor der Tempelwand?

(Ich beginne zu weinen.) Ich kann es nicht ausdrücken … Ich habe für mein Volk gebetet … vergeblich … Es ist alles so traurig.

Warum ist es traurig?

Sie sind alle nicht mehr da … nicht mehr in unserem Dorf … Man hat sie weggeführt …

(Ausdrücklich wird nicht gesagt: »Man hat sie getötet«, sondern: »Man hat sie weggeführt«. Ich habe bei der Niederschrift dieses Textes über den Begriff »weggeführt« nachgedacht und nachgeforscht. In einem Geschichtsbuch habe ich nachgelesen über die jüdische Geschichte im Heiligen Land im 4. vorchristlichen Jahrhundert. Zu meinem großen Erstaunen fand ich dort genau die passende Erklärung für das Wort »weggeführt«: Nach der Unterwerfung Vorderasiens durch Alexander den Großen waren die jüdischen Gemeinschaften dieser Region politisch sehr schwach. Pto-

lemäus konnte es deshalb gelingen, große jüdische Bevölkerungsteile dieser Region zwangsweise oder zumindest gegen deren Willen umzusiedeln in die neugegründete Stadt Alexandria, sodass hier neben Babylon die zweite große Judenkolonie außerhalb Palästinas entstand.)

Hat man sie in diese Stadt (Jerusalem) gebracht?

Nein, ich weiß nicht, wo sie sind.

Wer hat diese Menschen weggeführt?

Es sind Gegner unserer Religion.

War es ein Religionskrieg?

Nein, es war noch nicht einmal ein Krieg ... Die anderen waren einfach viel stärker ... Sie sind gekommen, und wir hatten keine Möglichkeit, kein Mittel, uns gegen sie zur Wehr zu setzen.

Ihr Kummer hat damit zu tun, dass Sie jetzt ohne diese Menschen sind, dass diese Menschen leiden, dass sie verstreut sind?

Ja, das ist es.

Sie beten also inbrünstig um die Lösung, um Hilfe für die Menschen Ihrer Gruppe? ... Spüren Sie, wie nahe Sie sich dieser Gruppe fühlen, fühlen Sie die Liebe, die Sie für diese Menschen empfinden. Empfinden Sie gegenüber den Gegnern Hass, Zorn oder Rache?

Nein.

Was denken Sie über die Gegner Ihrer Religion?

Ich mache ihnen keine Vorwürfe ... Ich glaube, dass es mein Fehler ist, weil meine Gebete intensiver hätten sein können. Damit hätte das Unglück vermieden werden können für die Gruppe, für deren Wohlergehen ich mit meinen Fürbitten die Verantwortung übernommen hatte.

Sie fühlen sich also schuldig?

Ja.

Und jetzt werde ich bis fünf zählen und Sie werden sich zum Ende dieser irdischen Existenz bewegen … Liegen Sie oder stehen Sie?

Ich hocke … in der Straße … und ich trage einen dunkelbraunen Überwurf … Ich bin sehr elend.

Sind Sie verletzt, krank, alt?

Ja, sehr alt.

Wissen Sie, dass Ihr Erdenleben bald zu einem Ende kommen wird?

Ich habe alles aufgegeben, mich mit allem abgefunden … Es gibt für mich nichts mehr zu tun. Ich erwarte nichts mehr von dieser irdischen Existenz.

Sind Sie mit sich im Frieden oder sind Sie verzweifelt?

Es ist eine Traurigkeit in mir.

Ich zähle jetzt bis drei und Sie werden das Ende Ihres Lebens erreichen … 1 … 2 … 3 … Spüren Sie, in welchem Gemütszustand Sie sind im Augenblick, in dem das Leben sich vollendet. Was Sie jetzt empfinden, ist sehr wichtig … *(leises Schluchzen)* … Sind Sie allein in diesem Augenblick?

Ja, aber warum denn nicht? Das ist nicht schlimm.

Was fühlen Sie?

Bedauern, weil ich nicht intensiv genug versucht habe, meine Aufgabe zu erfüllen … weil ich nicht genügend für die anderen gebetet habe … aber ich habe es ja versucht!

(Heftiges Weinen, Fassungslosigkeit ist hörbar in der Stimme.)

Sie spüren das Bedauern über Ihr Versagen als Fürbitter für diese Menschen … Jetzt werden Sie emporsteigen in das Reich des Lichts, in das Reich der Toten. Und Sie werden spüren, ob Sie allein sind oder ob Sie begleitet werden während Ihres Aufstiegs. Verlassen Sie jetzt den Körper und steigen Sie hoch in das Licht. Öffnen Sie sich. Fühlen Sie, wie Sie dort im Licht empfangen werden. Vielleicht spüren Sie die Gegenwart von Lichtwesen.

(Ich erlebe ein wunderbares Licht und eine Glückseligkeit, die nicht beschrieben werden kann. Der Empfang durch die Lichtwesen ist verglichen mit manch späterem Nach-Tod-Erlebnis in anderen Rückführungen überwältigend schön.)

Sie sehen jetzt den Film dieses Lebens, das gerade zu Ende gegangen ist. Schauen Sie auf den Mann, seine moralischen Qualitäten, seine Frömmigkeit, seine Liebe. Sehen Sie auf all das, was er versucht hat zu tun in diesem Leben. Sehen Sie seine Trauer darüber, dass er die anderen nicht retten konnte. Was hätte er anderes tun können?

(Stilles Weinen während der ganzen Zeit des Lebensfilms. Ich erinnere mich an die tiefe Traurigkeit über den Verlust dieser Menschen und vor allem darüber, dass ich nicht in der Lage war, diesen Menschen mit meinen Gebeten zu helfen. In Worten ist dieser Abgrund von Trauer gar nicht zu beschreiben. Dr. Ducher versucht, mich durch seine Fragen von meiner Trauer abzulenken.)

Hätte er wirklich etwas anderes tun können … oder nicht?

(Telepathisch bekomme ich die Botschaft übermittelt, dass ich meine Aufgabe im Leben sehr gut erfüllt habe. Der Geistige Führer und andere Lichtwesen vermitteln mir ihre

Freude über dieses von mir geführte Leben und auch ihre Liebe und ihr Verständnis. Es wird aber auch vermittelt, dass ich nicht glauben solle, die großen Pläne der geistigen Wesen durch meine Fürbitte ändern zu können. Gottes Rat, so verstehe ich es, ist unumstößlich. Aber es war dennoch meine Lebensaufgabe, diese Zwiesprache mit Gott zu halten und mich für mein Volk verantwortlich zu fühlen.)

Das Ende dieser Rückführung entspricht den Sitzungen (1) und (2).

Auch in dieser Inkarnation ist – wie in den beiden vorigen – am Ende des Lebens das Motiv »Schuld« bestimmend. In allen drei Inkarnationen wird als Schuld empfunden, was im zwischenmenschlichen Bereich, weniger aber unter ethischen Gesichtspunkten, als verwerflich bewertet werden könnte: die Liebe zu einer Frau (auf die er kein Recht hat), die Rettung der Stadt aus einer Gefahr (mit untauglichen Mitteln) und die Fürbitte für das eigene Volk (die aber das Unglück nicht abwenden kann). Die Schuld schreibt sich der Mensch nach irdischem Maß selbst zu. Er lässt diese Schuld sein ganzes Leben bestimmen. Er zieht sich zurück in sich selbst, er entzieht sich der Auseinandersetzung mit dem Leben. Er trauert. Damit hindert der Schuldkomplex den Menschen an der Erfüllung seines Lebensplans … und das ist die große Schuld, die der Mensch damit auf sich lädt.

6

STEINZEIT · TOTENKULT · WEISSER KIESEL · 13 000 V. CHR.

Die Einleitung der Sitzung ist dieselbe wie unter (1) und (2) notiert.

Es wird zwischen dem Arzt und mir abgesprochen, dass ein Leben aus der Steinzeit gefunden werden soll.

Autorin: Ich bin ein Mann … Ich befinde mich unter freiem Himmel … Es ist dunkel … Ich bin allein, und es geht mir nicht besonders gut … Meine Beine sind unbekleidet … Ich trage einen Bart, der glatt und nicht sehr lang ist … Meine Haare sind schwarz, glatt und ebenfalls halblang.

Dr. Ducher: Welche Kleidung tragen Sie?

Ein Fell.

Und welches Alter geben Sie sich?

Ich bin dreißig Jahre alt.

Gut, Sie werden jetzt genau spüren, wie dieser Mann lebt. Wo befinden Sie sich? Was fühlen Sie unter Ihren Füßen?

Gerundete Steine.

Fühlen Sie, was diese Steine für Sie bedeuten. Fühlen Sie sich noch immer so schlecht wie zuvor? Ist es hell oder immer noch dunkel?

Es ist nicht hell … es ist das Licht des Morgengrauens … ziemlich dunkel … Ich sehe zum Horizont … in einiger Entfernung … das Meer. Dort, wo ich stehe, ist eine Art Strand aus Steinen.

Haben Sie Gefühle oder sind Sie ganz unbeteiligt, neutral?

Ich erwarte etwas vom Meer.

Sind Sie immer noch allein?

Ich bin allein … Es ist meine Aufgabe zu schauen … Man erwartet von mir, dass ich am Meer stehe und beobachte.

Und was beobachten Sie dort? Sind es die Schiffe, die Sterne, die Wolken, das Wetter?

Es sind nicht die Schiffe … Es sind das Licht und die Sterne. Ich habe neben mir auf dem großen, abgeflachten Stein ein Netz aus hellen Fadenstreifen. Auf diese Streifen … auf ihre Schnittpunkte lege ich die weißen Kieselsteine … in Korrespondenz mit der Position der Sterne. Jede Nacht verändern sich die Sterne, und entsprechend dazu lege ich die Kiesel an einen anderen Platz auf dem Netz.

Die Zeit setzt sich in Bewegung, und Sie werden sich in einer anderen Situation in diesem selben Leben wiederfinden. Ich zähle bis drei … 1 … 2 … 3 … Wo sind Sie jetzt?

Es sind dort mehrere Menschen, Männer, Seite an Seite, ganz dicht beieinander … in unserer Höhle … Es ist eine sehr hohe Wand … eine hohe Felswand, die man hochklettern muss, um zu unserer Höhle zu gelangen.

Wie viele Männer befinden sich in der Höhle?

Fünfzehn … Ich betrachte die Frauen. Sie sind in der Nachbarhöhle an der Felswand.

Ist diese Höhle auch so hoch gelegen?

Ja, ungefähr fünfmal höher, als ich groß bin.

Und was machen die Frauen?

Sie bereiten das Mahl … am Boden.

Ist der Boden der Höhle aus Stein?

(Überraschung in der Stimme wegen der abwegigen Frage.)

Nein, der Boden ist aus Sand!

Werden zwischen den Menschen in der Höhle Worte getauscht?

Wir sitzen auf dem Boden und haben Hunger … Es herrscht Schweigen … Wir warten auf das Essen.

Nehmen Sie die Geräusche und die Gerüche wahr.

Es gibt keine Gerüche. Es gibt ja kein Fleisch, sondern Früchte … eben Dinge, die den Hunger stillen … Man wartet auf das Essen, aber ohne wirklichen Appetit … Es wird nicht gut schmecken … Ich sehe es … Es ist rot und schwarz … Beeren.

Gibt es dort mehr Herzlichkeit oder mehr Aggressivität?

Wir sind nicht aggressiv … Wir hängen alle voneinander ab … Es ist eine friedliche Gruppe.

Und die Kinder?

Die Kinder sind in einer dritten Gruppe in einer angrenzenden Höhle … Man hält sie in einiger Entfernung.

Gibt es auch Greise oder weise Alte unter Ihnen?

Ja, der alte Mann in der Ecke der Männerhöhle … Er interessiert sich für meine Arbeit … meine mechanische Arbeit als Beobachter der Sternpositionen … und er ist es, der sich über meine Beobachtungen Gedanken macht

... nicht ich. Ich beschreibe ihm, was ich in der Nacht am Sternenhimmel beobachtet habe, und dann wundere ich mich, dass er das alles schon im Voraus weiß.

Warum hat die Gruppe diese Höhle ausgesucht?

Ich glaube, es ist einfach ein idealer Platz ... aus verschiedenen Gründen ... Man sieht den Horizont ... die Tiere ... Die Höhle liegt hoch. Das bietet Schutz ... vor den Tieren.

Jetzt wird sich die Zeit weiterbewegen. Ich zähle bis drei ... 1 ... 2 ... 3 ... Jetzt spüren Sie diesen neuen Moment.

Plötzlich ist alles grün. Man sieht Pflanzen ... Wir sind auf der Jagd.

Sehen Sie die Waffe, die Sie bei sich tragen?

Sie ist aus Holz gemacht und aus Steinen. Am Ende des Holzes sind spitze Steine aufgebunden.

Was jagen Sie denn? Welche Tiere jagen Sie?

Bären ... Wir haben Fallen gemacht.

Ist die Jagd gefährlich oder können Sie die Gefahr reduzieren durch Ihre Erfahrung?

Das einzige Risiko ist, dass der Bär nicht kommt. Im Augenblick passiert gar nichts ... Wir warten ... drei oder vier Tage schon ... Aber es kann passieren, dass der Bär gar nicht kommt ... Und wir haben Hunger.

Gibt es in der Gegend auch gewaltig große Kultsteine?

Nein ... ich weiß nicht.

(Der Arzt stellt diese Frage, weil ich ja in den Rückführungen mehr über die Megalithzeit erfahren möchte. Aber nicht überall hat es in der Steinzeit diese von Menschen aufgestellten Steine gegeben, und dieser Mann kennt offenbar nicht den Megalithkult.)

Jetzt möchte ich, dass Sie mir sagen, in welcher Epoche der Menschheitsgeschichte Sie leben. Sie werden auch sehen, in welcher Gegend unseres Planeten Erde Sie sich befinden.

Das war vor 13 000 Jahren. Es ist eine sehr kalte Gegend … Ich weiß, es ist in Europa, am Atlantik … und es ist nicht Spanien, sondern mehr im Norden … Die Orientierung ist so schwer, weil das Meer so niedrig und so klein ist und alles deshalb so anders aussieht.

(Zu der Zeit, die hier durchlebt wird, war die letzte Eiszeit, die Würm-Eiszeit, noch nicht zu Ende. Die Wasser der Meere waren noch zu Eisbergen gefroren. Dadurch lag der Meeresspiegel um bis zu 120 Meter tiefer als nach der Eisschmelze – als heute. Vor etwa 18 000 Jahren begann langsam die Eisschmelze und das Wasser stieg bis ca. 10 000 v. Chr. auf den heutigen Stand. Folglich liegt vieles, was der Steinzeitmensch als Landschaft sah, seit mindestens 10 000 Jahren tief unter dem Meeresspiegel.

Das Bewusstsein ist in der Regel während der Rückführung zweigeteilt – es beurteilt zum Beispiel den Meeresspiegel, indem es die Kenntnis aus der heutigen Inkarnation mit einbezieht. Das Bild von der Erdoberfläche – dem »kleinen Meer« und der weiten Landschaft – stammt nicht aus der Kenntnis der heutigen Inkarnation. Entsprechend bin ich, der ich heute lebe, überrascht, wenn mein »Höheres Bewusstsein« mich derartige Bilder geografisch und historisch korrekt übermitteln lässt.)

Sie werden jetzt bald zum Ende dieser irdischen Existenz gelangen. Ich zähle bis fünf … 1 … 2 … 3 … 4 … 5 … Sind Sie sehr alt?

Nein, nicht alt.

Wo befinden Sie sich?

Ich sitze in einer kleinen Höhle … nicht allzu weit entfernt von der großen Höhle der Männer.

Sind Sie allein oder sind andere Menschen bei Ihnen?

Nein, ich bin allein. Aber von Zeit zu Zeit kommen sie, um nach mir zu schauen.

Wissen Sie, dass Sie bald sterben werden?

Alle wissen es. Deshalb hat man mich ja auch in diese Höhle gebracht, damit ich hier in Ruhe sterben kann.

Haben Sie Angst vor dem Sterben?

Nein, ich finde es nur schade, dass ich sterbe, weil ich noch so jung bin … Es war ein Unfall … Ich … bin … ich bin gestürzt … Mein Kopf ist verletzt … ich fühle aber keine Schmerzen.

Versucht man, Sie zu behandeln?

Man spricht zu mir mit den Worten, die für Menschen in meiner Situation … Worte, die für die Sterbenden reserviert sind. Es ist ein Ritual für Sterbende … Man wiederholt immer wieder die heiligen Worte. Man spricht zu mir von der Welt der Toten und man gibt mir einen weißen Kiesel in die Hand. Es ist einer der Kiesel von dem Ordinatennetz meiner Sternenkarte am Strand. Sie sagen, dass ich nach meinem Tod aufsteigen werde zu dem Stern, der auf meinem Netz repräsentiert ist durch diesen weißen Kiesel in meiner Hand.

(Mein Atem geht sehr schwer, ich spreche leise.)

Dann ist nur noch der Älteste bei mir. Er weiß, welcher Stern aufgeht, wenn ich sterbe. Er weiß, wann ich sterbe, und mahnt mich, mich zu konzentrieren auf den Großen Geist, der die Bewegungen am Firmament bestimmt. Er sagt, dass ich noch zu jung war, um alles über diesen Großen Geist von ihm zu erfahren. Das Ritual, mit dem er mich in das heilige Wissen einweihen wollte, kann ja nur er durchführen. Ich glaube, er ist traurig, weil er mir sein Wissen noch nicht übertragen hat.

Welche Gefühle haben Sie in diesem Moment?

Ich … bin voller Vertrauen. Zunächst habe ich – wie ich schon sagte – bedauert, dass ich so jung sterben muss. Aber jetzt … nach dem Sternenritual … nachdem ich nun weiß, dass ich zu einem Stern gehen werde, bin ich ungeduldig, dorthin zu gelangen.

Haben Sie jetzt am Ende dieses Erdenlebens das Gefühl, dass Sie Ihren Lebensplan auf Erden gut ausgeführt haben?

Ja. Die Sache, die in meinem Leben am meisten zählte, war meine Arbeit als Beobachter der Sterne … Der Rest, die Jagd zum Beispiel, war nicht so wichtig.

Sehen Sie am Ende Ihres Erdenlebens, was Ihre Arbeit Ihnen an Erkenntnissen gebracht hat. Spüren Sie, wie Sie Zeit Ihres Lebens mit dem Universum verbunden waren als aufmerksamer Beobachter der Sterne …

Ich hätte gern mehr verstanden von dem, was ich am Himmel beobachtet habe. Ich bedaure jetzt ein wenig, dass ich meine Arbeit fast mechanisch ausgeführt habe und nie wusste, warum die Sterne sich in dieser Weise bewegen. Ich bin voller Hochachtung, voller allergrößter Hochachtung …

(Ich beende den Satz nicht und obgleich ich meistens alles, was in den Sitzungen von mir gesprochen und gedacht wurde, in genauer Erinnerung behalten habe, weiß ich hier nicht, ob ich voller Hochachtung vor dem beeindruckenden

Himmelsschauspiel bin oder voller Hochachtung vor dem weisen Ältesten meiner Gruppe, der den Lauf der Sterne versteht.)

Es folgt das Ende der Sitzung wie in den Sitzungen (1) und (2).

Der Kiesel spielt im Totenkult vieler Völker noch heute eine wichtige Rolle – das habe ich inzwischen aus Büchern erfahren. Was aber in keinem Buch steht, ist die lange Tradition dieses Rituals. Die Funktion des Kiesels, so wie sie hier in der Rückführung in ein Steinzeitleben beschrieben wird, passt zwar zu dem, was aus der Tradition des Totenkults bekannt ist, erscheint aber meines Erachtens auch als ein neuer Aspekt. Der Stein ist – auch – das Symbol für Leben. Menschen werden aus Steinen geboren, der Stein wird zu Brot, und dieses eucharistische Brot wiederum ist im Abendmahl der Leib Christi, das ewige Leben.

In dem hier genannten Zusammenhang ist wichtiger, dass der Kiesel auch den Geist (des Toten) bannt. Aus diesem Grund wirft man bei der Begräbniszeremonie einen Kiesel hinter sich. Wie ich (erst heute) weiß, hatte der Kiesel in Initiationsriten seine ganz besondere Bedeutung. Damit kann der von mir in der Steinzeit erlebte Initiationsritus bzw. Sterberitus als ein Vorläufer heute noch gültiger Vorstellungen gewertet werden.

Der Kiesel hatte in der frühen Steinzeit auch einen kosmologischen Bezug. Er war ein Symbol der Ewigkeit, ein Symbol des ewigen Lebens. Interessant ist die während der Rückführung geschilderte Vorstellung, die Seele des Toten gehe auf einen anderen Stern. Für die Steinzeitmenschen war diese Vorstellung wohl nicht nur selbstverständlich, sondern auch tröstlich. Der Kiesel in der Hand des Sterbenden ermöglicht, zusammen mit den rituellen Worten und Handlungen des weisen Ältesten der Gruppe, die Übermittlung kosmischer Energien. Die Sterne waren für den Steinzeitmenschen etwas Lebendiges. Er lebte mit den Sternen, sie waren ihm so vertraut, als sei er in früheren Leben bereits dort gewesen …

»Die Seele kommt aus einem Bereich jenseits von Raum und Zeit, bevor sie sich in einem Körper inkarniert … Ihr wahres Schicksal liegt nicht in diesem irdischen Körper. Sie bleibt mit ihrem Ursprung (auf dem Stern) verbunden.« (So schreibt in unseren Tagen der Naturwissenschaftler und Philosoph Rupert Sheldrake, »Denken am Rande des Undenkbaren«, *München, S. 140.=*

Was ich vor dieser Rückführung nicht wusste: Die Waffen, die in der Steinzeit zur Bärenjagd benutzt wurden, sahen in der Tat so aus, wie ich es beschreibe.

7

PRIESTER DER STEINZEIT · MAGIE DES STEINES · SONNENKULT

Der Arzt beginnt wie in den Sitzungen (1) und (2) beschrieben.

Es wurde erneut abgesprochen, ein Leben aus der Steinzeit zu finden. Wie üblich beginnt die Sitzung mit dem Abfragen der Kleidung etc.

Dr. Ducher: Nennen Sie mir bitte die Zeit, die Sie in der heutigen Sitzung erleben möchten.

Autorin: Die Megalithzeit im vierten Jahrtausend.

Gut, in einigen Minuten werde ich die Musik anstellen und von dem Moment an wird nichts mehr Ihren normalen fünf Sinnen zugänglich sein außer meiner Stimme und dem Ton der Musik.

(Die folgenden Passagen wurden gekürzt.)

Welches Schuhwerk tragen Sie?

Ich weiß es nicht.

Was fühlen Sie unter Ihren Füßen?

Eine Sohle.

Und welche Kleidung tragen Sie?

(Lange Pause, ich konzentriere mich, gebe aber keine Antwort.)

Empfinden Sie den Körper eines Mannes oder einer Frau?

Vielleicht eines Mannes.

Sind Sie allein oder sind andere bei Ihnen?

Allein.

(Die Antworten sind, wenn sie überhaupt kommen, so kurz wie eben möglich, weil in dieser ersten Phase der Sitzung im erweiterten Bewusstseinszustand eine große Ruhe einsetzt, in der man keine Lust oder Kraft hat zu sprechen.)

Wo befinden Sie sich?

Ich bin draußen und sitze auf einem Stein.

Wie fühlen Sie sich?

Neutral … und allein.

Wie alt sind Sie?

Ich bin dreißig Jahre alt.

Welche Art von Landschaft empfinden Sie um sich herum? Sind es Berge, das Meer, der Wald?

Nein, kein Wald … das Meer ist nahe.

Fühlen Sie sich gut in dieser Landschaft?

Ich bin doch ein bisschen unruhig … Die Mächte der Nacht … Ich habe keine Angst vor ihnen … aber … diese Kräfte sind viel stärker als ich … und ich fühle mich so klein in dieser Nacht … Das ist der ganze Grund der Unruhe in mir.

Gibt es Momente, in denen Sie sich in Harmonie fühlen mit diesen Kräften oder sind diese Kräfte für Sie immer fremd und bedrohlich?

Diese Kräfte umgeben mich … aber ich bin nicht Teil von ihnen. Ich bin nicht integriert in sie.

… 1 … 2 … 3 … 4 … 5 … Die Zeit ist weitergegangen. Welche Eindrücke bieten sich Ihnen jetzt?

Es ist derselbe Platz, aber jetzt ist er grün … mit viel Vegetation … Viele Personen sitzen auf dem Boden bei dem Stein. Er ist dreimal so hoch wie ein Mann … und die Gruppe ist im Gebet … in einem Halbkreis um den hohen Stein herum sitzen sie.

Wie viele Menschen sind es ungefähr?

Dreißig … Es ist nicht die vollständige Gruppe … Es sitzen hier die Auserwählten.

Und Sie gehören zu dieser Gruppe der Auserwählten?

Nein, ich sehe mich neben dieser Gruppe … auf der anderen Seite des hohen Steins … gegenüber dem Halbkreis der Auserwählten. Es sind nur Männer … Ihre Hände haben sie vor der Brust gekreuzt … wegen der Konzentration … Sie haben alle die gleiche Haltung … Ihre Köpfe sind gesenkt und die Beine sind wie die Arme gekreuzt. Ich richte meine Aufmerksamkeit …

(Mühsames, schleppendes Formulieren.) Ich konzentriere mich auf die Sonne … Ich weiß, dass die anderen jetzt im Schatten des Steins sitzen … und ich konzentriere mich … auf den Schatten des Steins … Er muss auf den Menschen liegen … und mein Schatten muss auf dem Stein sein … So lange dauert das Gebet, wie der Schatten dort bleibt.

Spüren Sie die Schwingung des Steins. Spüren Sie seine Energie, indem Sie ihn berühren.

(Bei dem Vorschlag des Arztes, den Stein zu berühren, gerate ich förmlich in Panik. Mein Herz schlägt wild. Ich

bin regelrecht entsetzt über die Idee. Meine Stimme ist daher sehr laut und bestimmt bei der Antwort.)

Nein, nein, das tue ich nicht, das darf ich nicht tun! … Ich stehe in der Sonne und die anderen sind in seinem Schatten.

Spüren Sie die Energie der Sonne und des Steins.

(Ich höre nicht zu und scheine vollkommen auf den Kult konzentriert.)

Es ist wichtig, dass mein Schatten auf dem Stein ist … Ich bin die Lupe, die die Kraft der Sonne konzentriert und sammelt, damit sie in den Stein eingeht … Auf diese Weise bleibt die Kraft des Lichts bei uns … wenn es dunkel ist. Sie existiert in dem … auf dem Stein und wir leben von dieser Energie. Die Energie, die in diesem Stein gesammelt ist, ist viel zu stark, als dass ich den Stein berühren könnte. Ich habe es noch nie versucht – niemand hat es je versucht, seit wir ihn zu Ehren der fremden Mächte aufgerichtet haben. Es waren unsere Väter, denen diese Aufgabe gestellt wurde von den Fremden, den Göttern. Wir brauchen heute nur noch den Kult durchzuführen. Der Kult ist das Wichtigste in unserem Leben. Diese Zeremonie verbindet uns mit den Göttern. Wir sollen uns konzentrieren auf sie und auf das, was wir als Menschen sind. Der Schatten auf dem Stein ist die kurze Lebensdauer – und das Licht ist eben das Sinnbild der ewigen Dauer des Lebens. Wir sind die Schatten auf der Erde – vergänglich – aber der heilige Stein transzendiert unser Leben. Er lebt . Und seine Kraft gibt er an uns, wenn wir um ihn herum den Kreis bilden. Der Kreis ist wichtig für unseren Geist – es ist die Konzentration um die Mitte … und die Mitte von allem ist das Licht. (Heftiges, sehr tiefes Atmen.)

Verstehen Sie, warum der Stein gerade an diesem Ort errichtet wurde? Spüren Sie es?

Ich war nicht dabei, als dieser Stein vorbereitet und errichtet wurde … Aber uns wurde erzählt … von unseren Ahnen, dass die Energie hier warm und richtig ist … und dass da, wo der Stein steht und wo er sichtbar ist, die Menschen gut leben können.

(Die Stimme ist sehr langsam und fremd. Hörbare Konzentration.)

Ich weiß nicht, wer den Stein an diesem Ort aufgerichtet hat … Ich weiß aber, dass die Energien dieses Ortes günstig für uns sind.

Gut. Die Zeit wird sich jetzt weiter bewegen … Was passiert jetzt?

Man schlägt einen neuen Stein aus dem Felsen heraus … die ganze Gruppe. Jetzt ist sie sehr viel größer als dreißig Mann. Alle arbeiten an einem Stein, der aber noch Teil des Felsens ist. Erst zur Hälfte ist die Arbeit getan … Warum machen wir diese Arbeit??

(Die Anstrengung der Überlegung ist hörbar. Die Frage stelle ich mir mit dem Unterton: Warum um Gottes willen nehmen wir diese fürchterliche Anstrengung auf uns?)

Ich weiß es nicht. Wir brauchen den Stein, weil wir jetzt viel zahlreicher sind … und ein einziger Stein genügt nicht, damit alle in seinem Schatten sitzen können während des Rituals. Deshalb haben wir uns in zwei Gruppen geteilt, und die zweite Gruppe braucht auch einen Stein.

Spüren Sie, wie Sie die Arbeit im Steinbruch erledigen.

Der Stein ist ja noch gar nicht in unserer Hand … Die Arbeit ist überhaupt noch lange nicht beendet … Wir arbei-

ten auch immer nur an dem Stein, wenn der Mond neu ist … sonst würde die Arbeit nicht gelingen … niemals.

Spüren Sie die Stimmung der Menschen untereinander.

Jeder weiß, dass unsere Arbeit an dem Stein überwacht wird vom Himmel, von den Göttern. Wir sollen und müssen uns konzentrieren auf diese Arbeit … mit unseren positiven Gedanken … und ich helfe dabei, indem ich die regelmäßigen Gebete durchführe … Ich bin es, der die Gebete leitet.

Sie werden jetzt zum Ende dieser inkarnierten Existenz kommen. Sind Sie verletzt, krank oder einfach nur alt?

Ich bin alt … Ich habe ein Mittel genommen … Kräuter … Auf diese Weise gehe ich aus dem Leben nach meinem eigenen Entschluss … Das ist Teil meiner Rolle, die ich in diesem Leben spiele … Ich bin in diesem Moment des Sterbens wieder vor dem Stein – aber dieses Mal auf der anderen Seite, auf der Seite des Schattens. Mein Kopf ist nicht klar … die Halluzinogene … es ist nicht unangenehm.

Sind Menschen bei Ihnen? Wird ein Ritual abgehalten?

Es ist das Ritual für sterbende Priester wie mich. Allein der Junge (mein Nachfolger in diesem Amt) ist bei mir und beobachtet die Sterne. Die Konstellation der Sterne in dieser Nacht ist günstig für mein Sterben. Diese Nacht ist deshalb ausgewählt worden. Aber es ist noch nicht so weit. Erst wenn der letzte Stern des nördlichen Bildes zu sehen ist, wird der Moment kommen, das Leben gehen zu lassen. Das Leben hat sich vollendet. Ich bin nicht traurig.

Es folgt das Ende der Sitzung wie in (1) und (2).

In den lang vergangenen Zeiten beherrschten einige Menschen – so wird in alten Texten berichtet – die Kunst, den Augenblick des eigenen Todes selbst zu wählen. Sie »gaben den Geist auf«. So, wie die Stunde der Geburt für den Lauf des Lebens bestimmend ist, so ist auch der Moment des Sterbens wichtig für das Eingehen in höhere Dimensionen des Jenseits. Ein Priester der Steinzeit war nicht nur in der Lage, er war offenbar auch verpflichtet, sein Sterben selbst zu bestimmen und – mithilfe von Kräutern – einzuleiten.

Die Szene vor dem Kultstein wird von dem Priester sehr überzeugend beschrieben. Er gerät in Panik bei dem Vorschlag, den heiligen, von kosmischen Energien aufgeladenen Stein zu berühren.

Seit 1977 gibt es eine Forschergruppe, »Dragon Project« genannt, die die Energien von Megalithen untersucht. Die Wissenschaftler fanden radioaktive Strahlung sowie starke elektromagnetische Felder und Ultraschallwellen, die von den »heiligen Steinen« ausgehen. Außerdem wurden Lichter in der Umgebung der Steine beobachtet, und die Kirlian-Fotografie zeigte außergewöhnliche Farbmuster in der Aura der Steine. Johannes von Buttlar beschreibt diese und viele andere erstaunliche Phänomene in seinem Buch »Der flüsternde Stein« *(Kreuzungen/München 2000).*

Die von mir während der Rückführung gegebenen Beschreibungen entsprechen sehr genau dem heutigen Stand der Wissenschaft und Erforschung der Strahlung und Wirkkraft der Kultsteine.

Als zentraler Gegenstand der Rituale ermöglichten diese Steine die Verbindung zwischen dem irdischen und dem göttlichen Bereich. Der von mir beschriebene Megalith stand vermutlich auf einem geografischen Kraftort. Der Priester lädt dann mit seinen energetischen Kräften den Stein auf, sodass sich das Energiefeld der Erde mit dem Energiefeld kosmischer Ebenen verbinden kann. Diese Energie wird während des Kults auf jene Menschen gelenkt, die im Schatten des energetisierten Steins sitzen. Buttlar schreibt, dass wir uns dieses »Aufladen« des Steins vorstellen können wie ein Unter-Strom-Stellen. Damit erklärt sich auch die von mir zum Ausdruck gebrachte Scheu bzw. Angst des Priesters, den Stein zu berühren. Es wurde auch von Fällen berichtet, in denen das Berühren eines Megalithen wie ein elektrischer Schlag empfunden wurde, ohne dass zuvor am Stein eine magische Handlung oder Energetisierung vorgenommen worden war. Die Kraft steckt offenbar über eine sehr lange Zeit – oder für immer – in diesen heiligen Kultsteinen.

8

DIENER HÖHERER INTELLIGENZEN · FLUGKÖRPER · BATTERIE

Einleitung wie in den Sitzungen (1) und (2).

Autorin: Ich befinde mich in einem offenen Universum ... Ich bin allein ... Es ist dunkel ... aber direkt vor mir sehe ich einen schwachen Lichtschein ...

(Wie üblich fragt der Arzt zunächst nach den Füßen, damit ich mich besser mit meiner Person identifiziere.)

Dr. Ducher: Spüren Sie bitte Ihre Füße. Tragen Sie Schuhe?

Ich weiß es nicht.

Und Ihre Arme und Beine? Sind Sie bekleidet oder sind Sie nackt?

Nein, ich bin nicht nackt.

Gut, fühlen Sie nun bitte, ob Sie ein Mann sind oder eine Frau.

Ein Mann.

Ist Ihr Gesicht behaart? Tragen Sie einen Bart?

Einen Bart … und einen Helm … wie eine Kugel über dem ganzen Kopf.

Tragen Sie etwas an den Fingern oder Armen?

Ich spüre etwas auf dem Arm … hart wie Metall … aber es ist kein Schmuck … es ist ein Ärmel.

Spüren Sie, ob Sie etwas um den Hals tragen.

Um den Hals trage ich nichts … aber ich trage eine sehr dichte und dicke Jacke Sie ist wie die Ärmel nicht aus Stoff … Es ist eher wie Metall … auf jeden Fall sehr hart.

(Was ich dem Arzt zu beschreiben versuche, ist ein metallisch glänzender Overall aus einem festen aber elastischen Stoff. Das Material empfinde ich als sehr leicht. Der Schutzhelm umschließt den ganzen Kopf.)

Haben Sie den Eindruck, eher jung oder in reifem Alter zu sein?

In reifem Alter.

Was tun Sie an diesem Ort?

Zu meinen Füßen steht eine Box … in Quaderform, so ungefähr 50 mal 40 Zentimeter, und 20 Zentimeter hoch. Sie ist schwer … und hart, sehr regelmäßig … mechanisch … Ich verstehe es nicht.

Was enthält diese Box? Können Sie sie aufmachen? Oder ist sie schon geöffnet?

(Leichtes Stöhnen wegen der Konzentration.)

Es ist keine Box, die man öffnen könnte … Ich weiß nicht, was sie enthält … und ob sie überhaupt etwas enthält … es ist ein Quader, der eine große Bedeutung hat, nicht nur für mich.

Welche Art von Landschaft sehen Sie?

Ein Hochplateau aus Felsen … oben flach.

Erkennen Sie Bäume, das Meer oder Felder?

Es gibt keine Bäume hier oben … und es ist immer noch dunkel … Ich habe den Eindruck, das Meer ist in der Nähe, aber ich sehe es nicht.

Was tun Sie dort, wo Sie stehen? Was spüren Sie?

Also, diese Box … ist sehr wichtig.

(Die Anstrengung beim Formulieren der Eindrücke wird deutlich.)

Akzeptieren Sie, was immer es ist, auch wenn Sie es nicht verstehen.

Also, die Box ist … dazu da … in Kontakt zu treten mit dem Flugzeug, es zu leiten … ein Flugzeug oder eher eine Flugmaschine, auf jeden Fall … ist es gewaltig groß … Dort in der Ferne ist sie sichtbar.

(Ich beschreibe, was ich sehe. Es ist für mich eine Art »Batterie« oder einfach ein quaderförmiges Objekt mit einer eigenen Kraft, das für den Kontakt mit einem Flugkörper genutzt wird. In dem Buch »Der flüsternde Stein« von Johannes von Buttlar habe ich etwas gelesen, das sehr gut eine korrektere Definition dieses Objektes sein könnte. Ich beziehe mich hier auf die sogenannten »ME«, die in den alten sumerischen Texten eine außerordentlich wichtige Rolle spielen. Bei den »ME« handelt es sich um Steine, die Informationen enthalten und von den »Göttern« bei der Erschaffung und Planung des Lebens auf der Erde verwendet wurden. Buttlar fasst die sumerischen Texte und die Funktion der Steine wie folgt zusammen: »Die Götter … brauchten sie zur Kommunikation mit ihrer kosmischen Heimat, aber auch als Programme für

ihre Mission, als Blaupause für die Schöpfung« (a. a. O., S. 25–26).

An anderer Stelle schreibt Buttlar: »Die ME waren zugleich Computerchips wie Kommunikationsmittel, göttliches Orakel und Mobiltelefon« (a. a. O., S. 29).

Diese Steine werden auch »Tafeln der Schöpfung« genannt. Zu übersetzen ist »ME« übrigens mit Wort«! »Am Anfang war das Wort«, heißt es im Alten Testament, und diese ME-Steine erinnern vielleicht nicht nur mich an die Steintafeln, die Mose auf dem Berg Sinai von seinem Gott erhalten hat.

In der jüdischen Tradition wird nicht von »ME«, sondern von den »TERAPHIM« gesprochen, wenn es um die geheime Kunst der Orakelpriester ging, mittels einem heiligen Stein den Kontakt zu halten zu den Göttern jenseits der Erde. Im Buch der Jubeljahre wird erzählt, dass Abraham die Stimme Gottes aus einem »flüsternden Stein« hörte.

Im 31. Kapitel der Genesis wird Jakob, der Enkel Abrahams, beschuldigt, die Teraphim seines Onkels Laban gestohlen zu haben, die er später in Sichem vergrub. Der Vater des Abraham mit Namen Terah verfügte (als erster Jude?) über dieses geheime Wissen um die Teraphim, und noch der große jüdische Gelehrte Maimonides (12. Jahrhundert n. Chr) war mit der Anwendung dieser geheimnisvollen Steine vertraut. (Vgl. Johannes von Buttlar, »Der flüsternde Stein«, *S. 68–76.)*

Das von mir als »Batterie« bezeichnete Objekt spielt auch in Sitzung (11), Der Schwarze Stein, *eine zentrale Rolle.)*

Ich zähle bis fünf und etwas Neues wird sich Ihnen zeigen … 1 … 2 … 3 … 4 … 5 … Sind Sie immer noch am selben Ort?

Ich habe mich etwas in Richtung dieses Flugzeugs bewegt, dieses Flugzeugs, das gar kein Flugzeug ist … Es sind dort mehrere Personen, die ich aus der Maschine herauskommen sehe … Ich sehe ihre Gesichter nicht … Auf den Köpfen tragen sie … es ist beinahe wie eine Pyramidenform … sehr spitz … ich weiß nicht … Kopf und Hut sind ein bisschen dasselbe, sie bilden eine Einheit … sehr geometrisch.

Wie fühlen Sie sich? Eher gut oder eher schlecht?

Nein, es geht mir gut.

Kennen Sie diese Wesen? Was machen diese Wesen?

Ich glaube nicht, dass ich Teil dieser Gruppe bin … dass ich zu ihnen gehöre, aber ich kenne sie.

(Schweres Atmen wie bei großer Anstrengung.)

Ja, was machen sie? … Es sind eine große Menge von ihnen, die ich sehe, ein Dutzend Personen, die herumwimmeln, die sich bewegen, die sich um das Fahrzeug kümmern … Ich war ein wenig weiter weg mit meiner Box, um – wie ich schon sagte – den Abflug der Maschine zu regeln …

Wie kommunizieren Sie mit diesen Wesen? Gibt es eine Sprache oder Zeichen?

Es gibt keine Sprache … außerdem haben sie ja sowieso keine Münder … ich sehe keine … alles ist glatt … man sieht kein Gesicht.

Was haben diese Wesen getan? Warum sind sie hierher gekommen?

Sie entfernen sich mit großer Geschwindigkeit, jeder in eine andere Richtung … Ich bin sehr erstaunt, wie schnell sie aus meinem Blickfeld verschwunden sind … Ich allein bleibe zurück.

Was tun Sie, während diese Wesen nun fort sind?

In mir geht gar nichts vor. Ich weiß, dass sie mich früher oder später wieder benötigen für den Abflug. Und bis dahin bleibe ich eben auf dem Felsplateau.

Ich zähle jetzt bis drei und etwas Neues in dieser selben Existenz wird sich Ihnen zeigen … 1 … 2 … 3 …

Ich glaube, ich trage diesen Anzug aus Metall, um mich zu schützen … Dieser seltsame Stoff … jetzt endlich verstehe ich, dass ich ihn trage, um geschützt zu sein vor den Emanationen oder Schenkung dieses Fahrzeugs … und wegen der Hitze vielleicht … Ich weiß es nicht … Auf jeden Fall darf ich ihn nicht immer tragen.

Sind Sie allein oder sind andere mehr oder weniger dicht bei Ihnen?

Ich bleibe dort oben. Ich bin immer in der Nähe des Flugzeugs … Hier ist außer mir niemand.

Ich zähle noch einmal bis drei und Sie erleben eine neue Phase desselben Lebens … 1 … 2 … 3 … Was passiert?

Ich schaue von diesem Hochplateau herunter, dorthin wo die anderen, die Meinigen, leben. Sie leben am Fuße des Berges in der Nähe des Meeres … Ich sehe sie … wie seltsam, dass ich sie sehe, wo sie doch so sehr weit weg sind … Für mich ist noch nicht der Moment gekommen herunterzusteigen … Dort unten bin ich zu Hause. Dort komme ich her. Ich gehöre zu dieser Gruppe dort unten.

Gibt es Ihnen das Gefühl der Freude? Kennen Sie dieses Gefühl von Freude? Sind Sie glücklich oder unglücklich?

Weder unglücklich noch glücklich … Ich bin irritiert über die Anwesenheit von jenen, die gekommen sind … weil ich sie nicht verstehe … Ich habe keine Angst vor ihnen … aber sie irritieren mich, sie stören mich … Ich fühle mich ihnen sehr fern … fern in dem Sinn, dass es einen so großen Unterschied gibt zwischen ihnen und mir. Es gibt keine Verbindung, keine Gemeinsamkeiten … Ich erinnere mich nicht … Ich glaube, sie haben mich einst gebeten, auf ihre Ankunft zu warten, und ich würde nicht wagen, es zu vergessen oder mich zu weigern, die Arbeit für sie zu tun … Es ist ja gar keine Arbeit, es ist nur eine kleine Aufgabe … an der Box …

(Dieser Mann steht offenbar unter dem psychischen Zwang der höheren Intelligenzen. Er kann sich ihren Befehlen nicht widersetzen, aber er wagt es auch nicht. Gehorsam spielt in den alten religiösen Texten eine große Rolle. So wie die Menschen den »Göttern« gehorchen mussten, so hatten die »Göttersöhne« dem höchsten Gott und dessen Schöpfungsplan Gehorsam zu leisten. Die Strafen für Ungehorsam waren streng, wie uns der Text der Genesis, die apokryphen Texte und auch die Qumran-Schriftrollen berichten. Die Sintflut wird in diesem Zusammenhang auch als Strafe für Ungehorsam genannt.)

Wie werden die Dinge sich weiterentwickeln? Werden diese Wesen wiederkommen?

Warum sind sie so schnell verschwunden? … Ich verstehe das alles gar nicht … Sie bewegen sich nicht wie ich.

(Ich beobachte, dass die Wesen sich nicht nur pfeilschnell, sondern auch in für uns unnatürlichen Winkeln bewegen. Sie schlagen mit ihren Fahrzeugen Haken in der Luft.)

Ich glaube nicht, dass ich jemals das Recht haben werde, von dem Felsplateau herunterzusteigen …

Die Zeit beschleunigt sich … 1 … 2 … 3 … Was passiert jetzt?

(Schweres Atmen und Stöhnen.) Ein großes Licht … vorn

... Es hat zu tun mit dem Fahrzeug ... Es wird aufgesogen von den Lichtern ... dieses Fahrzeug.

(Angestrengte, fremde Stimme wie in tiefer Trance.)

Es ist nicht mehr da ... Ich habe nichts gehört ... Nur das Licht habe ich gesehen ... Das Licht kam von der Oberfläche des Fahrzeugs, aus dem Flugzeug heraus. Es berührte mich, das Licht ... Ich bin so etwas wie paralysiert ... und auch sehr erschrocken und erstaunt.

Kommen sie Sie holen?

Nein, sie sind doch fort. Es ist jetzt alles leer ... auf dem Felsplateau.

Was tun Sie jetzt?

Ich nähere mich dem Platz, an dem es gestanden hat. Ich sehe einen Kreis auf den Steinen, vielmehr auf dem Felsen ... Ich sehe zum Himmel ... Ja, und was noch? Ich weiß es nicht ... Ich bleibe einfach da ... Ich schlafe auch dort. (Schweres Atmen.)

Ich entspanne mich und setze mich ... Ich glaube, ich setze mich in einiger Entfernung. (Einige Worte unverständlich gesprochen). Ja, ich bleibe da, ich schlafe auch da ... Ich kann und darf dort schlafen, wo das Fahrzeug war. (Sehr mühsames Sprechen.)

Warum wollen Sie dort schlafen?

Ich erinnere mich nicht, dass sie mich gebeten haben, das zu tun ... Ich bleibe einfach da ... Auf jeden Fall weiß ich, dass ich dableiben muss.

Ist es, als ob Ihr Bewusstsein eingeschränkt wurde? Ist es, als ob Sie nicht mehr wirklich überlegen können?

In mir geht gar nichts vor.

Wir werden die Zeit weitergehen lassen. Ich zähle bis

drei und etwas Neues wird auf Sie zukommen … 1 … 2 … 3 …

Jetzt bin ich unterhalb von diesem Felsplateau. Es gibt hier große Bäume mit enormen Wurzeln … Alles erstaunt mich sehr … Ich fühle mich nicht gut … Ich misstraue dem Grün, der Landschaft und vielleicht auch den Tieren … Wovor was habe ich eigentlich Angst?

Warum haben Sie Misstrauen und Angst?

Es ist ein neues Gefühl für mich, dort spazieren zu gehen …

Warum sind Sie heruntergekommen von dem Felsplateau? Haben Sie den Befehl dazu bekommen? Oder haben Sie selbst entschieden?

Ich sollte mehrere Male schlafen nach ihrem Abflug … das heißt, mehrere Tage lang sollte ich noch dort oben bleiben … und fünf Mal schlaf en sollte ich. Danach hatte ich das Recht, das Plateau zu verlassen. (Schweres Atmen.)

Haben Sie jetzt dort unten eine andere Aufgabe zu erfüllen?

Ich muss mich waschen, unter einer Kaskade waschen … Ich … muss es machen. (Mühsames Formulieren und Sprechen.) Es ist nicht, dass ich es tun wollte … es ist, als ob es gut für mich wäre, mich zu waschen nach der Arbeit, die ich in der Nähe … des Fahrzeugs getan habe.

(Die Strahlung der Fahrzeuge der Fremden scheint für den menschlichen Körper schädlich gewesen zu sein und wurde durch Waschen neutralisiert. In den ältesten Texten der Inder, im »Mahabharata«, *wird im Übrigen sehr genau geschildert, dass die Krieger, die Metall am Leib trugen, in die Flüsse sprangen und sich gründlich wuschen, um*

sich auf diese Weise zu retten vor den schädlichen, giftigen Strahlen der Waffen der Götter. Auch im Gilgamesh-Epos wird von dem tödlichen Hauch gesprochen, der sich auf die Menschen legt, vor dem aber das Wasser retten kann.)

Ahh, welch ein großer Wald ... Ich empfinde ihn als feindselig ... Er tut mir nicht gut ... Er nimmt mich nicht gut auf.

(In Sitzung (23) könnte sich eine Erklärung dafür finden, warum ich im Wald Angst habe. Auch da stehe ich unter dem Einfluss von höheren Intelligenzen, die mich manipulieren.)

... 1 ... 2 ... 3 ... Was empfinden Sie jetzt?

Ich sehe das Fluggerät noch einmal ... oben auf der Höhe des Plateaus ... Ich habe nicht das Gefühl, dass es sich bei den Besuchern aus dem Luftfahrzeug um Freunde handelt ... Wir verstecken uns vor ihnen unter seltsam riesigen Baumwurzeln.

Sind andere bei Ihnen?

Das sehe ich nicht sehr deutlich ... Auf jeden Fall mögen wir die Fremden aus der Luft nicht.

Sie lieben sie nicht und Sie verstecken sich vor ihnen?

Ja, sie kommen ja nicht nur für die Landung. Sie kommen vielleicht ... für die Inspektion ... Ich weiß es nicht. Ich habe den Eindruck, als sei dieses Hochplateau unter dem Einfluss dieser fliegenden Maschinen.

Haben Sie den Eindruck, dass sie gefährlich sind?

Ja, die Emanationen sind gefährlich ... deshalb trägt man ja ... ich trage etwas, um mich zu schützen ... Wenn man es nicht trägt, muss man sich unter den Baumwurzeln verstecken.

Gut, lassen Sie die Dinge sich weiterentwickeln ... 1 ... 2 ... 3 ...

Das ist ja nicht möglich!! … Ich sehe Kreaturen …

… die Ihnen ähnlich sind oder die anders sind als Sie selbst?

Sie sind kleiner als ich und ähneln mir nicht.

Waren sie schon auf der Erde oder kommen sie von oben?

Ja, sie kommen … vielleicht sind es dieselben … ohne ihre spitzen Hüte? … (Hörbare Anstrengung der Konzentration, schweres Atmen.)

Ja, es sind dieselben.

Unterhalten Sie mit ihnen gewisse Beziehungen oder nicht? Gibt es Bindungen, Kontakte, einen Austausch von Informationen?

Auf jeden Fall bin ich sehr dumm. Sie machen Zeichen, als wenn sie mir etwas vermitteln wollten, als wenn sie mich unterrichten wollten in der Arbeit, die man an den Bäumen vornehmen könnte … aber ich … es ist nichts in meinem Kopf … Ich habe nicht wirklich Angst vor ihnen … aber ich würde es vorziehen, wenn sie mich in Frieden ließen, wenn sie verschwinden würden.

Und sie verschwinden und damit sind Sie außer Gefahr?

Es sind … ich verstehe es nicht … Sie strengen sich an, mich zu unterrichten, aber ich verstehe es nicht. (Mühsames Formulieren, Resignation in der Stimme.)

Wir werden uns jetzt dem Ende dieser Existenz nähern. Fühlen Sie sich allein oder sind andere bei Ihnen, Wesen, die Ihnen ähneln, oder Wesen, die Ihnen nicht ähneln?

Beide Gruppen. Sie sind ungefähr fünfzig Meter weg von mir.

Fühlen Sie oder wissen Sie, dass Sie bald sterben werden?

Ja, alle wissen es. Sie haben sich versammelt, sozusagen, um mich sterben zu sehen.

Warum haben sie sich versammelt? Wollen sie Ihnen helfen?

Sie haben einen Rhythmus in der Stimme ... alle gemeinsam ... Sie bilden einen Kreis ... So muss es sein, wenn einer stirbt. Man muss umkreist sein von den Kräften der Gruppe, aus der man kommt. Die Gedanken aller helfen mir zu sterben ...

Jetzt möchte ich, dass Sie dieses Leben ansehen, das Sie bald beenden werden. Ich möchte, dass Sie fühlen, was Sie erreicht haben in diesem Leben. Haben Sie in diesem Moment des Sterbens ein Gefühl der Traurigkeit, des Bedauerns, von Kummer, Schmerz, Angst, oder ist von all dem nichts in Ihnen?

Ich frage mich, ob es gut war, die Rolle zu spielen, jenen (gemeint sind die fremden Besucher aus der Luft) zu helfen, ihnen die Landung zu erleichtern oder gar zu ermöglichen, indem ich mich auf meinen Quader konzentriere. Ich bin nicht sicher ... Auf jeden Fall schätzt meine Gruppe gar nicht, was ich getan habe. Man glaubt, dass man besser dran gewesen wäre ohne jene, die Fremden ... und ich habe ihre Ankunft erleichtert. Ich hatte zwar keine Wahl ... aber ich mache mir trotzdem Vorwürfe.

Ich werde jetzt bis zehn zählen und Sie werden aufsteigen in das Reich der Toten. Lassen Sie sich von den Energien tragen. Gehen Sie ein in diese Energien.

Es folgt das übliche Ende einer Sitzung.

Es ist verbal schwer oder gar nicht zu vermitteln, wie begrenzt die Bandbreite meiner Gedanken, Reaktionen und Emotionen während dieser Rückführung war. Es ist offenbar von den fremden Besuchern aus der Luft eine Manipulation des Willens und der Psyche vorgenommen worden, und die Lebensphase vor dieser Manipulation ist dem Mann nicht mehr in Erinnerung.

Wenn man davon ausgeht, dass die Erde über die vergangenen Jahrtausende Besucher von höheren Intelligenzen gehabt hat, so wären die hier gelebten und erzählten Sequenzen eines vorgeschichtlichen Lebens in vielen Details sehr stimmig.

In den alten sumerischen und vedischen Texten, im Henoch-Buch der Apokryphen, in den Qumran-Schriftrollen vom Toten Meer (4Q227) und auch im Popol Vuh der Maya wird ausführlich davon berichtet, dass die Göttersöhne die Erdenmenschen besuchten und in allerlei Künsten unterrichteten. Dazu zählen neben der Magie, der Medizin und der Mathematik auch die Botanik und der Anbau von Pflanzen, sodass die Angaben in dieser Sitzung übereinstimmen mit den überlieferten Texten der Vor- und Frühgeschichte.

9

TÄNZERIN IM MAYA-KULT

Einleitung wie bei den Sitzungen (1) und (2).

Autorin: Es ist dunkel ... Ich bin draußen ... Ich sehe Bewegungen ... Ich glaube, es sind andere Wesen.

Dr. Ducher: Was tragen Sie an den Füßen?

Ich weiß es nicht.

Und sind die Beine bekleidet?

Ein Stoff ist über den Beinen ... ein sehr dicker Leinenstoff von dunkler Farbe ... Ich bin eine Frau ... und habe schwarze Haare, Zöpfe.

Und was fühlen Sie an den Fingern und Armen?

Ich trage sehr viel Schmuck ... überall ... ja, viele verschiedene Dinge trage ich ... auf den Fingern ... und sehr viele Armringe ... Auch im Haar trage ich Schmuck ... Perlen.

Tragen Sie auch etwas auf dem Oberkörper? Ist es derselbe Stoff wie der Rock?

Nein, er ist viel reicher bestickt.

Sind Sie immer noch draußen unter freiem Himmel?

Ja, draußen ... auf dem Platz im Dorf.

Und wie fühlen Sie sich dort?

Nicht so gut.

Was ist denn los? Warum fühlen Sie sich nicht gut?

Ich spiele eine Rolle ... ich bereite mich vor, eine Rolle zu spielen für die anderen ... und ... das tue ich nicht freiwillig ... Ich mag das nicht tun. Ich habe mir die Rolle nicht ausgesucht.

Welche Rolle ist es, die Sie spielen müssen?

Es ist ein Ritual ... Ich kenne diese Rolle.

Sind es immer Sie, die diese Rolle spielen muss?

Ich allein spiele diese Rolle ... Ich bin allein in einem ... Kreis ... man kreist mich bereits immer mehr ein ... Der Kreis wird immer enger um mich herum ... Sie kommen alle herbei zum Anfang der Zeremonie ... Ich bin allein ... vor ihnen.

Hat die Zeremonie schon begonnen?

Nein, noch nicht, aber es beginnt gleich ... Ich glaube, dass ich ... etwas ... trinken muss, das ... mir ... das klare Bewusstsein nimmt ... Halluzinogene ... Die anderen sind Männer, die den Kult praktizieren ... und ich bin da ... für den Tanz ... Ich weiß, dass ich nicht sehr klar sehe, dass mein Blick getrübt ist nach der Einnahme dieses Getränks ... Es ist gar nicht so unangenehm ... und ... ich habe auch die Männer auf die Pyramide begleitet, wo ich ausgesucht wurde für die Rolle als Kulttänzerin.

Warum wurden Sie ausgewählt?

Es war das Orakel ... man hat das Orakel gefragt, welches Mädchen wohl das beste sei ...

Was glauben Sie, ist der Grund dafür, dass die Wahl auf Sie gefallen ist? Was hat das Orakel in Ihnen erkannt?

Es ist gar nichts sehr Edles ... Sie haben bemerkt ... vielleicht weiß das Orakel, dass ich mich ganz und gar hingeben kann an den Tanz ... dass ich mich im Tanz verliere, dass ich mich völlig aufgebe ... das ist ja die Idee des Kults.

Warum findet dieser Tanz statt? Wem ist er gewidmet?

Man glaubt, dass die Seele sich Gott annähert, wenn man sich mit Hingabe dreht und tanzt.

Sind Sie stolz, ausgewählt worden zu sein für diesen Kulttanz?

Nein. Tanzen tue ich gern. Aber für die anderen tanzen tue ich nicht so gern. Doch es ist nicht so schlimm ... es ist ja nicht alle Tage.

Wie empfinden Sie die anderen, die herumstehen? Sind sie still oder hören Sie Gesang, Stimmen und Schreie?

Es ist ein Fest mit sehr viel Lärm. Man ist alles andere als ruhig ... Ich höre zwar keine Musik, aber ich sehe die Hände, die den Rhythmus begleiten ... Alle klatschen in die Hände ... Ich sehe keine Instrumente.

Wie geht das Fest weiter? Gehen Sie tiefer in die Szene hinein. Haben die Halluzinogene bewirkt, dass Sie alles besser akzeptieren?

Es gibt da dieses Tier, das sie verehren wie einen Gott ... Es ist der Jaguar ... Sie wollen in dieser Zeremonie genauso wild sein wie der Jaguar ... So kann man verstehen, warum sie eine solche Anstrengung unternehmen, wild zu tanzen und zu lärmen.

Wir lassen die Zeit weitergehen. Das Fest nimmt seinen Lauf. Sie sind das Zentrum dieses Festes. Was passiert?

Ich bin nicht das Zentrum dieses Festes, weil es mehrere Männer gibt, die wichtiger sind als ich. Ich begleite nur die Zeremonie mit meinem Tanz … und ich bin die einzige Frau. Mich fasziniert das alles nicht sehr … Ich mache mit (weil ich keine andere Wahl habe) … Vielleicht haben sie sich in mir doch getäuscht, weil ich keineswegs mit ganzem Herzen dabei bin, wenn ich tanze. Ich gebe mich nicht ganz hin im Kulttanz …

Sie nehmen innerlich also nicht wirklich teil an der Zeremonie? Was hält Sie davon ab? Womit sind Sie nicht einverstanden?

Man könnte sagen: Viel Lärm um nichts. Ich sehe nicht, wozu das alles gut ist. Sie haben mich nicht überzeugt, dass die Götter beeindruckt sind von dem, was wir machen … wilder Tanz und viel Lärm … Ich glaube nicht, dass die Götter beeindruckt sind.

Haben Sie den Eindruck, dass diese Menschen einer falschen Idee anhängen und dass Sie selbst ein besseres Verständnis haben als die anderen? Empfinden Sie, dass Ihr Bewusstsein weiter, höher entwickelt ist als das der anderen?

Ich fühle mich … ja, ein bisschen besser als die anderen, aber ich würde niemals wagen, es zu zeigen … man spielt eben seine Rolle. Vielleicht spielen die anderen auch nur ihre Rolle und zeigen nicht ihr wahres Gesicht … aber ich glaube es nicht … Auf jeden Fall glaube ich, dass das, was wir im Alltag tun, dass unser Rhythmus des Alltags wichtiger ist als dieser wilde Kult.

Die Zeit wird sich weiterbewegen. Sie werden einen anderen Moment dieses Festes erleben … 1 … 2 … 3 … Was spüren Sie?

Man zieht mich vom Platz ... Vielleicht ist es dieses Ende der Zeremonie, weswegen ich diese Rolle als Tänzerin gar nicht leiden kann, weswegen ich die Rolle von Anfang an nicht akzeptierte ... Ich bin nicht ich selbst ... Ich bin jetzt kaum noch bei Bewusstsein ... Ich fühle mich gar nicht als Mensch ... Ich sehe mich ganz weiß ... wie seltsam! ... Wie ein Phantom ... keine Silhouette ... kein Körper ... eine weiße Nebelwolke ... schwebend ...

Ist es, als ob Sie keinen Körper hätten?

Ja. (Seufzer, große Unzufriedenheit in der Stimme.)

Das bin nicht mehr ich selbst ... wenn man mich so haben will, meinetwegen ... Ich habe zu viel von ...

(Der Satz wird nicht weitergesprochen, offenbar, weil die Konzentration wegen der Halluzinogene schwindet.)

... von den Halluzinogenen eingenommen?

Ja, aber ich muss sie einnehmen.

Bekommen Sie noch mehr von dem Getränk?

Nein, es ist das Ende der Zeremonie ... Ich kann nicht mehr laufen ... man zieht mich ...

(Ich erinnere mich, an den Haaren und Armen vom Platz gezogen zu werden, willenlos zwar, aber doch bewusst unter meiner Verfassung leidend, die ich als entwürdigend empfand.)

Und die Männer auf dem Platz?

Ich weiß nicht. (Die Stimme ist jetzt ganz tief und fremd.)

Haben Sie das Bewusstsein verloren?

Ja.

Werden Sie von mehreren Personen zu Ihrer Wohnung gebracht?

Ja, fast die ganz Gruppe begleitet mich. Da das Fest jetzt zu Ende ist, benehmen sie sich wieder wie immer ... das Schreien hat aufgehört.

Ich zähle bis drei und Sie werden einen anderen Moment dieser selben Existenz erleben ... 1 ... 2 ... 3 ...

Aha, jetzt verstehe ich (was ich während der Zeremonie nicht verstand). Kein Wunder, dass ich meine Rolle als Tänzerin ablehne: Zwischen den Zeremonien bleibe ich in einem Haus eingesperrt, weil ich ... jemand ... Geweihtes, Heiliges bin ... Das ist gar nicht komisch ... eingesperrt zu sein ... in einem dunklen Verlies. Das ist ja kein Leben! Es gefällt mir ganz und gar nicht.

Leben Sie dort mit anderen zusammen?

Nein, das ist es ja gerade. Das ist gerade die Idee: Ich bleibe allein in dem Haus! Man bringt mir zu essen ... Man behandelt mich mit Respekt, voller Ehrfurcht ...

Aber Sie sind nicht frei, Sie haben kein wirkliches Leben'?

Nein.

Die Zeit wird sich beschleunigen. Ich werde bis drei zählen ... Sind Sie alt oder noch nicht so alt?

Ja, ich bin sehr alt und ... es war viel lustiger, als ich noch tanzen konnte während der Kultfeste. Jetzt bin ich alt ... und man hat mich immer hier gefangen gehalten. Ich komme noch nicht einmal mehr für die Zeremonie heraus ...

Sind Sie immer noch in diesem Haus?

Es ist seltsam ... ich sehe eine Spinne ... ich sehe mich selbst als Spinne ... mager ... in der Ecke eines Holzhauses ... Man geht freundlich mit mir um ... aber ... in der Zwischenzeit habe ich mich an alles gewöhnt.

(Schweres Atmen, Seufzer, eine unglückliche, müde Stimme.)

Sind Sie glücklich darüber, dass das Leben zu Ende geht?

Mein Geist ist etwas verwirrt ... Ich glaube, das hat zu tun mit dem Getränk, das ich sehr lange eingenommen habe.

(Ich beziehe mich hier auf die Halluzinogene.)

Sehen Sie Ihr Bewusstsein, nachdem Sie dieses Leben gelebt haben. Spüren Sie den Effekt der Drogen auf Ihr Bewusstsein ... Haben Sie das Gefühl, allein zu sein, oder sind andere bei Ihnen?

Es sind andere da ... aber mein Geist ist so verwirrt ... Ich reagiere gar nicht auf ihre Anwesenheit.

Wissen Sie, dass Sie bald sterben werden? Erlaubt Ihnen Ihr getrübtes Bewusstsein, das zu verstehen?

Ich glaube, man hat mir wieder ... davon gegeben ... Ich fühle mich ein wenig schlecht. (Stöhnen, mühevolles Sprechen.)

Haben Sie Angst?

Nein ... es ist nur wegen des Getränks ...

Fühlen Sie ein Bedauern?

Nein, ich ... ich fühle gar nichts ... man hat mich zerstört ... Ich bin ... Ich sehe mich noch einmal als ... Spinne ... Ich sehe mich als Spinne ... Ich bin gar nichts ... zerstört ... Die Zeit (zum Sterben) ist überfällig seit Langem ... Man hat mich gehalten wie ein Tier ... Ich bin erschöpft ... und habe keine Gefühle und Reaktionen ... selbst mein Tod interessiert mich nicht.

Das Ende der Sitzung verläuft wie in (1) und (2).

Die Spinne erscheint hier als Wahnvorstellung einer durch jahrelangen exzessiven Drogenkonsum geistig verwirrten Frau. Eine realistische Erklärung für diese Wahnvorstellung ist möglicherweise, dass der Kulttänzerin vor dem Tanz das Gift der Tarantelspinne verabreicht wurde, weil dieses Gift zwanghaft zum Tanzen führt. Der Name des temperamentvollen italienischen Tanzes »Tarantella« leitet sich her aus dieser Tatsache.

Aus homöopathischer Sicht würde eine konsequente Verabreichung des Giftes der Tarantelspinne nicht nur zur Evokation eines Tanz-Zwangs führen, sondern letztlich auch die Wahnvorstellung »Spinne« erklären, da die immaterielle Information des homöopathischen Mittels »Spinne« lautet.

Der Geist der alten Frau projiziert in der Wahnvorstellung das Bild der Spinne an die Wand, und sie nimmt es als etwas außerhalb ihrer selbst Existierendes wahr. Ihr Geist ist aber auch in der Lage, den Körper im Drogenrausch zu verlassen und sich selbst als Spinne wahrzunehmen. Bemerkenswert ist, dass es gerade die Spinne ist, die dieses durch Drogen veränderte Bewusstsein wahrnimmt. Dazu einige Worte über das Symbol »Spinne«, und da dieses Leben als Kulttänzerin in Mittelamerika gelebt wurde, zunächst die in dieser Region gültige Symbolik der Spinne: Das »Dictionnaire des Symboles« *(Robert Laffont/Jupiter, 1982) schreibt unter dem Stichwort »Spinne« und »Azteken«: »Bei den Azteken wurde die Spinne zum Symbol des Gottes der Hölle.« Eine genauere Entsprechung zwischen der Vision und den Vorgängen in dem geweihten Kult-Gefängnis mit seiner drogenverseuchten Gefangenen kann man sich wohl kaum denken. Die ausgemergelte Alte lebt in der Hölle ihres Geistes, den sie nicht mehr beherrscht. Erstaunlich ist, dass gerade die Bedeutung, die die Altamerikaner dem Symbol Spinne unterlegen, am genauesten auf die Situation in diesem mittelamerikanischen Leben passt.*

Andere Länder sehen das Symbol Spinne anders, und entsprechend passt der Sinn des Symbols weniger gut zu dem Bild des Geist-Gefängnisses. Als Beispiel sei hier nur kurz aufgeführt, dass die Spinne im Koran Erwähnung findet als Sinnbild der Fragilität, der Illusion und der Täuschung. In den vedischen Texten der Inder ist die Spinne die metaphysische Manifestation der Wirklichkeit, die ja nur Schein ist. Sie ist damit die dialektische Schnittstelle zwischen Essenz und Existenz. Andere Kulturkreise sehen die Spinne als Sinnbild der Kraft, die das Schicksal webt, oder gar als Symbol der höheren Grade der Initiation. Erklären kann ich es mir nicht, warum ich am Ende dieses Tänzerinnen-Daseins mein »heiliges Gefängnis« ausgefüllt sehe von einer überdimensionalen Spinne. Ich erlebe sie wirklich – und mit einer schrecklichen Lebendigkeit – als »Gott der Hölle«.

Die Spinne ist aber nicht nur der sich in dieser Gefängnis-Hölle manifestierende Gott, sie ist auch mein Ebenbild. Ich identifiziere mich mit ihr, da ich das Leben eines »Gottes der Hölle« führe, verehrt als Kultfigur, als eine Art Gott, gefangen gehalten von meinen Verehrern.

Unter all den vielen von mir gelebten Inkarnationen in der Frühgeschichte und Vorgeschichte war ich nur ein einziges Mal eine Frau, und das war diese Tänzerin unter den Indios. Genau genommen hat diese weibliche Kultfigur nicht das Leben einer Frau geführt. Sie war eine Kultfigur, die von einem Orakel in diese Rolle gezwungen worden war.

Dieses Leben war aber nicht nur kein wirklichen Frauenleben, es war auch kein wirkliches Menschenleben. Es war menschenunwürdig. Das Bewusstsein dieses Menschen hat sich jahrelang über die physischen Zwänge erhoben, es hat seine Unabhängigkeit dadurch gewahrt, dass es den Körper als »weiße Wolke« verließ. Der Sinn des Kults wurde von ihr kritisch hinterfragt. Die innere Distanz wurde trotz der Zwänge gewahrt. Die Halluzinogene aber haben schließlich den Geist zerstört. Der Verfall war unter diesen Zwängen nicht zu vermeiden. Am Ende ist es nur noch die Spinne, die dieses Leben regiert … innen und außen. Sie ist lebensgroß an der Wand, und sie ist lebensgroß das Selbst.

Im Zustand des erweiterten Bewusstseins habe ich aber nicht nur Zugang zum Wissen der Maya über Mystik und Symbolik (der Spinne) – ich habe auch erstaunliche Kenntnisse über die Wirkung von Drogen, die ich in diesem heutigen Leben niemals erwerben konnte, weil ich noch niemals Drogen genommen habe.

10

LÄUTERUNG · SCHULD · NEBELWAND

Von dieser Sitzung (4. Juni 1994) wurde ausnahmsweise und aus Versehen keine Kassette angefertigt. Ich gebe sie so wieder, wie ich sie kurz nach Ende der Sitzung in Erinnerung hatte.

Vor der Sitzung äußerte ich zum ersten Mal den Wunsch, ein Leben aus dem 19. oder 20. Jahrhundert wiederzufinden.

Erste Sequenz: Ich lebe in Böhmen und nenne das Jahr 1829. Auf Befragen und mit einem gewissen Widerwillen gebe ich an, Holzschuhe und blonde Zöpfe zu tragen.

Mein Aussehen und meine Kleidung empfinde ich als eine Schande, weil es mich als zugehörig zum niederen Stand ausweist. Ich bin Magd auf einem Hof und sehe mich am Ziehbrunnen. Meine Aufmerksamkeit ist aber nicht auf die Arbeit gerichtet. Auf Nachfrage sage ich, dass ich zu den Bergen hinüberschaue, weil ich von dort den Besuch eines jungen Mannes erwarte, ungeduldig erwarte.

Zweite Sequenz: Ich bin verheiratet, und zwar mit dem Mann, auf den ich zuvor gewartet hatte. »Ich möchte mal wissen, warum ich überhaupt auf diesen Mann gewartet habe. Es hat sich nicht gelohnt. Er gefällt mir nicht. Ich bin enttäuscht. Er bedeutet mir nichts.« Ich sehe mich in einem dunklen Holzhaus inmitten eines Waldes. Der Mann arbeitet als Köhler, und ich sehe die Stapel von Holzstämmen und Holzscheiten in der Nähe des Hauses. Ich fühle mich dort gar nicht wohl und bin unzufrieden darüber, dass ich mein Leben in diesem finsteren Wald zubringen muss. Die Frage des Arztes, ob ich Kinder habe, bejahe ich irgendwie uninteressiert oder ausweichend. Nach der Anzahl der Kinder gefragt, gebe ich an, es nicht genau zu wissen. Ich gebe vor, sie zu zählen, und sage dann lediglich, dass es »viele« seien. Mein inneres Auge jedenfalls ist nicht auf sie gerichtet. Ich blende sie aus.

(Am Ende der Sitzung erklärt sich die Reaktion oder Haltung den Kindern gegenüber.)

Dritte Sequenz: Ich arbeite außerhalb des Waldes, fern von meinem Haus auf einem Hof, den ich ausdrücklich als »sonnig und hell« bezeichne. Dort erledige ich die Arbeit des Spinnens der Wolle am Spinnrad. Meine Lebensgeister sind neu erwacht und ich gehe freudig in dieser Arbeit auf. Bei der Frage: »Was machen denn Ihre Kinder?« fühle ich mich fast gegen meinen Willen an sie erinnert und verweise darauf, dass ja schließlich mein Ehemann bei ihnen sei und sie gut versorgen könne.

Vierte Sequenz: Ich sitze mit meinem alten Ehemann auf der Veranda eines anderen Hauses, das nunmehr am Waldrand steht. Ich blicke in eine friedliche Landschaft. Auch in mir selbst herrscht Frieden. Mein Mann, sage ich mir, ist schließlich gar nicht so übel gewesen. Um mir eine Freude zu machen, hat er ein neues Haus gebaut – außerhalb des dunklen Waldes, in dem ich so ungern lebte. Die Frage nach den Kindern kommt für mich wie von sehr weit her. Die Kinder sind nicht im Radius meines Interesses. »Ja, sie sind erwachsen und unabhängig von den Eltern, Gott sei Dank. Alle sind fortgezogen.« Diese Tatsache entlastet und erleichtert mich. Der lästigen Verpflichtung, für meine Kinder zu sorgen, bin ich am Ende meines Lebens enthoben.

Ich erlebe mich als alte Frau in der Abendsonne (meines Lebens). Auf meinen Knien liegen viele, viele wärmende Wolldecken, gewebt aus der Wolle, die ich in jenen »unbeschwerten Zeiten auf dem sonnigen Hof« gesponnen habe ... ein lyrisches Bild, ein Symbol für die guten Erinnerungen eines langen Lebens ... das Spinnen des Lebensfadens.

Fünfte Sequenz: Das Ende des Lebens. Im Gegensatz zu allen früheren Malen erwartet mich in der Sphäre des Todes nicht etwa ein Licht und ein Geist-Führer voller Liebe und Verständnis, sondern eine graue Nebelwand. Ich empfinde sie als bedrohlich, sehr unangenehm. Sie weicht nicht, bleibt unmittelbar vor mir. Telepathisch wird mir die Frage gestellt, wer denn verantwortlich sei für den Tod eines meiner Kinder. Ich weise weit von mir, dass es womöglich meine Schuld gewesen sein könnte.

Die Nebelwand bleibt vor mir und beunruhigt mich immer mehr. Sie nimmt mir fast die Luft zum Atmen. Erneut folgt die Frage nach meiner Schuld und Verantwortung für dieses Kind. Ich weigere mich noch lange einzugestehen, dass mich sehr wohl eine Schuld trifft, weil ich nicht in meiner Rolle als Mutter aufgegangen bin und den Kindern nicht meine ganze Liebe und Aufmerksamkeit zugewendet hatte, was schließlich den Tod eines meiner Kinder verursachte. Erst als ich mich in dieser Situation als Mutter erkenne und meine Schuld einsehe und eingestehe, weicht diese Nebelwand und ein Aufstieg in helle Lichtebenen wird möglich.

Ende der Sitzung.

Bis zu jener Rückführung hatte ich von einer »Nebelwand« als Ersatz für eine Hölle im Jenseits, einen Ort der Läuterung, noch niemals etwas gehört oder gelesen. Inzwischen habe ich in Büchern Beschreibungen gefunden, die ganz genau dem entsprechen, was ich vor dieser »Nebelwand« empfand: Einen Zwang, das eigene Versagen zu erkennen, anzuerkennen und daraus zu lernen. Es handelt sich hier um den erforderlichen Erkenntnisprozess, um einen Läuterungsprozess, der jedem irdischen Tod folgt.

11

SCHWARZER STEIN · GÖTTERKULT VOR 37 000 JAHREN

Die Überleitung in den veränderten Bewusstseinszustand wird von dem Arzt in derselben Weise durchgeführt wie in den Sitzungen (1) und (2).

Autorin: Ich trage eine Art Sandalen ... Mein Körper ist sehr muskulös ... Meine Beine sind unbekleidet ... Auf dem Oberkörper trage ich Leder ... Ich bin ein Mann ... Meine Haare sind mittellang, ein wenig lockig und zur Hälfte grau ... genau wie mein Bart.

Dr. Ducher: Tragen Sie Schmuck an den Fingern oder Armen?

Ja, es sind Bänder aus Leder, die ich um meinen Arm trage ... An den Fingern trage ich nichts.

Sie werden jetzt noch tiefer in diese Person hineingehen. Wo befinden Sie sich?

Ich bin am Strand ... Es ist ein trauriger Tag ... nein, der Tag ist nicht traurig, er ist grau.

Sind Sie allein?

Ja.

Welches Alter haben Sie?

Ungefähr fünfzig.

Was machen Sie dort am Strand?

Ich bin vor einem Stein ... einem sehr schwarzen Stein ... Es ist nicht die Erde, die ihn gemacht hat. Er hat die Form eines Quaders, fast genau regelmäßig, nur eine Ecke ist abgeflacht ... eine weiche Form wie ein Kissen. Er ist ungefähr 60 mal 40 Zentimeter, und seine Höhe ist 20 Zentimeter. Ich bin neben diesem Stein am Strand ... Dieser Stein ist nicht wie die anderen ... Ja ... es ist, als ob er von weit her käme ... nicht von dieser Erde.

Spüren Sie die Schwingung dieses Steins.

Ja, das ist es ja, was ich tue, die ganze Zeit tue ich genau das ... Ich spüre den Stein ... Jemand hat ihn hierher gebracht ... an den Strand ... Der Stein hat eine Botschaft für mich ...

Setzen Sie sich in Harmonie mit diesen Schwingungen. Ihre eigenen Schwingungen werden davon verändert ...

Der Stein ... hat eine Kraft, die ich nicht kenne ... die ich nicht mag ... sie ist irritierend ... wie elektrisch ... ich spüre sie am ganzen Körper ... nicht unangenehm ... sie transformiert mich.

(Stöhnen, Schwierigkeit zu formulieren.)

Diese Schwingungen ... sie gehören zu gar nichts, was ich kenne ... es kommt von weit her, von sehr weit her ... Er ist herabgefallen ... oder herabgebracht worden ... von ... den fremden Kräften ... Ich weiß nicht wie ... (Stöhnen.)

Haben Sie gesehen, wie der Stein hierher gekommen ist?

Nein ... es war ... man hat es mir erzählt.

Hat es sich zu Ihren Lebzeiten ereignet? Konzentrieren Sie sich ...

Ah ja, mehrere Personen wissen es, alle wissen es, die Ahnen wussten es ... Der Stein dient als Beispiel ... Man hat uns den Stein hierher gebracht, damit wir lernen zu arbeiten ... an den Steinen. (Schweres Stöhnen.) Es ist ein Pfand ... Man hat uns den Stein hier gelassen als Zeugnis ihrer Macht ... Es ist vielleicht ein Stein – ich weiß gar nicht, ob das möglich ist –, der geschmolzen war und dann erkaltet ist ... ah ja, es passierte, als vorher die große Hitze war ... die im Zusammenhang stand mit der Anwesenheit der fremden Besucher (gemeint sind wieder Wesen aus anderen Dimensionen).

Spüren Sie es genau. Je mehr Sie sich über den Stein beugen, desto mehr Informationen erhalten Sie über den Stein, über seine Entstehung, seine Herkunft, über die Energien, mit denen er aufgeladen ist, über die Rolle, die er zu spielen hat. Spüren Sie die Ausstrahlung dieses Steins ... immer intensiver ...

Auf jeden Fall ist unser Interesse an ganz normalen Steinen das Resultat der Ausstrahlung dieses schwarzen Steins ... Wir bearbeiten die Steine, um dem Vorbild zu folgen, das uns die fremden Besucher gegeben haben, die von weit her zu uns kamen.

(Hörbare große Konzentration.)

Kommunizieren diese fremden Besucher mit Ihnen mithilfe dieses Steins, mithilfe der Ausstrahlung dieses Steins?

Ja.

Ich möchte jetzt gern, dass Sie spüren, ob dieser Stein

nicht gleichzeitig ein Schutz ist für Sie und die anderen bei Ihnen.

Wir versammeln uns um den Stein. Wir leben alle bei dem Stein.

Ist es, als ob es einen besonderen Schutz gäbe für die Menschen in seiner Nähe?

Ja.

Sind im Augenblick noch andere Menschen bei Ihnen?

Ich sehe die anderen … in einer Entfernung von 300 Metern … Sie leben in einem Halbkreis um den Stein herum … Die andere Hälfte des Kreises ist leer … da befinde ich mich – und der Stein. Das Dorf liegt im Halbkreis um den Stein herum … und ich befinde mich vor dem Stein.

Was machen Sie dort vor dem Stein?

Ich lasse mich von den Schwingungen des Steins überfluten, ich imprägniere mich mit der Vibration des Steins … Ich beuge mich über ihn.

Machen Sie das regelmäßig?

Ja.

Mit welcher Häufigkeit kommen Sie hierher?

Ich komme ja gar nicht aus dem Dorf … Ich komme aus einer ganz anderen Richtung, aus den Bergen komme ich. Ich war, ich weiß nicht warum, in den Bergen … und wenn ich von dort zurückkomme, begebe ich mich zu dem Stein und konzentriere mich auf den Stein … Was habe ich in den Bergen gemacht? (Ich stelle mir selbst erstaunt die Frage.)

Leben Sie in den Bergen? Oder gehören Sie zu diesem Dorf in der Nähe des Steins?

(Angestrengtes Überlegen und Stöhnen.)

Weder das eine noch das andere ... Ich gehöre zwar zu diesem Dorf, aber meine Zeit verbringe ich allein ... auch in den Bergen ... Ich blicke zum Himmel in den Bergen ... weil ich die Rückkehr der anderen erwarte, der Fremden, der Besucher, wie ich sie nenne.

Wollen Sie sagen, dass Sie fühlen, die Fremden kämen zurück? Oder hoffen Sie auf deren Rückkehr?

Ich habe mir die Frage nicht gestellt, ob ich will, dass sie zurückkommen ... Aber es ist so wichtig, dass man auf sie wartet ... und die fremden Besucher erwarten von uns, dass wir uns auf ihre Existenz konzentrieren, dass wir unsere Aufmerksamkeit auf sie richten. Und um zu beweisen, dass man an sie denkt, muss man sich in den Bergen aufhalten, weil man sich dort besser auf sie konzentrieren kann ... weil im Dorf zu viel Lärm herrscht ... Dort macht man eine andere Arbeit, die tägliche Arbeit ... Ich mache die Arbeit in den Bergen, eine Art Opfer, eine Art Hommage an die fremden Besucher, ein Beweis der Ehrerbietung. (Stöhnen.)

Sind auch die Dorfbewohner gelegentlich in den Bergen?

Ich bin immer allein. Von Zeit zu Zeit gehe ich zu meinem Volk, ich gehe zu dem Stein ... das jedenfalls gehört zu meinem Dienst in den Bergen, dass ich mich von Zeit zu Zeit wieder auflade mit den Schwingungen des Steins.

Haben Sie den Eindruck, in direktem Kontakt zu stehen mit den Fremden? Oder haben Sie die Kontakte indirekt über den Stein?

Ja, so ist es ... über den Stein. Ich habe sie, die Fremden, noch nie gesehen ... Auf jeden Fall ist es Tradition, dass man sich von den Besuchern erzählt ... ich weiß nicht seit wie vielen Generationen ... eine lange Zeit ist vergangen. Die direkten Kontakte waren nicht zu meiner Zeit.

Ich würde jetzt gern wissen, zu welcher Zeit Sie leben. Welches ist die Epoche der Menschheitsgeschichte, in der sich dieses Leben abspielt? Sehen Sie auf den Stein ... und ein Datum taucht vor Ihnen auf ... Sie können das Datum lesen ...

Was ich sehe, macht keinen Sinn: Es ist 37 000 ergibt v. Chr. ... aber was soll das bedeuten? (Höchste Konzentration.)

Aha, siebenunddreißigtausend. Jetzt öffnen Sie Ihr Bewusstsein noch weiter, und Sie sehen Ihre ganze Umgebung. Sie haben jetzt ein so weites Bewusstsein wie noch niemals zuvor. Ihr Bewusstsein wird sich noch weiter öffnen ... Sie erkennen jetzt ein Ereignis, das sich auf die Entstehung des schwarzen Steins bezieht ...

Ich sehe Rauch, der vom Stein zum Himmel steigt ... wie artifiziell, wir vom Menschen gemacht ... ganz kerzengerade steigt er hoch in einer schwarzen Linie, die höher steigt als alle Berge ...

Es ist Sulfur, der aus dem schwarzen Stein aufsteigt. Sulfur kommt von dort oben, von jenseits der Erde. Vor Tausenden von Jahren wurde es mitgebracht von den Wesen anderer Planeten ... Ja ...

(Der Arzt ist offenbar selbst in eine tiefe Meditation versunken. Es scheint in diesem Moment eine telepathische Brücke zwischen unser beider Höherem Bewusstsein zu geben. Auch er scheint das »große Feuer« zu sehen. Danach ist es lange still ...)

Warum nicht 37 000? Akzeptieren Sie die Dinge, wie sie

sind, und verstehen Sie die Bedeutung dieser Vorgänge, verstehen Sie, was sich ereignet hat, verstehen Sie die Bedeutung für die Menschheit, verstehen Sie die Bedeutung für Sie selbst.

(37 000 bezieht sich, so wie ich es aus der Rückführung in Erinnerung habe, auf die Zeit, in der ich jenes Leben führe, und nicht auf die Entstehung des Steins, wonach der Arzt gefragt hatte.)

Vielleicht ... haben wir im Laufe von Jahrtausenden die Idee aufgegeben, uns in der Einsamkeit auf die »Besucher« zu konzentrieren ... Es war gegen die Regeln, das zu vergessen. Wir hatten die Order ... Wir hatten den Befehl, uns auf die Fremden zu konzentrieren.

Wir werden uns jetzt zum Ende dieses Lebens bewegen. Ich zähle bis drei und Sie werden die letzten Momente dieser Existenz erleben ... 1 ... 2 ... 3 ... Welches Alter haben Sie?

Fünfundsechzig Jahre.

Stehen Sie aufrecht, sitzen Sie oder knien Sie?

Ich bin immer noch in derselben Bucht. Ich sitze und mein Rücken ist gestützt von dem Felsen. Ich bin zu schwach, um mich aufrecht zu halten. Ich möchte nicht nachlassen in meiner Aufmerksamkeit für den Stein ... Ich habe die Absicht, den Stein anzublicken bis zu meinem Ende ... Ich sehe den Stein an.

Sind Sie krank, verletzt oder einfach alt?

(Es scheint so zu sein, dass zu Beginn der Menschheitsgeschichte ein erfülltes, gut gelebtes Leben nicht durch Krankheit oder Unfall unerwartet zu Ende ging, sondern stets in einem »reifen« Alter.)

Ich bin sehr alt ... und ich bin allein, weil die anderen

nicht wissen, dass ich sterben werde. Auf jeden Fall … ist es vielleicht besser so … jeder auf seiner Seite.

Fühlen Sie, dass die anderen traurig sein werden über Ihren Tod?

Es ist eine … Kritik von meiner Seite, was ich jetzt sage … Sie konzentrieren sich ausschließlich auf die Herstellung ihrer Nahrung … nur das machen sie. Ich weiß nicht, ob sie traurig sind meinetwegen … Ich glaube nicht.

Gibt es im Dorf jemanden, der Ihr Nachfolger wird in dieser göttlichen Verbindung? Gibt es jemanden, der Sie ersetzen könnte nach Ihrem Tod?

Ja, ein junger Mann. Er hat die Rolle schon übernommen … Ich sehe ihn … (vor meinem geistigen Auge) in den Bergen …

Ist es ein Kind von Ihnen?

Nein, nicht von mir.

(Die Stimme ist ganz leise und dunkel, wie von weit her.)

Haben Sie im Dorf Frau und Kinder?

Ich erinnere mich nicht. Auf jeden Fall können sie mich nicht sehr beeindruckt haben … können sie mir nicht sehr wichtig gewesen sein. In diesem Moment vor meinem Tod habe ich all das vergessen … Vielleicht habe ich Kinder, weil man das so macht … aber ich glaube es eher nicht.

Sie werden jetzt Ihren Körper verlassen und Sie werden hochsteigen in das Licht. Ich zähle bis zehn …

Die Sitzung endet wie bei (1) und (2).

Der »schwarze Stein« wird im Zustand des erweiterten Bewusstseins einerseits als etwas Reales, andererseits als etwas

Nicht-Irdisches, Irreales erlebt. Meine starke emotionale Beteiligung und körperliche Reaktion auf die Schwingungen des Steins während der Rückführung entspricht der besonderen Bedeutung und Kraft des schwarzen Steins in der Mythologie und Symbolik der Völker. Er hat eine reale Vorgeschichte.

In mehreren Regionen der Erde hat man schwarze Steine gefunden, untersucht und dabei festgestellt, dass diese Steine vor sehr, sehr langer Zeit einer starken radioaktiven Bestrahlung und sehr hohen Temperaturen ausgesetzt gewesen sein müssen.

Auch heute noch ist die Erinnerung an eine besondere, mystische Bedeutung des schwarzen Steins lebendig. Die symbolische Bedeutung des schwarzen Steins ist wohl in direkter Linie von einem einstmals realen Erlebnis herzuleiten. Fast durchgängig ist dieser Stein Sinnbild einer göttlichen Präsenz und wird verehrt als das Elixier des Lebens. Vom schwarzen Stein der Kybele wird gesagt, er habe eine unwiderstehliche Kraft, weil in ihm das Göttliche vom Himmel gefallen ist. In vielen Riten wird er wegen seiner magischen Emanation verehrt. Und im Islam gilt die »Ka'aba«, der schwarze Stein in Mekka, als die »rechte Hand Gottes«. Berührt man ihn, so entsteht eine Bindung an das Göttliche.

Die Farbe Schwarz ist das Symbol des Absoluten, die Steigerung aller anderen Farben. Sie ist die Farbe der »universellen Substanz«, heißt es im »Dictionnaire des Symboles« *(Robert Laffont, S. 673). Wenn ich es richtig verstehe, bezieht sich diese Farbe auf das absolute Nichts, auf den Ur-Grund, in den das Licht hineinführt. So habe jedenfalls ich selbst es mehrere Male während der nicht-inkarnierten Existenz erlebt (vgl. Sitzung (30) und (36)).*

Meine Beschreibung der Wirkung des »schwarzen Steins« auf mich und vor allem das, was ich über seine Herkunft sage, stehen in erstaunlich genauer Übereinstimmung mit dem, was die Völker aller Regionen und Zeiten über diesen »schwarzen Stein« zu erzählen wussten. Ich glaube wirklich, sie wussten es, weil die Erinnerung an diese übernatürlichen Kräfte des Steins über alle Generationen hinweg lebendig gehalten wurde, denn irgendwann einmal hat er die Menschen zum ersten Mal sehr tief beeindruckt.

Das »große Feuer«, das ich voller Ehrfurcht erwähne, kann neben seiner realen Bedeutung auch eine symbolhafte Bedeutung haben. Das Feuer wird in verschiedenen Traditionen als Sinnbild des Himmels gesehen, u.a. weil es zum Himmel aufsteigt. »Feuer« oder »Flamme« sind Sinnbilder der wichtigsten Etappe in der Evolution des Menschen: der Entwicklung vom Animalischen zum Geistig-Intellektuellen. (»Dictionnaire des Symboles«, *S. 437).*

Während der Sitzung wird das Datum 37 000 genannt. In der einschlägigen Literatur, z.B. bei Hermes Trismegistos, wird von vier Zeitaltern gesprochen. Das erste ist das »Goldene Zeitalter« und dauert ein »großes Jahr«, also 25 920 Jahre. Es wurde in zwölf »Monate« à 2100 Jahre unterteilt. Die ältesten unserer Vorfahren, spätestens die Sumerer, hatten das »Große Jahr« als die Zeit berechnet, die die Erde braucht, um wieder dieselbe Position am Himmel einzunehmen, die sie am heutigen Tag inne hat. Die kreiselnde Bewegung der Rotationsachse der Erde unterliegt einem äußeren Kraftmoment. Sie wird Präzession genannt und war über 2000 Jahre lang die Basis vieler kultischer und astrologischer Berechnungen. Hesiod und zuletzt Ovid nutzten dieses »Große Jahr« von knapp 26 000 Jahren für die Erörterungen über die »Zeitalter der Menschheit«:

Ein »Großes Jahr« lang dauerte zunächst das »Goldene Zeitalter«, das durch größte Harmonie und Liebe zwischen Göttern und Menschen gekennzeichnet war.

Das zweite Zeitalter wird das »Silberne Zeitalter« genannt. Es hat eine Dauer von drei Viertel des Präzessionsjahres, und dauerte damit 19 440 Jahre. Zu Beginn dieser Zeitspanne erhielten die Menschen (von den Göttern) den Auftrag zu arbeiten, und die Kontakte zwischen Menschen und Göttern nahmen weniger harmonische Formen an.

Das darauffolgende »Eherne Zeitalter« mit der Dauer eines halben Präzessionsjahres, also 12 900 Jahre, war gekennzeichnet durch Leidenschaften und Ambitionen, die der Mensch nun zu entwickeln begann.

Das jetzige Zeitalter von 6480 Jahren wird das »Eiserne Zeitalter« genannt und umspannt die letzten drei »Monate«, also ein Viertel des »Großen Jahres«. Diese »Monate« waren das Zeitalter des »Stiers«, des »Widders«, und nun geht langsam das Zeitalter der »Fische« zu Ende – und damit der gesamte Zyklus von insgesamt 64 000 Jahren!

Diese Zeitangabe der frühen Gelehrten stimmt auffallend genau mit der Berechnung der heutigen Wissenschaftler überein, die errechneten, dass vor 60 000 bis 70 000 Jahren der moderne Mensch (der »homo sapiens sapiens«) auf den Plan trat!

Das heute dem Ende zugehende »Eiserne Zeitalter«, vor allem aber die letzte Etappe des großen 64 000-Jahre-Zyklus, wird in den ältesten Texten der Menschheit als eine Zeit der Aggressionen, Katastrophen und Kriege beschrieben!

Das Fische-Zeitalter begann zur Zeit von Christi Geburt und wird ca. im Jahr 2010 zu Ende gehen, so jedenfalls errechneten es die Sumerer, und unabhängig von ihnen – auf der anderen Seite des Atlantik – kamen auch die Maya zu derselben Zeitangabe! Nach dieser jahrtausendealten Berechnung würde für uns sehr bald, in wenigen Jahren, ein ganz neuer Zyklus mit dem Wassermann-Zeitalter beginnen. Vielleicht hat er bereits begonnen?

Erste Anzeichen lassen sich schon erkennen – ein Umdenken hat begonnen, die Spiritualität der Menschen wächst. Für mich ist es erstaunlich, dass ich im Zustand des erweiterten Bewusstseins ausdrücklich von 37 000 Jahren spreche. Genau zu dieser Zeit sollen laut Hermes Trismegistos die Götter die Menschen nach einem »Goldenen Zeitalter« des Nichtstuns erstmalig zur Arbeit (an den Steinen) angehalten haben. Rechnerisch genau ergibt sich diese Jahreszahl aus der Addition von einem Viertel des »Großen Jahres« (6500), einem halben »Großen Jahr« (12 900) plus einem Dreiviertel des »Großen Jahres« (19 400). Vor 38 000 Jahren hat also der »homo sapiens sapiens« angefangen zu arbeiten, sagten schon immer die Alten und stellen heute auch die Paläanthropologen fest, wenn sie die frühesten Zeugnisse der menschlichen Arbeit und der künstlerischen Betätigung in Form von Höhlenmalereien entdecken, die sie in die Zeit ab 40 000 datieren. Ich war überrascht, dass auch ich in der Hypnose genau dieses Datum nannte, das das Ende des »Goldenen Zeitalters« und (erneute) Kontakte zwischen Menschen und den »Göttern« oder Wesen aus Parallelwelten kennzeichnet.

Was die »Rauchsäule aus Schwefeldampf« angeht, die ich in dieser Sitzung erwähne, so kann ich mir auch mithilfe der Fachliteratur die tiefere Bedeutung dieses Bildes nicht erklären. »Schwefel ist das aktive Prinzip und entspricht dem Feuer. Er manifestiert den göttlichen Willen«, heißt es im Lexikon der Symbole. Ich warte noch darauf, dass ich eine Eingebung habe, durch welche mir dieses Bild verständlich wird. Die Hoffnung ist vielleicht berechtigt, denn auch andere Ideogramme, Symbole und Phänomene, die ich nach den Sitzungen zunächst nicht verstanden hatte, wurden mir später klar. Das Einzige, was ich heute schon weiß, ist, dass im Bild der aus dem »schwarzen Stein« aufsteigenden Rauchsäule ein bedeutungsvoller, spiritueller Sinn und eine Botschaft verborgen sind, die mir vermittelt werden sollen.

12

SIEDLUNG DER STEINZEIT IN IRLAND VOR 7500 JAHREN

Die Einleitung des Zustands eines veränderten Bewusstseins entspricht den Sitzungen (1) und (2).

Das Ziel der Regression war wieder ein Leben aus der Steinzeit.

Autorin: Es ist Tag ... Ich bin unter freiem Himmel ... allein, aber ich fühle mich nicht einsam ... Ich fühle mich gut ...

Dr. Ducher: Was tragen Sie an den Füßen?

Eine Sohle und ein Stück Leder um den Fuß gewickelt.

Und sind Ihre Beine bekleidet?

Nein, sie sind nackt.

Sind Sie ein Mann oder eine Frau?

Ich bin ein Mann ... Ich habe einen Bart ... einen langen, aber sehr dünnen und mageren Bart. Er ist hellblond.

Und die Haare auf Ihrem Kopf?

Die Haare sind ebenfalls hellblond ... und nicht sehr dicht ... mittellang.

Welches Alter haben Sie?

Ich bin fünfunddreißig Jahre alt.

Wo befinden Sie sich?

Ein Strand ... mit mehreren Hütten ... und mehreren Personen ... verteilt ... Ich bin in der Nähe einer Hütte.

Was machen Sie dort?

Es ist ein Behälter aus Holz ... er enthält ... eine Art Flüssigkeit, einen flüssigen Brei ... etwas, das wir zum Essen vorbereiten ... Es sind verschiedene Sorten roter Früchte, und es ist meine Aufgabe, sie zu rühren. (Seufzer vor Anstrengung.)

Sie werden jetzt einen anderen Moment dieser selben Existenz erleben ... 1 ... 2 ... 3 ... Was nehmen Sie wahr?

Die Hütten befinden sich in unmittelbarer Nähe der großen Steine, die als eine Art Schutz dienen ... (Tiefer Seufzer.) Die Steine sind dreimal höher als unsere Hütten ... Ich weiß nicht warum, aber wir sind davon überzeugt, dass diese Steine uns beschützen ... wir sammeln uns alle um diese Steine herum.

Welche Art Steine sind es? Sind es rohe oder behauene Steine?

Nein, nein, sie sind natürlich von Menschen bearbeitet und aufgerichtet worden.

Sind dort, wo Sie wohnen, viele Menschen zusammen?

Wohin ich auch gucke, überall sind Menschen bei den Hütten ... zwei Dutzend sehe ich ... das ist sehr viel.

Sie werden jetzt einen anderen Moment dieser Existenz erleben ... 1 ... 2 ... 3 ... Sind Sie immer noch am selben Platz?

Jetzt ... sind mehrere Menschen mit mir ... in den Bergen

… die ganz nahe bei den Hütten sind … Es gibt dort einen Stein, der noch halb im Felsen ist … Er ist erst halb herausgehauen … aus dem Felsen … Von Zeit zu Zeit gehen wir dorthin zu dem Stein … Wir arbeiten an ihm … Es gibt bestimmte Tage, an denen wir uns oben in den Bergen versammeln … und diese Arbeit weiterführen … Ich weiß nicht … vielleicht werden wir diese Arbeit aufgeben … auf jeden Fall … keiner von uns führt wirklich die Arbeit unserer Ahnen fort … Es ist nur ein Ritual, zu diesem Stein zu kommen und seine Kraft in uns aufzunehmen … Der Stein liegt horizontal auf dem Felsboden … man erkennt schon die Form, die er haben soll … eines Tages … Aber es braucht noch so viel Anstrengung, bis diese Arbeit getan ist … so viel Anstrengung … Ich weiß nicht warum, aber ich glaube, dass wir gar nicht mehr so recht wissen, wie wir die Arbeit angehen sollen, wie wir die Arbeit fortführen sollen … (Schweres Atmen, mühevolles Sprechen, verzagte Stimme.)

Haben wir vergessen, wie man diese Arbeit macht? … Vielleicht … Ich verstehe das nicht … Die Kenntnisse unserer Ahnen sind verloren gegangen … Aber warum?? Ich verstehe das nicht … Wir wissen, dass dieser Stein von uns bearbeitet werden muss … Das ist unsere Aufgabe … aber wir können es nicht mehr. (Stöhnen.)

Und die anderen, die mit Ihnen zu diesem Kultplatz kommen?

Es ist die ganze Gruppe, mit der ich zusammenlebe … neben den bereits aufgerichteten großen Steinen … Aber diese Steine standen schon immer da … lange vor meiner Zeit.

(Jedes Mal, wenn von den Steinen die Rede ist, klingt die Stimme müde und unglücklich.)

Liegt der Stein auf dem Kultplatz in den Bergen schon lange dort?

Ich weiß nicht, wer ihn vorher bearbeitet hat … und ich weiß nicht, wie die Ahnen die Weiterführung der Arbeit geplant hatten … Für uns jedenfalls ist es schwierig … Die Arbeit an dem Stein ist halb fertig gestellt … von den anderen … Aber wir können es nicht zu Ende führen.

(Stöhnen, Unsicherheit in der Stimme, schweres Atmen.)

Können Sie sagen, in welcher Gegend Sie sich befinden?

Es ist im Norden … dort, wo es heute kalt ist … für uns ist es nicht kalt … man nennt es heute Irland.

(Das Höhere Bewusstsein und mein Jetzt-Bewusstsein sind offenbar beide an der Beantwortung der Frage beteiligt.)

Spüren Sie, welche Kleidung Sie tragen.

Auf jeden Fall ist es nicht wirklich kalt. Die Beine sind unbekleidet. Es ist kein kaltes, eher ein feuchtes Wetter … mit ständigem Nebel.

Warum gehen Sie mit den anderen Menschen aus Ihrer Gruppe regelmäßig zu dem großen, behauenen Stein in den Bergen?

Wir statten dem Stein einen Besuch ab … als eine Art Ehrerweisung an die Ahnen, die aus Gründen, die ich nicht kenne, diesen Stein unvollendet hinterlassen haben … Die anderen Steine sind fertig … Aber dieser Stein war vielleicht der letzte … Jedenfalls fühlen wir uns dem Stein und jenen, die an ihm gearbeitet haben, sehr eng verbunden … Wir ehren unsere Ahnen an diesem Stein … Wir ehren die Lehrer der Ahnen.

(Schwierigkeiten im Sprechen und Formulieren setzen in dem Moment ein, als zum ersten Mal die »Lehrer« der Ahnen erwähnt werden.)

Folgen Sie in den Bergen einem bestimmten Ritual?

Ja, wir haben unser Werkzeug und arbeiten etwas an dem Stein … jeder von uns arbeitet ein wenig. Aber es ist eher symbolisch. Wir wissen ja genau, dass wir die Arbeit nie bewältigen können, die noch zu tun ist. Wir machen die Arbeit nicht so gut wie unsere Ahnen … und das ist sehr schlimm … sehr ernst …

(Eine Unsicherheit in der Stimme lässt erahnen, dass die Erinnerung oder der Gedanke an die Ahnen und deren Lehrer bei den Nachkommen mit Furcht und nicht nur mit Ehrfurcht verbunden ist. Es wird der Eindruck vermittelt, als verberge sich hinter dem Begriff Ahnen ein Mysterium.)

Ich werde jetzt eine Frage stellen … Seien Sie aufmerksam … öffnen Sie sich ganz dieser Frage: In welcher Zeit befinden Sie sich?

7500 … vor siebentausendfünfhundert Jahren …

(Zu dieser Zeit war der Höhepunkt der Megalithzeit offenbar lange überschritten, wie die Aussagen in dieser Rückführung erkennen lassen. Es scheint, als seien die Fähigkeiten der Steinzeitmenschen, gewaltige Steine zu behauen, zu dieser Zeit bereits nicht mehr dieselben wie Tausende Jahre zuvor, genauer gesagt waren sie praktisch zum Erliegen gekommen. Einzig die Erinnerung an die Wichtigkeit der Aufgabe blieb lebendig.

Die offizielle Datierung des Beginns (!) der Megalithzeit wird heute übrigens frühestens auf ca. 5000 Jahre v. Chr. gesetzt. Viele überzeugende Indizien sprechen aber heute dafür, dass der Beginn der Bearbeitung von gigantischen Steinen unendlich viel länger zurückliegt als 7000 Jahre. Dazu an anderer Stelle mehr.)

Sie werden einen anderen Moment desselben Lebens erleben.

(Es wird gezählt von eins bis fünf.)

Ich sehe mich sehr klar und deutlich … Ich bin nicht so alt wie in der vorigen Szene … Ich sehe mich mit einem gewissen Stolz an … und habe auch Grund dazu … Ich gefalle mir.

Ja, fühlen Sie diese Zufriedenheit mit den eigenen Fähigkeiten …

Ich trage eine Dekoration am Gürtel … Ringe, schwarze Ringe … Gibt es das? Ringe aus schwarzen Knochen? Ich weiß es nicht … ich glaube, dass es Ringe aus schwarzem Stein sind. Wer solche Ringe trägt, hat Grund, stolz auf sich zu sein.

Tragen diese Männer dieselbe Dekoration wie Sie?

Diese Ringe sind nicht für jedermann … Ich allein bin es, der diese Auszeichnung verdient.

Wissen Sie, womit Sie diese Auszeichnung verdient haben?

Ich habe es nicht wegen meiner körperlichen Kraft bekommen … Ich bin nämlich genauso mager wie mein Bart. Ich habe die Auszeichnung für etwas bekommen, das ich mit meinem Kopf geleistet habe … Ich habe den Weg gefunden … einen Weg durch die Berge zu einem See … an dem wir Nahrung fanden … Ich bin geschickter als die anderen … Ich bin klüger. Das ist es.

Haben Sie die Auszeichnung als eine Art Anerkennung bekommen?

(Ich gebe keine Antwort, ich weiß aber, dass ich diese Auszeichnung nicht etwa von den anderen bekommen habe, sondern dass ich dieses System der Auszeichnung für spezielle Leistung selber erdacht und eingeführt habe. Ich habe mich sozusagen selbst ausgezeichnet.)

Die anderen müssen mir folgen, weil ich dieses Abzeichen trage … Sie folgen mir alle auf dem Weg, den ich gefunden habe … Und ich bin dafür verantwortlich, dass es der richtige Weg ist. Ich gelte bei den anderen als schlauer … als intelligenter.

Lieben Sie diese Rolle, die Sie für die anderen spielen?

Ja, aber ich weiß nicht, ob es in meinem Leben die wichtigste Sache ist … Ich glaube eher nicht … nicht so wichtig jedenfalls wie die Steine … Ich wüsste gern, was es mit den Kräften der Ahnen, die die Steine behauen haben, auf sich hat … Die Existenz dieses halb fertigen Steins ist für mein Leben viel wichtiger als meine Rolle als »Führer«. Dennoch: Besser, der Erste zu sein als der Letzte auf dem Weg … Aber richtig wichtig ist es nicht für mich.

Sie sind jetzt in einer anderen Phase desselben Lebens. Was fühlen Sie?

Ich sehe mich mit dem Tier … Ich präsentiere mich mit dem Tier, das ich getötet habe. Ich präsentiere mich den anderen als Held, indem ich meinen Fuß auf das getötete Tier stelle … Ich würde sagen … das ist – genau wie die Auszeichnung am Gürtel – ein wenig übertrieben. Ich habe ein etwas schlechtes Gewissen, dass ich es mir erlaube, diese Rolle als Held zu spielen, aber ich kann nicht widerstehen. Ich zeige, dass ich … toll bin … vielleicht, weil ich es eben nicht bin, vielleicht, weil ich es nötig habe, weil ich glaube, es nötig zu haben, mich als tüchtig zu präsentieren vor den anderen ... denn ich bin ja mager, klein und schwächlich.

Gut. Ich zähle jetzt bis fünf und Sie werden die letzten Momente dieses Lebens durchleben ... 1 ... 2 ... 3 ... 4 ... 5 ... Was fühlen Sie?

Ich bin neben einem ... oder vielleicht in einem schwarzen See in den Bergen ... Ich sehe mich nicht ... Ich glaube, ... man hat mich hineingestoßen.

Wer hat Sie in den See gestoßen?

Wer ist einfach zu beantworten, aber warum?? ... Es gibt ... drei in meiner Gruppe ... die mich schrecklich fanden.

Verstehen Sie, warum man Sie in den See gestoßen hat?

(Kleines, amüsiertes Lachen.)

Ich wollte immer die erste Geige spielen ... Ich habe schrecklich angegeben ... Ich würde sagen, ich hatte einen durchaus mittelmäßigen Charakter ... Ertrinken war gar nicht so schlimm für mich. Sie haben mich eben ins Wasser gestoßen, und es war schnell vorbei.

Hatten Sie schon vermutet, dass so etwas passieren könnte?

Ich war überrascht in dem Moment. Aber ich bin zufrieden, ... dass es ... so schnell ging.

Welches Alter haben Sie im Moment des Todes?

Noch keine fünfzig Jahre.

Sie werden jetzt dieses Leben verlassen und aufsteigen ...

Das Ende der Sitzung verläuft wie in (1) und (2).

Offenbar war es den Menschen der Steinzeit bewusst, dass sie die Arbeit an den Steinen weiterführen mussten, weil dies einstmals den Menschen von den fremden göttlichen

Besuchern aufgetragen worden war. Alle alten Texte und nun auch die 1947 am Toten Meer wie der gefundenen Qumran-Schriftrollen erwähnen die Wichtigkeit, Anweisungen der »Götter« genauestens auszuführen (vgl. Qumran-Fragment aus Höhle 4, 4Q227).

Interessant ist die Angabe zu den Klimaverhältnissen in Irland vor 7000 Jahren: Die Temperaturen erlaubten kurze Beinkleider, es war nicht kalt. Das bestätigen heute die Klimaforscher.

»Schwarze Steinringe«, die in dieser Sitzung erwähnt werden, finden sich u.a. im Archäologischen Museum von Saint-Germain-en-Laye (bei Paris) und werden dort als prähistorische Funde ausgestellt, ohne dass ihre einstmals vorgesehene Verwendung oder Bedeutung genannt würde. Vielleicht dienten die schwarzen Steinringe, die ich erst lange nach dieser Sitzung in diesem Museum entdeckte, tatsächlich den Megalithmenschen als Dekoration oder Auszeichnung, so wie ich es hier geschildert habe?

13

MITTLER ZWISCHEN GÖTTERN UND MENSCHEN · PROTOTYP DES MEGALITHEN

In dieser Sitzung wird offenbar ein Leben in der letzten Zwischeneiszeit gelebt. Die Einleitung wird hier nicht erneut wiedergegeben.

Dr. Ducher: Wo sind Sie? Was tun Sie? Was spüren Sie?

Autorin: Ich befinde mich auf einem Hochplateau, einem Felsen, der oben flach ist wie ein Tisch … Er ist wie ein Block.

(Was ich zu beschreiben versuche, ist ein einzeln im Meer stehender recht hoher Felsen, der wie der gigantische Prototyp eines Megalithblocks erscheint.)

Sind Sie ein Mann oder eine Frau? Sind Sie klein oder groß?

Ein Mann … ja … und … ich habe noch niemals darüber nachgedacht, ob ich groß bin oder klein … Ich könnte die Frage gar nicht beantworten.

Gut. Welche Kleidung tragen Sie?

(Mühsames Sprechen.) Mein Oberkörper ist bekleidet ... mit einem Tierfell ... einer Tierhaut ... ohne Fell, Leder.

Ist Ihnen warm oder kalt?

Weder das eine noch das andere ... und ... ich weiß, dass mein Körper ... mich nicht interessiert.

(Die letzten Fragen wurden etwas ungehalten beantwortet, sie stören, sind lästig.)

Welches Alter haben Sie?

Fünfunddreißig Jahre.

Haben Sie einen Bart oder ist das Gesicht bartlos?

Ich trage einen schwarzen Bart.

Und das Haar?

Es nervt mich, über meine Haare nachdenken zu müssen. Ich habe anderes zu tun und zu denken ... Die Haare sind dunkel.

Also, was tun Sie auf diesem Felsplateau?

Ich sitze auf meinen Beinen, auf den Hacken, es ist kein Knien.

(Ich beschreibe hier eine noch heute praktizierte Sitzhaltung der Hindu-Asketen der Hatha-Yoga-Schule. Im »Lexikon des Geheimwissens« *von Horst Miers, München, S. 45, fand ich sie als »Simhasana« bezeichnet und, zusammen mit der von mir am Ende der Sitzung beschriebenen Gebetshaltung »Svastikasana«, genauso dargestellt, wie ich sie auf dem Felsen eingenommen hatte.)*

Was machen Sie dort oben in den frühen Morgenstunden?

(Schweres, mühevolles Atmen und Stöhnen.)

Ich mache gar nichts.

Ruhen Sie sich aus?

Nein, nein. Ich überlege, ich gehe meinen Gedanken nach.

Sie überlegen oder Sie meditieren oder konzentrieren sich auf etwas?

Ja, ich konzentriere mich auf etwas.

Spüren Sie das Objekt Ihrer Konzentration, ganz allein auf diesem Felsen … in dieser besonderen Gebetshaltung.

Ich habe es schwer, eine Antwort zu bekommen … auf die Fragen, … die ich dem Himmel stelle. Man kann nicht direkt eine Antwort erwarten … aber dennoch … Ich bin noch nicht einmal sicher, dass man mich überhaupt anhört … (Seufzen, schweres Atmen.) … Ich stelle den Göttern die Frage »Warum« … Von den anderen Menschen habe ich mich losgelöst … weil ich glaube, auf diesem Felsen … ganz allein … habe ich die Möglichkeit … (Längere Denkpause.) … Jetzt sehe ich, dass der Felsen rundherum von Wasser umgeben ist … Ich spüre, dass dieser Felsen die Intensität meiner Frage an die Götter verstärkt … Es ist kein Gebet, das ich an sie richte … Es ist ein Zwiegespräch … eine Unterhaltung … und ich glaube, dass auf diesem Felsen meine Gedanken intensiviert werden durch die Emanation des Steins … aber … bisher haben die Götter keine Antwort gegeben … Es scheint mir, als ob es ein Erdbeben oder eine große Katastrophe gegeben hat, und dass dieser Felsen nicht immer so weit weg war vom Festland wie heute.

(Nach der letzten Eiszeit haben die Schmelzwasser den Meeresspiegel um bis zu 120 Meter steigen lassen. Die im Text geäußerte Feststellung, dass das »Festland nicht immer so weit weg war vom Felsen«, deutet darauf hin, dass dieses Leben in einer Zwischeneiszeit gelebt wurde, in der das

Wasser weite Landstriche überflutete. Den Wissenschaftlern sind vier Eiszeiten bekannt – Günz-, Mindel-, Riss- und Würm-Eiszeit und entsprechend viele Zwischeneiszeiten hat es gegeben. Dieses Leben ist vielleicht in die letzte Zwischeneiszeit zu datieren, die um 18 000 v. Chr. begann. Oder aber es handelt sich um die vorletzte Zwischeneiszeit, die um 60 000 zu Ende ging.

Die letzte Eiszeit begann um 60 000, also genau der Zeit, in der sich auf der Erde auch ein anderer sehr großer Umbruch vollzog: Der »homo sapiens sapiens« *trat auf den Plan, der Menschentyp, zu dem auch wir gehören. Die alten sumerischen Epen sprechen von Begegnungen zwischen den frühen Menschen und weit fortgeschrittenen Wesen, die die primitiveren Menschen in verschiedenen Künsten und Handwerken unterrichteten und sich mit ihnen auch sexuell verbanden und so die »Mischlinge« zeugten, die in verschiedenen alten Texten – auch in der Bibel – als »Helden« oder »Giganten« bezeichnet werden (vgl. Genesis 6, 1 f.).*

In mehreren Rückführungen habe ich derartige Begegnungen zwischen Göttern und Menschen durchlebt. Die Kontakte zwischen Göttern und Menschen fanden nicht nur zu einem einzigen Zeitpunkt statt, sondern haben sich vielleicht in größeren Abständen regelmäßig wiederholt. Und zwischenzeitlich standen die Menschen unter dem Einfluss der Götter, der durch Manipulation der Frequenzen des Bewusstseins einiger auserwählter Menschen möglich und zwingend wurde. In dieser Rückführung ist das Verhalten des Mannes auf dem Felsplateau dafür ein gutes Beispiel.)

Mit wem treten Sie in Kontakt? Mit wem kommunizieren Sie?

Ich sehe vor mir ... mehrere göttliche Wesen ... Ich habe eine Vision vor Augen: ein heller Kreis, eher ist es vielleicht eine Mandorlaform, in der ich diese Götter wahrnehme. Sie sind von hellem Licht umstrahlt ... Diese Vision steht hoch am Himmel ... Ich glaube deshalb nicht, dass ich die Wesen wirklich sehe, sondern dass es eine Vision ist ... Dennoch: Ich sehe sie immerfort ... und das Bild weicht auch gar nicht ... es steht immer vor meinen Augen.

In welcher Weise kommunizieren Sie mit dem Wesen?

Es ist nicht ein Einzelwesen, es sind mehrere ...

Ist es ein unangenehmes Gefühl oder eher ein angenehmes?

Es ist nicht unangenehm ... aber es ist wie eine Spannung, was ich fühle ... eine Irritation ... selbst auf der Haut ... Man kann nicht sagen, dass es wie Elektrizität wäre ... Ja, warum eigentlich nicht Elektrizität? Es ist recht intensiv ... sozusagen eine Irritation ... Ich weiß nicht ... es kann ja nicht Elektrizität sein ... Auf jeden Fall weiß ich ja gar nicht, wie sich Elektrizität anfühlt. (Seufzer.) ... Die ganze Zeit über ist diese Vision vor meinen Augen ... die ganze Zeit ... Und eine Antwort der Götter bleibt aus.

Sind Sie schon lange auf dem Felsplateau?

Ja, ja ... Es ist mein Felsen. Ich gehöre zu diesem Felsplateau.

Kommen nur Sie hierher?

Ja.

Haben die Felsen eine besondere Emanation?

Es ist dieselbe Vibration ... ich weiß nicht, ob ich das so sagen darf ... dieser Felsen ist mit seiner Vibration so verschieden von den anderen Felsen drum herum, wie die

Kirche verschieden ist von den Häusern im Dorf ... beide haben eine besondere Bedeutung, sie sind eben verschieden in ihren Schwingungen ... ich weiß gar nicht, warum.

Öffnen Sie sich weiter für diese Schwingungen, die der Felsen emaniert. Sie können Ihre Hände auf den Stein legen und es spüren.

Was ich spüre, ergibt gar keinen Sinn ... aber auf jeden Fall spüre ich, dass diese sogenannten Götter dort oben, die ich immer vor meinen Augen habe, vielleicht einmal auf diesem Felsen waren ... Warum eigentlich nicht? Er ist sehr geeignet ... rundum umgeben von Wasser, unzugänglich ... oder doch beinahe. Man muss mühsam heruntersteigen und das Wasser durchqueren, um zu den anderen Menschen zu gelangen. Sie sind dort unten, aber ich sehe sie nicht. Ich weiß, dass sie dort unten sind.

Sind diese Menschen wie Sie oder sind sie anders?

Ich bin zwar von derselben Rasse wie diese Menschen, aber ...

Ist es eine Frage von Intelligenz oder ist es eine andere Sensibilität oder ein größeres Wissen?

Das Wissen, das man haben sollte, besteht nur darin, zu verstehen, dass es wichtig sein könnte für uns, auf die Götter zu warten, sie zu erwarten. Ich will gar nicht, dass sie kommen, aber ... man weiß ja nie ... vielleicht kann man sie günstig oder gnädig stimmen ... Also ich mache es jedenfalls als eine Art ... Lebensversicherung ... Das ist vielleicht, wenn man so will, eine Frage von Intelligenz. Ich denke eben ein bisschen weiter ...

Was empfinden Sie an diesem Felsen als besonders?

(Große Schwierigkeit im Formulieren, angestrengtes

Überlegen.) Warum steht der Felsen so allein? Sie ... die Götter ... sind es, die ... ich verstehe das nicht ... aber dieser Felsen bildete einstmals ein Ganzes mit dem übrigen Terrain ... und die Götter haben es zerstört ... zerbrochen ... es zerbrach während des großen Bebens, während der Katastrophe ... Durch das Beben haben sie das Intervallfeld zwischen Festland und Felsen geschaffen ... so entstand der Abgrund zwischen dem Felsen der Götter und dem Land der Menschen ...

Wer hätte das tun können? Die Ahnen?

(Entrüstung in der Stimme über die unpassende Frage.) Nein, es waren die, die gekommen sind von weit her, die Fremden.

Spüren Sie, dass Sie initiiert wurden, um zu verstehen, dass dieser Felsen ein ganz besonderer Felsen ist? Haben Sie es selbst gespürt, oder waren es die fremden Wesen, durch die Sie initiiert wurden?

Ich weiß ... ich habe Kenntnisse von deren Anwesenheit, weil wir uns die Geschichte ohne Unterlass erzählen ... und deshalb habe ich mich auf diesen Felsen begeben ... und ich glaube, ich bin immer auf diesem Felsen geblieben seitdem ... Ich sehe immer dieselbe Vision ... Ich habe immer dasselbe Bild vor meinen Augen ... ganz klar ... Ich sehe die Wesen ... in einer großen Entfernung ... umgeben von einem ... nicht von einem Kreis, sondern einer Form mit einer Spitze oben und unten ... einer Mandorla, wie ich schon sagte. (Angestrengtes Sprechen, ganz verfremdete Stimme.)

Und dieses Bild bleibt bei mir ... und das beweist mir ... nein, ich weiß, dass ich unter deren Einfluss stehe.

Erscheint Ihnen der Einfluss negativ, positiv, schädlich oder günstig?

Es ist nicht positiv und nicht negativ, sondern … dasselbe Wort, das ich eben schon gesucht habe: Elektrizität, eine Irritation … Jetzt würde ich stattdessen sagen: eine Schwingung. Man kann nicht sagen, dass sie immer nur positiv ist, sie ist eben irritierend.

Warum erscheint es Ihnen irritierend? Sind es die Vibrationen, die Sie irritieren, die Sie als inkarniertes Wesen stören, weil es Frequenzen sind, die höher sind als Ihre eigenen?

Ja, das könnte man vielleicht sagen … Es ist, als sei ich zu sehr erfüllt … als müsste ich zerspringen. Aufgeladen mit Spannung.

Ist es für Sie eine Verpflichtung, regelmäßig hierher zu kommen?

Man hat es mir nicht gesagt. Es ist kein Befehl, aber ich weiß es.

Es ist also eine Verpflichtung, obgleich Sie keine Befehle bekommen haben? Sie wissen, dass es absolut nötig ist, dass Sie sich regelmäßig dort einfinden?

Ja, so ist es.

Welche Art von Information bekommen Sie und für wen sind diese Information bestimmt? Müssen Sie die Botschaft übermitteln? Handelt es sich um Informationen, die das Universum angehen? Nehmen Sie sich Zeit … Ihr Bewusstsein öffnet sich weiter und weiter … Sie spüren die Antwort auf diese Frage wie eine Offenbarung … Welche Mission ist Ihnen von den überlegenen Kräften übertragen worden? Sie können es ausdrücken …

Also, dieses Felsplateau ... ist ihr Werk ... ihre Kräfte haben diesen Felsen geschaffen ... Er ist wie ein Megalith – nur sehr viel größer ... Und sie haben gesagt, dass sie uns ein wenig verachten ... Es ist, als wenn sie uns an die Arbeit bringen wollten ... Sie haben uns befohlen, genausolch einen gigantischen Stein mit unseren eigenen Kräften herzustellen ... Ich sitze auf einer Art Prototyp des Megalithblocks ... Aber die Menschen haben noch gar nicht angefangen mit der Arbeit an den Steinen, mit der Herstellung von Megalithsteinen ... Die Götter behandeln uns wie unterlegene ... minderwertige Wesen ... und sie sind keineswegs voller Liebe zu uns ... nein ... sie lassen uns für sich arbeiten ... für sie und überhaupt ... Den Plan dahinter kann ich nicht erkennen ...

Sie lassen die Menschen arbeiten, um etwas zu erhalten?

Es ist, als wollten sie uns trainieren, als ob sie unsere Intelligenz verbessern wollten ... Wir sollen das bisschen Intelligenz, das wir haben, ein wenig üben und anwenden.

Und Sie glauben nicht, dass das eine Form der Liebe zu uns ist, wenn sie uns arbeiten lassen, um unsere Intelligenz zu schulen?

Man verlangt viel von uns ... und ich würde sagen: zu viel. Das fängt mit den Steinen an ... Steine schlagen ist eine Arbeit, die für uns zu schwer ist ... und wir haben den Eindruck, dass es ewig so weitergeht ... dass die Arbeit nie ein Ende nehmen wird.

(In diesem Zusammenhang muss erwähnt werden, dass – wohl nicht zufällig – im ältesten Text der Menschheit, dem Atra-Hasis-Epos der Sumerer, ausführlich erwähnt wird, wie die Göttersöhne Enki und Enlil übereinkamen, einen

primitiven Arbeiter mit einer ausreichenden Intelligenz zu schaffen, damit auf Erden er eine den fremden Göttern nützliche Arbeit verrichten könnte. So wurde der Typus Mensch erschaffen, zu dem auch wir gehören. Er war nach seiner Erschaffung als Sklavenarbeiter tätig. Wie die alten Texte erzählen, arbeitete er in Gruben, um Gold zu schürfen. Einige Archäologen und Paläontologen wiesen nach, dass bereits um 60 000 in südafrikanischen Bergwerken Gold abgebaut wurde (vgl. Setchin, »In Breaking the Godspell«, *Falcon Press, Phoenix, 1987, S. 22).*

Die Anthropologen setzen heute das erste Erscheinen des »homo sapiens sapiens« *auf 60 000 bis 70 000 an. Die Angaben zur Chronologie passen somit stimmig zueinander. Die hier erwähnten Passagen aus den ältesten Texten der Menschheit kannte ich noch nicht, als ich in den Rückführungen darüber sprach.)*

Gut, verstehen Sie, zu welchem Zweck, mit welchem Ziel Sie diese Aufgabe haben. Spüren Sie die Pein, immerzu arbeiten zu müssen, fast ohne Unterlass, um Ergebnisse zu erlangen, die von uns erwartet werden. Verstehen Sie das alles … Jetzt wird sich die Zeit beschleunigen … 1 … 2 … 3 … Was fühlen Sie?

Ich sehe jetzt alles aus weiter Ferne … Ich bin immer noch auf demselben Felsen, aber jetzt ist es Nacht … und ich sehe die Menschen wie Ameisen … in Bewegung … in Beschäftigung … in Aktivität. Es gibt nur wenig Licht vom Mond … Also, was machen die Menschen dort unten? Sie sind sehr aktiv … es erscheint mir sinnlos, so aktiv zu sein … Die Armen! Es ist schwer für sie … Sie bearbeiten einen Stein … (Tiefer Seufzer.)

Wie ist der Mond? Ist es Vollmond, Halbmond oder Neumond?

Ich sehe den Mond selbst nicht, ich sehe die Wolken, die vom Mond hell erleuchtet sind. (Erneutes Seufzen.)

Was machen die Menschen, die wie Ameisen aktiv sind?

Es sind vielleicht dreißig … das erscheint mir sehr viel … Man zieht einen Stein … Ich frage mich: warum so viel Aktivität? Ich sehe keinen Sinn darin.

Aber selbst wenn Sie darin keinen Sinn sehen, gibt es vielleicht dennoch einen Sinn?

Wer weiß? … Jene (Götter) verstecken sich dort oben … keine Antwort … nur Befehle … Sie lassen uns arbeiten … Ich, ich bin nicht einverstanden.

Heißt das, dass Sie die Autorität der Fremden nicht anerkennen? Heißt das, dass Sie in Rebellion sind gegen deren Autorität?

Ich würde nicht wagen, von Rebellion zu sprechen … auf jeden Fall ist eine Rebellion gegen einen Gegner, den man nicht sieht, eine armselige Rebellion. Ich kann aber doch wohl noch sagen: die armen Menschen! Sie ziehen einen Stein … Sie verstehen gar nichts und sie sind unglücklich … das noch dazu!

Wir werden die Zeit weiter beschleunigen … 1 … 2 … 3 … Sind Sie immer noch auf dem Felsen?

Ich bin noch immer dort … aber jetzt bin ich … Mein Körper hat eine Position eingenommen, die reserviert ist für das Gebet … Mein Kopf berührt fast die Erde … Ich weiß gar nicht, ob man wirklich so sitzen kann … aber ich sehe es … die Beine sind gekreuzt.

Wissen Sie, dass Sie bald sterben werden? …

Ich bin vielleicht schon tot … Ist das möglich?

Ja, das ist möglich.

Ganz trocken und ganz … leblos … Ja, es ist wie ein Tier in der Wüste, das ausgetrocknet ist … in dieser Haltung des Gebets.

Sind Sie auf dem Felsen oder anderswo?

Ich bin dort oben … über meinem Körper … Ich sehe mich aus einiger Entfernung …

Ich werde jetzt bis zehn zählen und Sie werden aufsteigen in das Licht … Sie sind in völliger Harmonie mit der Frequenz dieser Bewusstseinsebene … Sie spüren das Licht, das hier herrscht, und Sie spüren die Schwingungen der universellen, bedingungslosen Liebe … Spüren Sie all das und imprägnieren Sie sich mit dieser Frequenz. Sehen Sie den Film dieses Lebens, das gerade zu Ende gegangen ist … das Leben dieses jungen Mannes, der sich von seinen Mitmenschen unterscheidet durch seine Rolle als Mittler zwischen den höheren Wesen und den Menschen auf der Erde. Sehen Sie die inkarnierten Wesen, zu denen Sie gehören, aber von denen Sie sich dadurch unterscheiden, dass Sie deutlich intelligenter und bewusster sind. Spüren Sie, ob Sie noch in Rebellion sind gegen die Wesen und ihre Befehle, die Ihnen ungerecht und hart erscheinen. Steigen Sie höher und höher zum Licht. Vielleicht finden Sie eine Erklärung für diese Befehle, die von oben gegeben wurden, damit sich unten erfüllt, was sich schon erfüllt hat und was sich noch erfüllen wird. Vielleicht erhalten Sie dort von Ihrem Geistigen Führer eine Erklärung der Gründe für diese scheinbare Härte. Vielleicht finden Sie dort oben den wahren Sinn von dem, was angeordnet worden ist.

Ihr Bewusstsein ist offener denn je. Vielleicht erfahren Sie hier in der Sphäre des Lichts, im Reich der Toten, die Antwort auf Ihre Frage »Warum«. Warum die schweren Aufgaben für die Menschen? Sie werden von einem der Geistigen Führer jetzt ein Symbol erhalten, einen Schlüssel, ein Geschenk, eine Botschaft … Wir danken demütig dem Meister, den Führern … Sie kehren zurück in das Leben auf Erden, erfüllt mit den schönsten Energien des Universums, den mächtigsten Kräften des Kosmos, der unendlichen Liebe, des Lichts.

Ende der Sitzung.

Ich beschreibe während der Sitzung das Bild der »Götter« als von einer »Mandorla« umgeben. Seit frühchristlicher Zeit wird vor allem Christus von einer Mandorla, einer mandelförmigen Aureole, umgeben dargestellt. Die formale Übereinstimmung finde ich erwähnenswert!

14

OLMEKEN-PRIESTER · STERNENKULT · SEEFAHRER DES 9. JAHRHUNDERTS V. CHR.

Dr. Ducher: Welches Schuhwerk und welche Kleidung tragen Sie?

Autorin: Ich trage mit Perlen geschmückte Schuhe ... Ich trage ein dunkles Gewand ... Ich bin ein Mann ... aber ich trage ein Kleid ...

Ist das Gewand lang? Sind die Beine bedeckt?

Das Gewand ist in der Mitte offen, es ist lang ... bis auf den Boden.

Tragen Sie einen Bart?

Das Gesicht ist unbehaart, der Kopf ist kahl und bartlos.

Welches Alter haben Sie?

Ich bin erwachsen ... vierzig Jahre alt.

Tragen Sie etwas um den Hals oder auf der Brust?

Der Mantel fällt von der Schulter ... auf die Brust ... er ist offen ... und ein Schmuck glänzt auf der Brust ...

Sehen Sie das Schmuckstück an. Hat es einen besonderen Wert?

Es ist ein Spiegel ... Der Spiegel ist das Symbol des Himmels, des Universums. Ich beobachte die Sterne und die Sonne mit diesem Spiegel. Ich kenne die Gestirne – und wer bei uns das Spiel des Kosmos versteht, wer sich den kosmologischen Studien widmet ... der trägt die Spiegel-Scheibe. Sie ist heilig ... Ich habe sie übernommen von einem weisen Alten ... vor langer Zeit ... Er sah aus den Gestirnen im Spiegel die Zukunft ... Es war das Orakel ... Ich mag das nicht tun ... aber die Menschen erwarten es von mir.

Jetzt wüsste ich gern, ob Sie Schmuck am Arm oder Finger tragen.

Ein Armband ... Es ist aus buntem Holz.

Jetzt werden Sie noch tiefer hineingehen in diese Person. Fühlen Sie seine Gedanken ... Sind Sie unter freiem Himmel?

Nein, ich befinde mich vor den Gebäuden auf dem kleinen Platz ... vor mir ist ein kleines Feuer in einem Gefäß.

(Ich spreche von einem Weihrauchgefäß.)

... Ich sehe auf die Form ... und ich kümmere mich um das Feuer in diesem Gefäß ... Mit dem Stab bewege ich die ... was ist in dem Gefäß? Was kann es sein? ... Was da brennt, ist rund ... und es duftet ... es gehört zu der Kulthandlung, die ich ausführe.

Ist es pflanzlich oder tierisch?

Pflanzlich ... Harz ... Kopal ... Ich stehe, aber mein Rücken ist gebeugt, weil der Behälter mit dem Feuer am Boden steht ... und ich widme mich dem ... Kultgefäß.

Ist es Tag oder Nacht?

Es ist Tag, mit einer sehr angenehmen Hitze ... Es ist

der späte Nachmittag. Das Fest hat noch nicht begonnen … Die Sonne … es dauert noch einige Stunden, denn die Sonne muss dort erscheinen, wo der unregelmäßige Kreis sich öffnet … der Kreis um diesen Platz …

Die Zeit wird sich beschleunigen. Ich zähle bis fünf und etwas Neues wird sich ereignen in diesem selben Leben … Was empfinden Sie?

Ich bin in dem Haus … Es ist sehr dunkel … aus Holz gebaut … nicht aus Brettern, sondern aus Baumstämmen.

Fühlen Sie die Anwesenheit von Kindern?

Sie sind nicht in meinem Haus, aber sie existieren … Man hält die Kinder zusammen an einem getrennten Ort … Das ist so eine Idee, die Kinder beieinander zu halten … alle Kinder des Dorfes … Ich verstehe das nicht.

Gut, wir werden die Zeit sich beschleunigen lassen …

(Schweres Atmen, Seufzer, dann ein amüsiertes, erstauntes Lachen.) Ich habe Angst vor dem Boot … Es ist so groß … Ich habe Angst … Gigantisch erscheint es mir.

Haben Sie diese Art Boot schon einmal gesehen?

Nein.

Was geht in Ihrem Inneren vor, wenn Sie das Boot ansehen?

Ich denke an den Teufel, er ist genauso furchterregend.

Haben Sie Angst?

Nein, ich habe keine Angst … Aber es ist beinahe so etwas wie Angst … Ich könnte mich ja verstecken, aber ich bleibe am Strand, um zu beobachten, wie sich das Boot nähert … Das Boot ist jetzt sehr nahe.

Sind Sie es, der das Boot entdeckt hat, oder sind es andere gewesen, die Sie an den Strand gerufen haben?

Ich war nicht der Erste, der das Boot gesehen hat ... Da wir regelmäßig die Sterne und das Meer beobachten, hat jemand das Boot schon entdeckt, als es noch ein kleiner Punkt am Horizont war ... Seitdem beobachten wir das Boot.

Sind die anderen auch so verschreckt wie Sie?

Ich bin es, der für die Gruppe verantwortlich ist ... Ich bin es, der die Angelegenheit regeln muss.

Fühlen Sie sich der Arbeit gewachsen?

Ich fühle mich nicht sehr wohl bei der Sache.

Suchen die anderen in Ihnen das Vorbild dafür, wie sie sich dieser Situation gegenüber verhalten sollen?

Ich sehe auf das Boot und nicht auf die anderen ... Es gibt jetzt Bewegung auf dem Boot zu sehen ... Sie haben Taue ... Sie lassen sich an den Tauen vom Boot ins Wasser herabgleiten... Sie haben ein Benehmen, das ich nicht verstehe ... Sie grüßen uns gar nicht ... Nein, ich verstehe nicht, wie es möglich ist, dass sie so anders sind als wir ... Warum grüßen sie uns nicht? Sie gehen einfach an uns vorbei ... Sie bahnen sich ihren Weg durch den Kreis um mich herum ... als wenn wir gar nicht existierten!

Was tragen die Seeleute an Kleidung?

(Keine Antwort auf die Frage.) Sie wollen das Boot festmachen, das ist jetzt ihre Beschäftigung. Sie suchen große Steine und Möglichkeiten, das Boot mit den Tauen festzumachen.

Unternehmen Sie den Versuch, Kontakt mit ihnen aufzunehmen?

(Erneut wird die Frage des Arztes als irrelevant überhört.)

Laute Rufe zwischen denen an Bord und jenen, die bereits von Bord gegangen sind. Ich verstehe sie nicht … das ist ja klar.

Was tun Sie? Wozu haben Sie sich entschlossen?

Jene sind wenig höflich und freundlich, das merkt man sofort … für mich sehr erstaunlich … Ich bin schockiert … Sie haben keinen Respekt vor uns … Jetzt kommen auch die anderen von Bord … sehr behände, sehr jung im Allgemeinen … Sie geben uns zu verstehen, dass sie etwas zu essen brauchen … Aber sie sind viel zu zahlreich … ungefähr dreißig … Wir laden sie trotzdem ein zu einer Mahlzeit inmitten unseres Dorfes … Sie setzen sich auf den Boden. (Tiefer Seufzer.) … Sie nehmen das Essen … das Fleisch … Es ist sehr komisch, wie sie essen, wie sie sich setzen … Wild scheinen sie zu sein, unkultiviert erscheinen sie mir … Wir haben ihnen alles gegeben, was wir an Essensvorräten hatten.

Die Zeit beschleunigt sich … 1 … 2 … 3 … Was passiert jetzt?

Die anderen und ihre Schiffe erscheinen uns immer noch feindlich und fremd … Die Männer haben sich in der Nähe unseres Dorfes etabliert … in einer anderen Bucht … dort liegen ihre anderen Boote … Sie kamen von sehr weit her … von der anderen Seite des großen Wassers …

Benehmen sich die Männer immer noch wie Wilde?

Man könnte sagen, dass sie sich nicht sehr für uns interessieren … Sie sammeln Hölzer, die sie bearbeiten … Sie versuchen zu lernen, was es an besonderen Pflanzen gibt … Sie sind sehr oft im Wald unterwegs … viel mehr als wir selbst.

Fällt es Ihnen schwer, die Fremden in Ihrer Nähe zu akzeptieren?

Es gibt Kontakte zwischen unseren Gruppen … dabei geht es vor allem um Medizin, die wir austauschen. Sie wissen Dinge, die wir nicht wissen – und umgekehrt. Und bei der Medizin braucht man die Sprache nicht so sehr … Sie haben viele Verletzte, weil sie ihren Körper nicht so gut beherrschen können wie wir … Sie brechen sich die Beine … Sie fallen in Gräben etc. … Bei uns heilt man mithilfe von Dämpfen und Düften der Pflanzen, die wir verbrennen … Essenzen … Und die Trance nutzen wir für die Heilung … Gesund werden und gesund sein ist für uns eine Frage der Geisteshaltung … Man erwartet von den Menschen, dass sie lächeln … das ist die normale Geisteshaltung bei uns … Lächeln und Zufriedenheit …

Ja, merken Sie sich, dass Sie sehr friedliebend und zufrieden sind.

Ach, das tut so wohl … Wir wissen, wie wir uns in diesen Gemütszustand bringen … Das lernen wir schon als Kinder von den Alten.

Gut, jetzt möchte ich, dass Sie vor Ihrem Auge ein Datum erscheinen lassen, ein Datum der Zeit, in der Sie leben.

(Leise und mühsam gesprochen.) Achthundertundfünfu ndvierzig vor der Zeitrechnung. 845 vor …

Gut, wir werden uns jetzt dem Ende dieser Existenz nähern. Ich zähle bis fünf und Sie werden den letzten Moment desselben Lebens erleben … 1 … 2 … 3 … 4 … 5 … Welches Alter haben Sie?

Man trägt mich auf … einer Art Trage … Auf jeden Fall brauche ich nicht zu gehen, und das weiß ich sehr zu schät-

zen, denn ich bin schon sehr schwach ... Es war ein langer Weg bis zur Pyramide ... wo ich sterben soll.

Sie wissen also, dass Sie bald sterben werden?

Ja, und die anderen wissen es auch.

Sind Sie verwundet, krank oder nur alt?

Sehr alt. (Schweres Atmen.) Ich weiß nicht, wie alt ... man zählt das nicht so (nach Jahren).

Was geschieht mit Ihnen auf dieser Art Trage?

Man setzt sie zunächst am Fuße der Pyramide ab und jetzt auf den Schultern eines Mannes ... werde ich getragen bis auf die Spitze der Pyramide, dorthin, wo jetzt eine Zeremonie stattfindet.

Haben Sie Angst oder Furcht oder sind Sie ruhig?

Man hat dieses Datum ausgesucht ... diesen Moment, der jetzt sehr nahe ist. Man hat das Datum ausgesucht für mein Sterben, weil es für mich besser ist, an dem Tag zu sterben als an einem späteren ... Ich verstehe nicht allzu viel von diesen Dingen.

Haben Sie die Möglichkeit, genau an einem bestimmten, vorausberechneten, für Sie günstigen Tag zu sterben?

Das macht man mit Kräutern ... Ja ...

Haben Sie Angst, fürchten Sie sich davor, zu sterben?

Nein, ich bin ganz überzeugt, dass der Moment meines Todes gut vorausberechnet, vorausbestimmt worden ist.

Haben Sie Angst vor der Welt der Toten?

Nein ... nein ... nein ...

Sind viele Menschen um Sie herum?

Eine Delegation hat mich von meinem Dorf begleitet, um bei dieser Zeremonie zu assistieren ... Ich sehe sechs von ihnen auf der Pyramide.

Sind auch die fremden Seefahrer noch da?

Nein, dieses ist eine Zeremonie allein für uns, und sie sind gar nicht daran interessiert.

Sie sind aber immer noch in Ihrer Gegend?

Ja, aber das ist gar nicht so schlecht ... Wir haben uns an ihre Gegenwart gewöhnt.

Gibt es am Ende Ihres Lebens ein Bedauern, einen Kummer, einen Schmerz, ein Leiden?

Ich habe meine Aufgabe gut erfüllt im Leben ... aber es gibt doch ein kleines Bedauern: Ich hätte gern mehr wissen mögen über die fremden Seefahrer. Bis zum Ende meines Lebens habe ich nicht genügend Wörter beherrscht, um mich mit den Fremden zu unterhalten. Ich bin sicher, dass ich viel von ihnen hätte lernen können ... Nicht mehr über sie zu wissen ... das ist vielleicht mein einziges Bedauern.

Haben Sie den Eindruck, dass die Fremden sich mit der Zeit an Ihre Sitten und Gebräuche gewöhnt und angepasst haben?

Ihre Häuser sind anders als die unsrigen, ihre Sitten sind anders, ihr Lebensrhythmus ist anders, ihre Götter sind anders ... Sie sind vielleicht anders als wir, aber sie sind nicht schlechter ... sie sind nicht aggressiv ... Wir haben Seite an Seite mit ihnen gelebt, und es war gar nicht so schlecht, Nachbarn zu haben, denn, wie ich schon sagte, von Zeit zu Zeit haben wir Dinge und Wissen ausgetauscht, die uns Gewinn brachten, von denen wir profitierten.

Gut. Sie werden jetzt zum Ende dieser Erdenexistenz kommen und in das Reich des Todes hinübergehen ... 1 ... 2 ... 3 ...

Es folgt das unter (1) und (2) aufgezeichnete Ende der Sitzung.

Die in dieser Sitzung gemachten Angaben zum zeitlichen Rahmen der Handlung erscheinen stimmig und sind zum Teil nachweisbar korrekt. Das Datum 845 v. Chr. fällt in die Blütezeit der mittelamerikanischen Olmeken-Kultur. Für diese Zeit ist die Anwesenheit von phönizischen Schiffen an der Ostküste Mittelamerikas belegt. Die in der Sitzung von dem Priester geschilderte Kleidung und der kahle, bartlose Kopf entsprechen dem bekannten Erscheinungsbild der Olmeken-Priester. Historisch und kulturgeschichtlich bekannt ist auch der hier erwähnte Schmuck des Priesters oder Eingeweihten, den ich »Spiegel« nenne. Auf einigen Statuen der Olmeken-Zeit haben die Würdenträger in der Tat eine glänzende, spiegelnde Scheibe auf der Brust. Sie ist aus Hämatit, das auch Eisenglanz-Erz genannt wird und dunkel-glänzend ist wie ein Spiegel.

Die symbolische Bedeutung des Spiegels, wie sie hier detailliert beschrieben wird, ergibt Sinn. Es kann davon ausgegangen werden, dass auch im präkolumbianischen Amerika der Spiegel auf der Brust eines Würdenträgers symbolische Bedeutung hatte., »Speculum« (Spiegel) ist die Wurzel des Wortes »Spekulation«, was ursprünglich die »Beobachtung des Himmels« war. Daraus leitete sich die in der Rückführung erwähnte Weissagung ab, die mithilfe der Beobachtung der Sterne vom Priester oder Weisen durchgeführt wurde. Die Oberfläche des Spiegels galt als Widerschein der Wahrheit und Weisheit, das Herz des Wissens. In vielen Initiationsriten hat der Spiegel daher eine wesentliche Funktion. Er offenbart die Wahrheit und wird zum Instrument der Erleuchtung. Die Äußerung des Olmeken-Priesters bezieht sich lediglich auf die Erkenntnis der kosmischen Gesetze und nicht ausdrücklich auch auf die Erkenntnis einer metaphysischen Wahrheit. Die »Spekulation« mit einem Spiegel ist wohl für den weisen Priester der Weg zur Erkenntnis der Wahrheit.

Interessant ist auch die Erwähnung der medizinischen Kenntnisse. Darüber, dass sich die Gesundung eines Kranken durch Dämpfe und Düfte, durch Verbrennen von Pflanzen und Essenzen herbeiführen lässt, hatte ich noch nie zuvor nachgedacht. Heute weiß ich, dass diese Methoden in der Tat mit Erfolg praktiziert werden. Stimmig ist auch die Beschreibung der Funktionen des Olmeken-Priesters: Neben den rituellen Funktionen, der Sterndeutung und der daraus hergeleiteten Weissagung, oblag dem Priester auch das Heilen. »Die zentrale Persönlichkeit war in der Frühzeit (der Olmeken) der Zauberarzt mit schamanistischen Zügen. Er nahm den Kontakt zur jenseitigen Welt, zu ihren mächtigen Geistwesen auf … Um den Hals (trägt er) an einer Art Schnur einen durchbrochenen, meist konkaven Eisenerz-Spiegel« (Hanns Prem/Ursula Dyckerhoff »Das Alte Mexiko«, *München 1986, S. 123).*

Während der Rückführung in die präkolumbianische Zeit spürte ich die besondere Geisteshaltung der Olmeken, ihre Gelassenheit und Ruhe, die mir in meinem jetzigen Leben eher unbekannt ist. Ich verstehe während der Sitzung die Zusammenhänge zwischen einer solchen Gelassenheit und der Gesundheit des Körpers.

15

ASTRALREISE · STEINKULT VOR 9500 JAHREN

Autorin: Es ist dunkel ... Ich bin unter freiem Himmel ... Ich trage eine Tierhaut ... Sie ist mit Fäden ... an den Beinen befestigt. Ich gehe auf dem Leder, und das hält die Füße warm.

Dr. Ducher: Welche Kleidung tragen Sie?

Eine Tierhaut ... mit Fell ... rötlich.

Sind Sie ein Mann oder eine Frau?

Ein Mann ... Ich habe einen schwarzen Bart und lange Haare.

Welches Alter haben Sie?

Dreißig Jahre.

Was tun Sie dort gerade?

Ich stehe ... mit einem Bogen in der Hand ... und mit Pfeilen.

(Ich spreche wie selbstverständlich von Pfeil und Bogen und habe erst kürzlich erfahren, dass diese Waffen tatsächlich schon in der Steinzeit verwendet wurden.)

Ich platziere Pfeil und Bogen neben mir ... zu meinen

Füßen ... Sie dienen der Jagd ... aber jetzt eigentlich mehr, um mich zu beschützen ... Ich glaube, ich habe die Nachtwache ... Die anderen schlafen ...

Was sehen Sie um sich herum?

Es ist ein Zelt, das sich anlehnt an die Felsen, deren Stabilität es nutzt ... Die Felsen sind für uns eine Art Schutz ... Sie stehen in einem Halbkreis ... die Zelte ... sie sind oben spitz ... ein kreisrundes Zelt, das sich nach oben verjüngt ... Das Zelt wird von Stöcken gehalten.

Haben Sie den Eindruck, dass Ihre Gruppe sehr zahlreich ist?

Ungefähr zwanzig.

Und wie fühlen Sie sich dort während der Nachtwache?

Es ist wirklich keine angenehme Rolle ...

(Die Stimme verrät, dass ich mir selbst Mut machen möchte.)

Die Zeit wird sich beschleunigen ... Was passiert?

Ich befinde mich auf einem Hochplateau und plötzlich ist alles schön ... alles ist grün ... ein saftiges Grün ... und unsere ganze Gruppe ist dort oben. (Schweres Atmen) ... Wir arbeiten an den großen Steinen ... Die Arbeit ist halb fertig ... Es ist, als ob wir diese Arbeit an verschiedenen Orten gleichzeitig ausführten. (Seufzen.) ... Ja, die Arbeit ist noch lange nicht getan ... aber der Plan ist fertig.

Von welchem Plan sprechen Sie?

An dem Ort ... auf dem Hochplateau sind viele kleinere Steine aufgestellt, die uns die Position und die Formation angeben, in der – eines Tages – die großen Steine platziert sein werden.

Erkennen Sie die Formation der Blöcke?

Ja, ich sehe den Kreis, auf dem die Steine stehen sollen … Er ist schon gezeichnet … Und ich sehe die Fäden, die den Kreis durchkreuzen, mehrere Male und in mehreren Richtungen.

Wie viele Männer arbeiten auf dem Hochplateau?

Zehn.

Wie ist denn die Stimmung innerhalb der Gruppe?

Wir sind vor allem beschäftigt mit dieser Idee (die Steine fertigzustellen) … Wir sind heiter, weil uns diese Idee … diese Arbeit … als etwas sehr Bedeutsames erscheint, etwas sehr Wichtiges … Wir sind auch stolz auf unsere Fähigkeiten, auf unsere Kenntnisse, … die uns mit anderen Generationen verbinden … mit früheren und mit späteren Generationen. Wir sind nur ein Glied in dieser Kette … Wir führen die Idee weiter … Die Arbeit ist noch nicht beendet.

Wer hat die Entscheidung getroffen, die großen Steine zu bearbeiten? Wer hat die Idee gehabt?

Ich selbst fühle mich sehr wichtig und ein wenig verantwortlich … und ich bin sehr zufrieden mit meiner Rolle. Ich weiß, die anderen verstehen auch, worum es geht. Auch sie haben Kenntnisse. Sie helfen mir … Sie arbeiten nach meinen Angaben, denn ich habe die meisten Kenntnisse. Manchmal muss eine Entscheidung getroffen werden, und da ist es dann besser, wenn einer von uns mehr Kenntnisse über den Gesamtplan der Errichtung des Steinkreises hat als die anderen. Ich weiß nicht, ob ich das so sagen darf, aber ich fühle mich ein bisschen wichtiger als die anderen, weil ich die Arbeit leite.

Haben Sie die Idee für diese Konstruktion gehabt?

Nein.

Wissen Sie, woher diese Idee kommt? Erscheint Ihnen diese Idee von irdischen Wesen zu stammen oder von extraterrestrischen Wesen?

Das Wort »extraterrestrisch« sagt mir nichts.

Sind es die Ahnen, die mit dieser Steinkonstruktion begonnen haben?

Also, was die Konstruktion des Steinkreises und die Wahl des Ortes, an dem wir die Arbeit durchführen, angeht, so kann ich sagen, dass es noch nicht so lange her ist, dass mit der Arbeit begonnen wurde … Es scheint mir, als seien es die letzten Generationen gewesen … länger ist es nicht her … Ich weiß nur, dass diese Steine immer Teil meines Lebens waren … und dass es die Generation der Väter war, die mit der Arbeit begonnen hat.

Hat Sie Ihr Vater unterwiesen und seine Kenntnisse weitergegeben?

Ja, seit meiner frühesten Kindheit habe ich Unterweisungen von meinem Vater erhalten.

Waren es ganz besondere Kenntnisse, geheime Kenntnisse? Versuchen Sie, die Energie Ihres Vaters zu spüren … und die ganz speziellen, geheimen Kenntnisse, die er Ihnen vermittelt.

Ich liebe ihn … Ich sehe ihn … Ich bin an seiner Seite … in der Höhle … mit dem Modell des Kreises … die Berechnungen … die Fäden, die immer den Stand der Sterne angeben … die Berechnungen … der Äquinoktien … (Seufzen.) Es ist, als sei ich ein bisschen weniger intelligent als mein Vater.

Hat er geheimes, ganz besonderes Wissen über die Sterne?

Aber ja!

Woher hat er die Kenntnisse über die Sterne? Sie können danach fragen. Bekam er die Kenntnisse übermittelt von jenseits der Erde? Ist sein Bewusstsein in der Lage, sich mit kosmischen Zusammenhängen in Harmonie zu setzen, seine Frequenz einzustimmen auf andere Ebenen, auf das Bewusstsein der Sterne? Empfangen Sie energetisch die Antwort.

(Heftiges Stöhnen.) Ich will es gar nicht wissen.

Auf jeden Fall möchte ich, dass Sie erfahren, welches Wissen Ihr Vater Ihnen übermittelt hat über die Sterne, über den Kosmos, damit Sie seine Arbeit und die Arbeit der Väter weiterführen können. Spüren Sie das gesamte Wissen, das an Sie weitergegeben wurde. Gehen Sie hinein in die Schwingungen Ihrer Väter und Vorväter …

Es war … eine Epoche … (angestrengtes Atmen, konzentriertes Überlegen) es war vor langer Zeit … Ich verstehe das gar nicht … da war er umgeben von Sternen … (Stöhnen) … Ich bin umgeben von Sternen … Ich bin jetzt identisch mit ihm … um mich herum war es ganz dunkel … und ich war umgeben von Sternen … weit fort von der Erde … Ich weiß nicht, aber vielleicht war es nicht der Körper, sondern der Geist, der sich in diesem dunklen, leeren Raum bewegt … Ich sehe mich in einer Kugel, die eigentlich gar nicht existiert … Es ist nur eine Gedankenhülle um mich herum, sonst nichts … und diese Kugel fliegt durch die Leere des Raums … Die kleinen hellen Punkte sind überall in dem leeren dunklen Raum … Sie sind nicht wie Sterne, nicht wie ferne Punkte, sondern nahe, präsent, körperlich, wie Leuchtkäfer … Ich teile das Bewusstsein mit meinem Vater … Ich sehe, was er sieht … Die Sterne waren für meinen Vater sein ganzes Leben.

Es ist, als ob sein Bewusstsein mit den Sternen kommuniziere?

Ja.

Gut, die Zeit wird sich jetzt beschleunigen ... Sind Sie immer noch auf dem Hochplateau?

(Ein lauter Seufzer der Erleichterung.)

Ein großer Stein ist aufgerichtet worden ... fertig behauen und aufgestellt ... und ich stelle mich so, dass der Stein die Sonne für meine Augen verdeckt ... für einen Moment ... Ich bin sehr zufrieden mit meiner Arbeit ... es ist übrigens ja nicht meine Arbeit.

Fühlen Sie die Freude darüber, eine wichtige Arbeit vollbracht zu haben. Wie fühlen sich die anderen Männer auf dem Plateau?

Ich weiß nicht ... Sie arbeiten weiter ... Es gibt noch so viel zu tun.

Mit welchen Werkzeugen arbeiten Sie an den Steinen?

Ein langer Stein dient als Werkzeug, um den großen Stein zu behauen. Wir wissen, wie wir ihn halten müssen, damit er nicht zerbricht.

Zu welcher Zeit wurde dieses Leben gelebt? Ich möchte, dass das Datum vor Ihren Augen erscheint.

... 9500 ... neuntausendfünfhundert ... aber ich weiß jetzt, dass nicht mein Vater diese Idee erfunden hat ... und ich sehe ... nicht wirklich, aber ich habe die Empfindung, dass diese Idee von weit her zu uns gekommen ist ... und ... Wir wiederholen eine Idee, die andere lange vor uns gehabt haben ... andere, die nicht sind wie wir ... Aber auch wenn es nicht unsere Idee war, so können wir doch stolz sein, denn immerhin müssen wir alles ausrechnen und berechnen,

was für die Aufstellung der großen Steine wichtig ist. Wir sind stolz auf den Fortgang der Arbeit, auch wenn die Idee nicht von uns stammt.

Verstehen Sie, wie diese Idee zur Erde gelangen konnte? Wurde die Idee von Wesen aus Fleisch und Blut gebracht oder gelangte die Idee durch Gedankenübertragung, auf telepathischem Wege zu Ihnen? Kam die Idee mit Wesen von einem anderen Platz im Universum?

Ich werde es noch einmal sagen: Ich bin nicht sicher, dass es meine Väter waren, die diese Idee der Steinkonstruktion hatten … Und wenn es die Idee der Väter war, dann haben sie die Idee von weit her zur Erde geholt … Sie waren weit weg von der Erde … Ich sehe ein menschliches Wesen in einer Art Raumkapsel, die klein aussieht wie ein Stern aus großer Entfernung … Er sieht nur helle Lichtpunkte um sich herum … In dieser Kapsel fliegt er durch den dunklen Raum … und fühlt sich selbst wie ein kleiner, heller Punkt, wie ein Stern … Ich kann das alles nicht gut ausdrücken, weil ich keine Worte dafür finde … Es ist eine Identifikation … mit dem Licht … Das Ich ist in diesem Licht … und der Raum ist gar nicht wirklich leer … er ist nur dunkel, weil das Licht, mit dem der Raum gefüllt ist, gerade nicht wahrgenommen wird … Das Ich richtet sich auf sich selbst in dieser fliegenden Gedankenkapsel … Es ist so schwer, dies alles auszudrücken … (Stöhnen)

An welchem Ort auf der Erde befindet sich der Steinkreis?

Ich habe den Eindruck, dass dieser Steinkreis sich in Frankreich befindet.

Gut. Wo befinden Sie sich in diesem Moment?

Es ist eine Höhle, die ich sehe ... und vor der Höhle steht mein Bild ... mein Spiegelbild in einem Wasserspiegel. In diesem Spiegel ist mein Gesicht ... und dieses Gesicht bleibt draußen vor der Höhle bei den Sternen ... und sieht immerzu zu den Sternen auf ... selbst wenn ich schlafe, bin ich immer umgeben von den Gedanken an die Sterne ... Wir umgeben uns mit dem Modell der Steinkonstruktion, damit wir in Gedanken immer auf die Kräfte des Kosmos konzentriert sind. Wir glauben an die Kräfte des Universums. Wir glauben, dass es uns hilft, wenn wir uns ständig umgeben mit den Gedanken an die Konstruktion, die wir in Stein bauen wollen und die wir als Modell bereits geschaffen haben ... Und wir glauben, dass wir diesen Kräften zu Ehren unser kosmisches Modell aus Stein bauen müssen.

Ist es, als ob dieses kosmische Modell aus Stein Ihnen Schutz geben soll?

(Langes Überlegen.) ...

Nein, wir machen es eher deshalb, um die kosmischen Kräfte besser zu verstehen. Wir wollen verstehen. Wir wollen uns hingeben an diese Arbeit ... als eine Art Ehrerbietung ... mit ganzer Kraft und Konzentration ... als eine Art Hommage an die kosmischen Kräfte.

Sind die Kräfte des Universums für Ihr Leben das Wichtigste?

Ja, so ist es.

Sie spüren jetzt die Energie, die Ihnen hilft, den Körper zu verlassen und aufzusteigen in das Reich der Toten ... in das Licht ...

Das Ende der Sitzung verläuft in derselben Weise wie in der Sitzung (1).

Hinter den Äußerungen zur »Gedankenkugel« aus »Licht« steht die Erkenntnis, dass das Bewusstsein identisch ist mit dem (numinosen) Licht. Welche Erkenntnis!

16

SPIRALNEBEL · ENTSTEHUNG DER ERDE · LICHTTÜR ZU EINER ANDEREN DIMENSION

Die Einführung in den erweiterten Bewusstseinszustand fällt an diesem Sitzungstag, dem 28. September 1994, besonders leicht, da ich sehr entspannt und frohgestimmt aus den Ferien komme.

Dr. Ducher: Was fühlen Sie?

Autorin: Es ist das Morgengrauen ... Ich bin allein ... In nicht allzu großer Ferne spüre ich jedoch die Anwesenheit eines anderen Wesens ... Es ist nicht, dass etwas wirklich da wäre, aber es ist eine ... Schwingung. Ich spüre um mich herum Energien ... Strahlungen ... eine Landschaft ... eine solche Landschaft gibt es nicht.

Spüren Sie Ihren Körper. Wie empfinden Sie Ihre Beine?

Ich fühle sie gar nicht. Ich habe keinen Körper ... glaube ich.

Werden Sie sich bewusst, was Sie sind.

(Heftiges Atmen.)

Ich wiederhole: Ich habe keinen Körper ... Ich schwebe ... über dieser Landschaft ... Es war meine Landschaft, über der ich schwebe ... auf jeden Fall bin ich mit ihr verbunden ... und ich habe Kenntnis von allem, was in dieser Region geschieht ... auch das, was in der Zukunft geschehen wird in dieser Region. Ich fühle mich frei ... frei von der Zeit ... grenzenlos ... Ich überblicke eine sehr große Zeitspanne.

Verstehen Sie die Bedeutung Ihres Bewusstseins. Es eröffnet Ihnen eine enorm große Kenntnis, die sich über die Vergangenheit in die Gegenwart und in die Zukunft erstreckt. Ist in Ihrem Bewusstsein jetzt die Erinnerung gegenwärtig, die sich auf ein Leben in dieser Region bezieht?

Ich sehe keinen Unterschied zwischen dem Ort, über dem ich mich jetzt befinde oder eher befand, und dem Rest des Planeten. Ich sehe die ganze Einheit ... die Erde, wenn es sich dabei um diese handelt ... ich glaube aber schon ... Meine Landschaft ist nur ein Teil von dieser Ganzheit. Ich sehe diesen Planeten etwas verschwommen ... wie flüssig sehe ich ihn ... Ich habe das Gefühl, eine Einheit, eine Totalität zu überblicken ...

Merken Sie sich diesen Satz: Die Erde ist eine Einheit ... Haben Sie das Gefühl, als assistierten Sie bei der Erschaffung der Erde?

(Schweres Atmen und Stöhnen.)

Ich sehe die Formation ... aber ich kann es nicht ausdrücken.

Lassen Sie sich vollkommen hineinziehen ...

Dort, wo sich (heute) die Erde befindet, gibt es nur Turbulenzen, Bewegungen kleiner Teilchen ... Es dreht sich wie eine Spirale … nein, nicht wie eine Spirale, es sind Wirbel, die sich in einer Richtung drehen … Ich könnte es zeichnen, aber nicht ausdrücken … Die hellen Teilchen drehen sich wie um eine Spindel … immer um eine einzige Achse … von West nach Ost dreht sich diese Spindel … ganz langsam … Sie ist von unterschiedlicher Dichte … Der Raum drum herum ist leer … Ich bin anwesend, jenseits der Nebelspirale … Ich bin Teil der Energie des Universums …

Sind Sie die einzige Entität, die anwesend ist, die assistiert, die teilnimmt an der Entstehung der Erde …

Es gibt dort Energien, die von sehr weit her kommen … Sie sind sozusagen die energetische Fortsetzung anderer Orte im Universum, die Verbindung zu anderen Orten im Universum.

Spüren Sie die Natur dieser Energie, die eine Ausstrahlung ferner Punkte im Universum zu diesem Spiralnebel ist, aus dem die Erde sich formt. Spüren Sie die Essenz dieser universalen Energie …

(Stöhnen vor Anstrengung bei der Formulierung des Erlebten.)

Ich sehe klar … immer noch dieselbe Wolke aus hellem Teilchennebel … Sie dreht sich in immer derselben Richtung um sich selbst … wie eine Spirale aus Energie.

Treten Sie in Kontakt mit der Energie dieses Spiralnebels … mit dem weißen Licht … Sie können es …

Die Wolke ist leichter als Luft … Sie hat überhaupt kein Gewicht … und keine Masse.

Ist diese helle Energiewolke mit einer gewissen Intelligenz begabt?

Ich weiß, dass es eine Verbindung gibt zwischen der

Energie dieser hellen Wolke und ... wie sagt man ... den weit entfernten Orten im Universum. Ich weiß auch, dass diese Energiewolke dirigiert wird von einer Art WILLEN ... von sehr weit her. (Seufzer)

Wollen Sie zurückgehen zu dem Ursprung dieses Willens und dieser Schöpfungsenergie?

Ja. (Meine Stimme ist fremd und tief, ich scheine in tiefer Trance zu sein.)

Erkunden Sie diesen Ursprung. Verstehen Sie, wie diese helle Wolke allmählich ihre Energie transformiert und andere Dinge entstehen lässt ... und immer wieder neue Dinge entstehen lässt ... Sehen Sie die Kette der Schöpfung. Die Transformation, die Mutation dieser Energie, der Übergang von einer Energieform in eine andere ... die Entstehung, die Schöpfung, die Materialisation immer vielfältigerer Dinge ... Sehen Sie sich alles genau an ...

(Lange Pause der Meditation, ungewohnte Atemstöße.)

Ich sehe den Globus aus einiger Entfernung ... Er hat sich inzwischen geformt ... Auf seiner Oberfläche herrscht große Agitation ...

Haben Sie den Eindruck, dass Sie teilhaben an der Schöpfung, oder sind Sie lediglich ein Beobachter?

Nein, ich mache gar nichts ... Ich bin ... Ich überwache, könnte man sagen, aber ich kreiere nicht ...

Sie wachen darüber, dass die Dinge sich korrekt entwickeln?

Nein, denn ich habe nicht die Möglichkeit, zu lenken.

Verstehen Sie, welches Ihre Mission ist ... was Sie tun können, wenn Sie merken, dass die Schöpfung sich nicht korrekt entwickelt.

Es scheint mir, als sei alles lang im Voraus entschieden worden ... Die Pläne waren fertig, bevor die Schöpfung begann ... Also, ich sehe zu, wie sich die Schöpfung entwickelt ... Schritt für Schritt ... Man braucht in dieser Phase nicht mehr einzugreifen ...

(Seufzer der Erleichterung.)

Sind Sie dort der einzige Beobachter?

Wie ich schon sagte, gibt es an der Oberfläche und rund um den Erdball eine große Agitation ... Es gibt Hunderte von ... ja, was könnten sie sein? ... Hunderte von Wesenheiten. Ich bin nicht allein, aber ich sehe mich als ein wenig anders als die anderen.

Wie erscheinen Ihnen die anderen?

Sie sind Energiepunkte, ich bin eine Wolke ohne Grenzen. Ich bin weiter entwickelt als die Energiepunkte.

Was machen die Energiepunkte? Kommunizieren Sie mit ihnen?

Ja, was machen diese Punkte? Es kommt mir der Vergleich mit Bienen in den Sinn ... Sie sind in Aktion, sie wimmeln herum ... Es ist, als seien sie überall ... als ob der Weltraum voll sei von ihnen ... von Lichtpartikeln ... nein ... von ...

Urteilen Sie nicht, sehen Sie und akzeptieren Sie ...

Es sind Energiepartikel ...

Energiepartikel sind Lichtpartikel. Machen Sie weiter, öffnen Sie sich mehr und immer mehr ...

Ich bin den Lichtpartikeln überlegen, weil ich Geist bin ... Das sind sehr hochmütige Worte ... ich weiß das wohl ... (Seufzer) ...

Gibt es irgendwo im Universum eine Energiequelle, die

Ihnen wichtig erscheint, die Ihnen außergewöhnlich leuchtend und hell erscheint?

Es ist ja gerade die Erde, die Energie aussendet, indem sie sich bildet ... Es sind sehr große Energien, die die Schöpfung dieser Erde initiiert haben ... Ich sehe den Ursprung der Energie.

Gehen Sie hin zu diesem Punkt, zu diesem Zentrum und schöpfen Sie aus seiner Kraft.

Ich kämpfe mit mir, es auszudrücken, weil ich es nicht glauben will ... Es ist nicht möglich ... (angestrengtes Überlegen) ... Es ist ein Licht ... Sie fragen mich, ob ich unter dem Einfluss einer Energie, einer Kraft stehe ... Dieser Einfluss kommt von dort ... von diesem Licht ... Ich könnte nicht sagen, dass das Licht wie eine Sonne ist ... Es ist seltsam ... Ich sehe das Licht quadratisch! Ich sehe es sehr hell ... Die Strahlen sehe ich aus dem quadratischen Feld kommen ... aber das ist nicht möglich ...

Urteilen Sie nicht, sehen und beobachten Sie es, verstehen Sie es ...

Das Licht ist in einer Ecke ... des großen Universums ...

Könnte man es als eine Tür ansehen?

(Spontane Zustimmung:) Ja!

Es ist wie eine Tür in eine andere Dimension im Universum (*»porte dimensionelle«*). Spüren Sie die Eigenart dieser Energie. Akzeptieren Sie all das. Es ist eine ganz besondere Energie. Füllen Sie sich mit diesen mächtigen, fundamentalen, essenziellen, vitalen und universellen Energien ... Kommen Sie nun zurück in das Leben auf dieser Erde. (*Er zählt von zwanzig bis eins.*) Bei der nächsten Zahl werden Sie zurück sein in diesem Körper, in dieser irdischen Inkarnation … in Paris, in Frankreich, auf dem Planeten Erde, im Sonnensystem, in der Milchstraße. Es ist der 28. September 1994. Fühlen Sie, was Sie wirklich sind als menschliches Wesen … Fühlen Sie sich ruhig und friedlich, heiter, glücklich und frei … Ich danke Ihnen.

Ende der Sitzung.

Die hier erlebte »Tür zu einer anderen Dimension« wird in genau derselben Weise (und Intensität) u.a. auch von Dr. Peter Reiter gesehen und beschrieben, der von Werner Meinhold, dem Vorsitzenden der Deutschen Gesellschaft für Therapeutische Hypnose, hundertmal in frühere Leben zurückgeführt wurde (vgl. Werner Meinhold, »Der Wiederverkörperungsweg des Menschen durch die Jahrtausende«, *Freiburg, S. 284 ff). Der Philosoph Dr. Peter Reiter veröffentlichte inzwischen verschiedene Bücher, in denen er das Thema des veränderten Bewusstseinszustandes und der Seele aus philosophischer Sicht darbietet (siehe Literaturverzeichnis).*

17

ALLTAG IN DER STEINZEIT VOR 11 300 JAHREN · DER HEILIGE HIERONYMUS ALS EREMIT · VISION VOM BRENNENDEN KREUZ

Diese Sitzung unterscheidet sich von den anderen dadurch, dass ich Details aus dem Leben des heiligen Hieronymus schildere, die belegen, dass ich einst das Leben dieses Heiligen geführt habe.

Einleitung wie in den Sitzungen (1) und (2).

Autorin: Ich bin beeindruckt von den Dimensionen dieser Landschaft … Es ist, als sähe ich sie zum ersten Mal … allein … mit den Felsen, dem Meer und grauen Wolken … Ich fühle mich dieser Landschaft sehr verbunden, sehr nahe … und ich fühle mich dem Himmel nahe.

Dr. Ducher: Genießen Sie dieses Glücksgefühl … Füllen Sie sich mit den Energien dieser Landschaft, mit den Lebensenergien.

Es ist der Moment, den Tag zu beginnen … mit den anderen … Aber statt mich in Richtung der anderen zu bewegen, gebe ich mich dem Gefühl hin zu schweben (Seufzer) … Es ist vielleicht ein Spiel meiner Gedanken … Mein Geist, der keine Lust verspürte, den anderen zu folgen, flieht den Körper in dem Moment, in dem er zurückkehren sollte zu den anderen … Ich lenke meinen Geist fort von diesem Platz … Ich mache es mit Absicht … Ich kann den Geist ja kontrollieren … Ich schwebe … außerhalb meines Körpers … Es ist ein großes Glücksgefühl, nicht in dem Körper zu sein … Ich betreibe es wie ein Spiel … Aber jetzt fühle ich, dass ich Verantwortung habe in der Gruppe und dass ich mich dieser Verantwortung nicht länger entziehen sollte … Ich bin, glaube ich, recht jung … Diese Haltung meiner Aufgabe gegenüber ist jedenfalls nicht sehr ernsthaft … sie ist kindisch … aber es ist ein wahrer Spaß. Ich sage mir, dass es jetzt genug damit ist, außerhalb meines Körpers Spaß zu haben, wenn die anderen mich brauchen.

Sie entschließen sich also, zu den Menschen zurückzukehren?

Jetzt bin ich wieder in meinem Körper … aber immer noch nicht auf dem Weg zu den anderen. Ich komme gar nicht voran …

Ich zähle bis drei und Sie werden sich zu den anderen bewegen …

Ich bin beeindruckt von der Menge der Tiere, die sie erlegt haben und die sie jetzt alle aufeinander gehäuft haben …

Das Fell der Tiere ist hellbeige ... Sie sind sicher, dass ich ihnen bei der Jagd geholfen habe, dass ich an der Jagd teilgenommen habe (amüsiertes Lachen) ... alle waren wir auf die Jagd gezogen und alle haben wir die Nacht über nicht geschlafen ... Ich war zwar anwesend, aber ich habe mich nicht beteiligt an der Jagd ... Mein Körper lag zwar auf der Lauer, aber mein Geist war auf und davon ... Jetzt bin ich zufrieden, dass die anderen meinen Teil der Arbeit miterledigt haben ... Keiner hat gemerkt, dass ich mich nicht beteiligte ... (erleichtertes Seufzen)

Mögen Sie nicht auf Tiere schießen?

(Geflüstert, wie verschämt und schuldbewusst:) Nein. Ich verabscheue diese Idee, dass man Fleisch nötig hat, um zu leben ... Es ist noch nicht einmal so sehr das Mitleid mit den Tieren ... Nein ... aber ... ich bin erzürnt gegen ... (Stöhnen) gegen jene (Götter), die uns lenken und so haben werden lassen, wie wir sind ... Ich bin erzürnt, dass es so ist: Wir töten, um zu leben. Ich halte das für eine ganz schlechte Lösung ... Ich lehne es ab, auf diese Weise meinen Hunger zu stillen. Ich bin voller Zorn. (Gequältes Stöhnen.)

Sie sind dagegen, aber welche andere Lösung hätten Sie parat, um den Hunger zu stillen?

Der Hunger! Viel Lärm um nichts, könnte man sagen. Es ist doch ganz unwichtig, was man isst ... Man kann doch auch etwas anderes essen als Fleisch ... Auf jeden Fall isst man ohnehin zu viel ... Und ich verabscheue den Geschmack von Fleisch.

(Die Stimme ist ganz leise, als ob er sich schämte, das einzugestehen.)

Leben Sie mit vielen Menschen zusammen?

Vielleicht sechzig.

Sind dort auch Häuser, Wohnungen oder andere Behausungen?

Ich sehe Zelte aus Tierhäuten ... mit Stöcken als Stabilisierung.

In welcher Region auf unserem Planeten befinden Sie sich?

Es ist ... das Baskenland ... aber auf der französischen Seite.

In welcher Zeit wird dieses Leben gelebt?

9300 vor (Chr.) ... vor 11 300 Jahren.

Ich werde jetzt bis drei zählen und Sie erleben einen anderen Moment desselben Lebens ... Wo sind Sie jetzt?

Entweder haben sie mich verjagt, oder ... ich weiß noch nicht so genau ... ich überlege ... jedenfalls bin ich jetzt in Ruhe ... Es ist sehr gut, allein zu sein ... in den Bergen, dort, wo ich immer sein wollte ... Jetzt gehöre ich nicht mehr zu der Gruppe.

Sind Sie denn nicht einsam dort oben in den Bergen?

Nein, nein ... ich bin ... ich muss mich vor der Antwort erst konzentrieren ... erst einmal die Gründe verifizieren, weswegen ich ausgestoßen wurde ... Ich habe ein Verhalten an den Tag gelegt, dass sie gezwungen waren, mich zu verjagen ... Auf jeden Fall fühle ich mich jetzt sehr wohl ... (kleines zufriedenes Lachen). Jetzt lebe ich nicht mehr in einem Zelt, jetzt ist es eine Höhle.

Ist es üblich, aus der Gruppe ausgestoßen zu werden? Wird ein Mensch, der sich anders verhält als die anderen, ausgesondert?

Man hat mir gesagt, dass jemand, der an der Gemeinschaft

partizipiert und von dem Leben in der Gruppe profitiert dann aber seine Arbeit innerhalb der Gruppe nicht tut, dass der kein Recht hat, mit den anderen zusammenzuleben … Ich würde sagen, dass es schon eher eine Ausnahme ist, dass jemand sich verjagen lässt.

Haben Sie das Gefühl in den Bergen, in Gefahr zu sein?

Nein, ich finde das Leben allein in der Grotte herrlich.

Wie verbringen Sie dort oben in den Bergen Ihre Zeit?

Ich sehe jetzt die Einsamkeit anders als noch zuvor, als ich eben nicht allein lebte. Damals wusste ich, es waren seltene Momente, die ich mich aus der Gemeinschaft stahl … Jetzt bin ich ruhiger, weil ich mein ganzes Leben zu meiner eigenen Verfügung habe … Ich lebe nicht mehr unter dem Zwang, mich den anderen anpassen zu müssen … Jetzt aber ist die Intensität, mit der ich die Einsamkeit erlebe, weniger stark. Vielleicht war mein Leben sogar besser … so wie es damals war, vielleicht habe ich es aber auch nur deshalb so genießen können, weil ich jung war.

Macht Ihnen die Freiheit, in der Sie jetzt leben, Angst?

Nein, ich habe keine Angst … ich verfüge über mein Leben und das ist gut … Was ich mit meiner Zeit anfange? Ich weiß es nicht … Ich tue gar nichts. Den Gedanken nachzugehen, das ist auch eine Art Beschäftigung … Das ist meine Art von Arbeit … Ich sehe gar nicht ein, warum man überhaupt arbeiten muss … den ganzen Tag damit zu verbringen, ein Tier zu jagen, damit man nachher etwas Gutes zu essen hat … das ist viel zu viel Aufwand … zu viel Zeit und Mühe für eine kleine, unwichtige Sache wie das Essen.

Geben Sie sich den Gedanken hin oder ist es eher eine Meditation?

Ich bin von einer großen inneren Ruhe ... Ich sehe keinen Unterschied zwischen der Gedankentiefe und der Meditation ...

Wenn Sie sich in Meditation versenken, haben Sie dann das Gefühl, mit den Kräften der Natur in Verbindung zu stehen?

Ich spüre den Geist dieses Ortes, dieser Landschaft, dieser Berge, die übrigens sehr hoch sind ... und ich bin in Kontakt mit ... hmmm ... das Wort kommt mir nicht in den Sinn, weil diese Person dort vor der Grotte ... die ich bin ... den Wesen, die bei der Grotte auftauchen, keinen Namen gibt ... Es sind für ihn einfach die unsichtbaren Wesen ... Was nehme ich noch wahr? Also, das stärkste Gefühl in mir verursacht ohne Zweifel der Geist dieser Erde, dieser Berge ... Wichtig ist auch die Verehrung der ferneren Wesen, aber das beschäftigt mich schon wesentlich weniger ... Ich glaube, ich brauche mir keine Sorgen zu machen, weil ich des Wohlwollens der Götter dieser Region sicher sein kann. Ihnen gefällt meine Freundschaft mit den Wesenheiten dieser Bergregion ... Es ist seltsam: Ich muss fortwährend Worte eines anderen (das heißt des heutigen) Bewusstseins nehmen, um dies alles zu beschreiben ... Deshalb wechsele ich ständig das Niveau (die Frequenz des Bewusstseins) ... Jene Person in der Grotte denkt nicht über all das nach ... sie gibt den Wesen, den Dingen, den Phänomenen keine Namen ... Sie lässt alles geschehen, und es ist gut so ... Sie fühlt sich sehr gut.

Haben auch die anderen Menschen Kontakt mit den Wesenheiten oder gelingt der Kontakt nur Ihnen?

Die Menschen sind anders als ich. Sie interessieren sich

nicht. (Seufzer, Ratlosigkeit, Verwunderung.) Sie öffnen sich nicht … Die Armen! Sie lassen sich ganz von ihrer Arbeit in Beschlag nehmen und von der Organisation ihres täglichen Lebens. Sie haben keine Zeit für das Denken und für den Kontakt mit den unsichtbaren Wesen … Aber jemand muss ja den Kontakt aufrechterhalten … Es ist sehr wichtig, im Kontakt zu sein mit der anderen Welt. So tue ich es eben.

Die Zeit hat sich beschleunigt … 1 … 2 … 3 … Sind Sie immer noch am selben Ort?

Ich muss überlegen, bevor ich ausdrücke, was ich sehe, denn schon wieder glaube ich, dass ich nicht in meinem Körper bin … Es ist ja lächerlich … aber so sehe ich es (sehr tiefe, leise Stimme).

Was nehmen Sie wahr? Urteilen Sie nicht.

Also, zwei Dinge zur gleichen Zeit: Erstens habe ich eine Vision, ein Kreuz spielt eine wichtige Rolle darin … und zweitens, wie lächerlich, bin ich gleichzeitig der (heilige) Hieronymus.

Fühlen Sie sich wohl oder nicht sehr wohl?

Ich bin jetzt sehr alt und …

Welches Alter?

Keine Ahnung … Ich fühle mich … nicht schwach, aber das Leben ist ein wenig mühsam geworden … Ich fühle mich jetzt nicht gut … wegen des Kreuzes (heftiges Stöhnen). Ich möchte den Grund nicht sagen – nur so viel, dass diese Vision keinen positiven Inhalt hat.

Sehen Sie es genau an und drücken Sie Ihre Gefühle aus …

Ich sehe einen endlos langen Zug von Geistern oder toten Seelen, helle formlose Gestalten … Sie folgen einem gewaltig großen Kreuz, das brennt … Es brennt, aber es verbrennt nicht … Es ist beängstigend … Wer es hochhält, weiß ich nicht … Auf jeden Fall flößt mir dieses Spektakel ein Gefühl der Unruhe und Angst ein. Ich denke zunächst, der ganze Zug kommt auf meine Höhle zu, vor der ich sitze … Aber gerade vor der Höhle biegt der Zug der Geister ab zu meiner linken Seite … Ich bin erleichtert … aber ein ungutes Gefühl bleibt auch danach noch in mir.

Sind Sie immer noch allein oder sind andere Wesen bei Ihnen?

Nein, nur die Vision … Ich bin aber nicht sicher, ob man sagen kann, dass man allein ist im Angesicht der unendlich vielen toten Seelen hinter dem Kreuz. Außerdem ist da auch dieser Einsiedler mit seinem Löwen, Hieronymus … Hieronymus ist anwesend … vielleicht bin ich es aber auch selbst, oder ich fühle wie er, oder aber ich sehe ihn in einer Vision … Dieses brennende Kreuz gefällt mir ganz und gar nicht …

Welche Gedanken verbinden Sie mit dem brennenden Kreuz?

(Angestrengtes Überlegen und Seufzen.)

Die Vision des Kreuzes … es kommt in unser Leben als etwas Schreckliches. Es erscheint mir, als ob man den Menschen einen Hammer gereicht hätte, damit sie sich damit Schaden zufügen … Das denke ich. Woher nehme ich den Mut, so etwas auszudrücken? Gott sei Dank bin ich in meiner Grotte, und dieses Bild vor meinen Augen ist nur ein Phantom, das mich nicht betrifft … Es betrifft mich nicht wirklich.

Jetzt zähle ich bis drei und Sie werden an das Ende dieser

irdischen Inkarnation kommen. Wie alt sind Sie kurz vor Ihrem Tod?

Diese Vision habe ich immer noch vor Augen und sie macht mich mehr und mehr traurig ... Was ich jetzt kurz vor meinem Tod denke? Ich denke, dass ich mir andere Gedanken wünsche ... Ich denke daran, wie es gewesen wäre, wenn ich mein Leben ganz normal mit den anderen gelebt hätte. Ich bin am Ende meines Lebens nicht sicher, dass es richtig war, sich in die Einsamkeit zurückzuziehen ... Das Kreuz macht mir Angst in meiner Grotte, die Geister hinter dem Kreuz auch ... Das Feuer am Kreuz verstehe ich nicht. Warum brennt das Kreuz, und warum verbrennt es nicht??

Sind noch andere bei Ihnen, physische oder nicht-physische Präsenzen?

Nein, physisch reale Menschen nicht, aber ... (Stöhnen) die anderen, nicht-physischen Wesen verstecken sich hinter dem Kreuz ... Diese Vision macht mir Angst.

(Von Nostradamus werden im Vatikan einige seiner handgefertigten Bilder aufbewahrt, die sich auf seine Weissagungen beziehen. Eines dieser Bilder zeigt ein gewaltiges brennendes Kreuz! Für Nostradamus ist es eine negative Vision der Kirche! Von dieser Darstellung habe ich erst vor einigen Monaten erfahren und bin erstaunt, dass dieses Bild des brennenden, aber nicht verbrennenden Kreuzes während der Rückführung vor meinem geistigen Auge erschienen ist und dass es identisch ist mit einer Vision des medial begabten jüdischen Gelehrten Nostradamus im 16. Jahrhundert.)

Sie werden jetzt auf die andere Seite hinübergehen. Kennen Sie jene andere Welt vielleicht aus Meditationen?

Ich habe mich gut vorbereitet, ich habe gar keine Angst … Da ist nur eins: Warum dieses Feuer am Kreuz? Ich kann es nicht verstehen (Stöhnen).

Wir werden jetzt hochsteigen zu einer anderen Bewusstseinsebene … zum Reich der Toten. Sie werden verstehen, was in diesem Leben wichtig und richtig war … Sie verstehen jetzt auch die Bedeutung des brennenden Kreuzes und der toten Seelen hinter dem Kreuz …

Ende der Sitzung.

In dieser letzten Phase der Rückführung spreche ich fast nie. Was ich hier sehe, aber in der Sitzung nicht erwähne: Das Kreuz erscheint mir jetzt wie ein Magnet, der die Menschen anzieht. Der Zug der toten Seelen erscheint mir nicht als Triumphzug, sondern eher als ein Trauerzug. Ich schließe mich ihm nicht an, weil meine Höhle mich stärker in ihren Bann zieht als das Kreuz. Das brennende Kreuz wird von mir verstanden als das Sinnbild der Leidenschaften. Es folgen ihm die irrenden Seelen. Leider kann ich das Bild nicht in einer positiven Weise deuten. Selbst wenn mir ein christlicher Theologe eine offizielle und damit in vieler Leute Augen korrekte Deutung des Symbols nennen würde – ich kann nur sagen, dass ich das Bild des Geisterzuges hinter dem brennenden Kreuz als etwas durchaus Deprimierendes erlebt und verstanden habe.

Der heilige Hieronymus (331–420) ist ein Kirchenvater und Patron der christlichen Theologen. Zu den ikonographischen Attributen des Hieronymus zählen der Kardinalshut, das Kruzifix, die Höhle, der Löwe und der Totenschädel.

Zur Zeit dieser Rückführung kannte ich lediglich die Darstellungen, in denen Hieronymus in einer Studierstube sitzt, nicht aber in einer Höhle. Von seinem Leben als Asket und Einsiedler in einer Höhle hatte ich zuvor nie etwas gehört. Umso erstaunlicher ist, dass ich diese Fakten in der Rückführung erlebte und korrekt wiedergab.

Hieronymus verbrachte viele Jahre in der Einsamkeit, zuletzt lebte er zurückgezogen in einem Kloster, das vor seinen Augen in Flammen aufging. Hier scheint das negativ beladene Symbol des »Brennenden Kreuzes« überlagert und bestätigt zu werden von der Realität.

Ich weiß inzwischen auch, dass der Kirchenvater Hieronymus eine äußerst kritische Haltung der jungen christlichen Kirche gegenüber einnahm. Wenn ich also in der Regressionssitzung als Hieronymus sage, das christliche Kreuz sei den Menschen in die Hand gegeben wie ein »Hammer«, mit dem sie sich Schaden zufügen, so entspricht diese kritische Bemerkung sehr genau der Haltung des heiligen Hieronymus, wie sie uns in den Kirchenbüchern übermittelt worden ist.

Kurz vor der Drucklegung dieses Buches entdeckte ich in dem Nachschlagewerk »Deutsche Mythologie« *des Gelehrten Jakob Grimm (Erstausgabe 1835, Nachdruck 1968 in der Akademischen Verlagsanstalt, Graz) die für mich äußerst verblüffende Eintragung: »Der Teufel wird auch verglichen mit dem ›Hammer‹ (lat. malleus) … Malleus zählt bereits bei Hieronymus in dem Brief an Papst Damasus unter die Benennungen des Teufels« (a. a. O., S. 835).*

Ich erwähne also in dieser Inkarnation, die ich als Hieronymus lebe, den Hammer in seiner für die Christenheit negativen Konnotation – genau wie es erstmalig der heilige Hieronymus im vierten Jahrhundert getan hat! Und der »Zufall« will es, dass diese Bezeichnung »Hammer« als Kritik des heiligen Hieronymus an den Zuständen in der christlichen Kirche in einem Brief an Papst Damasus bezeugt ist und von mir – wieder ein »Zufall« – aufgespürt wurde.

Ich bin heute sicher, dass ich als Steinzeitmensch nicht etwa nur eine Vision vom Leben des heiligen Hieronymus hatte, sondern dass ich selbst der heilige Hieronymus war, dass ich also das Leben dieses Heiligen in seiner Höhle geführt habe. Zeit spielt bekanntlich in veränderten Bewusstseinszuständen keine Rolle. Deshalb stellt es auch kein Problem dar, um Jahrtausende weiterzugehen auf der Skala der irdischen Chronologie der Lebenskette.

18

RAUMSCHIFF IN PANAMA VOR 52 000 JAHREN

Die Sitzung beginnt wie üblich mit einer ca. fünfzehn Minuten langen Einführung in den Zustand des erweiterten Bewusstseins. Das hier durch Regression gefundene Leben ist – zusammen mit dem in Sitzung (23) gefundenen Leben – die früheste aller in den vierzig Sitzungen gefundenen Inkarnationen.

Autorin: Ich bin unter freiem Himmel … Es ist nur wenig hell … Ich befinde mich vor einem Apparat, der die Größe eines Hauses hat … Seine Oberfläche ist glatt und glänzend … Er hat eine unregelmäßige Form … Ich bin nicht sehr zufrieden, denn mit diesem Apparat ist etwas in Unordnung … Ich glaube fast, es sind die Trümmer einer Maschine … In ihrer Wand sind mehrere Löcher, die mir wie kleine runde Fenster erscheinen.

Dr. Ducher: Sind Sie ein Mann oder eine Frau, und welche Kleidung tragen Sie?

Ich bin ein Mann, und ich trage sehr viel Kleidung … Es ist wie eine Schutzhaut … Sie dient jedenfalls nicht dazu, mich zu verschönern …

Eine Schutzhaut, aha … Welches Alter haben Sie?

Das kann ich nicht beantworten, ich weiß es nicht.

Was tun Sie dort bei der Maschine?

Ich mache mir Sorgen, weil … Ich bin neben der Maschine, aber was soll ich mit ihr machen, wenn sie nicht mehr funktioniert? Ich glaube, ich bin der einzige Lebende. Die anderen sind da drinnen in der Maschine … Ich sehe sie durch die Fenster, diese seltsamen kleinen Fenster … Die Wesen bewegen sich nicht, sie bewegen sich nicht mehr.

Sehen Sie, ob die Menschen in der Maschine Ihnen ähnlich sind.

Nein, sie sind sehr verschieden von mir … Innen in der Maschine herrscht absolute Stille.

Haben Sie Angst?

Nein, ich habe keine Angst, aber … Warum weiß ich nicht … Ich bin wie ein Block … starr, sehr langsam … Ich verstehe das alles nicht und ich weiß nicht, was ich jetzt zu tun habe … Die Situation entspricht nicht meinem Programm … Ich war dazu bestimmt, bei der Maschine zu sein … an der Maschine in Funktion … und jetzt verstehe ich nicht, warum sie sich nicht bewegt, warum die Wesen nicht herauskommen aus der Maschine … Ich bin zu dumm …

Kannten Sie diese Art von Maschine schon vorher? Sind Sie gewöhnt an den Anblick solcher Maschinen?

Ja.

Was verstehen Sie von der Maschine?

Nichts … reparieren kann ich sie nicht … Ich bin da,

um zu helfen … nach der Landung … Was soll ich jetzt nur tun?

Hat die Maschine eine Tür?

Der Apparat ist sehr hoch … Ich könnte nicht hinauf zur Tür.

Die Wesen im Inneren der Maschine erscheinen Ihnen tot?

Wie ich schon sagte: Sie bewegen sich nicht mehr.

In welcher Gegend der Erde befinden Sie sich?

Stellen Sie diese Frage an dieses Wesen oder an die, die jetzt spricht? Dieses Wesen, das ich bin, weiß das alles nicht … dennoch müsste es das wissen, aber … man muss ihm keine solchen Fragen stellen, weil es das alles nicht weiß.

Also, ich wende mich an das Bewusstsein dieses Wesens, an das Bewusstsein, das über der Intelligenz steht. (*Stöhnen, schweres Atmen.*) In welcher Gegend der Erde befindet sich dieser Mann?

Heute nennt man die Gegend Panama.

Gut. Ich wende mich noch einmal an das Bewusstsein dieses Mannes und stelle die folgende Frage: In welcher Epoche der Menschheitsgeschichte spielt sich diese Szene ab? Sie sehen vor Ihren Augen, wie Zahlen geschrieben werden …

(Leises Stöhnen:) 52 000, zweiundfünfzigtausend …

Gut. Jetzt kehren wir zurück zu diesem Mann und seiner eigenen Intelligenz. Sie sind dabei, die Maschine anzusehen und zu erkunden.

Ich habe großen Respekt vor diesen Maschinen … und … ich habe nicht wirklich Angst, aber ich weiß, dass ich neben der Maschine bleiben muss … wenn jene fremden

Besucher da sind. Und jetzt frage ich mich: Wenn jene sich nun nie wieder bewegen … was wird dann aus mir? Muss ich neben der Maschine bleiben … für immer? Ich kann die Frage nicht beantworten. Ich kann keine Entscheidung treffen … Diese Situation kenne ich nicht … Sie ist nicht vorgesehen (Seufzen).

Wir verlassen jetzt diese Szene und ein anderer Moment desselben Lebens taucht auf … 1 … 2 … 3 …

Wie seltsam … Ich bin in … einer … festen Behausung, die aber kein Haus ist … Es ist eine Behausung aus Felsen … Aber, was seltsam ist, ist die Tür … dort, wo normalerweise die Tür ist … was ist das? Es ist ein Vorhang (amüsiertes Lachen). So etwas ist nicht von uns selbst hergestellt … Es wurde von den fremden Besuchern gemacht und uns gegeben. Es ist glatt, ich würde sagen, es ist aus Metall … und in der Mitte ist ein kleiner, sehr schmaler Spalt, durch den man hindurchgucken kann. Dieser Vorhang scheint mich und andere Personen schützen zu sollen … Er soll das Licht heraushalten aus dem Felshaus … vor allem das Licht, das von der fliegenden Maschine ausgeht … das Licht und dessen Energien. Es dient dazu, die Energien der Maschine daran zu hindern, zu uns in die Behausung hereinzukommen … eine Art Schutz, den die Besucher uns geben … und aus demselben Grund trage ich auch diesen Anzug, der so komplett den ganzen Körper einschließt. Er ist ebenfalls aus einem metallischen Material … weich und schmiegsam … Jedenfalls befinde ich mich jetzt hinter diesem Metallvorhang und sehe durch den Spalt … Ich bin gar nicht zufrieden mit mir, weil ich meinen Platz neben der Maschine verlassen habe … Ich bin wie hypnotisiert von der Maschine … immerfort sehe ich sie an … nichts anderes kann ich tun.

Sind noch andere Personen bei Ihnen in der Felsbehausung?

Ja, mehrere … viele, würde ich sogar sagen … viele für diesen engen Raum … wir sind fünfzehn … Also, wenn die Maschine da ist, bin ich es, der rausgeht (aus der Felsbehausung). Die anderen bleiben hinter dem Metallvorhang in dessen Schutz. Deshalb brauchen die anderen auch nicht dieselbe Schutzkleidung wie ich … Die anderen tragen Felle.

Sie wurden ausgewählt für die Rolle, die fremden Besucher zu empfangen? Ich möchte gern, dass Sie spüren, wie sich die Dinge bei der ersten Begegnung zugetragen haben. Ich zähle bis drei und Ihr Höheres Bewusstsein, an das ich mich wende, versteht genau den Sinn meiner Frage. Ich zähle bis drei und Sie gehen zurück zum ersten Kontakt, den Sie mit jenen Besuchern hatten. Und Sie werden verstehen, warum Sie es sind, der ausgewählt wurde … 1 … 2 … 3 …

Man hat sich auf mich geworfen, nicht etwa, weil ich etwas Besonderes war, sondern nur, weil ich gerade anwesend war und die anderen eben nicht da waren … Ich wollte gar nicht, aber man hat mich eingefangen … wie ein Tier.

Aber Sie wurden doch ausgewählt!

Ausgewählt! So sehe ich das nicht!

Hatten Sie Angst in dem Moment?

Hatte ich Angst?? … (Lange Zeit des Überlegens.) Nein, es war nicht Angst, es war vielmehr … eine Art Opposition, ein Widerstand … Ich misstraute den Fremden … aber sie fingen mich ein mit einer Art Netz, das sie über mich warfen, wie man ein Tier fängt.

War das der erste Kontakt, den Sie mit den Fremden hatten, oder kannten Sie die Fremden schon von anderen Besuchen?

Nein, es war … (mit ganz fremder, tiefer Stimme) … Einen Augenblick … Ich muss erst überlegen … Nein, es war nicht neu für mich … man sah sie regelmäßig kommen und gehen, kommen und abreisen … das war Teil unserer Existenz … Teil unseres täglichen Lebens, das Wort wäre vielleicht etwas übertrieben, aber wir wussten sehr wohl, dass sie existieren. Sie gehörten zu unserem Leben, aber ich war immer zu weit weg, um wirklich ein Zeuge zu sein … Der Tag, an dem sie mich einfingen, war der erste, an dem sie wirklich nahe bei mir waren … Ich hatte keine Angst vor ihnen (Seufzer).

Kommen die Fremden mit einer großen Zahl von Maschinen?

Sie entfernen sich von ihren Maschinen in einer Weise, die ich nicht kenne (amüsiertes Lachen). Sie gehen nicht, sie fliegen … sie schweben. Und sie entfernen sich mit einer enormen Geschwindigkeit … aber was machen sie? Das wüsste ich gern.

Ja, was machen die Fremden? Und wie haben sie mit Ihnen Kontakt aufgenommen? Geben sie Befehle? Ich möchte, dass Sie spüren, ob Sie unter dem Einfluss dieser Besucher stehen oder ob Sie dazu gebracht werden, Befehle auszuführen.

Hmm … Sie haben mich umringt … eine große Zahl von ihnen … und ich bin eingeschlafen … Man hat mich … nein, nicht eingeschläfert, sondern man hat mit einer speziellen Energie verursacht, dass ich das Bewusstsein verliere … Und als ich wieder wach wurde, trug ich diese metallene Kleidung.

Kann man von Hypnose sprechen?

Eine permanente Hypnose vielleicht ... denn ich habe seitdem ein anderes Verhalten als früher ... und ich bin auch anders als die Menschen in meiner Gruppe ... Man hat mich beeinflusst ... Man hat mich verändert ... als ich schlief ... Ja ...

(Bei der Beschreibung des »Schlafs« und der Manipulation an dem schlafenden Menschen kommt mir der Gedanke an einen Bibeltext (Genesis 2,21–24) in Erinnerung: »Da ließ Gott der Herr einen tiefen Schlaf fallen auf den Menschen und er schlief ein ... und er nahm eine Rippe ... und baute ein Weib aus der Rippe.«)

Haben Sie noch die Möglichkeit, eigenständig zu reagieren, sich gegen diese fremden Wesen aufzulehnen, wenn Sie nicht einverstanden sind mit dem, was jene fremden Wesen verlangen, oder sind Sie dazu nicht mehr in der Lage, nachdem Sie von den Fremden hypnotisiert wurden?

Ja, ich bin ... deren Puppe, deren Marionette ... Ich bin mir gar nicht über meinen veränderten Bewusstseinszustand im Klaren ... aber mit diesen Fragen (den Fragen des Arztes) verstehe ich jetzt, dass ich manipuliert wurde (tiefer Seufzer, Resignation). Ich mache einige Dinge für die Fremden und ich verstehe nicht warum ... Ich bin einfach gehorsam.

Sie sind wie eine Maschine, die Befehle ausführt?

Ja.

Welches ist das Ziel der Aktion dieser Fremden? Vielleicht können Sie sogar spüren, woher jene kommen, von welcher Galaxie, von welcher Gegend im Universum?

(Leises Stöhnen, die Stimme klingt fremd wie in tiefer Trance.)

Es ist dunkel … draußen ist es schwarz … leuchtend grau um mich herum … dort wo ich bin … es ist ein quadratischer Raum … das ist doch nicht logisch! Ich weiß das, aber trotzdem ist er quadratisch …

(Von quadratischen Räumen wird regelmäßig im Zusammenhang mit den Laborversuchen gesprochen, die weiterentwickelte Wesen von anderen Ebenen oder Planeten, Intelligenzen aus Parallelwelten, an den Erdbewohnern vornehmen. Die Literatur zu diesem Thema ist umfangreich. Ich verweise hier vor allem auf die Forschungsarbeit, die von der Harvard-Universität zusammen mit dem MIT (Massachusetts Institute of Technology) unter der Leitung von Prof. John Mack durchgeführt wurde, der 1994 in seinem Buch mit dem Titel »Entführt« *Hunderte von Fällen analysierte, in denen Menschen ihm und anderen Psychiatern und Ärzten davon berichteten, wie sie von Außerirdischen entführt wurden und dann in »quadratischen Räumen«, in Labors, gentechnische Manipulationen zu erdulden hatten, bevor sie in ihre häusliche Umgebung zurückgebracht wurden.)*

Ich mache eine Reise durch diesen dunklen Raum … Jetzt sehe ich die Form … ich werde sie nachher zeichnen, denn ich habe keine Lust, sie mit Worten zu beschreiben, aber ich sehe sie sehr deutlich … Wir sind auf einer Reise … Wir haben ein Mission erfüllt … Wie alles so fremd ist! Man hat sich nichts zu sagen … Man ist beieinander … starr … (Stöhnen) … Offizielle Gesandte … sie interessieren sich für nichts anderes als dafür, ihre Mission zu erfüllen … Es gibt keinen Kontakt unter ihnen … unter uns.

Worum handelt es sich bei dieser Mission?

Sie messen … in regelmäßigen Abständen … und dafür

haben sie Kreaturen wie mich ausgesucht … Jetzt bin ich zweierlei in einer Person … Ich erinnere mich an mein Erdendasein und an den Grund der Erdenexistenz … Man organisiert Kontrollen an den Kreaturen … ganz mechanisch … ohne jedes Gefühl …

Gibt es eigene Gedanken oder gibt es derartiges nicht?

Es herrscht die Logik. Sie haben nichts als Strukturen im Kopf … Pläne und Mathematik, die sie realisieren müssen … realisieren wollen.

Gibt es ein Ziel bei dieser Manipulation der Erdbewohner oder nicht? Ist das Ziel, den Erdbewohnern zu schaden?

Das ist gar nicht wichtig, ob es schadet oder nicht. Man hat die Erdbewohner nötig … Ich verstehe das alles nicht … aber ich weiß, dass es im Grunde genügt, wenn überall einige wenige beeinflusst und manipuliert werden von jenen. Sie haben nicht alle Menschen nötig, um Fortschritte zu machen … Es genügt, dass Einzelne verändert werden, weil ihr Erbgut oder ihr Gedankengut auf andere – Nachfolgende oder Zeitgenossen – übertragen wird. Vielleicht im Laufe von Generationen werden die beeinflussten Wesen … das genetische Erbe propagieren, verbreiten … Ich sehe das alles genau vor mir, aber ich kann es nur schwer ausdrücken.

(Ich erinnere mich, dass ich die Beeinflussung der Erdbewohner als helles Netzwerk aus energetischen Linien wahrgenommen habe. Von jedem Punkt aus verzweigten sich die Linien in viele Richtungen. Die Auswirkung der (Gen-)Manipulation multiplizierte, potenzierte sich mit der Zeit.)

Woher kommen die Wesen? Sie werden von Ihrem Höheren Bewusstsein eine direkte Information erhalten …

Der Name beginnt mit »U« ... Ul ... Sie müssen die Frage noch einmal stellen, ich komme nicht heran an den Namen.

Lassen Sie vor Ihren Augen den Namen des Sterns oder Planeten erscheinen, von dem diese Wesen kommen.

ULEX ... Ich verstehe das nicht. Die Deutschen sprechen den Namen aus wie Oulex ... nicht wie Ülex. (Die Sitzung wird wie alle anderen in französischer Sprache durchgeführt.)

(Natürlich habe ich versucht, diesem Namen auf die Spur zu kommen. Einen Stern mit diesem Namen gibt es nicht, soweit ich weiß. Aber bei Wolfram von Eschenbach und seinem Parzival könnte die Spur enden: Dort heißt es im Zusammenhang mit dem Stein, der auch der »Heilige Gral« genannt wird: Er heißt »Lapsit (Lapis) exulis«. Die Philologen übersetzen dieses mit »Der Stein von fern der Heimat ... von den Sternen«, »ex-ul-is« sehe ich als »ex-ul« und dann als »ul-ex«. Solchen Silbendrehungen bin ich in meinem Germanistik-Studium an der Universität begegnet. Es gibt sie ... aber in diesem Fall könnte es sich denn doch um eine Überinterpretation meinerseits handeln, zu der ich mich hinreißen lasse, weil es mir eine Freude sein würde, den Planeten der fremden Wesen als Heimatplaneten zu benennen.

Vgl. auch Johannes von Buttlar, »Der flüsternde Stein«, *Kreuzungen/München 2000, S. 87.)*

Gut. Jetzt werden wir wieder zurückkehren zur Erde, zu dem manipulierten Bewusstsein des Wesens auf der Erde. Und wir werden erneut die Zeit sich beschleunigen lassen ... 1 ... 2 ... 3 ...

Es ist eine lange Phase des Sterbens für mich ... Meine

Leute hatten die Geduld mit mir verloren, weil ich dermaßen besessen war … von der Maschine und ihren Besitzern … Aber es gab sie nicht mehr, gar nichts mehr als die Trümmer der Maschine … Und da haben mich meine Leute ausgesetzt … draußen … in einer Sandkuhle … Ich selbst habe keinen eigenen Willen … das heißt, ich werde von zwei Seiten dominiert: Erstens von meinen eigenen Leuten, die mir sagen, sie hätten genug von mir und ich solle in der Sandkuhle bleiben, und zweitens von jenen Besuchern, die niemals zurückgekehrt sind. Also bleibe ich dort in meinem seltsamen Metalloverall … und so sterbe ich auch. (Fast ist eine Erleichterung zu spüren.)

Ich sehe etwas, das ich nicht verstehe … Es ist eine Energie in mir angesammelt, die von den Fremden kommt … und diese Energie breitet sich aus.

Sie strahlt aus in Ihre Umgebung? Und sie beeinflusst die anderen?

(Mit ganz leiser Stimme:) Ja, so ist es. Aber natürlich weiß diese Person, die ich jetzt bin, davon überhaupt nichts.

(Es kann hier die Rede sein von Radioaktivität, einer radioaktiven Strahlung, die von der Maschine der fremden Besucher ausgeht. Vielleicht bin ich aus diesem Grund in die Sandkuhle worden die das Problem der Verstrahlung mildern kann.)

Seine Intelligenz weiß das alles nicht … ja …

Was fühlen Sie am Ende dieses Lebens? Sie sterben allmählich an Hunger und Entkräftung. Was fühlen Sie? Was denken Sie?

Rudimentäre Erinnerungen … Ich bin immerhin nicht in diesem Zustand geboren … aber die Bilder der ersten

Phase meines Lebens (vor der Manipulation durch die Fremden) sind ganz blass ... Die Erinnerungen haben sich von mir entfernt ... sie sind, wie ich sagen möchte, ganz vage Erinnerungen ... wie an einen Traum, den man schon fast vergessen hat.

Sie werden aufsteigen in eine höhere Bewusstseinsebene ... Sie werden ein weites Bewusstseinsfeld haben und Sie werden die Dinge verstehen, die Sie im Leben, das jetzt zu Ende geht, nicht verstanden haben ... (*Der Arzt zählt von eins bis zehn, ich stöhne leise.*) Sie begegnen Ihrem Geistigen Führer, Sie spüren die energetische Präsenz von Lichtwesen und Sie nehmen die herrlichen Energien des Lichts in sich auf. Jetzt werden Sie den Film dieses Lebens sehen ... Sie werden über eine neue Intelligenz verfügen und Sie werden Dinge verstehen, die Sie als inkarniertes Lebewesen nicht verstehen können ... Verstehen Sie, welche Mission der Mann in seinem Leben zu erfüllen hatte und warum er sich inkarnierte ... Verstehen Sie den Unterschied zwischen den Besuchern ferner Galaxien und den Erdbewohnern. Gibt es wirklich Unterschiede zwischen diesen verschiedenen Wesen oder ist es nur eine Verschiebung in der »Raum-Zeit«, die diese Unterschiede erscheinen lässt? Sind es Wesen aus einem anderen Universum oder sind sie aus demselben Universum wie die Erdbewohner? Erfahren Sie, welchen Einfluss jene Fremden auf die Erde ausüben. Was ist das Ziel dieser Wesen aus dem All?

Jetzt möchte ich, dass Sie sich Ihrem Geistigen Führer nähern. Ich bitte den Meister demütig, Ihnen ein Symbol, einen Schlüssel, eine Botschaft zu geben ... (*Ich weine vor Ergriffenheit.*) Wir danken dem Geistigen Führer und den

Lichtwesen, die auf dem Weg weiter sind als wir … Wir werden jetzt zurückkehren zur Erde … (*Anhaltendes heftiges Schluchzen.*) Beginnen Sie zurückzukommen …

Das Ende der Sitzung verläuft wie unter (1) und (2) ausführlich notiert.

Von dem in dieser Sitzung beschriebenen »metallenen, sehr leichten Material«, aus dem der Schutzanzug und die Tür vor der Höhle gefertigt waren, ist auch in den Berichten über den rätselhaften Flugkörper-Absturz in Roswell/USA im Jahr 1947 die Rede!

19

MISERICORDIA

Vor der Sitzung hatte ich mit Dr. Ducher abgesprochen, dass er mich noch einmal in das Leben des Wüstenheiligen im 4. Jahrhundert vor der Zeitenwende (Sitzung (5)) zurückversetzt, da ich noch einige ergänzende Dinge aus jenem Leben als Jude im Heiligen Land erleben und erfahren wollte. Ich war dann aber wahrend der ganzen Sitzung als reines Bewusstsein nicht inkarniert. Das Erleben während der Sitzung stand aber wohl in einem Zusammenhang mit der Erfahrung der Trauer des Wüstenheiligen, der den Verlust der Menschen nicht verwinden konnte, für die er gebetet hatte. Wichtigstes Element dieses Lebens war die Liebe zu den Menschen und sein Mitleiden mit ihnen.

Dr. Ducher: Was spüren Sie? Licht oder Dunkelheit?

(Heftiges, stoßweises Atmen und Stöhnen.)

Autorin: Es ist schwarz.

Haben Sie den Eindruck, drinnen oder unter freiem Himmel zu sein?

(Stöhnen, kurzer Atemrhythmus.) … Es ist alles schwarz.

Wie erscheint es Ihnen? Wo sind Sie? Sie können es ausdrücken. Was ist passiert? Was ist nicht in Ordnung? Sagen Sie es.

(Heftiges Stöhnen.)

Ich sehe nichts, weil ich nichts sehen will ... Es ist mehr als nur Traurigkeit ... Es ist ... (erneut heftiges Weinen).

Eine Traurigkeit, ein Kummer, ein Unglück? Was ist die Ursache dieser großen Traurigkeit?

(Heftiges Schluchzen.) Einen Augenblick ... (Ich überlege; das Weinen hat sich etwas beruhigt; erschöpftes, mutloses Seufzen. Nach einer Pause erneut heftiges Weinen.)

Was ist das für ein Leiden? Drücken Sie es aus.

Ich verstehe es nicht ... (fassungsloses Schluchzen). Es handelt sich ja nicht allein um mich ... Ich bin ja nicht allein ... Ich bin ein Teil von einem Ganzen, von einem Wesen ... Ich bin nicht eine Person (ich bin nicht inkarniert). Ich weiß nicht, was ich bin ... (Das Sprechen ist von heftigem Schluchzen unterbrochen.) ...

Es ist eine unendliche Traurigkeit ...

Sie werden herausgehen aus dieser Traurigkeit und sich erheben über all das, was Sie erleben ...

(Der Arzt spricht eindringlich, ungewöhnlich laut, fast im Befehlston, während ich laut weine.)

Sie werden dies alles verlassen, lassen Sie das alles hinter sich ...

(Lautes Rufen:) Nein! Nein!

Erheben Sie sich über dies alles und steigen Sie höher ... 1 ... 2 ... 3 ... 4 ... Gehen Sie heraus aus der Traurigkeit ... 5 ... Jetzt überwinden Sie diese Traurigkeit, es gibt keine Emotionen mehr, keinen Kummer, keinen Schmerz. Sie sehen jetzt mit Kälte herab auf die Erde. Sie sind herausgegangen aus diesem Gefühl der Traurigkeit.

(Die ganze Zeit über ununterbrochenes Schluchzen – keine Reaktion auf das Zählen des Arztes, das in anderen Sitzungen ohne Ausnahme seine erwünschte Wirkung hatte.)

Sie haben keine Emotionen mehr, Sie sind über dem Ganzen und blicken mit Kälte herab … Sie blicken einfach herab … Was stellen Sie fest? Was sehen Sie dort unten auf der Erde?

(Allmählich schwächeres Stöhnen, erschöpfte Stimme, Resignation.) Jetzt … ist es ein kalter Tag … genauso traurig wie zuvor …

Spüren Sie Ihren Bewusstseinszustand, indem Sie keine negativen Emotionen mehr empfinden. Ich zähle noch einmal bis fünf und Sie werden sich entschieden über all das erheben … 1 … 2 … 3 … 4 … 5 … Jetzt haben Sie sich vollkommen gelöst von dieser Sphäre des Leidens, und Sie können einfach mit Kälte hinsehen, was dort unter Ihnen geschieht. Voilà … mit Kälte und einem inneren Abstand, ohne jegliches Schmerzgefühl analysieren Sie, was sich ereignet hat dort unten …

(Erneutes Stöhnen und Seufzen in tiefer Trance.) Wir sind unter Schock … Ich bin wie zuvor nicht in einem Körper … Ich bin die Totalität, die Ganzheit der Wesen über diesem Platz … Ich bin diese ganze Gruppe in einem … Es wäre vielleicht einfacher (für mich), in einen Körper hineinzugehen … Bitte, helfen Sie mir!

(Ich erinnere mich an beängstigendes und so heftiges Herzklopfen, dass ich meinte, mein Herz zerspringe. Ich war in physischer Gefahr.)

Aber bleiben Sie noch in diesem Bewusstseinszustand jenseits aller Schmerzen und Emotionen. Ich werde erneut bis fünf zählen, damit Sie eine Bewusstseinsebene erreichen können, in der Sie reines Verstehen sind. Lassen Sie Ihre Frequenz steigen und analysieren Sie mit Kälte den Ort, von dem Sie kommen. Worum ging es bei diesem Leiden? Von welchem Schmerz wurden Sie erfasst?

Ich bin gar nicht einverstanden ... mit dem, was auf der Erde geschieht ... Ich bin voller Vorwürfe ... Ich habe nicht das Recht, mich zurückzuziehen ... unbeteiligt zuzuschauen ... mich zu distanzieren mit Kälte ... Hier oben ist es zwar schön, aber ... (erneut leises Wimmern, Schluchzen, Weinen) ... s'il vous plaît! (Die dringende Bitte an den Arzt, mich aus dieser Situation herauszuholen, wird wiederholt.)

Zunächst möchte ich, dass Sie sich ansehen, was zu dieser großen Traurigkeit geführt hat.

Nein! (Stoßhaftes Atmen, Weinen.)

Wir werden die Zeit für einige Augenblicke unterbrechen. Es ist, als ob es kein Leben gäbe ohne Sie, dorthin gehen wir, aber gleichzeitig werden Sie für einige Augenblicke zum reinen Bewusstsein, damit Sie erfahren, was Ihre Traurigkeit auslöst.

(Die ganze Zeit über Stöhnen, Wimmern wie unter Schmerzen.)

Ich habe die Frage nicht verstanden.

Sie sind vor nichts geflohen, sondern wir haben lediglich die Zeit für einige Momente angehalten, für eine Dauer, die Ihnen die Zeit gibt, reines Bewusstsein zu werden, damit Sie verstehen, was auf Erden geschieht.

(Lautes Wimmern, wie mit letzter Kraft ausgestoßene drin-

gende Bitte an den Arzt, mich aus dieser Bewusstseinsebene herauszuholen.)

Bitte … Ich will nicht mehr … Nein … Bitte!!

Sie werden aufsteigen in eine höhere Bewusstseinsebene. Dort spüren Sie die Schwingung der Liebe, des Wissens, des Lichts …

(Immer noch wie in Verzweiflung stoßweises Aufschluchzen.)

Jetzt spüren Sie eine energetische Präsenz … Es wird Ihnen eine Unterweisung zuteil … Ich werde einige Minuten still sein … Sie können von Ihrem Meister die Unterweisung erfahren …

NEIN! (Die ganze Zeit über heftiges Atmen, Ergriffenheit, nahe dem Weinen … dann dieser für mich unverständliche Ausruf: Nein! Ich verstehe ihn heute als Protest gegen die Natur des Menschen.)

Bitten Sie Ihren Führer um das, was Sie verstehen sollen. Öffnen Sie sich der Unterweisung durch Ihren Meister …

(Auf der Kassette wird anhaltend der Om-Laut hörbar.)

Indem Sie verstehen, dass Sie Hilfe bringen können, wo Hilfe erforderlich ist, indem Sie das verstehen, können Sie den Menschen helfen.

(Leises Stöhnen, hörbar voller Kummer und Traurigkeit.)

…

(Ca. 10 Minuten völlige Ruhe.)

Mit der Hilfe des Meisters … Ich bitte den Geistigen Führer demütig, Sie zu einer Stelle des Universums zu bringen, das man auf der Erde das Paradies nennt. Ich zähle bis fünf und Sie lassen sich fortnehmen von Ihrem Meister …

(Ich weine vor Ergriffenheit – eine überwältigende Erfahrung von Liebe und Licht und von Glückseligkeit.)

Erfahren Sie die Schönheit der Schöpfung … die Weisheit, das Wissen, das kosmische Licht und die unendliche, universelle Liebe. Wir werden zurückkehren zu dem Körper, den Sie dort unten auf der Erde verlassen haben … *(Es wird von zehn bis eins gezählt.)*

Ende der Sitzung.

In dieser Sitzung ist das zentrale Thema das MITLEIDEN mit der Menschheit und die Traurigkeit, die daraus erwächst. Ein nicht-inkarnierter Geist erleidet das Elend der gesamten Welt, der inkarnierte Mensch dagegen nur seinen eigenen Teil des Elends. Daher meine Bitte an den Arzt, mich in eine Inkarnation »flüchten« zu lassen, damit ich die Traurigkeit weniger groß und schmerzlich empfinde. Die Trauer um das Los der Menschen war, wie die Dialoge wohl deutlich machen, unsagbar groß und sogar eine physische Gefahr. Wie Dr. Ducher mir nach der Sitzung sagte, kennt der Buddhismus die Manifestation des Mitleidens mit der Menschheit in Gestalt des Bodhisattva Avalokiteshvara. Von ihm wird erzählt, er hätte das Mitleiden derart stark empfunden, dass ihm der Kopf in tausend Stücke zersprang. Diese Geschichte scheint mir nach meinen Erfahrungen in dieser Rückführung weniger ein Gleichnis oder Symbol als vielmehr ein durchaus reales Ergebnis einer tiefen Meditation. Ich hatte wirklich das Gefühl, mir zerspringe das Herz.

20

VERFOLGUNG · LEIDEN · JUDE

Vor dieser Sitzung wurde zwischen Arzt und Autorin abgesprochen, in das letzte Leben vor dem heutigen Leben hineinzugehen.

Autorin: Ich befinde mich … nein, ich sehe eine Person … in einer kleinen Straße in einer kleinen Stadt. Ich sehe das Kopfsteinpflaster … die Straße verläuft ganz gerade … und … es ist meine Stadt.

Dr. Ducher: Dort leben Sie?

Ja … Ich sehe die Stadt im Dunkel … aber es ist dennoch Tag … Vor meinen Augen ist es … auf jeden Fall nicht sonnenhell … Wenn es tatsächlich schon Tag ist, so ist es ein sehr dunkler Tag … es ist alles grau … auch in mir …

Was tun Sie gerade?

Ich weiß nicht, ob ich es bin, der dort geht … Es ist nur eine einzige Person in der Straße … ich weiß nicht, ob ich es bin, den ich sehe … Diese Person bewegt sich nicht. Ich sehe schwarze Hosen und auch schwarze Schuhe … einen Mann …

Welches Alter hat dieser Mann?

Keine Ahnung.

Streichen Sie mit Ihren Händen über Ihr Gesicht und fühlen Sie, ob Sie einen Bart tragen oder nicht.

(Prompte Antwort, so, als sei der Bart von besonderer Wichtigkeit.) Ein großer, schwarzer Bart.

Sind die Haare glatt, lockig, lang oder kurz?

Lockig … Was bedeutet die Frage, ob die Haare lang sind oder kurz? … Es ist der normale Stil, alle Welt trägt die Haare so.

(Zögernd gesprochen, als ob die Haartracht doch nicht so normal sei, wie so eifrig betont wird. Ich erinnere mich daran, froh gewesen zu sein, dass nicht auch nach den Schläfenlocken gefragt wurde, die ich als frommer Jude trug, die ich aber lieber nicht zur Sprache bringen wollte.)

Ich möchte, dass Sie jetzt noch mehr und vollständiger in diese Person hineingehen … 1 … 2 … 3 … 4 … 5 … Jetzt …

Die Person steht immer noch in der Straße … Es ist da ein Mädchen … Ich … es gibt da eine Verbindung zwischen uns … auf jeden Fall interessiere ich mich sehr für dieses Mädchen … Sie sollte zu dieser Stunde des Tages nicht auf der Straße sein … Es ist zu früh am Morgen … Ich begebe mich zu dieser Stunde zum Beten … und es beunruhigt mich, dass sie auf der Straße ist. (Schweres Atmen.) Es ist ein schwerer Gang … schwere Gedanken … und ich gehe zur Kirche … die auch eine Synagoge sein kann.

(Ich weiß, dass es keine Kirche, sondern eine Synagoge ist, zu der ich mich begebe, aber ich wage nicht, es offen zuzugeben.)

Ich hoffe, dass … ich habe Sorgen … ich erwarte dort ein wenig Trost … (wiederholtes Seufzen und Stöhnen) Ich frage mich: Was tut dieses Kind dort in der verlassenen Straße? Sie gehört offenbar nirgends hin … (Stöhnen)

Vielleicht können Sie sie fragen, wenn Sie auf dem Weg zur Kirche an ihr vorbeigehen …

(Heftiges, stoßweises Atmen, voller Emotion.) Sie hat keine Familie mehr … ich frage mich, ob ich vielleicht … sie mit zu mir nach Hause nehmen könnte … Ich habe bereits mehrere Kinder … und keine Frau mehr. Trotzdem … Jetzt kann ich das Kind aber nicht mitnehmen, weil ich zuerst einmal zum Beten gehe.

(Es scheint, als ob das Wort Synagoge absichtlich vermieden wird.)

Ich mache mit ihr aus, dass sie hier auf mich wartet.

Warum nehmen Sie das Kind nicht mit in die Kirche?

Warum ich sie nicht mitnehme??

(Jetzt ist es unvermeidlich, die Synagoge doch zu erwähnen.) …

Weil man in die Synagoge nicht mit einem Mädchen kommen kann … Es ist nur für die Männer.

Gehen Sie in die Synagoge, die Ihr morgendliches Ziel ist …

(Heftiges Atmen, das zunächst wie unterdrücktes Weinen klingt, dann in ein verhaltenes, anhaltendes Weinen übergeht.)

Spüren Sie, was in der Stunde des Gebets in Ihnen vorgeht.

Ich erwarte alles von Gott … Ich habe so viele Dinge nötig … (Mühsames Sprechen, tränenerstickte Stimme, hörbar große emotionale Bewegtheit.)

Spüren Sie die große emotionale Bewegtheit während Ihres Gespräches mit Gott. Sie sind emotional bedrückt. Worum handelt es sich bei Ihren Emotionen?

Ich bin sicher, dass Gott mir geben könnte, was ich benötige ... dass er mir helfen könnte ... und ... er muss mir helfen. Ich weiß nicht, ob ich seine Hilfe verdiene, aber ich möchte gern alles tun, was ich tun muss, um seiner Gunst würdig zu sein (Schluchzen).

Spüren Sie Ihre Ernsthaftigkeit, Ihren tiefen Glauben ... Folgen Sie einem Ritual?

Nein, das Ritual hat noch nicht begonnen ... Ich bin vorher gekommen, um in Ruhe hier zu sein ... Es ist sehr früh am Morgen, und meine Kinder schlafen noch ... deshalb kann ich mich von zu Hause entfernen.

Drücken Sie aus, was Sie empfinden.

(Die ganze Zeit Schluchzen.)

Ich entferne mich bereits von meinem Gebet ... Ich sehe, dass ich den ... Gebetsschal trage ... den schwarz-weißen Schal ...

(Er spricht von dem Gebetsschal wie von etwas Geheimnisvollem.)

Ich weiß, dass ich ihn jetzt abnehmen muss, denn ich darf ihn nicht auf der Straße tragen ... Ich muss mich jetzt nach Hause begeben, weil man mich dort braucht.

Ist das kleine Mädchen immer noch da?

Ich weiß es nicht, ich bin ja immer noch in der Synagoge, aber die Gedanken haben sich bereits ein wenig entfernt.

(Die Stimme ist jetzt ruhig und gefasst, aber von großer Traurigkeit.)

Ja, sie steht da ... Sie hat sich nicht bewegt.

(Plötzlich wieder einsetzendes Schluchzen, sehr schwerer Atem.)

Ja, ich nehme sie mit.

Haben Sie dann nicht zu viele Kinder in Ihrem Haus?

Es sind jetzt schon zu viele, wo ist da der Unterschied, wenn es noch ein Kind mehr ist?

Bringt es für Sie keine Schwierigkeiten, das Mädchen zu sich zu holen?

Die Schwierigkeit ist: Sie ist Christin, die Kleine … und ich weiß nicht, ob ich (als Jude) das Recht habe, sie zu mir zu nehmen … So ist das eben … Wir leben in verschiedenen Stadtvierteln … Sie möchte sehr gern zu uns kommen, weil ihr Leben nicht sehr angenehm ist … draußen auf der Straße … Sie ist ein Waisenkind … und aus dem Waisenhaus fortgelaufen, weil sie nicht mehr dort sein wollte.

Welches Alter haben Sie selbst?

Zweiundvierzig Jahre.

Gut. Jetzt kehren Sie zurück zu Ihrem Haus … 1 … 2 … 3 … Ist Ihr Haus eher groß oder eher klein?

Nein, es ist nicht klein.

Sind die Kinder schon aufgewacht, wenn Sie das Haus betreten?

Ich habe sieben Kinder. Zwei sind noch auf einem … Balkon innerhalb dieser Wohnhalle, dieses hohen Raums … die Kinder schlafen in Etagenbetten entlang der Wand … dadurch entsteht der Eindruck eines Balkons im Zimmer. In der Mitte des Raums ist die Decke deshalb höher.

Jetzt wüsste ich gern, wie Sie von Ihren Kindern genannt werden.

(Bei dem Gedanken an die Kinder lächle ich.)

Sie nennen mich Aba. (Aba ist das hebräische Wort für Vater.)

Das macht Freude, an die Kinder zu denken ... das macht mir eine große Freude!

Ist das kleine Mädchen von der Straße bei Ihnen?

Sie klammert sich an mein Bein, sie steht hinter mir ... Ich streichle ihr Haar ... Ich mache ein wenig Lärm ... mit Absicht, um die Kinder aufzuwecken. Der Älteste ist bereits fünfzehn Jahre alt ... Ist das denn überhaupt möglich??

(Erstaunen in der Stimme – die zeitliche Einordnung von Ereignissen und Fakten ist in tiefer Hypnose oft sehr schwer.)

Der Älteste kümmert sich um das Feuer, er ist schon angekleidet.

Was sagt er von dem Mädchen, das Sie nach Hause gebracht haben?

Erst einmal tut er seine Arbeit, weil man das Feuer braucht, um den Tag beginnen zu können ... Er ist ein guter Junge ... Ich liebe ihn sehr ... (mit großer Bewegung in der Stimme). ... Sein Leben ist hart, er hat zu viele Arbeiten zu erledigen.

Leben Sie in einer Stadt oder in einem Dorf?

Nein, es ist schon eine Stadt.

Können Sie den Namen dieser Stadt nennen?

(Ganz leise gesprochen, emotionsgeladen:) Tschostok.

(Namen wiederzufinden im erweiterten Bewusstseinszustand fällt meist sehr schwer. Gemeint ist vielleicht Rostock, das auch in Sitzung (27) eine Rolle spielt.)

Welches Jahr schreibt man gerade?

Es ist das Jahr 1938.

Jetzt zähle ich bis drei und Sie werden einen anderen Moment desselben Lebens erleben … 1 … 2 … 3 …

Dieses Mädchen … sie ist sehr niedlich … Es ist jetzt ein Jahr, nachdem sie zu uns gekommen ist … Sie kann nicht bei uns bleiben … Man hat uns verboten, sie bei uns zu haben, und außerdem … ist sie bei uns nicht mehr in Sicherheit, weil wir selbst in Gefahr sind … als Juden. Also wird man sie von uns fortholen … (Seufzer) … Auf jeden Fall ist sie bei guter Gesundheit, und sie ist glücklich … sie war glücklich mit uns … Ich kann diese Regeln nicht ändern, dass sie nicht das Recht hat, mit Juden unter einem Dach zu leben. Was wird aus ihr? Eine Frau kommt in unser Haus … sie scheint angeekelt davon, die Aufgabe zu haben, dieses (jüdische) Haus betreten zu müssen. Sie nimmt das Mädchen ganz einfach … sie nimmt die Kleine und geht … in großer Eile … als ob es bei uns eine ansteckende Krankheit gäbe … Auf jeden Fall habe ich in ihrem Verhalten keine Liebe dem Kind gegenüber bemerken können … Ach, das kleine Mädchen … Ich habe nicht die Kraft, unglücklich zu sein … wegen … Ich bin sehr hart geworden, als ob ich mir einen Schutzpanzer umgelegt hätte, um mich zu schützen, um mich nicht anrühren zu lassen von den Aggressionen … den Schwierigkeiten für die Juden … Ich muss stark sein … stark …

Die Zeit wird sich wieder beschleunigen und Sie werden einen anderen Moment dieser Existenz erleben …

Sie (die Christen) sind überall … Sie sind in allen Häusern, um sie zu durchsuchen. Man hat keine Chance, sich zu verstecken … Das ganze Stadtviertel steht unter ihrer Bewachung und sie haben üble Absichten, das ist sehr deut-

lich. Wir haben zwar Vermutungen, aber genau wissen wir nicht, was sie planen und tun werden gegen die Juden … Wir sind wie paralysiert … vor Angst.

Gibt es eine Solidarität unter den Bewohnern des Viertels?

Wir haben nicht das Recht, unsere Häuser zu verlassen, außer … um einzukaufen … um unsere Nahrungsmittel einzukaufen.

(Schweres Atmen, unglückliche, verzweifelte Stimme.)

Was wird aus den Kindern?

Mein Sohn begleitet mich zur Synagoge und ein Mädchen von dreizehn Jahren bleibt bei den kleinen Geschwistern im Haus … Mein Sohn und ich verlassen das Haus.

(Plötzliches lautes Stöhnen, gefolgt von anhaltend schwerem Atmen, dann Stille und danach Weinen.) …

Wie ist es möglich, dass ich nicht trauriger bin?? … Es ist zu schrecklich, um »traurig« genannt zu werden.

(Die erste Empfindung nach dem Tod des Kindes ist nicht Trauer, sondern einen Schock, der ihn lahmt.)

Ich bin … ich bin zu traurig. (Erbärmliches Schluchzen.)

Was ist passiert?

Sie haben meinen Sohn erschossen … an meiner Seite … einfach so … um sich zu amüsieren, oder … ich weiß nicht, aus welchem Grund … Es ist zu traurig, um traurig genannt zu werden …

Was tun Sie?

Was kann ich schon machen?!

Es gibt nichts, das Sie tun könnten?

Nein (in höchster Erregung).

Jene haben die Stärke auf ihrer Seite. Sie amüsieren sich, sie amüsieren sich darüber!

Lassen Sie die Zeit weitergehen, ich werde bis drei zählen und die Zeit …

(Lauter Ausruf:) Nein! Nein! Ich muss hier bleiben. … 1 … 2 … 3 … Nein, ich will nicht … nein … Ich will zuerst (zur Synagoge gehen) … (minutenlanges Schluchzen, Ausrufe des Schmerzes und der Revolte, höchste Erregung).

Statt mich nach Hause zu meinen Kindern zu begeben, richte ich meinen Schritt zur Synagoge … Dort werde ich Gott sagen … dass ich mein Schicksal annehme … dass ich Gott nicht zürnen werde … dass ich es akzeptiere … Es ist so furchtbar schwer … (Schluchzen) … Es geht jetzt ein bisschen besser … Ich habe jetzt die Kraft, nach Hause zu gehen …

(Alles wird mit schwacher Stimme gesprochen, dann ist es ruhig.)

Wie geht es zu Hause?

(Schwaches Stöhnen.) … Oh, nein … Ich … Ich wusste gar nicht … dass man … Trauer nicht multiplizieren kann … Man kann nicht immer und immer intensiver Trauer empfinden, nicht immer trauriger und trauriger werden … plötzlich … hält die Trauer inne … und es kommt die Stille … Man ist leer … man versucht, dem Körper zu entfliehen, weil man das nicht leben möchte … Man möchte vor all dem fliehen … Es gelingt einem, sich mit dem Geist zu entfernen … ja … das habe ich gemacht … alles ist leer in mir … Stille … Alle meine Kinder … existieren nicht mehr … Ich frage mich – und das ist der einzige Gedanke in meinem Kopf – ob es gut war, in die Synagoge zu gehen statt nach

Hause zu den Kindern ... Ich frage mich, ob ich hätte verhindern können (geflüstert) ... ich weiß sehr wohl, dass es nicht möglich war, die Kinder zu retten, und ich weiß auch, dass es nur noch kurze Zeit dauert, bis sie dasselbe mit mir machen ... Kommt schon! Führt euren Plan zu Ende!

Sie werden jetzt zum Ende dieses Erdenlebens kommen ... 1 ... 2 ... 3 ... Wo sind Sie einige Augenblicke vor Ihrem Tod?

(Stöhnen, wie durch Schmerzen verursacht.)

Nein, nein, ich bin zusammen mit den anderen Juden ... am Boden kauernd ... Ich sterbe, weil man mich in den Bauch getreten hat ... ein Fußtritt ... und ... ich sterbe.

Sehen Sie den Mann, der Ihnen den Fußtritt gegeben hat?

Hmm, er ist dreiundzwanzig Jahre alt. Er hat ein slawisches Gesicht und helle, blaue Augen.

Spüren Sie am Ende Ihres Lebens Bedauern, Zorn, Rachegefühle, Unverständnis oder andere Gefühle? Oder empfinden Sie Mitleid und Liebe? Sehe Sie genau hin, während Sie aufsteigen in eine höhere Bewusstseinsebene. Bei der nächsten Zahl sind Sie im Licht. *(Es wird gezählt von eins bis zehn.)*

Öffnen Sie sich dieser neuen Bewusstseinsebene und spüren Sie die Gegenwart von Lichtwesen, die bei Ihnen sind.

Ja, ja ... (mit großer Erregung ausgerufen). Gott sei Dank ist alles vorbei. Ich bin zufrieden, ein Jude zu sein. Ich wollte nicht sein wie jene (Christen). Ich bin sehr einverstanden damit, ein Jude zu sein ... Bis zur letzten Minute meines Lebens fühlte ich mich Gott sehr nahe und ich mache ihm keine Vorwürfe. Ich nehme mein Schicksal an, weil ich weiß, dass es einen guten Sinn hat.

Spüren Sie keine Rachegefühle?

Nein.

Ich werde demütig ein Geistiges Wesen bitten, sich Ihnen zu zeigen, ein Wesen, das auf dem Weg weiter fortgeschritten ist als wir. Sie fühlen sich beschützt, geliebt, verstanden. Und jetzt sehen Sie den Film dieses Lebens, das gerade zu Ende gegangen ist. Spüren Sie die Liebe eines Mannes zu Gott, seine leidenschaftliche Liebe. Es war seine einzige Wahrheit. Sehen Sie die Energie, die er aufwendet, um ein gottgefälliges Leben zu führen.

(Leises Weinen.)

Das Band ist kurz vor Sitzungsende abgelaufen.

Stimmig ist in dieser Sitzung die Schilderung des Zusammenlebens zwischen Juden und Christen in den Jahren vor dem Zweiten Weltkrieg: Die Nürnberger Gesetze traten 1935 in Kraft. Das »Gesetz zum Schutz des deutschen Blutes und der deutschen Ehre« *machten es einem Juden unmöglich, zum Beispiel mit einem christlichen Waisenkind unter einem Dach zu leben.*

Andere Angaben sind schwerer zu überprüfen. Die genannte Stadt Tschostok habe ich bisher nicht ausfindig machen können. Namen sind im Allgemeinen in veränderten Bewusstseinszuständen sehr schwer zu finden. Sie scheinen sich dem Bewusstsein weniger klar einzuprägen als die emotionalen Erlebnisse. Vielleicht hatte Goethe recht, wenn er schreibt: Namen sind Schall und Rauch.

Aus Gründen der zeitlichen Einordnung dieses Lebens habe ich bei dieser (und nur bei dieser) Sitzung die Ver-

mutung, dass es vielleicht nicht mein Leben war, das ich hier durchlebe, sondern ein Leben aus der Datenbank des Universal-Gedächtnisses der Menschheit. Ich weiß, dass eine echte Affinität und Identifikation mit dem in dieser Sitzung gelebten Leben denselben Anschein der Echtheit vermitteln kann wie ein tatsächlich der Reinkarnationskette entstammendes Leben.

21

DAS GOLDENE ZEITALTER VOR 68 000 JAHREN

Vor der Sitzung wird zwischen Arzt und Autorin wieder einmal abgesprochen, dass Erkenntnisse über die Anfänge der Menschheit gefunden werden mögen.

Autorin: Ich kenne die Landschaft … Ich kenne sie schon …

Dr. Ducher: In welcher Gegend ist diese Landschaft?

Das ist nicht leicht zu beantworten, denn … ich weiß auch nicht, warum … diese Landschaft ist heute nicht mehr die gleiche … sie existiert nicht mehr in der gleichen Form.

Wo befindet sich die Gegend auf der Landkarte?

Man kann sagen: Im Norden … eher im Norden … Grönland … eine ziemlich steinige Landschaft mit sehr vielen Felsen … und das Meer rundherum … Ich fühle mich gut … ich weiß nicht, warum, aber ich habe ein Lachen auf den Lippen … Ich fühle mich so wunderbar … und (angestrengtes Formulieren) vielleicht können Sie mir helfen … ich sehe nicht … ich sehe mich nicht als ein menschliches

Wesen … in diesem Moment … ich bin viel zu hoch dafür … ich schwebe …

Ich werde bis fünf zählen und Ihr Energieniveau sinkt … 1 … 2 … 3 … 4 … 5 …

(Schweres Atmen, Stöhnen, sehr tiefe Trance.) Ich sehe etwas Grün, was ich von oben nicht sehen konnte … Von oben sah ich nur die Felsen … Jetzt weiß ich, es ist … fast wie eine Rasenfläche …

Wie eine Prärie?

Nein, das wäre zu trocken … Es ist sehr feucht, saftig grün … und es ist sehr kalt und neblig … Es geht mir so gut! Ich fühle mich herrlich!

Sind Sie allein?

Ja.

Sehen Sie Behausungen oder die Form von Häusern?

(Kleines erfreutes Lachen.) Wie gut ich mich fühle! Ich schwebe über diesem grünen Plateau, das meine Landschaft ist. Ich gehöre zu diesem Stück Erde.

Tragen Sie Schuhe oder sind Sie barfuß?

Nein, nein … das ist keine Frage, die ich beantworten könnte … Ich bin nicht inkarniert …

(Stöhnen vor Anstrengung bei der Konzentration auf das Phänomen.) … Es ist immer noch dasselbe Gefühl … nur schwebe ich jetzt etwas niedriger über der Erde … Ich bin kein menschliches Wesen … Ich bin der Geist von diesem Felsplateau … Ich bin immer dort.

Was tun Sie als Geist dieser Gegend? Welche Rolle spielen Sie?

Ah, ja … es gibt dort unten Menschen … aber ich bin nicht unter ihnen … Ich schwebe über diesen kleinen Men-

schen ... sie sind winzig ... und sie haben für mich keine Gesichter ... Ich sehe nur ihre Köpfe von oben ... Ich fühle mich unglaublich wohl ... Wie gut ich mich fühle!! Vielleicht könnte man sagen, dass ich die Gruppe dort unten in einer positiven Weise beeinflusse ... Ja, ich glaube, es ist meine Gruppe ... und es macht mir Freude, sie zu sehen ... und zu überfliegen, zu überwachen ... Ich beschütze sie und gebe ihnen von meiner Energie ... Meine Energie lenke ich auf sie. Ich schütze die Menschen, sie sind unter meinem ... Einfluss, aber das heißt nicht, dass ich die Menschen lenke ... das Einzige, was ich mache, ist, meine Energie auf die anderen zu projizieren ...

Ist das ein Einfluss oder ein Schutz, oder ist es beides?

Einfluss? Schutz? ... Es ist beides, aber ich lenke sie nicht ... Es genügt, sie mit meinen Energien zu überfluten.

Ich möchte, dass Sie die Energien spüren, über die Sie verfügen und die es Ihnen möglich machen, die Menschen positiv zu beeinflussen.

Ich kann Ihnen gar nicht sagen, wie wohl ich mich fühle!

Ich werde einige Momente still sein und Sie werden spüren, wie Sie sich wohl fühlen, wenn Sie in diesem Bewusstseinszustand sind ...

Weil ich jetzt ... mit der Stimme eines Menschen spreche, empfinde ich auch als Mensch, bzw. ich beziehe diese Empfindungen auf das, was ich aus meinem Menschenleben kenne. Diese erwähnten Glücksgefühle haben in mir, der jetzt als Mensch spricht, keinen Platz ... Dieses große Gefühl der Freude macht mir beinahe schon ein wenig Angst ... Es ist zu groß für mich, der jetzt spricht ...

Wir verstehen diese Worte sehr gut. Fühlen Sie dieses große Gefühl der Freude und die Schwierigkeit, es in Worten auszudrücken …

Die Freude erfüllt mich derart … (sehr bewegte Stimme).

Genießen Sie dieses Gefühl … Ich werde einen Moment still sein …

Diese Menschen sind sehr jung … wie Babys … sie haben nichts Böses in sich … Ich liebe sie …

(Mit jung ist hier das Stadium der Evolution gemeint. Später in dieser Sitzung wird das klar. Dann wird die Zahl 68 000 genannt, die Zeit, in der der moderne »homo sapiens« auf den Plan tritt.)

Sind sich die menschlichen Wesen Ihrer Anwesenheit bewusst?

Jetzt weiß ich es nicht … Um das beantworten zu können, muss ich mich zu den Menschen wenden … Es ist seltsam, sie sind gar nicht so verschieden von mir … Es gibt so viel Frieden und Glück unter ihnen … Sie kämpfen nicht, es gibt keinen Ehrgeiz … alle sind einander gleich …

Sie kämpfen nicht, sie haben keinen Ehrgeiz … sehen Sie genau hin.

Also, gibt es unter ihnen jemanden, der vielleicht etwas mehr fortgeschritten wäre? … Es würde mich überraschen … aber vielleicht doch? Ich werde sie ansehen … Nein, es gibt keine Unterschiede zwischen den Menschen … Ich verstehe es nicht, aber ich bin gar nicht anders als sie … Es ist, als ob ich gerade aus ihrer Mitte käme …

Akzeptieren Sie es, selbst wenn Sie nicht alles verstehen.

Ich bin es … Ich bin die Gesamtheit ihres Geistes und genau wie sie … dieselbe gute Energie herrscht hier oben und unter ihnen … Diese Energie ist aufgeteilt unter Hunderte menschlicher Wesen … Es herrscht ein Gleichgewicht unter den Lebenden und dem Geist hier oben … ein Gleichgewicht zwischen den inkarnierten Wesen und den geistigen Wesen.

Spüren diese Menschen Ihre Gegenwart?

(Amüsiertes Lachen.) Also, ich könnte sagen, ich gehöre zu ihnen … Es gibt keinen großen Unterschied … nur, dass ich keinen Körper habe. Also, sind die Menschen sich bewusst, dass ich da bin? Um auf die Frage antworten zu können, muss ich mich mehr auf das Niveau der Menschen herunterbegeben … Es herrscht hier unter den Menschen eine Stimmung, die mir, die ich jetzt spreche, ganz und gar unbekannt ist … Ja, sie sind sich bewusst, dass ich jetzt bei ihnen bin, unsichtbar, aber ich habe das Gefühl, dass man mir zulächelt … Sie sind ganz offen für die Verbindung mit mir … Es ist nicht wie heute … Man versteht mich vielleicht nicht … aber es ist ein ununterbrochener Kontakt zwischen Lebenden und Toten …

Von welcher Zeit der Menschheitsgeschichte sprechen Sie?

Achtundsechzigtausend … 68 000.

(Die Zahl wird sehr spontan und mit leiser Stimme genannt.)

Jetzt werde ich Ihnen einen Namen nennen und Sie bitten, zu fühlen, ob dieser Name dem entspricht, was Sie beschrieben haben: das Goldene Zeitalter der Menschheit.

(Ich kannte diesen Begriff zu jener Zeit noch nicht und

habe ihn erst drei Jahre später in der einschlägigen Literatur gefunden. In Sitzung (11) gehe ich auf das »Goldene Zeitalter« ausführlich ein. Hier sei nur noch einmal wiederholt, dass der Beginn des Goldenen Zeitalters nach der Schöpfung des modernen Menschen um 70 000 datiert wird.)

Ich werde mich bemühen zu antworten ... Sie benutzen einen Begriff von heute und versuchen, ihn auf eine weit zurückliegende Zeit anzuwenden, in der die Menschen anders waren als heute.

Entspricht dieser Begriff dem Lebensgefühl in jener fernen Zeit?

Ja.

Gut, jetzt lassen wir die Zeit sich beschleunigen ...

(Ich warte die Frage nicht ab und gebe die Eindrücke wieder, die sich mir präsentieren.)

Jetzt, nachdem Sie das »Goldene Zeitalter« erwähnten, habe ich meinen Ort über den Menschen verlassen ... Jetzt bin ich umgeben von einer großen Leere ... Sie ist nicht feindlich und nicht beängstigend ... (amüsiertes Lachen). Ich verstehe jetzt, dass ich in dieser glücklichen Phase zuvor gerade erst gestorben war und dass ich mich deshalb den lebenden Menschen so nahe fühlte ... Es war eine Durchgangsphase ... Jetzt bin ich in diesem leeren Raum, fern von der Erde ... Hier passiert gar nichts ... Ich fühle mich übrigens immer noch sehr gut ... Ich schwebe im Universum ... Es gibt hier nicht sehr viel Licht ... Außerdem ist es auch nicht die Leere, denn ich sehe kleine leuchtende Punkte in einiger Entfernung ... Ich weiß nicht, wohin ich mich bewege.

Fühlen Sie, was Sie sind.

(Ratloser Seufzer.) Ich ... kann es nicht sagen ... Ich bin ...

wie ein kleines Partikel des Lichts ... davon sieht man übrigens viele ... Milliarden gibt es davon, von diesen Funken, diesen ... wie heißen sie noch ... diesen kleinsten Teilen des Lichts? ... Photone ... und gleichzeitig bin ich gar nicht ich, dieser leuchtende Punkt, denn ich bin alles ... alles ist in mir ... Jetzt hat sich alles geändert. (Angestrengtes Formulieren und Denken.) ... Ah, man hat überhaupt keine Lust zu sprechen ...

Verstehen Sie alles, verstehen Sie, was Leben ist ...

Es ist gut ... Ich bin alles ... und ganz klein zur selben Zeit ... Ich bin überall zur selben Zeit ... außer auf der Erde ... die sehe ich nicht. Ich will sie übrigens gar nicht sehen.

Warum wollen Sie die Erde nicht sehen?

Ich sage es ganz einfach: Ich erwähne die Erde, weil ich mich erinnere, von dort gekommen zu sein ... und, Gott sei Dank, bin ich jetzt hier oben, wo es viel besser ist ... Ich kann hier oben gar nicht sagen »Ich bin«, weil ich gar nicht »bin« ... Leider habe ich keine Worte für diesen Zustand, für dieses Phänomen.

Fühlen Sie sich allein oder sind andere Wesen bei Ihnen?

(Kleines Lachen.) Das Wort passt wirklich nicht. Ich werde einen Versuch unternehmen, es zu beschreiben ... Vielleicht gelingt mir eine Beschreibung ... Ich fürchte, dafür gibt es keine Worte. Ich »bin« nicht, es ist ein Geist, der universell ist. Kann man sagen: »Er ist da«? Oder »Er existiert«? Kann man von Glückseligkeit sprechen? Es ist ein herrliches Gefühl ... Aber »ist« es?

Spüren Sie, der Sie reines Bewusstsein sind, einen Sinn in der Frage, ob andere Wesenheiten mit Ihnen sind?

Ich verstehe die Frage nicht sehr gut, weil es doch nur

eine einzige Sache gibt … Vielleicht bin ich gleichzeitig auch alle anderen Wesenheiten und alles andere? Ich weiß es nicht … Nein, hier ist niemand außer mir … Ich empfinde eine Einheit und eine Ordnung in dieser Einheit … Alles ist in dieser Einheit existent … Es ist die Wahrheit und die Wirklichkeit … Aber ich weiß nicht, ob es existiert.

Ich bitte Sie jetzt als reines Bewusstsein, sich hinzubegeben zu einer Ecke des Universums – die Worte sind armselig und erscheinen Ihnen vielleicht unpassend – einem Ort, an dem Sie noch mehr über das lernen, was das Bewusstsein wirklich ist, was dieser Geist vermag, was das Leben ist, was das Licht ist und was die universelle, unendliche Liebe ist … 1 … 2 … 3 … Stimmen Sie Ihre Frequenz ein auf diese Ebene des höheren Wissens, der Liebe und des Lichts.

(Hörbares, ruhiges, tiefes Atmen.) … Nein, nein … Ich werde zurückgehalten.

Wer oder was hält Sie zurück?

(Ganz leise:) Ich weiß es nicht.

Gibt es dort eine Ebene, auf die Sie nicht gelangen können? Gibt es dort eine Schranke, die Sie nicht überschreiten können?

Ja … Ich sehe es … Ich weiß, dass das Licht in Wirklichkeit viel heller ist … Ich sehe es nur aus einer großen Entfernung … Ich will nicht vorangehen.

Werden Sie sich bewusst darüber, was Sie hindert, zu einer anderen Ebene der kosmischen Schwingungen zu gelangen.

Angst.

Das ist das einzige Hindernis? Oder werden Sie noch von etwas anderem gehindert?

(Ganz verzagt, leises Stöhnen.) Es ist nicht der Moment.

Ich möchte, dass Sie nach Möglichkeit fühlen, was Sie noch vollenden müssen, bevor es Ihnen möglich ist, auf eine höhere Ebene zu kommen. Was müssten Sie tun, um dieses Hindernis zu überwinden, das Sie daran hindert, auf die höhere Bewusstseinsebene aufzusteigen?

Es ist nicht für mich … Ich spreche jetzt nicht als reines Bewusstsein, sondern als Mensch des Jahres … (Stöhnen).

(Ich will sagen »1994«, kann mich aber während der Trance nicht auf die Gegenwart konzentrieren, sodass mir das Jahr, in dem ich lebe, nicht einfällt.)

Ich werde es eines Tages schaffen … (angestrengtes Atmen).

Wie fühlen Sie sich?

(Keine Antwort, stattdessen Seufzer der Ratlosigkeit und Trauer.)

Empfinden Sie noch immer die große Freude und Liebe, von der Sie zuvor gesprochen haben, oder hat sich das jetzt geändert?

Ja … Ich muss noch andere Dinge tun in diesem Leben, bevor ich Fortschritte machen kann …

Um welche Dinge handelt es sich?

Es ist eine große Unordnung in meinem Leben … Es gibt nicht wirklich eine Linie, der ich folge … Ich sehe bereits den Weg, aber ich folge ihm nicht. Auf jeden Fall kenne ich den Weg … Es handelt sich lediglich darum, die Entscheidung zu treffen, diesen Weg auch zu gehen.

(Der Arzt spricht ganz behutsam und leise.)

Ja, sehen Sie auf diesen Weg.

Ich sehe den Weg, der ganz gerade durch das leere Uni-

versum führt ... Es ist ein Weg, der länger ist als ein Sonnenstrahl ... ich sehe mich hier, am Anfang dieses Weges, der übrigens sonnenbeschienen ist, sehr, sehr hell ... und am Ende dieses goldenen Strahls sehe ich ein Licht ... heller als die Sonne ... Ich sehe auch Gebilde aus Blöcken ... Konstruktionen.

(Diese Schilderung des Universums ist wohl die wichtigste in allen meinen vierzig Regressionssitzungen. Zu dieser enthusiastischen Äußerung komme ich ausfolgendem Grund: Zehn Jahre nach dieser Regressionssitzung – im März 2004 – las ich in »Bild der Wissenschaft« (4/2003): *»Der Kosmos beruht auf seltsamen Geometrien, die perspektivisch wechseln wie ein Vexierbild ... Das Universum erscheint im Weltbild der Stringtheorie wie ein kubistisches Kunstwerk.« Genau das habe ich gesehen und zu beschreiben versucht, wenn ich sage: »Blöcke und Konstruktionen«. Ich sah im leeren Universum wahrhaftig ineinander geschachtelte kubistische Formen, Zylinder, Pyramiden und Quader! Von der Stringtheorie der Astrophysiker hatte ich zur Zeit der Sitzung noch nie etwas gehört – und die Erkenntnis der Astrophysiker, dass sich das Universum als kubistisches Kunstwerk darstellt, war wohl zur Zeit dieser Sitzung noch nicht einmal den Wissenschaftlern bekannt.)*

Aber ich muss noch anderes tun, bevor ich den goldenen Weg gehe.

Sehen Sie, was Sie tun müssen, alles ist schon da, wo Sie sich befinden. Sehen Sie auf diesen Weg, der schon gezeichnet ist. Was müssen Sie tun, um diesen Weg zu gehen?

Ich muss mich konzentrieren.

Wäre »Meditieren« das richtige Wort?

Nein … Ich weiß, dass ich mein Interesse nicht auf das Wesentliche richte … Ich habe die Botschaft verstanden … Ich weiß jetzt, was ich zu tun habe, bevor ich das Ziel erreichen kann.

Ende der Sitzung.

Zu jener Zeit hatte ich noch nie meditiert. Drei Jahre nach dieser Sitzung wird mir in einer Meditation von einem Geist-Führer, der mir wohl auch in der Sitzung das Wort »Konzentration« telepathisch übermittelt hatte, deutlich gemacht, was diese Botschaft wirklich bedeutet: Ich sah ein Energiefeld aus konzentrischen Kreisen. Im Zentrum dieses vibrierenden Feldes war meine »Mitte«, war das Zentrum meines Selbst und gleichzeitig das Zentrum des Universums. Ich verstand diese Vision als ein Bild der kosmischen Einheit. Ich verstand, dass ich mich mit dieser Einheit in Einklang bringen sollte, dass ich alles Erlebte einordnen sollte in die Ordnung der um das Zentrum geordneten Kreise. Mein Leben geht seitdem weiter, fast wie zuvor, aber ich konzentriere mich nun bewusst auf meinen Weg.

Das Wort »konzentrieren« hatte für mich mit dieser Botschaft aus der nicht-materiellen Ebene seinen wirklichen Sinn bekommen. In der Sitzung hatte ich die »Botschaft« zunächst nur sehr oberflächlich aufgenommen und sie eigentlich nur dahingehend gedeutet, dass ich mein damals sehr, sehr abwechslungsreiches, glanzvolles, hektisches und oft auch oberflächliches Leben aufmerksamer leben sollte, mit mehr Konzentration, an der es mir damals wegen des Überangebots der Abwechslungen deutlich mangelte.

Die im Zustand des erweiterten Bewusstseins erlebten oder wahrgenommenen Zusammenhänge und Bilder waren mir vor der Zeit meiner Rückführungen ganz und gar unbekannt. Erst einige Jahre nach meinem Aufenthalt in Paris, in denen ich die vierzig Sitzungen mit Dr. Ducher durchgeführt habe, begann ich, mich der Lektüre zu dieser Thematik zu widmen. Erst da stellte ich fest, wie zeitlos, universell und tief die Erkenntnisse waren, die ich im veränderten Bewusstseinszustand aufnahm. Nahezu alle meine metaphysischen Erfahrungen und mystischen Erlebnisse finden sich bereits in den ältesten Schriften der Menschheit, den indischen Veden bzw. Upanishaden. Bis heute haben sich diese Aussagen und Formulierungen der metaphysischen Zusammenhänge, der kosmischen Erfahrungen, der Lichterlebnisse und der Bilder von Energie-Strukturen nie gewandelt. Zu allen Zeiten und an allen Orten ist das Vokabular das gleiche gewesen.

Und seit einigen Jahrzehnten wird nun dieses Vokabular auch von den Physikern und Astrophysikern für die Umschreibung ihrer neuesten Forschungsergebnisse verwendet. Der amerikanische Physiker David Böhm gebrauchte 1970 erstmalig den Begriff »implizite Ordnung«. Er basiert auf der Erkenntnis, dass die Information über die Gesamtheit schon in den Teilen dieser Gesamtheit vorhanden ist und die tiefsten Schichten der Wirklichkeit charakterisiert, die als energiegesättigtes Potenzial die Quelle für das Erscheinen manifester Phänomene sind. Als metaphysische Bezeichnung für eine besondere Form von Holismus hat die »implizite Ordnung« einen großen Kreis interdisziplinär interessier-

ter Forscher inspiriert, so z.B. in Verbindung mit der von dem Neuropsychologen Karl Pribram konstruierten holographischen Hypothese über das Gehirn. (Zitiert nach Ib Ravn; »Chaos, Quarks und Schwarze Löcher«, *München 1997, S. 101.)*

Eben jene Gesamtheit, die in jedem Teilchen existent ist, habe ich in der Rückführung erfahren, bewusst erlebt und zu beschreiben versucht, wenn ich von der »Ordnung in der Einheit«, von dem »Teil, das gleichzeitig das Ganze«, ist, spreche.

In einer noch aktuelleren und von den führenden Physikern als zukunftsweisend bezeichneten Theorie wird vom »Superstring« gesprochen. Es ist ein theoretisch angenommenes eindimensionales Objekt, das in seinen verschiedenen Vibrationszuständen alle bekannten Teilchen ausmacht. Das beinhaltet die Austauschbarkeit von Teilchen und Wechselwirkungen. Sämtliche Elementarteilchen und Wechselwirkungsquanten werden nun als verschiedene angenommene Schwingungszustände aufgefasst (a. a. O., S. 223).

Von dieser »Superstringtheorie« erwartet man, dass sie für die nächste Forschergeneration die eventuell alles umfassende Theorie sein wird. Was bleibt, sind einzig die verschiedenen Schwingungszustände. (Zitiert nach Gell-Mann, Murray, »Das Quark und der Jaguar. Vom Einfachen zum Komplexen. Die Suche nach einer neuen Erklärung der Welt«, *München 1995.)*

Zur »Superstringtheorie« schreibe ich in diesem Sitzungsprotokoll, dass ich »Gebilde aus Blöcken und Kons-

truktionen« im leeren Universum sehe. Diese Beschreibung des Universums korrespondiert auf das Genaueste mit dem Bild des Universums, wie es sich heute in der astrophysikalischen Stringtheorie darstellt: »Das Universum erscheint im Weltbild der Stringtheorie wie ein kubistisches Kunstwerk … Der Kosmos beruht auf seltsamen Geometrien, die perspektivisch wechseln wie ein Vexierbild.« (Zitiert aus: »Bild der Wissenschaft«, *4/2003.) Sehr bemerkenswert ist wohl nicht nur in meinen Augen, dass ich die Forschungsergebnisse der Astrophysiker bereits sehe, bevor die Wissenschaftler ihre Berechnungen des »kubistischen Universums« abgeschlossen und formuliert haben!*

Um Schwingungszustände scheint es auch bei den veränderten Bewusstseinszuständen zu gehen. Der Austauschbarkeit von Teilchen und Wechselwirkungen scheinen die fließenden Übergänge vom inkarnierten zum nicht-inkarnierten Bewusstsein zu entsprechen.

Der Dualismus von Welle und Teilchen ist seit Jahren ein faszinierendes Thema der Wissenschaft. In der Quantenmechanik erfordern selbst »einfache« Dinge wie Photonen (Lichtquanten) die Anwendung komplementärer Beschreibungen, die einander (eigentlich) ausschließen. Man spricht deshalb vom Welle-Teilchen-Dualismus. Teilchen und Kräfte sind Gegensätze, aber die Gesetze der supersymmetrischen Theorien erlauben sogar völlige Austauschbarkeit zwischen Teilchen und Kräften (a. a. O., S. 228, zitiert nach Stephen Hawking, »Eine kurze Geschichte der Zeit. Die Suche nach der Urkraft des Universums«, *Hamburg 1994). Zusammen ergeben sie die »Einheit« Licht. In der Quantenmechanik spielt das »Komplementaritätsprinzip« eine zentrale Rolle.*

Eindeutige Beschreibungen von Quantenphänomenen sind nicht nur schwierig, sondern durch die besondere Beobachtungssituation in der Quantenmechanik unmöglich (a. a. O., S. 120, zitiert nach Werner Heisenberg, »Physik und Philosophie«, *Stuttgart).*

Der Begriff »Beobachtungssituation« umschreibt die Rolle des Beobachters, genauer gesagt des Bewusstseins des Beobachters während seiner Messung jener Teilchen und Wellen. Das Bewusstsein ist somit nicht mehr allein Gegenstand der Forschung, sondern bestimmendes Element in der wissenschaftlichen Messung. Dieses Bewusstsein ist eine Kraft, deren Tragweite und Bedeutung nicht hoch genug eingeschätzt werden kann, wie es scheint. Es kann teils qualitativ von innen, durch das subjektive Erlebnis, beschrieben werden, teils von außen durch die neurophysiologischen Prozesse, die hinter einem solchen Erlebnis liegen (a. a. O., S. 121). Zusammen bilden sie die »Einheit« Bewusstsein.

Komplementarität und Dualismus sind offenbar universelle Prinzipien, die auch für die menschliche Existenz gelten. Das Bewusstsein ist mal an die Materie gebunden – es »lebt« in einem physischen Körper –, dann wieder ist es »frei« – der Mensch ist »tot« … aber nicht das Bewusstsein. Was sich ändert, ist die Schwingungsfrequenz. Teilchen und Welle entsprechen der Materie und dem reinen Bewusstsein – beide lassen sich nicht auseinanderdividieren, beide Teile des Dualismus bilden eine »Einheit«.

22

STEINKULT VOR 12 000 JAHREN · DER REBELL

Zwischen Arzt und Autorin wird vor der Sitzung abgesprochen, dass erneut ein Leben in der Steinzeit gefunden werden solle. Der Arzt fragt zu Beginn jeder Sitzung ausführlich nach Kleidung und Aussehen, damit ich mich leichter mit der Person identifiziere.

Autorin: Es ist dunkel … mit dem Licht des Mondes … In meiner Nähe sind noch andere Menschen, aber ich sehe sie nicht … Ich spüre ihre Gegenwart.

Dr. Ducher: Sind sie in der Nähe?

Was heißt das, »in der Nähe«? Sie sind so nahe, dass ich sie sehen könnte … wenn es ein wenig heller wäre.

Gut. Ich möchte jetzt, dass Sie mir sagen, ob Sie Schuhwerk tragen.

Ich trage keine Schuhe.

Und welche Kleidung tragen Sie?

Eine Tierhaut, die fast bis auf die Beine hinunterfällt.

Sind Sie ein Mann oder eine Frau?

Ein Mann.

Tragen Sie einen Bart oder ist das Gesicht unbehaart?

Ja, ja, einen Bart … er ist … es gibt längere Bärte als meinen.

Und das Haar?

Die Haare sind gelockt, sehr hell und halblang.

Wie alt sind Sie?

Fünfundvierzig Jahre.

Fühlen Sie sich gut oder eher schlecht?

Es gibt auch einen Zustand dazwischen … neutral.

Was tun Sie dort im Dunkel?

Es ist immerhin Nacht, und man müsste eigentlich schlafen … Aber jemand muss aufbleiben, um die Sicherheit der anderen zu gewährleisten … das bin ich … heute jedenfalls.

Vielleicht geschehen Dinge, während die anderen schlafen?

Ja, ich bin … vielleicht müde … ich kann nichts sagen über mich. Ich sehe schwarze Schatten auf meiner linken Seite … Ich weiß überhaupt nicht, warum ich sie so schwarz sehe und was es ist.

Machen diese Schatten Ihnen Angst?

Nein, keine Angst … aber ich kann sie nicht sehen.

(Leise Stimme, die Angst und Mutlosigkeit erkennen lässt.)

Kommen Ihnen diese Schatten bekannt oder vertraut vor?

Das ist es ja gerade, was ich mich von Anfang an frage.

Sind es menschliche Schatten?

Nein … Es ist sehr viel größer als ich. Was könnte es nur sein? Ich habe keine Ahnung … Ich verstehe es nicht … Sie sind sehr hoch und total schwarz, während der Rest der Landschaft wegen des Mondes gar nicht so dunkel ist ... Vielleicht vergesse ich die ganze Sache einfach ... (ganz leise geflüstert)

Können Sie sich den Schatten nähern?

(Sehr bestimmt:) Nein!

Die Zeit beschleunigt sich ... 1 ... 2 ... 3 ... ein anderer Moment desselben Lebens. Sind Sie immer noch am selben Ort?

Es waren Felsen ... diese Schatten ... Jetzt sind sie nicht mehr schwarz ... Es sind nicht irgendwelche Felsen, sondern jene Felsen, aus denen wir die großen Steine herausschlagen werden ... deshalb ... also, die Steine machen mich nicht gerade zufrieden ... Es ist die Aufgabe mit den Steinen, die mir auf der Seele liegt ... Man weiß, dass man die Steine behauen wird, und gleichzeitig weiß man, wie hart diese Arbeit ist ... in einem doppelten Sinn. Vielleicht kamen die Felsen mir in der Nacht deshalb so schwarz vor, weil ich Angst vor der Arbeit habe ... Ich wollte in der Nacht nicht an die Felsen denken ... Wir haben eben die Aufgabe, diese großen Steine zu behauen und aufzurichten.

Warum sagen Sie »Aufgabe«? Wer hat diese Aufgabe gestellt?

Also, auf jeden Fall kommt die Idee nicht von mir selbst ... und auch nicht von den anderen bei mir ... Warum aber bin ich so sicher, dass es unsere Aufgabe ist, dass wir diese Aufgabe tun müssen? Warum ... ? Also, es ist nicht erst neueren Datums ... diese Idee ... Sie kommt ... von unseren Ahnen ... die allerdings auch schon an den Steinen gearbeitet haben ... Aber warum?

Bearbeiten Sie die Steine auf ganz besondere Weise?

Um sie aus dem Felsen zu befreien, zu lösen, benutzen wir wiederum Steine ... wie seltsam, wenn man das bedenkt!

Sie geben den Steinen eine ganz besondere Form?

Aber ja!

Warum eine besondere Form? Wissen Sie es?

Die Form ... ist eine ... Hommage ... an die Wesen, die größer sind als wir ... und die auch anders aussehen als wir ... die eine Silhouette haben, die ... (Stöhnen) ... amorph ist, weil sie den Körper in Anzügen verstecken ... in weiten Overalls mit Kopfhelmen ... Darunter kann man nicht die Form ihres Körpers erkennen ... und außerdem kennen wir sie nicht sehr gut aus der Nähe ... Alles, was ich dazu sagen kann, ist, dass die Steine abgerundet sind wie die Umrisse dieser Wesen, denen wir Ehrerbietung erweisen. Ich verstehe sehr gut, dass unsere Arbeit nicht sehr genau ist ... Die Steine ähneln nur sehr vage den fremden Wesen ... Es ist vor allem die Größe der Steine und nicht so sehr die Details der Form, die wichtig ist.

Die Form wird nicht respektiert?

(Ich bin irritiert durch die Zwischenfrage, die zeigt, dass Dr. Ducher meiner (französischen!) Schilderung nicht folgen konnte.) Die Form der Steine ähnelt entfernt ... den fremden Wesen.

(Die Beantwortung der Frage erfolgt unwillig, gequält, fast müde und verzweifelt. Die Erinnerung an die Fremden scheint bedrückend. Zum Abbild-Charakter der aufrecht gestellten Megalithe ist zu sagen: In der Sahara (Tassili), in Südafrika, in Russland und Australien findet man prähistorische Darstellungen von menschlichen Wesen, die genau diese wuchtigen »Raumanzüge« mit Helmen tragen,

durch welche die Silhouette der Gestalt nahezu amorphe Formen annimmt.)

Ich möchte, dass Sie die Anordnung der Steine beschreiben. In welcher Position werden die großen Steine aufgestellt, wenn sie fertig behauen sind?

Das ist auch eine Hommage an diese fremden Wesen. Da sie von den Sternen kommen, wissen und verstehen sie alles, was wir fast gar nicht verstehen … und … ja … Als Schüler dieser Wesen … man könnte sagen, es ist eine Aufgabe, die sie uns gestellt haben, uns, die wir sehr viel limitierter sind in unserem Verständnis, in unserer Auffassungsgabe als jene … Sie haben uns unterrichtet und … gezwungen, moralisch gezwungen, zu beweisen, dass wir die Lektion verstanden haben … Es wäre sehr ernst, wenn wir die Aufgabe nicht erfüllen. (Leises Stöhnen.)

Haben Sie persönlich einen besonderen Kontakt zu den Wesen?

Nein, es waren die Eltern der Ahnen, die uns die Kenntnisse, die Beschreibungen der Ereignisse weitergegeben haben.

Welches Wissen wurde von den Ahnen Ihnen vermittelt, was die Steine angeht, ihre Form, ihre Aufstellung und ihre geometrische Anordnung? Stehen die Steine in einer Beziehung zum Kosmos, zu den Sternen? Haben Sie Unterweisungen erfahren von den Fremden?

Ja, es sind Riten … Jetzt gerade erinnere ich mich, dass jeder von uns einige Male in seinem Leben die Chance hat, teilzunehmen an den Versammlungen oben in den Bergen … Man setzt sich in einem Kreis, der sozusagen das Modell von dem ist, was man aus den großen Steinen konstruieren wird

... Wir sind die nachfolgenden Generationen ... Ein Modell ... Auf jeden Fall sitzen wir in diesem Kreis am Boden, um die fremden Besucher zu ehren, die ich nicht kenne. Und bei diesen Versammlungen in den Bergen werden astronomische Studien gemacht ... Ich bin dabei nicht der Schnellste im Verstehen ... Ich würde sagen, ich tue mich schwer, den Ausführungen der weisen Männer zu folgen ... Ich will gar nicht sagen, dass sie weise sind, aber sie haben ihr ganzes Leben lang diese Studien betrieben ... und deshalb sind sie in der Lage, die anderen zu unterrichten ... Ich bin mit dem Ganzen gar nicht zufrieden ... Es macht mir Angst, es überfordert mich, ich verstehe es nicht, und das Ganze ist für mich kein positiver Gewinn ... Selbst die Zeremonie oben in den Bergen ... das könnte einem ja noch gefallen ... aber mich stört, dass ich so wenig verstehe. Ich kann mir gut vorstellen, dass die anderen mehr als ich davon verstehen. Die anderen tauchen richtig ein in diese Studien ... Ich spüre, dass es für sie ein heiliges Wissen ist ... und für mich eben nicht ... was sehr ernst ist. Ich darf darüber nicht sprechen. Ich muss es unbedingt geheim halten. Ich möchte mit dem Ganzen nichts zu tun haben ... weil ich es nicht verstehe. Ich weiß nur, dass ich von diesen Dimensionen und Zusammenhängen nichts verstehe ... das irritiert mich. Ich habe keine Angst, aber da es von allen so wichtig genommen wird, belästigt es mich ... Und es beansprucht so viel Zeit unseres Lebens, die Steine zu bearbeiten ... Ich wollte, man ließe mich in Frieden ... Aber ich habe gar keine Wahl, ich muss mich beteiligen.

In welcher Region dieses Planeten befinden Sie sich?

Ich sehe es von oben ... und erkenne gar nichts ... weil

das Meer … ach, ich schaffe es nicht zu denken … Ich weiß das alles, aber in diesem Bewusstseinszustand … fällt es mir schwer … Auf jeden Fall ist das Meer sehr viel kleiner (als heute) … Ich erkenne die Formen der Landmasse nicht … Was könnte das für eine Gegend sein?

Ist es die nördliche oder die südliche Hemisphäre?

Ganz sicher ist es nicht im Süden unseres Globus … aber warum kann ich denn nicht denken? Es ist auf der nördlichen Halbkugel … Es war … man könnte sagen Frankreich, aber ich sage es nicht, weil es so anders aussieht als heute … die Landschaft, der Küstenverlauf …

In welcher Zeit der Menschheitsgeschichte befinden Sie sich?

Zwölftausend … Ich sehe jetzt 12 000 vor meinen Augen, gerade zuvor jedoch war es die Zahl 75 000 … aber ich habe sie ganz schnell ausgewischt.

(Die genannten 12 000 Jahre beziehen sich auf das Datum des in der Rückführung gelebten Lebens. Die 75 000 dagegen bezieht sich auf den Besuch der »Fremden«, so jedenfalls steht es in meiner Erinnerung. Und da ich ungern an jene Wesen denke, habe ich die Erinnerung und auch die zugehörig Jahreszahl »ausgewischt«. Die Fremden haben, wenn man hier die alten Texte z.B. der Sumerer heranzieht, um die Zeit 70 000 die Erde besucht, die Menschen unterrichtet und ihnen Aufgaben gestellt, an denen sie ihre (neue) Intelligenz proben sollten. Zu diesen Aufgaben scheint auch gehört zu haben, große Steine zu behauen.

Als vor 18 000 Jahren die Eismassen am Ende der letzten Eiszeit (Würm-Eiszeit) abzuschmelzen begannen, war der Meeresspiegel noch bis zu 120 Meter tiefer als heute.

Dementsprechend war die Landmasse größer bzw. sichtbarer, weil sie nicht von Wasser überspült war. Der Küstenverlauf aller Kontinente unterschied sich erheblich von dem heutigen. Die Aussagen in der Sitzung, dass es so schwierig sei, die Gegend mit einem Begriff von unserer heutigen Landkarte zu benennen, ergibt daher Sinn.)

Jetzt werden Sie zum Ende dieser irdischen Existenz kommen …

Was macht man denn da mit mir?? Das ist doch nicht möglich! (Leise, erstaunt, zunächst flüsternd.) Man hat mich eingesperrt in eine Höhle … und man hat die Höhle versperrt mit einem großen Stein … Die Absicht ist, mich zu strafen … weil ich … weil ich nicht teilgenommen habe an den heiligen Handlungen. Man hat schließlich doch gemerkt, dass ich mit meinen Gedanken nicht bei der Sache bin … dass ich nicht mitmache … (kleines Stöhnen)

Welches Alter haben Sie?

Ich sehe mich von außen.

(Das Bewusstsein hat den Körper bereits verlassen. Die Fragen stören.)

Ich tue mich schwer mit dem Antworten … Ich sehe die Szene von außen und gleichzeitig von innen …

Akzeptieren Sie das … Gibt man Ihnen zu essen und zu trinken?

(Plötzlich herzhaftes Lachen.) Es soll eine Strafe sein … Sie sind so dumm … Sie haben mich eingesperrt … einen Stein haben sie vor den Ausgang gerollt, der mich daran hindert, aus der Höhle herauszugehen … Aber mein Blick ist frei und sie erwarten von mir, dass ich mich nun endlich auf das Studium der Sterne konzentriere. Aber das tue ich

nicht. Ich möchte mit dem ganzen Sternenkram nichts zu tun haben … das ist meine Bestrafung für sie – und meine Rache. (Fast erleichtertes Seufzen.)

In welcher geistigen Verfassung sind Sie unmittelbar vor Ihrem Tod?

Rebellion … Ich lasse mich nicht zwingen von ihnen … von den Fremden nicht und nicht von meinen eigenen Leuten … Ich bin nicht wie die anderen, voilà. Ich möchte nicht Tag und Nacht die Sterne beobachten … Ich akzeptiere die Bestrafung, vielleicht verdiene ich sie ja … egal … Ich bin überzeugt, dass man zu viel Aufmerksamkeit auf die fremden Besucher verschwendet.

Sie haben sich aufgelehnt dagegen? Sind Sie den anderen böse, dass sie Sie eingesperrt haben? Empfinden Sie Zorn?

Nein, man kann nicht von Zorn sprechen … Vielleicht war ich sogar ganz zufrieden, dass man mich in Ruhe ließ … in großer Ruhe. Ich bin allein … macht nichts … Ich werde sterben. Ich akzeptiere das. Aber sie haben mich nicht überzeugen können, dass ich auf dem falschen Weg bin.

Haben Sie das Bedürfnis, vor Ihrem Tod noch etwas mitzuteilen?

Nein, sie wissen es schon, sie wissen, was ich denke.

Gut, Sie werden jetzt hinübergehen in das Reich der Toten …

Das Ende der Sitzung verläuft wie gewohnt.

23

NEANDERTALER
· CROMAGNON-MENSCH
· WESEN AUS PARALLELWELTEN
· MAGISCHER STEINQUADER
· 58 000 JAHRE V. CHR.

Auch diese Sitzung sollte in die Steinzeit zurückführen – und wie üblich geschah es denn auch so. Das Nebeneinander von primitiven Erdenmenschen und höheren Intelligenzen auf der Erde wird überraschend detailliert erlebt.

Autorin: Es ist ein nebliger Tag … niemand ist bei mir, ich bin allein … unter freiem Himmel … Ich fühle mich großartig … ein Gefühl von Größe … Ein Gefühl von Großartigkeit …

Dr. Ducher: Sind Sie ein Mann oder eine Frau?

Ja, ich bin ein Mann, aber die Frage stört mich erheblich, weil ich mich erhaben fühle über derlei Fragen.

Verzeihen Sie mir die Frage, die vielleicht ungeschickt war.

(Leises Stöhnen und eine »fremde« Stimme machen deutlich, dass meine Schwingungen nicht mehr die Frequenz des Alpha-Rhythmus, sondern bereits die des Theta-Rhythmus haben.)

Was tun Sie gerade? Was sehen Sie?

Es ist eine gewaltige, eine erhabene Landschaft ... mit Wiesen ... Es ist mild, lieblich, ganz und gar nicht gefährlich ... die Landschaft ist ruhig, friedlich. (Die Stimme ist sehr langsam, feierlich und tief.) ... Wie ich schon sagte: Es ist »groß« in einem metaphorischen Sinn ... Ich sitze auf einem großen Stein ... Es scheint mir, als hätte dieser Stein eine Form, die nicht von der Natur gemacht ist ... Es ist ein sehr regelmäßiger Quader ... an den Seiten ein wenig abgerundet ... Der Stein ist anders als andere Steine ... Ja, was mache ich dort? ...

Was geht in Ihnen vor?

Es ist meine Landschaft ... ich liebe sie ... Im Augenblick tue ich gar nichts. Ich gebe mich hin an diesen Augenblick. Ich meditiere nicht ... Es ist sehr viel weniger als »Gedanken«, was in meinem Kopf vorgeht ... Ich bin sozusagen leer ... und zur gleichen Zeit voll ... voller ... nein, nicht Ehrfurcht, sondern ... wie soll man das ausdrücken ... voller Gefühle, das wäre auch zu schwach ...

Voller Emotionen?

Nein, es ist ein wenig wie ein Gebet ... es öffnet sich zum Himmel.

Kann man sagen Ekstase?

Nein, das ist viel zu menschlich. Das Gefühl, von dem ich

spreche, ist ruhig, offen und groß … Ich bin aufgegangen in diesem Gefühl … Ich verstehe alles, was geschieht … aber es geschieht gar nichts.

Kann man sagen, dass Sie in »Harmonie« sind mit allem?

Ja, das ist das Wort … Ich habe gerade gesagt, dass ich leer bin und zur selben Zeit voll … Ja, voller Harmonie.

Und jetzt hören Sie gut zu: Ich werde bis drei zählen und Sie werden fühlen, in welcher Region auf der Erde Sie sich befinden und zu welcher Zeit Sie dort leben … 1 … 2 … 3 …

Ich habe die Zahl 58 000 gesehen.

Vielleicht werden die Dinge sich präzisieren. Die Zeit wird weitergehen zu einem wichtigen Moment in diesem selben Leben …

Richtung Tal … sehe ich die kleinen Wesen … Ich kenne sie … Ich habe sie in einer anderen Sitzung gesehen … und was ich dort zwar bemerkt, aber nicht kommentiert habe, mache ich jetzt: Ihre Gesichter sind ganz leer und klar, wie Gesichter von Babys … Warum? … Warum? Beim letzten Mal habe ich nur gesagt, dass es Babys sind, weil sie unschuldig sind. Aber es sind auch die Gesichter, die denen von Babys ähneln … Sie haben gar keine Gesichtszüge … Ich muss sagen, ich mag sie gar nicht, wenn ich sie jetzt so anschaue … Es ist derart anders … Ich bin nicht gewohnt, sie zu sehen (Stöhnen) … Es sind menschliche Wesen, die noch nicht fertig sind … Sie sehen aus … wie Maden (Ausruf voller Ekel) … Es ist, als ob man dabei wäre, menschliche Wesen zu kreieren, deren Entwicklung aber im Moment noch nicht abgeschlossen ist … (verzweifeltes Stöhnen) …

Es ist, als wenn man dabei wäre, Gesichter, Nasen etc. zu kreieren.

Ich möchte, dass Sie jetzt noch intensiver erleben, wer Sie selbst sind, Sie, der Sie offenbar nicht sind wie die anderen Wesen …

Gott sei Dank sehe ich mich nicht selbst, weil es mir nicht möglich ist … Ich fühle mich sehr gut …

Haben Sie den Eindruck, dass Sie so sind wie diese Wesen?

Nein, das ist seltsam!

Wie sehen Sie sich selbst im Vergleich zu den anderen?

Ich hin weiter entwickelt als sie, auch in meinem Körper … das Gesicht kann ich mich nicht beurteilen, da ich, wie ich schon sagte, nicht sehen kann. Aber ich sehe mich sicherlich als sehr anders als die anderen … (Stöhnen) Ich möchte gern verstehen, warum jene Wesen einen so weichen, schwachen Körper haben! … Es sind Embryos, da habe ich endlich das Wort gefunden, das so ungefähr passt … nicht Maden, sondern Embryos.

Sind diese fremden Wesen behaart oder sind sie unbehaart?

Behaart?? Eher im Gegenteil.

Und Sie? Sind Sie behaart?

Ja, ich hin behaart.

(In verschiedenen Texten der Vorgeschichte werden menschliche Wesen ausdrücklich als behaart geschildert. Der Held Enkidu, zum Beispiel, sei am ganzen Körper behaart gewesen, heißt es im Gilgamesch-Epos.)

Sind Sie völlig adaptiert an das Leben auf diesem Planeten oder können Sie gleichzeitig in nicht-physischen Welten leben?

Ich glaube, dass ich im Augenblick nicht mehr existiere auf meinem Stein … weil ich mich aufgelöst habe … jetzt bin ich nicht mehr da … obgleich ich doch da bin … Aber wo ist mein Körper?! Ich sehe ihn nicht mehr.

Was machen Sie dort, wo Sie sich befinden?

Auf jeden Fall werden diese Baby-Wesen überwacht, auch von mir … Es ist meine eigentliche Aufgabe, aber (ganz leise Stimme) … Was ist denn das?? … Ich sehe immer dasselbe Bild, egal, ob inkarniert oder nicht-inkarniert … das Bild verlässt mich nicht … Es ist das Felsplateau mit den blassen Wesen im Tal … Es erscheint mir wie eine große Zahl, aber wenn ich sie zähle, sind es nur ungefähr zwanzig.

Was machen diese Wesen dort?

Sie sind minderwertig verglichen mit mir … Sie machen Dinge, die nicht von Bedeutung sind, die nutzlos sind … sie sind aktiv, das ist alles … Ihre Aktivitäten haben keinen Sinn für mich …

Sie bewegen sich … es ist wie eine Halluzination, die ich nicht auslöschen kann, ein Bild, das keinen Sinn ergibt (gequältes Stöhnen)… Und warum sehe ich Embryos?? Embryos in Gläsern … in kleinen Glasgefäßen?? Vielleicht bewegen diese Embryos sich auch, aber man kann nicht davon sprechen, dass sie irgendetwas tun.

Und was machen Sie? Was ist Ihre Rolle? Was fühlen Sie?

Ich fühle mich derart wohl und gut auf meinem Felsplateau … und ich glaube, ich gehöre zu dieser Landschaft … Und warum jene Wesen derart anders sind als ich, weiß ich nicht … Ich gehöre zu einer anderen Rasse.

Zu einer Erden-Rasse?

Ja, wie ich schon sagte, gehöre ich so sehr zu dieser Landschaft, dass ich sicher bin, auch von diesem Planeten zu stammen.

Aber Sie fühlen, dass Sie eine Mission zu erfüllen haben für diese anderen Wesen, die den Embryos ähneln?

Es gibt nicht mehr viele wie mich ... Ich glaube, ich bin so etwas wie ein Fossil, das überlebt hat ... Und jetzt kreiert man etwas anderes, andere Wesen, viel schwächer als ich ... (geflüstert).

(Bei dem behaarten, sehr schweren und geistig nicht so weit entwickelten Menschen, der in dieser Sitzung spricht, könnte es sich um einen Neandertaler handeln. Die Anthropologen datieren sein Aussterben heute auf die Zeit um 40 000. Bereits ab 70 000 war der heutige, »intelligente« Mensch, der »Cromagnon« oder »homo sapiens sapiens« auf den Plan getreten, von dem die Wissenschaftler sagen, dass er einige andere Gene hat als der Neandertaler, von dem er folglich nicht abstammt. Es gab eine Phase der Koexistenz der beiden Menschenarten, aber um 40 000 hatte der intelligentere Mensch den primitiveren Menschentyp verdrängt, ausgerottet oder einfach überlebt. Die in der Sitzung gemachten Äußerungen: »Ich bin ein lebendes Fossil« und »Es gibt nicht mehr viele wie mich« sind durchaus stimmig, was ich allerdings erst drei Jahre nach dieser Sitzung verstand, nachdem ich anlässlich der Niederschrift der Kassetten die Literatur zu diesem Thema befragt hatte. »Sie machen jetzt einen neuen Menschen ... kleiner als mich, schwächer, aktiver, intelligenter und weniger behaart, als ich es bin« – das sind Äußerungen, die zu der Entwicklung in die Zeit des Quantensprungs um 70 000 bzw. 40 000 sehr

gut passen. Aus diesen Angaben wird auch klar, dass der Neandertaler nicht, wie immer noch gelegentlich behauptet wird, der genetische Vorfahre des modernen Menschen ist, sondern ein Menschentyp, der ausstirbt.

Lange nach dieser Sitzung las ich 1998 in dem Buch von Henning Engel, »Lag Babylon in Afrika?«, *S. 160/161: »Das Auslaufmodell Neandertaler wurde von dem Cromagnon offensichtlich überrundet ... Keines der Merkmale des Neandertalers war bei dem modernen Menschen vorhanden.« Ich gab also damals in Trance bereits genau das wieder, was die Forscher inzwischen erarbeitet und zu Papier gebracht haben und was mir 1994 noch unbekannt war. Dem Stand der Forschung entspricht auch, was ich in der Sitzung über die Seltenheit des »Auslaufmodells« sage. Die Fachliteratur informiert uns, dass es zu Lebzeiten der Neandertaler immer nur sehr wenige, gleichzeitig lebende Wesen dieses Menschentyps gegeben hat. Bemerkenswert ist auch die Charakterisierung, die ich in der Sitzung von mir selbst gebe: »Ich bin ein fortgeschrittenes Tier«.)*

Ich werde jetzt bis drei zählen und Sie kommen zu einem anderen Moment dieser selben Existenz ... 1 ... 2 ... 3 ...

Ich sehe ... (Seufzer) ... Ach, ich habe gar keine Lust, es zu erzählen ... Es ist für mich kein Vergnügen, das zu sehen ... Aber ich werde es dennoch sagen: Ich sehe ein Fahrzeug ... Es ist sehr fremd und seltsam ... und man stellt sich zwischen mich und diese Baby-Wesen ... Sie wollen nicht, dass ich mich nähere ... und sie kommunizieren mit mir über eine große Entfernung.

Wie kommunizieren sie mit Ihnen?

Man kann es nicht hören ... aber ich verstehe es einfach ...

Also, ich soll mich nicht nähern ... Es ist nicht meine Person, an der sie interessiert sind, es sind die anderen Wesen, die für sie von Interesse sind. Sie bewegen sich auf diese Wesen hin, sie nähern sich ... meinen Baby-Wesen ...

(Kleines Lachen über das Wort »mein«, stolz wie eine Mutter.)

Aber ich kann nicht sehr genau sehen, was dort vor sich geht ... Sie stören mich, weil jetzt der Friede in meiner Seele dahin ist ... annulliert im Moment ihres Erscheinens.

Warum fühlen Sie sich gestört?

Es sind die Schwingungen, die sie mitbringen. Es ist ... fast aggressiv sind die Vibrationen, die irritierend sind ... wie unter Elektrizität fühle ich mich.

Bleiben die anderen lange dort?

Ich weiß, dass sie nicht lange bleiben ... Ich bleibe auf meinem Stein ... und sehe es mir an ... Welch eine seltsame Maschine! ... Sie hat Spiegel auf der Oberfläche, die das Licht reflektieren ... wie ... Antennen, die wenig später nicht mehr da sind, weil sie vor dem Abflug ... eingezogen werden.

Jetzt haben Sie offenbar nicht das Recht, sich der Maschine zu nähern. Aber haben Sie vorher schon einmal die Berechtigung gehabt, sich dem Flugobjekt zu nähern oder es zu betreten?

(Die Stimme klingt sehr fremd, ich bin in sehr tiefer Trance.)

Nein, aber sie waren dichter bei mir zu einer anderen Zeit, um mich ... zu unterrichten, denn die Tatsache, dass ich dauernd auf meinem Stein bleibe, ist das Ergebnis ... dieser Instruktion ... Es ist ein Befehl. Ich bin noch nicht einmal frei, meine Zeit irgendwo anders zu verbringen. Ich muss mich dort auf dem Stein aufhalten, wo die anderen (also die Baby-Wesen) sich befinden, denn … aus Gründen, die ich nicht verstehe, bin ich wichtig für deren Entwicklung. Ich fühle mich sehr alt … alt (leises Stöhnen) … sehr alt.

Haben Sie die anderen Wesen in ihren Raumschiffen gesehen?

(Plötzlich Freude und Überraschung in der Stimme, kleines Lachen.) Aber das ist doch gar nicht möglich! … Da ist ja eine Ähnlichkeit zwischen den beiden, den Baby-Wesen und den fremden Besuchern aus dem Fluggerät! Wer könnte das erklären?! Es sind ihre eigenen Kinder! … Warum lassen sie ihre eigenen … Brüder … oder Babys … auf meinem Planeten? Ich verstehe das nicht, aber ich sehe, dass es so ist. Ich sehe, dass es derselbe Typ ist.

Dieselbe Rasse?

Ja, es scheint, dass sie einige ihrer Rasse auf der Erde deponiert hätten … als ob jene Wesen hier auf der Erde in Sicherheit wären … Ich sage es, wie ich es sehe … Ja, aber was ist meine Rolle? Vielleicht kann ich eine Antwort finden … Was ist meine Rolle? Ich bin keine Amme, vor allem, weil ich ein Mann bin. Was mache ich dort bloß?

(Die Texte der alten Sumerer sprechen wiederholt von dem Nebeneinander von Hominiden und Göttern – und von Mischlingen aus diesen beiden Arten. Das Alte Testament der Juden und Christen, das zu einem Teil auf diese älteren Texte zurückgeht, schreibt: »Und nun sprach Gott: Lasst (Plural!) *uns einen Menschen machen, nach unserem Bilde, uns ähnlich.« (Genesis 1,26.) Und an anderer Stelle heißt es im Alten Testament: »Als sich die Menschen nun auf*

der Erde zu vermehren begannen und ihnen auch Töchter geboren wurden, sahen die Söhne der Götter nach den Töchtern der Menschen ... und nahmen zu Weibern, welche sie wollten ... Es waren zu jenen Zeiten die Riesen auf Erden, denn da die Kinder Gottes die Töchter der Menschen beschliefen und ihnen Kinder zeugten, wurden daraus Gewaltige in der Welt und berühmte Leute.« (Genesis 6,1–4.)

Die »Riesen« heißen im Urtext »nefilim«, was wörtlich übersetzt heißt: »Die, die von oben herunterkamen«. Könnte man hier wieder einmal sagen: Und die Bibel hat doch Recht?!)

Verstehen Sie den Kontakt zwischen Ihnen und den anderen, verstehen Sie, wie jene aus Ihnen eine Person gemacht haben, die den Embryos helfen kann.

Es ist, als ob sie mich mit ihrer Energie aufgeladen haben ... damals, als sie dicht bei mir waren ... als ob sie mich mit einer Energie aufgeladen hatten, die ich danach auf die Babys der Fremden projiziere, die bei mir bleiben.

(Angestrengtes Sprechen und nach dieser letzten Formulierung eine Erleichterung darüber, dass die Zusammenhänge erkannt wurden.) Es ist ein Art Wärme, eine Energie, die ich an die Babys abgebe.

Zu deren Schutz? Sind Sie dafür da, zu ermöglichen, dass sich die Abkömmlinge der Fremden an das Leben hier auf Erden anpassen?

Ja, ja. So wollte ich es ja gesagt haben.

Sind die kleinen Wesen vielleicht auf der Erde deponiert worden, damit sie sich an die Schwingungen dieses Planeten anpassen?

Ja, aber was ist meine Rolle darin? Wie ich sagte: Eines ist klar: Meine Gegenwart ist positiv für die Kleinen der Fremden … Ich tue ihnen gut, weil man mich vorbereitet hat, eine Energie abzugeben, eine Energie auf die Fremden auszustrahlen, die jene beschützt oder sie … ich verstehe das nicht … ich tue ja gar nichts! Das Einzige, was ich sicher weiß: Ich muss an diesem Ort bleiben. Ich fühle mich dort, wo ich bin, sehr gut … also kein Problem für mich … Ich lebe … und das ist sozusagen alles.

Spüren Sie, ob Sie einverstanden waren, diese Rolle zu übernehmen, oder ob Sie gezwungen wurden, manipuliert wurden von jenen?

Dafür müsste ich wissen, was ich vor dem ersten Kontakt mit den Fremden getan oder gedacht habe … Aber ich erinnere mich nicht … Jetzt jedenfalls bin ich permanent unter deren Einfluss … gleichsam gelenkt oder … gezwungen.

Haben Sie den Eindruck, noch einen freien Willen zu haben?

Nein, aber das ist nicht schlimm, da ich mich ja gut fühle. Ich beklage mich nicht … Aber was habe ich vor dem Kontakt mit den Fremden gemacht? Könnte ich es erfahren?

Ja, ich werde bis drei zählen und wir werden in der Zeit zurückgehen, bis zu dem Zeitpunkt vor dem ersten Kontakt mit den fremden Besuchern … 1 … 2 … 3 … Jetzt spüren Sie diesen Moment …

(Stöhnen, Wimmern.) Aber das ist gar nicht gut … das ist gar nicht gut … mir ist schwindelig!

Verstehen Sie, was passiert. Überwinden Sie den Schwindel und verstehen Sie, was mit Ihnen vorgeht.

Ich versuche, mich zu verstecken … hinter einem Baum. Ich bin jung … Das Verstecken ist lächerlich, sie finden mich sowieso.

Nehmen Sie genau wahr, was mit Ihnen geschieht.

Nein, nein! (Wimmern) … Ich fühle mich wie in einem Regen von Energie, die mich vollkommen verändert, die auch den Schwindel verursacht. Ich werde bewusstlos.

Werden Sie in dem Moment, in dem Sie das Bewusstsein verlieren, manipuliert und verändert?

(Resigniert, müde Stimme:) Ja.

Verstehen Sie das alles und sehen Sie, was aus Ihnen geworden ist, nachdem Sie manipuliert wurden.

Ich erhebe mich, ich bewege mich … wie ein Zombie … zu meinem Stein … und dort werde ich von da an den größten Teil meiner Zeit verbringen. Ich frage nach gar nichts mehr, ich habe kein anderes Verlangen mehr … und ich glaube, dass es wegen der Energien so ist, mit denen jene mich aufgeladen haben … die Energien, die ich auf die Gruppe der fremden Wesen projiziere … so, als ob es die Milch wäre, derer sie bedürfen.

Jetzt, nachdem Sie die Zusammenhänge verstanden haben, möchte ich, dass Sie spüren, woher die Fremden zur Erde gekommen sind.

(Tiefes Atmen, Stöhnen.) Ich bin auf dem Weg zu jenem Stern in diesem Projektil. Er ist gigantisch. Einen Namen soll ich finden?

Ja, der Name jenes Ortes im Universum, von wo die Fremden kommen, taucht vor Ihnen auf.

(Mit ganz fremder, tiefer Stimme:) Ich kann es nicht sagen, weil … Ich ziehe vor, es nicht zu sagen.

Sehr gut. Ich werde bis drei zählen und Sie erreichen die letzten Momente dieses Erdenlebens. Sind Sie sehr alt?

Ich sehe mich immerzu auf dem Stein sitzen ... Ich bin sehr alt.

(Seufzen, fremde Stimme wie in tiefer Trance.)

Wissen Sie, dass Sie bald sterben werden?

Ich sehe auf die Wesen, die nun viel größer sind, erwachsen sind ... Sie sind so ... so anders als ich. Sie sind immer aktiv und ich verstehe den Sinn ihres Tuns nicht ... sie arbeiten immerzu.

Schauen Sie auf die Unterschiede zwischen Ihnen und den Fremden.

Sie sind weniger behaart, sehr viel schwächer als ich, blass ... und ich habe den Eindruck, dass sie intelligenter sind als ich. Ich weiß nicht, warum ich das so empfinde ... Ich selbst bin nicht sehr intelligent ... ich bin ein wenig wie der Stein unter mir, ruhig, unbeweglich ... Ich bin ein fortgeschrittenes Tier.

Wird jemand Ihren Platz einnehmen nach Ihrem Tod?

Ich sehe, dass jene kleinen Wesen jetzt viel kräftiger geworden sind, dass sie sich adaptiert haben an das Leben auf der Erde ... Neben den fremden Wesen steht ein Apparat, der – welch seltsame Geschichte! –, der mich sozusagen ersetzt. Es ist, als ob meine Batterie sich erschöpft hat und keine Energie mehr auf die anderen ausstrahlt. Man hat mir übrigens sehr viele Extra-Lebensjahre gegeben, damit ich meine Aufgabe erfüllen kann ... Ich bin wirklich sehr, sehr alt ...

(Die Mythologie bzw. die ältesten Texte der Menschheit kennen viele alte Menschen – nicht nur Methusalem, der 969 Jahre gelebt haben soll. Sein Vater Henoch wurde 365

Jahre alt; sein Sohn Lamech und sein Enkel Noah lebten ebenfalls sehr lang (Genesis 5,21–29). Meine Äußerungen über das Lebensalter in dieser Sitzung entsprechen also dem, was auch die vorgeschichtlichen Texte sagen.)

Und heute laden sie ihre Energie auf andere Weise auf – ich erzähle vielleicht Unsinn … Ich sehe eine Batterie in Gestalt eines sehr großen Kastens und ich weiß, dass er von ganz besonderer Wichtigkeit ist für die Entwicklung und den Lebensrhythmus der Fremden … Umso besser, sie brauchen mich nicht mehr … Ich kann also sterben …

(Die »Batterie« der Fremden wurde bereits in Sitzung (8) und (11) erwähnt und ausführlicher kommentiert. Erklären kann ich nicht, was es mit dieser Batterie oder diesem Stein voller Energie auf sich hat, wohl aber denke ich an die Bundeslade der Kinder Israels. Auch von ihr ging eine rätselhafte, große Energie aus, wie ausdrücklich und wiederholt geschildert wurde.)

Sind die Wesen, denen Sie Ihre Energie gegeben haben, zu diesem Zeitpunkt in Ihrer Nähe?

Es sind mehrere Personen bei mir, die so sind wie ich, aber es ist ein großer Unterschied zwischen ihnen und mir. Man sieht mich an wie ein seltsames Wesen. Ich bin nicht wie sie.

Sie werden jetzt in das Reich der Toten hinübergehen … Sie erreichen eine andere, höhere Bewusstseinsebene. Ich bitte nun Ihren Geistigen Führer, ein Lichtwesen, einen Meister, sich Ihnen zu zeigen. Sie spüren seine Präsenz. Spüren Sie, wie Sie von ihm geliebt und verstanden werden … Ich werde jetzt demütig bitten, Ihnen ein Symbol oder eine Botschaft zu überreichen …

Es folgt das übliche Ende einer Sitzung.

Wie der Neandertaler, dessen Leben ich vor ca. 40 000 Jahren geführt habe, in dieser Sitzung sagt, übte der Steinquader, auf dem er fast sein Leben lang sitzt, ohne diesen Zustand zu hinterfragen, auf ihn und seinen Bewusstseinszustand eine deutliche und anhaltende Wirkung aus. Vor kurzem habe ich in dem Buch von Johannes von Buttlar, »Der flüsternde Stein« *(Kreuzungen/München 2000), eine für mich sehr neue Information über die magische Wirkung von gewissen Steinen gefunden. Unsere frühesten Vorfahren kannten bereits die Wirkung und energetische Strahlung der »heiligen Steine«, die genutzt wurden für die verschiedensten Kulte, Rituale, zu Heilzwecken aber auch, wie Buttlar kenntnisreich ausführt, als Kommunikationsinstrument zwischen der irdischen und der »himmlischen« Ebene. Mithilfe dieser Steine konnte der Mensch in veränderte Bewusstseinszustände und zu neuen Erkenntnissen gelangen. Aus dem Alten Testament kennen wir die Geschichte von Jakob, der sein Haupt auf dem heiligen Stein bettet und dort eine Vision hat: Er sieht die »Himmelsleiter«, auf der Engel-Wesen auf- und niedersteigen. Heilige Steine wurden auch »Traumsteine« oder »Steine der Kraft« genannt.*

Ein Gruppe von Forschern hat sich zur »Dragon-Gruppe« zusammengeschlossen und untersucht systematisch die unerklärlichen Phänomene rund um den »heiligen Stein«. Granitsteine, zum Beispiel, sind reich an Uran-Ablagerungen und enthalten ein Mineral, das überaus radioaktiv ist. Es wurde festgestellt, dass Menschen Visionen haben, wenn sie sich diesem Material nähern. Bei manchen Menschen könnte die außergewöhnliche Natur dieser Steine auch visuelle oder akustische Halluzinationen auslösen.

Die Megalithanlage von Carnac verfügt über ein ausgeprägtes Magnetfeld. So mancher Steinblock besitzt genügend magnetische Energie, um eine Kompassnadel abzulenken. Einer dieser Steine hat die Form eines Sitzes! Beim Sitzen auf diesem Stein positioniert sich der Kopf genau über einem magnetischen Punkt. Ein sensibler Mensch auf diesem Stein konnte (und musste) in Resonanz treten mit anderen (höheren?) Schwingungsebenen.

Genau davon redet der Steinzeitmensch in dieser Rückführung! Unsere Vorfahren haben offenbar um diese besondere Kraft und Wirkung der Steine gewusst. Und ich habe diese Kraft während der Rückführung in dieses Steinzeitleben erlebt.

Das chemische Element Silizium, das elektrischen Strom leitet, ist Bestandteil u.a. von Quarzen und Bergkristall. Alle »heiligen Steine« der Menschheit enthalten Quarz, das in besonderer Weise in der Lage ist, Energie zu speichern, zu kanalisieren und zu verstärken. Quarz kann auch in Schwingung versetzt werden, um elektrische Impulse auszustrahlen, die Computer funktionieren lassen. In einem bestimmten Schwingungszustand kann Quarz auch Hochfrequenz-Radiowellen, so genannte Mikrowellen, ausstrahlen. Quarzkristalle weisen eine ungeheure Speicherkapazität auf. Nicht umsonst wird von der modernen Computerindustrie Silizium als Grundstoff für extrem speicherfähige Mikrochips verwendet.

Die »flüsternden Steine«, von den Juden »Teraphim« genannt, wurden als Orakelsteine und Informationsträger verwendet. Noch im 10. Jahrhundert befragte der gelehrte Papst Silvester II. diese heiligen Steine und erklärte seinen Kritikern, es handele sich dabei um eine Art Automat, der alle Fragen mit Ja oder Nein beantworte, oder, anders ausgedrückt, der nach einem Rechensystem mit zwei Zahlen arbeite – ganz wie heute ein binär arbeitender Computer! (Vgl. Johannes von Buttlar, »Der flüsternde Stein«, *Kreuzungen/ München 2000, S. 90.)*

»Quarz reagiert nicht zuletzt auch auf Energiefelder und vielleicht auf menschliche Gehirnwellen ... Wäre es möglich, unsere Gehirnwellen mithilfe von Quarz-Kristallen direkt auf einen Computer zu übertragen?«, fragt Buttlar und schließt mit dem Satz: »Der Weg in die Zukunft ist zugleich eine Rückkehr zu den Quellen – zum Ursprung« (a. a. O., S. 201).

Nach einer langen Phase der Menschheitsgeschichte, in der die magischen Kräfte des Steins (fast) in Vergessenheit geraten waren, ist es heute nun wieder möglich, den Menschen in Staunen zu versetzen über die »magischen Kräfte« des Steins.

24

ERSCHAFFUNG EINES PARADIESES VOR 230 000 JAHREN

Vor dieser Sitzung wünschte ich mir (bei meinem Höheren Bewusstsein), mehr über die Anfänge der Erde zu erfahren.

Autorin: Es ist düster ... und sehr kalt ... niemand ist hier ... selbst ich nicht ... Ich bin da, aber ich sehe mich nicht ... Ich bin so groß wie die ganze, große Landschaft ...

Dr. Ducher: Was tun Sie?

Was ich tue? Ich existiere.

Verstehen Sie die Beziehung zwischen Ihnen und der Totalität des Universums. Erfahren Sie das Wesentliche Ihrer Existenz ...

Man muss mit den Worten, die man kennt, improvisieren ... man muss Begriffe und Bilder erfinden, um sich ungefähr richtig auszudrücken, um sich verständlich zu machen ... Ich sehe die Nacht ... und am anderen Ende des Planeten sehe ich die Sonne ... Ich bin der Erde recht nahe ... aber gleichzeitig bin ich mit dem ganzen Universum verbunden ... Ich bin ... ich »bin« ist schon der falsche Ausdruck ...

…hlen Sie, was es bedeutet zu »sein« … in der Nähe der Erde?

Ich bin nicht auf der Erde, ich schwebe über der Erde … Ich bin … überall … aber ich könnte mich fragen, warum ich mich auf die Erde konzentriere, warum ich meine Aufmerksamkeit der Erde widme …

Voilà, fühlen Sie sich von ihr als Bewusstsein angezogen?

Ich habe den Eindruck, dass ich die Seele aller bin, die auf diesem Planeten leben werden.

Könnte man von »Gruppen-Seele« sprechen?

Ja … Die Absichten des Universums, der Kräfte des Universums gegenüber diesem Planeten sind positiv … gleichsam, als wollte man etwas Wunderschönes schaffen …

Ich möchte, dass Sie sich das merken: Die guten Absichten bei der Schaffung der Erde. Gibt es ein Ziel?

Es scheint mir, als wollten sie, die Kräfte des Universums, die Liebe inkarnieren oder manifestieren … (große Anstrengung im Formulieren, Seufzen) … als wollten sie eine Idee konkretisieren, die sich Liebe nennt, in der Gestalt von Wesen aus Fleisch und Blut.

Sind Sie sich im Augenblick bewusst darüber, was aus dem Menschen wird, wenn er einen Körper aus Fleisch und Blut hat?

Nein, ich habe lediglich eine Vision … Ich fühle mich voller Liebe … und sowieso bin ich voller Liebe, aber speziell auch für diese Menschen und für alle, die einmal existieren werden.

Wissen Sie etwas von einer Polarität zwischen Mann und Frau?

Die Frage sagt mir nichts.

(Die Unterteilung der Lebewesen in zwei unterschiedliche Geschlechter ist nicht von Anbeginn der Schöpfung gegeben.)

Spüren Sie, ob es noch andere Wesen gibt, die mit Ihnen identisch sind. Sie existieren, Sie »sind«. Gibt es noch andere Existenzen?

Ich bin Teil … von … (Seufzer) … von was? … Von allem … vom Ganzen … aber wieso?? Ich verstehe das nicht … Es ist ja gar nicht das Ganze, das seine Konzentration auf die Erde lenkt! … Ich verstehe es nicht … aber ich bin immerhin … die Worte fehlen mir … ich will sagen, dass das Universum gefüllt ist mit einer einzigen Sache, mit einer einzigen Energie … Aber ich bin auch … eine eigenständige Idee (in Französisch sage ich: »Je suis une idée à moi«) auf … So empfinde ich es … Ich weiß nicht warum.

Sie sind eine eigenständige Idee. Ich möchte, dass Sie sich das merken … es ist sehr wichtig. Gibt es eine dominierende Energie?

Sie ist leuchtend und warm … Ich habe es schon gesagt: Die Liebe … Die Idee war ja, … ein Paradies … ein Paradies für die Menschen zu erschaffen … Es ist eine Einheit zwischen allem, was ist, zwischen allen Elementen der Schöpfung … auch der Natur … was die Person, die jetzt spricht, sehr erstaunt … aber so ist es, alles ist untereinander verbunden … Ich sehe die Emanationen der Pflanzen und der menschlichen Wesen … sie fließen ineinander und bereichern sich gegenseitig … Es ist ein Universum der Schwingungen … wie … wie was? … Wie ein Netz, eine dreidimensionale Struktur … nein, eine Struktur, die alle Dimensionen hat … alles ist mit allem verbunden.

Alles ist mit allem verbunden. Notieren Sie das … Licht, Wärme, Sonne, Liebe … alles ist miteinander verbunden.

Ich sehe das Wort »teilen« (kleines, amüsiertes Lachen). Ich sehe, dass es die Idee war, die universelle Liebe zu teilen unter den menschlichen Wesen, die man schaffen wird … Vielleicht werde ich das eines Tages verstehen.

Jetzt möchte ich Sie fragen, ob Sie spüren, von welcher Epoche der Geschichte des Universums Sie sprechen.

Zweihundertdreißigtausend Jahre (230 000).

(Die Zeitangabe »vor 230 000 Jahren« entspricht, wie ich (erst heute) weiß, sehr genau der Zeit, in welcher unser Vorgänger, der »homo sapiens«, *auf den Plan trat. Nach einer langen Evolutionskette der verschiedenen Hominidenarten entstand um 220 000 der erste* »homo sapiens«. *Er ist ein hybrides Tier, das auf eine mehr oder weniger dunkle Weise den Sprung aus der animalen Welt geschafft hat … Vor 200 000 Jahren ist einigermaßen plötzlich eine komplexe Sprache entstanden und … es begann ein kultureller Aufschwung. (siehe Franz Mechsner,* »Sprachrevolution. Die Evolution des Menschen«, *in: Geo Wissen, Sept. 1998, S. 78.)*

Jetzt möchte ich, dass Sie noch tiefer spüren, was es bedeutet, in diesem Licht zu existieren, in der Schwingung der Liebe, der Teilung der Liebe unter den Menschen … Ich möchte, dass Sie eine Belehrung, eine Unterweisung geben an das Wesen, das dort unten auf der Erde in der Waldlichtung liegt … eine Belehrung an Heinke, in einem viel späteren Leben, an Heinke, die das vielleicht nötig hat, um das Ziel zu erreichen, für das sie sich inkarniert hat.

(Der Arzt spricht ganz leise und eindringlich.)

Es ist nicht möglich (gequältes leises Stöhnen). Ich kann nicht, es ist unmöglich. Es gibt eine Mauer. Ich kann sie nicht erreichen.

Was ist nötig, um diese Mauer zu zerstören, um sie aufzulösen?

Ich sehe es nicht ... (die ganze Zeit im Flüsterton gesprochen). Es ist eine sehr solide Mauer ... und ich sehe einen Kreis aus Megalithblöcken rund herum (um die Person auf der Erde) ... Es ist unmöglich (Seufzen).

Es ist nicht möglich, dass Sie es nicht vermögen, denn Sie sind die Liebe und das Licht, Sie sind das Teilen, die Wärme. Also, helfen Sie Heinke ... *(ca. 10 Minuten der Stille).*

(Während ich, das inkarnierte Wesen Heinke, umringt von meinem Schutzwall aus Megalithen sitze, erfahre und erkenne ich, dass ich den Einfluss von oben, von oberhalb meines irdischen Schutzwalls nicht ausblocken kann. Ich erkenne mein Ausgeliefertsein an die höheren Mächte, und gleichzeitig erkenne ich es an. Ich akzeptiere den Einfluss von oben und nehme ihn an als etwas für mich Positives. Danach sehe ich eine große Lichtgestalt, die das gesamte Firmament einnimmt. Die Falten ihres langen Gewandes bilden breite, leuchtende Stufen, eine Lichttreppe. Telepathisch wird mir der Satz Christi vermittelt: »Ich bin der Weg.« Ich sehe hinter der Lichtgestalt das Dunkel, das ich als das (göttliche) Energiemeer verstehe, aus dem alles entsteht, in dem alles als Möglichkeit angelegt ist und in das die Individual-Seele nach dem irdischen Tod wieder zurückkehrt.)

Es folgt das übliche Ende einer Sitzung.

25

BEWUSSTSEIN ALS LICHT · ZIEL DES WEGES · SCHWARZES LOCH · WISSEN ALS LAST

Bereits während der einleitenden Sätze des Arztes bin ich in einer sehr tiefen Trance und stöhne leise. Meine Antworten werden leise und mit schwacher Stimme gesprochen.

Dr. Ducher: Sind Sie allein? Ist es Tag oder Nacht? Fühlen Sie sich gut oder eher nicht so gut?

Autorin: Ich habe keine Lust zu antworten ... Also: Ich bin unter freiem Himmel ... Es wird immer dunkler um mich herum ... Stellen Sie die Frage noch einmal, ich habe nicht zugehört ...

Wie fühlen Sie sich?

Es ist schwer ...

Was lastet auf Ihnen?

Es ist die Finsternis, sie ist schwarz ... Aber ich fühle doch eine Landschaft ... Sehen tue ich sie nicht. Es ist eine schwebende Traurigkeit ... über dem Nichts ... Sie schwebt über dem … Nichts … Es gibt nichts … Eine schwebende Traurigkeit über dem Nichts … Es gibt nichts, außer der Dunkelheit. Eine lastende Atmosphäre …

Was erscheint Ihnen lastend?

Das Wissen.

Warum sind Sie dort? Was ist das Ziel Ihrer Anwesenheit dort? Was tun Sie in dieser lastenden Atmosphäre, mit der Last des Wissens?

Ich bin da, weil … auch das Licht da ist … Ich bin sozusagen das konträre Element … Aber es ist nichts Dauerhaftes … Es ist ein Rhythmus, den ich mitmache, von dem ich ein Teil bin … Es beginnt schon jetzt … Ich tauche ein in eine Phase des Lichts.

Fühlen Sie diesen Rhythmus. Verstehen Sie die Transformation …

Das Licht war noch nie so klar wie jetzt …

Spüren Sie den Rhythmus, das Licht folgt auf die Finsternis. Öffnen Sie sich für all das … Es steht Ihnen immer mehr Wissen zur Verfügung … Gehen Sie auf eine höhere Frequenz … Verstehen Sie, was Sie sind in diesem Rhythmus und in diesem Licht …

Ich? Man kann nicht sehr gut von »ich« sprechen. Man findet keine Worte für all das. Ich zwinge mich, Worte zu finden. Also: Es gibt nichts … nur die Klarheit, das Licht … ohne Gewicht … ohne Emotionen. Es ist wirklich nur das … Nichts …

Spüren Sie, wo Sie sich in Relation zu dem Licht befinden.

Das Licht bildet einen … Kreis … Nein, eher eine Kugel, die mich ganz umhüllt, die mich umgibt.

Fühlen Sie sich selbst wie das Licht im Licht?

(Sehr leise gesprochen:) Ja.

Ich werde still sein, damit Sie sich als Licht im Licht fühlen können.

(Ca. 5 Minuten Stille. Dr. Ducher stellt die nächste Frage flüsternd.)

Empfinden Sie außer dem Licht noch andere Dinge in diesem Licht?

Nur aus Höflichkeit spreche ich … Also: Mit Ihren Worten, indem Sie sprechen und ich mich auf Ihre Worte konzentriere, sind die Formen wiedergekommen … und das Licht, das mich vorher ganz ausgefüllt hat … zum Schluss war es eine Kugel … Es war, als sei man im Zentrum dieses Lichts … Ich weiß nicht, ob man das Recht hat, es zu sagen (ungewöhnlich heftiges Atmen). Meinen Weg … könnte ich ihn noch einmal sehen?

(Ich erinnere mich in dieser Rückführung an den »goldenen Weg« durch das dunkle Nichts, den ich in der Sitzung (21) gesehen habe, damals aber (noch) nicht gehen wollte.)

Zunächst möchte ich, dass Sie diese Welt erfahren, in der es keine Formen gibt, in der es nichts gibt als Licht. Spüren Sie, in welcher Weise die Form sich aus diesem Licht heraus zu kreieren beginnt, aus dieser fundamentalen Energie des Universums heraus. Lassen Sie die manifestierte Welt entstehen. Und zur selben Zeit verstehen Sie, welches Ihr Weg ist. Werden Sie sich über Ihren Weg bewusst, den Weg, den Sie wählen in dieser Welt der Formen. Sehen Sie, wie sich die Form erschafft und welches Ihr Anteil ist in diesem Schöpfungsprozess. Sehen Sie, was Sie tun, sehen Sie die Bedeutung Ihrer Gedanken. Fühlen Sie, in welcher Weise Sie intervenieren …

Ich fühle mich identisch mit ... all diesen Formen und Wahrnehmungen, all das bin ich und ich fühle, dass es gut ist (!)

Ich möchte, dass Sie sich bewusst sind darüber, dass all diese Formen Sie selbst sind und dass Sie zufrieden sind mit der ganzen Schöpfung. Werden Sie sich bewusst, in welcher Weise Sie erschaffen ...

Indem ich denke. Indem ich meine Aufmerksamkeit lenke. (Mit sehr fremder Stimme gesprochen, unnatürliches Atmen:) Es ist wie eine Quelle ... sehr sanft ... und die Formen breiten sich aus in alle Richtungen und zur gleichen Zeit.

(Ich erinnere mich, dass ich in dieser Phase der Rückführung herrliche Bilder von der Entstehung der Formen sah, die mir gleichermaßen verständlich und wunderbar erschienen.)

Nehmen Sie wahr, was aus den Schwingungen wird, aus den ursprünglichen, anfänglichen Initial-Schwingungen, die schließlich dazu führen, dass mithilfe der Gedanken die Form erschaffen wird.

Es ist überall dieselbe Energie ...

Jetzt möchte ich, dass Sie Ihren Weg wieder aufnehmen ... in diesen sich entwickelnden Manifestationen der Form, die wiederum andere Formen entstehen lässt ... Sehen Sie auf Ihren Weg ... Sehen Sie, ob dieser Weg ein Ziel hat ... Sehen Sie auf Ihren Weg ...

(Die tiefe Stimme lässt erkennen, dass die Trance sehr tief ist.) Ich erwartete, einen Weg zu sehen ... und ich sehe etwas ganz anderes ... Ich sehe eine Zelle, die leuchtet ... Die Zelle ist winzig ... Aber wo ist der Weg?? Ich möchte ihn noch einmal sehen.

Also, Sie werden Ihr Bewusstsein noch weiter öffnen, weil Sie es können. Sie werden Ihren Weg sehen … 1 … 2 … 3 …

Licht … am Ende weiß ich nicht, ob ich selbst zu Licht geworden bin … Ich sehe das Licht nicht mehr … Vielleicht ist das bereits das Ziel des Weges, das Ende des Weges … Der Weg ist das Licht … ich werde zu Licht!

Gibt es dort, wo Sie sich befinden, noch andere Gedanken, andere Frequenzen außer Ihren eigenen?

Ich sehe Kreise aus Licht … Sie umgeben mich … Zwischen jedem Lichtring … fühle ich Vibrationen, die leuchten und kommunizieren … Ich spüre die Vibrationen, Licht und die Wärme … eine Elektrizität. Ich kann es nicht ausdrücken … Es ist herrlich … Es gibt aber auch schwarze Zonen, schwarze Felder … schwarze Löcher. Man muss sie absolut meiden … Man muss in einer großen Entfernung bleiben … Sie sind magnetisch … Und … vielleicht halte ich hier an … Ich möchte nicht hineingezogen werden! Halten Sie mich bitte!!

(Wie mit letzter Kraft bitte ich den Arzt, mir zu helfen, nicht in das Magnetfeld des schwarzen Loches hineingezogen zu werden.)

Wir bleiben jetzt stehen … jetzt STOP. Wir halten an.

(Die Stimme des Arztes klingt dringend.)

Sie steigen herunter auf eine andere Frequenz … Gehen Sie zurück zu Ihrem Körper aus Fleisch und Blut …

(In alle Ewigkeit werde ich mich erinnern an meine panische Angst und das wilde Herzklopfen. Die folgenden Sätze werden nicht mehr in Trance gesprochen.)

Wie kann man die Energie der schwarzen Löcher je ver-

gessen? Ihre Kraft zu erfahren ist ein Schock. Es schien eine große Gefahr, in dieses schwarze Loch hineingezogen zu werden, wie eine Urkraft. Kennen Sie denn das schwarze Loch? Waren Sie schon jemals direkt in seinem Energiefeld?

Nein, nicht wie Sie. Ich habe es gespürt, aber nicht mit derselben Intensität. Man nennt das eine »Tür zu einer anderen Dimension«. Es ist doch schon das zweite Mal, dass Sie diese »porte dimensionelle« gesehen haben. Sie wissen, dass Sie sich deshalb der Tür bewusst geworden sind, weil es wichtig für Sie war. Nichts passiert als Zufall.

Die offizielle Definition des Phänomens »Schwarzes Loch«: In seinem Zentrum weist es eine unendlich hohe Massendichte auf. Es ist von einem »Ereignishorizont« umgeben, durch den nichts, nicht einmal Licht, in die Umgebung gelangen kann. Dagegen können Materie und Strahlung von außen eingefangen und aufgenommen werden … Superschwere »Schwarze Löcher« entstehen durch ständige Anhäufung von Materie. Man meint, dass dies die Erklärung für das energiereichste Phänomen des Universums, die sogenannten Quasare, sein könne. (Vgl. Ib Ravn: »Chaos, Quarks und Schwarze Löcher«, *München 1997, S. 204.)*

Der indische Weise Jiddu Krishnamurti (1895–1986) schreibt über Leben, Sterben und den Weg des Menschen: »Die Wahrheit ist ein pfadloses Land.« Ich suche meinen Weg (Pfad) und finde mich im Licht – in der Wahrheit. »Ich werde zu Licht. Der Weg ist das Licht.«

26

LICHT-PYRAMIDE · BEWUSSTSEIN ALS SCHÖPFERISCHE KRAFT

In dieser Sitzung am 20. Januar 1995 ergaben sich Schwierigkeiten mit dem Eintritt in einen veränderten Bewusstseinszustand. Es könnte sein, dass sich meine privaten Probleme hier auswirkten. Der Arzt unternahm zwei vergebliche Versuche, was sonst nie der Fall war.

Dr. Ducher: Fühlen Sie sich gut oder nicht so gut? Was spüren Sie?

Autorin: Ich will nicht!

Gut, wir werden zu etwas anderem gehen. … Was sehen Sie?

(Stöhnen.) Ich will meine Augen nicht aufmachen … Ich will es nicht sehen … Ich weiß nicht, was mich erwartet, aber ich will es auch nicht wissen.

Also, wir lassen es damit gut sein. Ich zähle bis zehn und Sie werden hochsteigen, Ihre Frequenz wechseln. (*Es wird gezählt von eins bis zehn*) … Gehen Sie hoch bis zu dem

Licht … Ich werde demütig einen Ihrer Geist-Führer, ein Lichtwesen, bitten, Sie zu einer schönen Existenz zu führen, damit dieses Wesen auf der Erde die Möglichkeit hat, sich weiterzuentwickeln in einer guten Weise, gut für sich selbst, für die Menschheit und für das Universum. Also, vor uns ist dieser kleine nachtblaue Punkt am Himmel. Sehen Sie ihn an, wie er näher kommt, er wird größer … Es ist der Zeitkanal, in den wir jetzt eintreten werden, wenn ich bis drei gezählt habe … Sie sind wunderbar beschützt und geleitet. Bei drei gehen Sie hinüber in ein anderes Leben … Lassen Sie sich mitnehmen von dieser Energie in eine andere frühere Existenz … Was fühlen Sie?

Es ist nicht wie sonst … Ist es möglich, dass ich mich in die andere Richtung bewege in dem Zeitkanal?

Was bemerken Sie dort, wo Sie sind?

Es gibt gar nichts … nur Licht, aber nicht das Licht, das ich kenne … Irgendetwas in dem Zeitkanal hat mich blockiert … Nein, es ist nicht angenehm.

Haben Sie den Eindruck, in dem Kanal stecken zu bleiben?

Ja.

Also, Sie werden erneut beginnen, sich in dem Zeitkanal zu drehen … in der richtigen Richtung. Lassen Sie sich ganz und gar von der Energie des Kanals mitreißen … 1 … 2 … 3 … Was empfinden Sie?

(Gequältes Stöhnen.) Es herrscht Finsternis … Ich sehe etwas, das ich nicht verstehe … Es sind … von oben gesehen … Felsen und eine Landschaft … Ich weiß nicht … Ich fühle mich nicht gut.

Worauf ist dieses negative Gefühl zurückzuführen? Spüren Sie es?

Ein schlechter Geist.

Möchten Sie diese Sphäre verlassen?

(Laut und entschieden:) Ja!

Also gut, Sie werden aufsteigen in eine andere Frequenz … Ich werde bis zehn zählen und Sie werden die Sphäre des Lichts erreichen … Spüren Sie seine Energie. Es erscheint vor Ihren Augen ein kleiner blauer Punkt, der Eingang zum Zeitkanal, den wir jetzt betreten werden, während ich bis zehn zähle.

Ich will nicht … Ich will dort bleiben, wo ich bin.

Gut, Sie werden dort bleiben … und Sie werden nun aufsteigen zu einer Licht-Pyramide … 1 … 2 … 3 … Sie werden sich hinsetzen im unteren Drittel der Höhe der Pyramide, wo die Energien ihre größte Intensität haben.

(Der Om-Laut ist auf der Kassette zu hören.)

Ich werde demütig einen Ihrer Meister von jenseits der Sterne bitten, zu Ihnen zu kommen zu dieser Pyramide und Ihnen eine Unterweisung zu geben. Sie können seine Belehrung auf telepathischem Wege empfangen, in symbolischer Form erkennen. Ich werde einige Momente still bleiben und Sie werden die Gegenwart eines Meisters empfinden und erleben …

(Anhaltender Om-Laut.)

(Vor meinem geistigen Auge erscheint eine graue Sonne, ein grauer Kreis, der vor dem Licht steht, sodass er umgeben ist von einem hell leuchtenden Strahlenkranz. Eine Sonnenfinsternis erscheint dem Auge in ähnlicher Weise: Die Mondscheibe steht vor der größeren Sonnenscheibe, was nur äußerst selten zu beobachten ist und vor allem in unserem Kulturkreis eine durch und durch negative Konnotation hat.)

Das »Dictionnaire des Symboles« *schreibt dazu: »Die Sonnenfinsternis gilt fast überall als ein dramatisches Ereignis. Es ist ein Zeichen schlimmer Vorahnungen, das schreckliche Dinge voraussagt.« (*»Dictionnaire des Symboles«, *Robert Laffont, S. 389.)*

Zufall oder nicht: Zu der Zeit dieser Sitzung, in der ich vor meinem geistigen Auge die dunkle Scheibe des Mondes vor der Sonnenscheibe sah, befand ich mich unmittelbar vor Beginn einer äußerst problematischen Lebensphase.)

(Ca. 5 Minuten der Stille) …

Wir danken demütig dem Meister, der jetzt auf seine ihm entsprechende Frequenz zurückkehren wird. Sie sind erfüllt von der Energie seines Lichts, erfüllt von den stärksten und schönsten Energien des Universums. Sie kehren jetzt zurück zu dem Körper unten auf der Erde. Sie bringen all die herrlichen Energien zurück zu diesem Körper. Steigen Sie herab und fühlen Sie sich voller Frieden, Weisheit, Heiterkeit, Freude … so wie Sie es noch nie zuvor empfunden haben.

Das Ende der Sitzung verläuft wie bei (1) und (2).

27

HEIMATLOS · AUSSENSEITER · DAS LAMM ALS SYMBOL

Vor dieser Sitzung sprach ich mit dem Arzt ab, dass ich ein Leben aus der Neuzeit erleben möchte, das verifiziert werden kann.

Autorin: Ich bin noch nicht auf der Straße, sondern über der Straße. Ich sehe ein ziemlich großes, weißes Haus mit schwarzen Fenstern (Seufzer) ... Genau daneben beginnt der Hafen ... Ich sehe ein recht großes Boot aus schwarzem Holz ... Ich sehe es von oben.

Dr. Ducher: Ich zähle von fünf bis eins und Sie werden in Ihrem Körper sein ... vielleicht auf der Straße am Hafen ... 5 ... 4 ... 3 ... 2 ... 1 ... Was fühlen Sie jetzt?

Ich sehe jemanden in Schwarz gekleidet ... ein schwarzer Gehrock mit vielen Knöpfen auf der Brust ... Das kann nicht ich selbst sein ... Ich sehe ihn aus einer Distanz ... Er geht in das große, weiße Haus hinein ... Sein Rock ist sehr vornehm ... viele Knöpfe und einen Schwalbenschwanz hat der Gehrock ...

Handelt es sich bei dieser Persönlichkeit um Sie selbst?

(Zögernd, leise:) Ich bin das … nicht … nein.

Gehen Sie hinein in Ihren Körper. Werden Sie sich Ihrer Gedanken bewusst, nehmen Sie wahr.

Dieser Mann ist immerhin sehr wichtig für mein Leben … Ich sehe ihn an … durch die Fenster meines Hauses … Ich weiß nicht, ob das große, weiße Haus das Rathaus ist … mich selbst sehe ich nicht sehr gut. Was macht der Mann dort in dem großen, weißen Haus? Bin ich es … oder nicht??

Also, Sie werden jetzt energetisch Ihre Arme und Beine fühlen. Was tragen Sie für Schuhwerk?

Jetzt sehe ich klarer, was ich zuvor auch schon gefühlt habe, aber nicht wahrhaben wollte: Ich bin ein sehr einfacher Mann … ein Arbeiter, der Holz verarbeitet.

Ein Tischler?

Nein, das wäre ein zu vornehmer Begriff für meine Arbeit … Ich schneide die Balken und die Bretter … für die Schiffe nebenan.

Tragen Sie Schuhe oder nicht?

Ich sehe die Schuhe, aber ich kann sie nicht mit (französischen!) Worten benennen … Es sind geschnürte Stiefel … wie sie die Arbeiter tragen, die körperlich arbeiten … auch sehr praktische Kleidung … mit einer … ach, wie heißt es auf Französisch? … mit einer Schürze aus Leder.

Sind Sie dieser Mann oder nicht?

Ja, ja, das bin ich … Ich habe es anfangs so gesehen, aber ich wollte es nicht wahrhaben … Ich wollte mich mit dieser Person nicht identifizieren.

Wie alt sind Sie?

Fünfunddreißig Jahre.

Spüren Sie jetzt die Arbeit.

Ich hänge von ihm ab … Er ist der Besitzer des Bootes … und er hat in der Stadt noch andere Funktionen … und ich habe Angst vor ihm … sagen wir eher, ich habe großen Respekt vor ihm.

Welches Alter geben Sie diesem Mann?

(Kleiner unwilliger Laut, weil die Frage unpassend erscheint.)

Er ist eine Autorität in der Stadt … Sein Gewand beweist es … Man sieht auf sein Gewand und seine Gestalt … nicht auf sein Gesicht … und man stellt sich nicht die Frage nach seinem Alter … Seine Bedeutung und Funktion ist unabhängig von seinem Alter … Also, es handelt sich um die Abreise des Bootes … Ich selbst bin in Schwierigkeiten … Ich sehe, dass ich mit dem Boot abreisen möchte oder muss … Ich bin aber nicht sicher, ob es so kommen wird, denn es ist nicht das Normale, dass ein Schreiner auf dem Schiff reist. Ich bin sehr nervös … wie ich schon sagte, hängt alles von dem Mann im schwarzen Gehrock ab.

Die Zeit wird jetzt weitergehen … Was fühlen Sie?

Es ist ein Fest auf dem Lande … und ich habe die Balken gebaut für das Haus, dessen Richtfest wir jetzt feiern. Ich habe auch die Tische und Bänke gebaut, an denen wir jetzt bei der Feier sitzen … Alles ist sehr bunt.

Welches Alter haben Sie?

Ist es möglich, dass ich jetzt jünger bin als dort in meiner Werkstatt? Da war ich fünfunddreißig Jahre alt.

Ja, das ist möglich.

Ich bin jetzt fünfundzwanzig Jahre alt.

Ich möchte, dass Sie dieses Fest erleben.

Ich sehe bunten Farben. Wir feiern, weil die Hälfte der Arbeit getan ist … Wir sind beieinander auf den Bänken und trinken … Jetzt sehe ich es klarer: Was ich vorher als bunte Fahnen bezeichnet habe, sind in Wirklichkeit bunte Bänder, mit denen man die Dachbalken dekoriert hat.

Sehen Sie die Menschen an. Sind dort auch Frauen?

Es gibt viel mehr Männer als Frauen, aber ich sehe jetzt auch Frauen … an einem anderen Tisch. Eine der Frauen gehört zu mir. Sie sieht aus wie eine russische Puppe … ganz rund und formlos … Ich muss sagen … sie interessiert mich nicht sehr.

Warum?

Ich habe Sorgen, selbst dort, während des Festes … und diese Frau ist aus einer anderen Welt. Sie teilt nicht meine Sorgen, aber vielleicht ist es ihr auch gar nicht möglich, weil ich mich ihr gegenüber verschließe.

Sie sagen, Sie hätten Sorgen?

Ja, ich glaube, ich bin in dieser Gegend nicht akzeptiert … Ich bin aus einem anderen Land, also bin ich für alle immer der Fremde … Aber meine Frau gehört zu dieser Gegend.

In welcher Gegend befinden Sie sich dort?

An der Ostsee … Rostock.

Jetzt erscheint vor Ihren Augen ein Datum, eine Zeit, eine Epoche. Wann leben Sie dieses Leben? Welches Datum erscheint jetzt beim Richtfest?

1824 … achtzehnhundert … vierundzwanzig …

Wie werden Sie von den Menschen gerufen?

Man nennt mich Sven … Eines Tages bin ich mit einem

Boot zu diesem Hafen gekommen … deswegen will ich auch wieder fort mit einem Boot. Das sind meine Sorgen, denn der wichtige Herr sagt einfach: Du bleibst hier und arbeitest für mich. Du hast nicht das Recht, den Arbeitsplatz zu verlassen und mit dem Boot davon zu reisen. Das ist eben mein Problem … Ich möchte fort von hier … und diese Frau, mit der ich verheiratet bin, möchte hier bleiben. Sie geht mir auf die Nerven, weil sie … in dem Land bleiben will, das ich verlassen möchte. Aber ich habe ohnehin keine Chance abzureisen … Der vornehme Herr in Schwarz hindert mich daran.

Haben Sie keinen freien Willen? … Sie werden zurückgehen zu dem Zeitpunkt, an dem dieser Herr in Ihr Leben trat. Sie werden verstehen, warum er eine solche Macht hat über Sie.

Also, ich war ein sehr junger Mann … siebzehn Jahre alt … Ich lebte auf der Straße, war arm und hatte keine Familie. Ich ging immer zum Hafen, weil ich fort wollte, weil ich mein Land verlassen wollte … Ach, das ist ja seltsam … genau wie später in Rostock. Dieser Herr hat mich gekauft … Es war ein Vertrag zwischen uns … Jetzt bin ich in seiner Hand.

Von wem hätte der Herr Sie kaufen sollen? Wem gehörten Sie?

Nein, er hat mir Geld gegeben, er hat mir zu essen gegeben, er hat mir Arbeit auf seinem Schiff gegeben … Und jetzt bin ich deswegen nicht frei, ihn zu verlassen.

Warum hat Sie der Herr ausgesucht? Hat er in Ihnen besondere Qualitäten erkannt?

Ach, das ist gar nicht so kompliziert. Ich war verfügbar,

saß sowieso am Hafen herum ... Ich war ein guter Typ und ich war ihm wohl sympathisch. Ich mochte ihn auch sofort sehr gern ... Es war so etwas wie ein Verhältnis zwischen Vater und Sohn.

Trotzdem kommt eines Tages der Moment, an dem Sie Lust haben, ihn zu verlassen. Warum? Sie haben schließlich einen Ziehvater und eine Ehefrau in der Stadt.

Es ist eine Unruhe in mir ... Ich muss reisen ... Ich brauche mehr Freiheit ... Man kann mich nicht einsperren in eine Schreinerei und mich arbeiten lassen von morgens bis abends ... So ein Leben ist nichts für mich.

Aber alle anderen machen es auch so.

Ja, aber bitte nicht ich! Ich bin wenig zufrieden mit diesem Leben. Ich habe Träume ... Ich muss reisen ... Warum hindert er mich daran?? ... Ich glaube, als er in das Rathaus ging, hat er die Papiere vorbereitet für die Abreise des Bootes ... Ich hoffte, dass er meinen Namen mit auf die Liste setzt.

Die Zeit wird sich beschleunigen. Sie kommen genau zu dem Zeitpunkt, an dem das Boot seine Reise beginnt.

Ja, ich bin an Bord. Von Weitem sieht das Boot dunkel aus, aber von Nahem ist es ein Traum! Ich empfinde es als sehr schön und sogar sehr hell. Jetzt frage ich mich, warum mir zuvor aus der Ferne das Holz so dunkel erschien. Es leuchtet in der Sonne ... Ich war so nervös, weil ich ja nicht sicher war, dass er meinen Namen auf die Liste setzen würde.

Sie sind also an Bord. Sind Sie glücklich und zufrieden?

Ja. Ein guter Grund, warum ich unbedingt fort wollte aus Rostock: Ich liebe meine Frau wirklich gar nicht.

Haben Sie auch Kinder mit dieser Frau?

Ahh, ich fühle das Boot viel intensiver als die Kinder! Ja, ich habe Kinder … Was bin ich nur für ein Mann! Ich schäme mich einzugestehen, dass mich auch die Kinder nicht sehr interessieren.

(Der Ton verrät, dass er keineswegs Scham verspürt über seinen Mangel an Interesse für seine Kinder.)

Es ist gut so, wie es ist: Die Kinder bleiben bei der Mutter … und ich reise ab.

Was geht in Ihnen vor, wenn Sie Frau und Kinder verlassen?

Wie bitte?

Was verspüren Sie in Ihrem Herzen, wenn Sie die Familie verlassen?

Was verspüre ich in meinem Herzen? Mein Herz ist voller Freude, weil ich frei bin, weil ich reisen kann.

Wissen Sie, wohin die Reise geht?

Nach England.

Lassen wir die Zeit sich beschleunigen … 1 … 2 … 3 … 4 … 5 …

Wissen Sie, es ist nicht so, wie ich gesagt habe, denn ich will zwar nach England, aber das Boot geht nach Dänemark. Dort werde ich fliehen und mit einem anderen Schiff weiterfahren … Dieses Schiff fährt nicht die Route nach England. Ich bin mir darüber im Klaren, dass ich mein Leben neu beginnen will. Alles, was bisher war, schneide ich hinter mir ab und fange wieder neu an.

Ist das nicht eine schwere Entscheidung?

Eine Entscheidung, die mir großes Vergnügen bereitet … Ich bin ein seltsamer Typ … Was suche ich eigentlich in England? Ich kenne das Land überhaupt nicht.

Wo befinden Sie sich in England?

Ich bin mit dem Schiff in Hull angekommen, das ist ein Hafen auf halbem Wege zwischen London und Schottland.

Sind Sie zufrieden, angekommen zu sein im Land Ihrer Träume?

Ja, ich bin glücklich.

Welcher Beschäftigung gehen Sie dort nach?

Ich spüre, dass mir das Land gut tut … Es ist, als ob dieses Land mein Land sei … als ob es die Vibrationen hat, die meinen eigenen entsprechen … Ich bin überrascht, wie anders es hier ist, wie sehr es sich von Rostock und meinem Heimatland Dänemark unterscheidet. … Ich bin nicht mehr in Hull … Ich sehe steile Felsen … eine Steilküste … und das Grün kommt mir hier viel grüner vor als dort, wo ich herkomme. Ich erkunde das Land. Ich mache lange Ausflüge über Land … schon viele Wochen lang … Das bereitet mir großes Vergnügen … Man gibt mir zu essen und man behandelt mich wie einen Menschen, der eben nur nicht die Sprache des Landes spricht … Alles ist sehr einfach, ohne Probleme …

Haben Sie keine Probleme mit der Sprache?

Nein, aber ich überlege, dass ich mich früher oder später wieder zu einem Hafen begeben müsste, um dort eine Arbeit zu finden, aber, Gott sei Dank, ist der Moment noch nicht gekommen.

Ich zähle bis drei und Sie werden einen anderen wichtigen Moment desselben Lebens erleben … 1 … 2 … 3 …

Ich bin in einem kleinen, weißen Haus über den Klippen. Man sieht das Meer von hier. Mehrere Menschen wohnen in diesem Haus und ich bin jetzt ein Teil dieser Gruppe … Ich arbeite für sie ... Es ist seltsam, aber in Rostock empfand ich es als Makel, ein Fremder zu sein, und hier empfinde ich es gar nicht als problematisch. Ich finde es viel leichter zu ertragen unter diesen Engländern ... Vielleicht kann ich mit Ihrer Hilfe (des Arztes Hilfe) verstehen, warum ich keine Lust habe, in mein eigenes Heimatland zurückzukehren ... wo ich kein Fremder wäre? Warum bin ich nicht dort geblieben?

Wie geht es Ihnen im Kreis dieser Großfamilie?

Es gibt dort unter ihnen auch eine Frau, die mich sehr interessiert ... Sie interessiert mich tausendmal mehr als meine eigene Frau in Rostock.

Gut, wir lassen die Zeit weitergehen ... Was fühlen Sie?

Ich sehe den Friedhof. Ich bin zurück in meinem Land ... Ich bin sehr alt ... und einer aus meiner Familie ist gerade gestorben.

Wer ist denn gestorben? Ihre Mutter?

Nein, ich habe keine Mutter mehr ... Ich bin doch selbst sehr alt.

Ist es eines Ihrer Kinder?

Nein, ich bin doch in Dänemark ... und meine Kinder sind in Rostock, jedenfalls nicht hier in Dänemark.

Wer ist denn gestorben?

Ich glaube, ich bin es selbst, der gestorben ist. Ist das möglich? Ist es möglich, dass ich mich sehe ... und gleichzeitig tot bin?

Ja, es ist möglich.

Also, ich bin zurück in meinem Heimatland ...

Ich werde bis drei zählen und Sie werden die letzten Augenblicke vor Ihrem Tod erleben ... 1 ... 2 ... 3 ...

Ich bin dort, wo ich geboren wurde … Ich bin Däne, das habe ich schon gesagt, dass ich am Ende des Lebens nicht mehr als Fremder in einem fremden Land sein wollte … Ich habe mir gesagt: Du wolltest die Welt erkunden … und das ist jetzt vollbracht … Ich habe nicht wirklich Wurzeln geschlagen in England … nicht wirklich … und am Ende, als ich mich schon sehr alt fühlte, wollte ich doch … in meinem eigenen Land sein … in Dänemark.

Haben Sie in England die Frau geheiratet, die Sie interessierte?

Nein, sie gehörte einem anderen … Es war aber besser, eine Frau zu haben, die einen interessiert, selbst wenn sie einem anderen gehört, als eine eigene Frau zu haben, die einen überhaupt nicht interessiert … Die Frau in England hat mich sehr fasziniert.

Wären Sie gern noch länger in England geblieben?

Man könnte in diesem Augenblick wichtigere Fragen stellen als diese, zum Beispiel: Warum wollte ich immer woanders sein? Was habe ich wirklich gesucht? Und woher kam dieser Mangel an Bindungsfähigkeit? Warum konnte oder wollte ich mich an niemanden binden und fühlte mich niemandem nahe?

Ich werde bis drei zählen und Sie werden zu der Ursache dieses Verhaltens, zur Bindungsunfähigkeit zurückgehen … 1 … 2 … 3 …

Ich war ein Kind … ohne Eltern … und … die Leute waren nicht sehr nett zu mir. Man hat es mich fühlen lassen, dass ich … von ihnen abhängig war … dass sie mir aus Barmherzigkeit etwas zu essen gaben … Almosen … Ich habe mich deswegen sehr minderwertig gefühlt … einen

Komplex habe ich bekommen, dass ich ein Kind zweiter Klasse bin … Deshalb wollte ich einen Ort finden, an dem man mich und meine Schande nicht kannte … Ich wollte ein neues Leben beginnen an einem Ort, an dem man nicht wusste, dass ich dieses Stigma habe. Die ersten Menschen, die in meinem Leben zählten, waren nicht alle schlecht … aber auch nicht gerade zum Gernhaben. Ich habe es bei ihnen nicht gelernt, mich einem Menschen nahe zu fühlen.

Und der Herr in Schwarz? Er war der Erste, der Sie anerkannt hat.

Ja, aber ich war darauf nicht vorbereitet, ich habe das nicht verstanden. Ich war nicht in der Lage, mich ihm gegenüber zu öffnen. Ich blieb auch ihm gegenüber immer verschlossen. Das war die einzige Struktur, die einzige Verhaltensweise, die ich gelernt hatte … Im Grunde bin ich mit meinem Leben nicht sehr zufrieden … Ich bin mir bewusst, dass es gegen die menschliche Natur ist, seine Bindungen und Verpflichtungen zu negieren … Selbst die Arbeit habe ich ja abgelehnt, sie gefiel mir nicht. Und die Kinder … selbst jetzt am Ende meines Lebens denke ich nicht an sie. Ich bin ein seltsamer Charakter … Heute würde man über solch einen Typ sagen: Der Mann müsste mal zu einem Psychiater gehen.

Ist dieser seltsame Charakter und diese Unfähigkeit zu lieben und sich zu binden nicht darauf zurückzuführen, dass Sie selbst in Ihrer Kindheit nicht geliebt wurden?

Das ist eine Erklärung, aber keine Entschuldigung.

Es ist eine Erklärung. Ich zähle jetzt bis fünf und Sie werden das Ende dieses Lebens erreichen … 1 … 2 … 3 … 4 … 5 …

Ich bin in einem Bett, einem ganz sauberen Bett … und ich fühle mich angezogen von der Idee des Friedhofs … Ich denke daran, dass ich bald dort auf dem Friedhof liegen werde, den ich so sehr liebe. Ich war schon sehr oft dort, um ihn zu besehen … Der Ort zieht mich an … einfach so … Also, ich bin in meinem Bett …

Sind andere Menschen bei Ihnen im Augenblick des Todes?

Ich achte nicht auf sie … Wie üblich zählen die Menschen nicht für mich … Es ist der Ort, der zählt … Es bereitet mir Vergnügen, wieder zu Hause zu sein … zu Hause – das ist für mich mehr der Ort als die Menschen … Sie sind da, aber ich sehe sie gar nicht an.

Sie werden jetzt Ihren Körper verlassen und aufsteigen … Ihr Geistiger Führer ist bei Ihnen, der Sie mit seiner Energie erfüllt, mit der Energie der universellen, bedingungslosen Liebe. Ich werde ihn bitten, Ihnen ein Symbol oder eine Botschaft zu übermitteln …

Ende der Sitzung.

Mir wird von einem geistigen Wesen ein Lamm gezeigt. Klar und deutlich steht es vor meinem geistigen Auge, nach rechts gewendet. Bis dahin waren die Symbole, die vor meinem Auge erschienen, stets geometrischer, symmetrischer Natur gewesen, z.B. ein gleichseitiges Dreieck mit der Spitze nach oben, eingeschrieben in das Dreieck eine rechteckige »Tür«, aus der ein helles Licht strahlt. Oder: Ein gleichseitiges Dreieck mit der Spitze nach oben, eingeschrieben ein Stern und auf der Basis des Dreiecks eine Sichel, die über den Rand des Dreiecks hinausgeht. Oder: dasselbe Dreieck mit einem eingeschriebenen Auge, welches mir aber nur kurze Zeit sichtbar war und dann ausgelöscht wurde.

Das Symbol »Lamm« erstaunte mich mehr als all die intellektuellen, geometrischen Ideogramme eines komplexen Sinnzusammenhangs. Ich verstand das Lamm als eine eindringliche Botschaft, fand aber zunächst keinen Zugang zu ihrer Bedeutung. Sicher war ich mir nur, dass der Gehalt dieses Symbols sich nicht auf das »Opferlamm« bezog. Es erschien mir vielmehr als affirmativ, als die Bestätigung einer Verheißung. Nach der Sitzung habe ich meine Reaktion auf das Symbol genauer analysiert und bin schließlich zu der Erkenntnis gekommen, dass mir das Lamm als Verheißung des »Ewigen Lebens« gezeigt wurde. Wie mir das »Dictionnaire des Symboles« *(Robert Laffont, S. 10 ff.) erklärt, ist das Lamm die Inkarnation des Triumphes des Lebens über den Tod. In der jüdischen Tradition symbolisiert das Lamm zunächst den Israeliten als Mitglied der »Herde Gottes« (Jesaja 40,10–11). Dieses Bild wird dann vom Christentum aufgenommen (Lukas 10,3 und Johannes 21,15–17) und wird zum »Lamm Gottes«, das die Sünden der Welt hinwegträgt (Johannes 1,29). Der Christ wird, genau wie einst der Israelit in Ägypten, durch das Blut des Lamms gerettet. In der Apokalypse wird das Lamm gleich achtundzwanzigmal als Symbol für Christus erwähnt: Die Botschaft der Bibel lautet: »Das Lamm erringt den Sieg des Lebens über den Tod.«*

Diese Botschaft hat auch mir die Vision vom Lamm vermittelt, das in dieser Rückführung vor meinem geistigen Auge erschien.

Eines der oben kurz erwähnten Symbole soll hier etwas ausführlicher gelesen werden: Das gleichseitige Dreieck, dessen Spitze nach oben gerichtet ist, symbolisiert die »Coincidentia oppositorum«, das heißt die Vereinigung der entgegengesetzten Pole, die bei dem Dreieck in den Endpunkten der Grundlinie existent sind. In der Spitze des Dreiecks treffen sich die Gegensätze zu einer Einheit. Das gleichseitige Dreieck ist zu deuten als das Sinnbild der Einheit im Kosmos. Die Sichel auf der Grundlinie des Dreiecks ist ein Symbol für den Mond, der mit seinem ständigen Wechsel – Wachstum und Vergehen bzw. Aufgehen und Abnehmen – die Veränderlichkeit des dualen Prinzips versinnbildlicht. Das Licht über der Mondsichel hingegen symbolisiert das zentrale Licht der Schöpfung, die Unveränderlichkeit, die Ewigkeit. Beide Prinzipien bilden zusammen mit dem gleichseitigen Dreieck ein Symbol der kosmischen Einheit.

(Die Deutung des Symbols erarbeitete ich zusammen mit der Wissenschaftlerin Dr. med. Veronika Hückel.)

28

MENSCHENFRESSER IN AFRIKA VOR 38 000 JAHREN · EVOLUTIONSSPRUNG · AUSSENSEITER

Die Sitzung wird durchgeführt in der Praxis von Herrn Werner Meinhold, dem Vorsitzenden der Deutschen Gesellschaft für Therapeutische Hypnose und Hypnoseforschung e. V., Pirmasens.

Die Kette der Rückführungen lässt deutlich erkennen, dass sich das Thema »Außenseiter« in vielen verschiedenen Ausprägungen – mal mit positivem, mal mit negativem Vorzeichen – durch alle Leben zieht, die von mir im Laufe der Sitzungen erneut gelebt wurden. Werner Meinhold schlug mir vor, herauszufinden, welches Schlüsselerlebnis am Anfang dieser Kette von Inkarnationen in der Rolle des »Außenseiters« steht und deshalb diese Kette der Leben als »Außenseiter« initiiert hat.

Werner Meinhold: Gehen Sie zurück in den Bereich des Unbewussten … zunächst in den Bereich der Kindheit …

bis hin zur Geburt und darüber hinaus. Ich werde dann Ihre Stirn berühren und Sie die Erinnerung frei und leicht durch Zeit und Raum finden lassen. … Sie können sich dann vorstellen, dass Sie hineingehen in ein Dasein, in dem die Beziehungen zu den Menschen, wie Sie sie heute empfinden, so geprägt werden, dass sich das über diese vielen Leben hinwegzieht … Sie können sich jetzt vielleicht einmal hineinfühlen in diese Situation, wie Sie sie heute spüren, auf dieser Gefühlsebene, wenn Sie mit anderen Menschen in Beziehung treten … und Sie können Ihre Gefühle, die Sie durch die verschiedenen Verkörperungen hindurch mit anderen Menschen erleben, oder eben auch in der Trennung von anderen Menschen in dieser Außenseiterposition, wie Sie sie immer wieder erleben, vielleicht in einem Satz ausdrücken … einfach ein Satz, der die Gefühle ausdrückt, die Sie in der Beziehung zu anderen Menschen erleben…

Autorin: Ich will die Menschen nicht an mich herankommen lassen.

Gut, diesen Satz nehmen wir jetzt wie ein Gefühlsbild, das ganz tief in Ihnen eingeprägt ist, und wir gehen mit diesem Bild auf die Suche in der Vergangenheit. Ich berühre jetzt leicht die Stirn und werde mit dieser Berührung die Erinnerung öffnen für die Grenzen von Raum und Zeit, sodass Sie hineingehen können … über die Zeugung hinaus und in ein Leben gehen können, in dem dieser Satz »Ich will sie nicht an mich herankommen lassen«, in dem dieses Gefühlsbild ganz wichtig ist. Ich berühre die Stirn und wir gehen hinein in dieses Leben … und alles, was da auftaucht, können Sie jetzt frei ausdrücken.

(Ganz leise, fast flüsternd:) Das kann ja nicht sein …

Sprechen Sie einfach alles aus, ganz gleich, was es ist.

Da habe ich aber keine Lust, das zu sagen! (Seufzer, Stöhnen.) Das ergibt überhaupt keinen Sinn!

Auch, wenn das jetzt nicht klar ist, sprechen Sie es einfach aus.

Oh, nein … (gequältes Stöhnen, weinerliche Stimme). Das sage ich nicht! Das ist zu verrückt … Sie haben mich aufgefressen, diese Tiere! Ich verachte sie so sehr, weil sie immer an Essen denken … Mich haben sie aufgegessen!

Wer sind diese Tiere?

Das sind nicht wirklich Tiere, das sind Menschen! Wer die sind? … Das weiß ich jetzt nicht … Es ist so dunkel (weinerlich) … Wie kann man nur so viel Hunger haben, dass man einen Menschen frisst?!

Tut es Ihnen weh?

Nein, es tut nicht weh … Es ist nur, dass ich sie verachte … Ich kann mich an weiter nichts erinnern … vielleicht will ich auch nicht. … Nebenbei, wenn ich schon dabei bin, das zu beschreiben … es ist wirklich schwer, über diese Dinge zu sprechen … Ich will das nicht wissen!

Was geschieht dann? Gehen wir ein bisschen zurück in der Zeit. Gehen wir mal ein Jahr zurück in der Zeit … Wo sind Sie jetzt?

Ja, ich gehöre schon zu ihnen … Wir streifen durchs Land … Mein Gehirn sagt mir: Sie haben ja nichts anderes zu essen (als mich) … aber ich sehe das nicht … ich denke das nur.

Sind Sie ein Mann oder eine Frau?

Ich bin eher ein Mann (sehr heftiges Atmen).

Und wo ist das? Wissen Sie das? Gibt es einen Namen für die Region, für das Land?

(Langes Schweigen und leises Stöhnen.) ... Es sind weite Landstriche ... Eigentlich sehe ich noch nicht einmal Bäume ... gar nichts sehe ich ... Wir streifen nur so daher. Ich bin jetzt darüber, ich bin gar nicht mehr bei ihnen ...

Können Sie noch mal zurückgehen? Wie sprecht ihr?

Wie wir sprechen? ... Da muss ich ja wieder rein zu ... denen (Unzufriedenheit in der Stimme).

Es ist eine Szene, die sich nicht bewegt. Sie steht still und hat keine Töne.

Vielleicht können wir uns die Szene ansehen? Wer ist denn da alles?

Ja, so ungefähr fünfundzwanzig Leute ... Ich sehe diese Leute, aber ich sehe nicht mich.

Sehen Sie sich diese Leute von innen heraus an?

Im Abstand ... leicht über den Menschen ...

Gut, dann nehmen wir mal diesen Abstand an und gehen weiter durch die Zeit bis vielleicht zu einer Woche vor diesem Ereignis.

Ja, jetzt sehe ich wieder Bäume, sehe Hütten aus Holz ... mit Stroh ... Es ist keine Atmosphäre, die ich als wohltuend bezeichnen würde ... Es ist eher der Kampf ums Überleben ... sehr kühl.

Kühle Temperatur?

Nein, nein, die Menschen untereinander ... sind kühl ... man gibt sich Mühe, zu überleben.

Und wovon lebt ihr?

Ich sehe einige Wurzeln. Die Menschen sind auch böse.

Sie haben überhaupt keine Gefühle … Sie haben nur ewig Hunger … wirklich primitiv.

Ja, der Hunger ist vielleicht das Wichtigste.

Nein. Ich kann diese Meinung nicht teilen … Tja, da war ich eben das Opfer … Vielleicht gefiel ich ihnen auch nicht … weil ich so rumgemosert habe … über ihre primitive Art zu sprechen und immer wie ein Tier auf den Boden zu gucken, um etwas Essbares zu finden … Da weiß ich aber nicht, ob das stimmt, was ich jetzt sage … Da wird natürlich derjenige genommen, der am wenigsten gefällt … vielleicht auch einer, der sich nicht wehrt … am wenigsten wehrt. Ich weiß gar nicht, ob ich mich überhaupt gewehrt habe.

Vielleicht haben Sie keine Lust, da zu sein, wie schon so oft zuvor?

Ich glaube schon, dass ich nicht so richtig Lust hatte, da zu sein, wo ich bin (Schluchzen).

Gehen wir mal ein bisschen weiter nach vorn in der Zeit, wenn das geht … vielleicht einen Tag … *(Weinen).*

Ich weiß, was ich tue, was jenen nicht gefällt … Ich glaube, es nervt sie, es irritiert sie: Ich sitze ganz einfach am Strand, am Ufer des Wassers … Das kann ich doch tun!! Ich darf es aber nicht. Es stört sie. Am Strand, ja, da ist es doch schön!! Das sollten die auch einmal machen! Davon bin ich überzeugt, dass das besser wäre als eine schlechte Mahlzeit zusammenzusuchen (tränenerstickte Stimme.)

Vielleicht sind jene nicht so weit, dass sie das spüren?

Ja, das kann schon sein … ja, so ist es nämlich auch!

Was geht da in Ihnen vor, wenn Sie am Strand sitzen?

Ja, das ist herrlich! So etwas muss man tun. So ist es

richtig zu leben … Man hat Gedanken. Man geht seinen Gedanken nach …

Das ist sehr schön, in seiner Mitte zu leben, einfach da zu sein, sich selbst zu spüren, die Welt zu spüren.

Ist ja auch egal (dass sie mich töten) … Es hätte sowieso kein gutes Ende genommen … Ich wäre nicht geworden wie sie und sie werden niemals wie ich … Also ist es denn auch egal …

Und wie ist dein Name?

Augenblick … das ist anstrengend … es kribbelt sehr … So wie (Elektrizität) … Das würde ich gern erklärt haben, warum ich so etwas Kaltes fühle, wenn ich den Namen überlege.

Wo ist es kalt?

Überall.

Das kommt daher, dass Sie bei hoher Konzentration auf einer anderen Bewusstseinsebene sind.

Ja, wie heiße ich?? Da können Sie doch ein bisschen helfen!

Ja, ich kann die Erinnerung noch ein wenig tiefer führen. Ich berühre den Hinterkopf, dann kann der Name auftauchen …

WON-SA … Aber das ist nicht gerade sehr eindrucksvoll und deutlich … WUN-SA … wer weiß?

Und du bist ein Mann?

Ja, sicher.

Kannst du vielleicht sagen, welche Zeit das ist. Du kannst dein Höheres Selbst fragen …

Augenblick … da bin ich schon wieder kritisch, wenn ich sage, es ist das Jahr 20 000, denn ehrlich gesagt, habe ich eben, kurz vorher, auch das Jahr 38 000 vor meinen Augen gesehen.

Wir gehen noch ein bisschen weiter durch die Zeit. Du kannst hingehen zu dem Tag, an dem es geschieht …

An dem was geschieht??

Das Auffressen …

Das Eigentliche habe ich vergessen … etwas, das ich viel deutlicher weiß als das Aufgefressenwerden … nämlich, dass ich sie wirklich verachte … alle, die sie da so doof gucken, wie sie mich so angucken, wie sie da rumsitzen mit ihren leeren Köpfen, mit ihrem leeren Blick … All das beeindruckt mich mehr, als dass ich da von ihnen aufgegessen werde.

Die Menschen verstehen wahrscheinlich gar nicht, was sie tun. Sie haben einfach Hunger.

Ich glaube sogar noch, dass sie meinen, es ist richtig, was sie tun … weil ich so anders bin als sie … so etwas wie mich muss man aussortieren.

Vielleicht bewundern sie dich auch.

(Sehr spontan:) Nein! … Augenblick … da müsste ich überlegen … Aber das wäre mir nun wirklich neu … Der Grund ist, sie finden mich anders, und das stört sie schon sehr.

Vielleicht haben sie auch die Idee, dass sie wenn sie dich aufessen, dass sie dann ein bisschen von dir in sich aufnehmen. Das gibt es.

Das kann doch nicht wahr sein! Dann würde ich sie ja zu Unrecht verachten! … Augenblick … ist das denn wahr?

(Lange Pause des Überlegens.)

Du kannst dich einmal in einen dieser Menschen hineinfühlen. Schau dir einen aus und stelle dir vor, du bist telepathisch verbunden mit diesem Menschen.

Sie starren mich alle so an ... Aber dann hätte ich sie ja ... das kann doch nicht sein, dass ich so dumm bin, dass ich sie falsch interpretiert hätte ... das kann doch nicht wahr sein.

Die haben vielleicht gar keine Möglichkeit, das auszudrücken. Du bist etwas Besonderes für sie.

Sie gucken sehr ... sie gucken ja gar nicht hungrig ... sie gucken dumm ... wie Fische gucken sie mich an, mit leerem Blick ... als wenn sie tatsächlich irgendetwas von mir erwarten.

Es kann gut sein, dass sie dich in sich haben wollen.

Das wäre ja noch ein Zeichen von ... Denken ... von Streben ... Ach, da wäre ich ja sehr ungerecht gewesen mit ihnen!

Es ist einfach so, dass du es nicht erkennen konntest, weil sie das ja wahrscheinlich kaum ausdrücken können. Schau dir mal den Anführer an. Da gibt es doch sicher einen, der Anführer ist.

Also, eins ist klar: Es ist eine Zeremonie! Aber das tut mir ja leid! Warum habe ich sie denn eben so beschimpft und verachtet?

Das ist ja ganz verständlich. Jeder ist eben auf seiner eigenen Bewusstseinsstufe. Sie können nicht anders handeln, wenn sie noch nicht weiter sind in ihrer Entwicklung. Wahrscheinlich bist du für sie so etwas wie ein Bote.

(Schluchzen, Trauer in der Stimme.) Es tut mir jetzt Leid, dass ich so war.

Ich denke, es geht vielleicht gar nicht anders. Du kannst ihnen doch gar keine andere Botschaft bringen, die sie verstehen würden. Dann ist es auch für dich gut, dass du so bist, wie du bist. Es ist einfach wichtig für diese Menschen, dass sie einmal spüren, da ist jemand, dem kommt es nicht nur auf Essen an. Da ist jemand, der ihnen zeigt, was ein Mensch sein kann.

(Leises Schluchzen.) Jetzt tun sie mir schon leid!

Sie sehen, da ist jemand, der ihnen zeigt, was Menschsein bedeutet. Und dann spüren sie vielleicht bei all ihrer Beschränktheit so eine Sehnsucht danach. Wenn sie etwas von dir in sich haben, ist das etwas, das sie sich vorstellen können. Etwas anderes als körperlichen Verzehr können sie sich gar nicht vorstellen, weil sie es ja mit den Gedanken nicht aufnehmen, nicht in sich hineinbringen können.

Ja, und es tut mir wirklich leid.

(Die ganze Zeit über leises Schluchzen.)

Es ist gut so. Du bist ein Bote aus der Zeit des Menschseins, und es ist ein Opfer, das du bringst – so, wie du es schon oft getan hast.

Aber nützen tut des nichts, das Opfer … Wissen würde ich gern – nachdem ich nun genügend Mitleid mit ihnen gehabt habe – ob es etwas genützt hat. Das ist doch nutzlos, jemanden aufzuessen?

Nein, das ist nicht ganz nutzlos. Das, was wir aufessen, ist ja eine Botschaft, das sind ja nicht einfach nur Kalorien, sondern da lebt ja auch etwas Wesenhaftes in dem, was wir zu uns nehmen. Es ist sicher nicht dieselbe Stufe, wie wenn wir etwas geistig integrieren, aber es ist doch eben eine Stufe, in der Grundlage vermittelt wird. Gut, gehen wir noch einmal über diesen Bereich hinaus. Du kannst dir vorstellen, dass du in die Zeit nach dem Tod gehst in diesem Leben, und dass du vielleicht noch so einen kleinen Rückblick vornimmst, um zu sehen, was da in dir ist und was in denen ist, damit du zu einer Versöhnung gelangen kannst.

Ich sehe keine Menschen mehr … Es ist einfach schön, hell und klar … und Nichts … und etwas Viereckiges.

Und wenn du zurückblickst auf dieses Leben, hast du dann das Gefühl, dass du eine Mission erfüllt hast?

Das möchte ich jetzt gar nicht so sagen … aber es war richtig … wichtig … Und dann möchte ich noch wissen, warum dieses helle Feld, in dem ich mich befinde, vier Ecken hat? Es ist hell und quadratisch … etwas wie eine Tür.

Wahrscheinlich ist das eine Tür zu einer anderen Dimension. Und diese andere Dimension ist vielleicht jetzt noch nicht zu betreten.

Ich stehe in der Türöffnung … und aus der Tür strahlt ein Licht heraus (schweres Atmen).

Es ist schön, einfach zu spüren, dass es diese Tür gibt und dass es dieses Licht gibt. Das ist eine ganz große Sicherheit, dieses Licht … das Licht zu spüren.

Ich käme da gar nicht hinein … Ich komme gar nicht dagegen an … Es ist eine andere Schwingung … die mich abblockt wie ein elektrischer Schirm.

Es wäre sicher zu früh, da hineinzugehen. Aber zu wissen, dass es diese Tür und das Licht gibt, ist gut. Wenn du dieses Bewusstsein mitnimmst, dann gelingt es dir vielleicht auch wieder, mit dieser Sicherheit andere Menschen an dich heranzulassen. Kannst du dir das vorstellen?

Die Menschen können ja nicht anders! (Schluchzend:) Aber sie brauchen mich ja nicht gleich aufzufressen … Das brauchen sie ja vielleicht nicht zu machen!

Das können sie eben nicht anders tun. Auf den Fidschi-

Inseln haben die Bewohner noch im 20. Jahrhundert ihren Lieblingsmissionar aufgegessen, weil sie gedacht haben, dass sie auf diese Weise seine Botschaft am besten verstehen und in sich aufnehmen.

(Andauernd leises Weinen.) Ich habe aber nicht immer Lust, aufgefressen zu werden … Ich möchte mich deshalb lieber heimlich entfernen … in irgendeine Sicherheit.

Vielleicht kannst du dieses Licht als Sicherheit mitnehmen und kannst so in deinem Leben bewusst Sicherheit empfinden. Und dann kannst du dich wieder Schritt für Schritt, wenn es dir angenehm ist, etwas mehr annähern an die Menschen. Vielleicht nennst du noch einen Gedanken, in dem du das ausdrückst, was dir wichtig ist …

Ich möchte nicht … das Licht vergessen … Da ich nicht hineingehen kann in das Licht, möchte ich vielleicht mit dem Rücken an dem Licht bleiben und meine Aufmerksamkeit auf die Menschen richten … aber vielleicht nicht zu dicht an die Menschen herangehen … das bleibt trotzdem mein Wunsch …

Ist es dir nun recht, wenn wir das, was du erlebt hast, wieder deinem Höheren Selbst übergeben? Du kannst dich bedanken, dass du es erfahren durftest. Du kannst es auch bewusst mitnehmen, und es kann in dir zugleich weiterwirken, so wie es für dich gut und richtig ist.

Ja (tiefer Seufzer der Erleichterung).

Ende der Sitzung.

29

ALL-BEWUSSTSEIN · NEANDERTALER VOR 42 000 JAHREN · ÄGYPTER UM 1800 VOR UNSERER ZEITRECHNUNG

Es ging in dieser Sitzung zunächst wieder um die frühe Megalithzeit. Dann aber übersprang das Bewusstsein mehrere tausend Jahre, und ich lebte ein Leben als Ägypter im Mittleren Reich.

Dr. Ducher: Lassen Sie die Eindrücke zu … Akzeptieren Sie, was Sie erleben … Öffnen Sie sich … Wo befinden Sie sich?

Autorin: Ich kenne dieses Land, diese Landschaft … Alles ist mir vertraut … und wie schon viele Male zuvor schwebe ich … schwebe ich über den Felsen … Es ist beinahe Nacht, aber ich sehe dennoch ein weißes Licht … als ob der Mond sich im Meer spiegelte … Ich fühle mich großartig … Ich fühle mich grandios … Es ist schade, dass ich dieses Gefühl nicht in Worte kleiden und ausdrücken kann … als Mensch kennt man dieses Gefühl nicht, deshalb kennen wir auch keine Worte für dieses Gefühl ... Es ist etwas Erhabenes, Bedeutendes, Großes ... es ist größer als alles ... es ist universell ...

Was tun Sie dort? Warum sind Sie da?

Also, dieses »universelle Gefühl« – welch eine idiotische Übersetzung für das Phänomen – vermischt sich mit einem Gefühl der Liebe ... einer Liebe zu allem (kleines erstauntes Lachen über diese Erkenntnis).

Ja, eine Liebe zu allem.

Diese Liebe hat kein Ziel ... sie richtet sich nicht auf irgendwen oder irgendwas ... es ist eine Liebe gegenüber allem und allen. Es ist kein starkes Gefühl ... es ist etwas Selbstverständliches ... es ist ruhig, natürlich ... es hat keine Abgrenzungen und ... kein Ziel ... Diese Liebe ist Harmonie ... Es ist eine universelle Liebe ... ja, es ist eine bedingungslose Liebe ... Ich habe keine Identität. Mein Ich-Bewusstsein ist aufgegangen in einem All-Bewusstsein ... Das ist ein unendlich beruhigender Zustand ... Es gibt nichts mehr außer dieser Einheit ... Dieses Gefühl ist hell und warm ... wie die Liebe, in der das Ich sich aufgibt ... Harmonie, Licht, Liebe und ... Freude entstehen durch das Eingehen des Ichs in das Ganze, in die universelle Einheit ... in das Ganze ... in das Ur-Meer der Energie.

Verstehen Sie die Dimension dieser Energie ...

Ich bin Geist, aber ich fühle das alles körperlich ... Es gibt keine Worte und keine Erklärungen dafür.

(Die ganze Zeit über eine sehr leise, schwache Stimme.) ... Es wäre gut, wenn Sie mir Fragen stellen würden. Das Gefühl ist schwächer geworden.

Spüren Sie, wohin Sie sich gezogen fühlen, was Sie lenkt.

Ich glaube nicht, dass ich einen Körper habe ... Ich verspüre aber ein intensives Gefühl in meinem augenblicklichen, physischen Körper, der hier auf der Couch liegt ... Ich habe kein Ziel ... aber wie kommt es, dass ich meine Aufmerksamkeit ohne Unterlass auf das schwache, diffuse Licht richte, das ich am Horizont sehe ... dieses Licht, das immer umgeben ist von Finsternis?

Ist es dieses Licht, von dem Sie sich angezogen fühlen, von dem Sie gelenkt werden?

Ja, die ganze Zeit über ... immer ... Ich habe nicht immer darauf geachtet, aber von Anfang an habe ich meine Aufmerksamkeit auf dieses Licht gerichtet.

Was treibt Sie, sich dorthin zu bewegen?

Es ist eine Bewegung ... in allem ... Das Licht dient der Orientierung ... Es strahlt seine Energie aus, wenn das Bewusstsein sich darauf richtet (!) ...

Nehmen Sie die Energie auf oder geben Sie sie ab?

Nein, ich bin da, um die Energie ... zu stabilisieren ... zu lenken. Es besteht ein Rhythmus, von dem das Licht und auch meine Aufmerksamkeit ein Teil sind ... Nein, ich schaffe diesen Ablauf, diesen Kreislauf der Energie ... indem ich mich konzentriere ... auf die Entwicklung ...

Sehen Sie, wie Sie Ihre Energie erhalten ... Richten Sie nun Ihre Aufmerksamkeit auf etwas Neues.

Ich bin immer noch nicht sicher, ob das die Erde ist ... Auf jeden Fall könnte es die Erde sein ... Ich sehe Lebewesen ... nein, ich sehe sie nicht, aber ich spüre die energetische Schwingung dieser Wesen ... Sie sind so unglaublich klein ... (leises Stöhnen)

Halten Sie diese Lebewesen für die Bewohner der Erde?

Ja … ungefähr drei Dutzend sind es … Sie sind sehr ruhig … die meisten sitzen am Boden vor den Höhlen … Sie tragen Felle … Ich weiß nicht, ob die Felle eine Bekleidung sind oder ob die Wesen behaart sind. Es könnte ihre behaarte Haut sein, denn ihre Gesichter sind … ein wenig primitiv, würde ich sagen.

(Das harte Urteil »primitiv« wird fast mit Bedauern ausgesprochen.) Es gibt einen Namen für diese Menschen … Neandertaler.

Sehen Sie sich diese Lebewesen genau an.

Jetzt sehe ich sie genau … es ist eine behaarte Haut … sehr behaart … und zusätzlich tragen sie Tierfelle als Bekleidung … und … (Seufzer). Warum schwebe ich über ihnen und bin nicht in ihrer Mitte?! … Ich habe keine Verbindung mit ihnen als Individuen … Ich sehe sie als Gruppe, also gehöre ich vielleicht nicht zu ihnen. Ich weiß es nicht … Ich schwebe über ihnen … seit jeher … als ein Schutzgeist all dieser Menschen, aller Menschen in dieser Region. Aber es wird sie bald nicht mehr geben und ich werde mich in einen anderen Bereich bringen. Ich werde nicht hier bleiben.

(Für die Niederschrift dieses Sitzungsprotokolls habe ich über die Neandertaler nachgelesen, um vielleicht verstehen zu können, was die während dieser Rückführung gemachten Äußerungen bedeuten. Ich fand eine für mich überraschend genaue Bestätigung meiner Angaben, denn die Neandertaler, von denen ohnehin jeweils nur wenige tausend gleichzeitig gelebt haben, sind seit 40 000 Jahren ausgestorben. Gleichzeitig – oder genauer gesagt einige Jahrtausende zuvor – trat der »homo sapiens sapiens« auf den Plan, zu dem der heute lebende Menschentyp gerechnet

und der von der Fachwelt nicht als eine Weiterentwicklung des Neandertalers gesehen wird.)

Sie können fühlen, ob Sie mit ihnen Verbindung haben oder nicht und ob Sie bald unter diesen Lebewesen inkarniert sein werden.

Ich bin sehr alt ... es ist schwierig zu antworten ... Die Zeit ist sehr viel weitergegangen ... Es ist jetzt eine sehr viel spätere Zeit ... Ich sehe ein Krokodil ... einen Fluss ... das beides gehört nicht zu der Landschaft, über der ich zuvor schwebte. Es ist sehr viel später.

Wollen Sie sagen, dass es viele Menschenleben später ist, oder wollen Sie sagen, dass es viel später in derselben Epoche ist?

Ich habe viele Leben übersprungen ... viele Jahrtausende ... und die Region ebenfalls.

In welcher Region des Planeten befanden Sie sich zuvor?

Wo war es? ... Im Norden war es.

Gibt es ein Datum für die Epoche der Menschheitsgeschichte?

Ja, ich sehe die Jahreszahl ... 42 000, zweiundvierzigtausend.

Und jetzt, nachdem Sie viele Jahrtausende übersprungen haben ... in welcher Zeit befinden Sie sich jetzt?

Die Leute tragen richtige Kleider ... schöne, edle Stoffe ... wirklich elegant ... Gürtel und Schnallen sehe ich ... sehr hübsch.

Haben Sie den Eindruck, dort inkarniert zu sein?

Ich muss ein Mensch sein, denn ich sehe die anderen aus der Perspektive der Menschen ... Ich bin auf demselben Niveau ... aber ich sehe mich nicht.

Ich möchte, dass Sie mir die Farbe Ihrer Haut nennen.

Ich betrachte mich als weiß.

Wie alt sind Sie?

Achtunddreißig Jahre.

Und wo befinden Sie sich dort?

Auf einem Platz umgeben von Hütten … Ich sehe Fäden … Ich sehe Vögel … Vielleicht … ist es mein Beruf, Vögel zu fangen in einem Netz (Stöhnen). Es sind Netze gespannt zwischen Hütten … und über mehrere Hütten hinweg.

Sie fangen Vögel? Die Netze sind dazu da, die Vögel zu fangen? Was machen Sie mit den gefangenen Vögeln? Sehen Sie genau hin.

Ich bin es nicht allein, der die Vögel fängt … es ist eine ganze Gruppe … Es lässt mich ganz und gar kalt, was mit den Vögeln geschieht … nur ich, die ich jetzt spreche, kritisiere das und bin schockiert. Wir essen die Vögel, voilà.

Ist es ein kleines Dorf, in dem Sie leben?

Ja, ganz sonnig, ganz lebhaft … überall ist man aktiv … Im Staub sehe ich die Tiere, die ihre Jungen lausen oder kratzen …

Haben Sie Kinder? Haben Sie eine Frau?

Die Frage löst bei mir keine Reaktion aus … gar keine … Ich bin ohne Gefühl, wie ein Baumstamm … Habe ich eine Frau?? (Seufzer, als sei die Frage eine Belästigung.) … Ja, ich habe einen Sohn, der schon erwachsen ist … Ich weiß es, aber ich fühle es nicht.

Welcher Beschäftigung gehen Sie nach?

Der Fluss, den ich zuvor gesehen habe, kommt aus den Bergen … Dort in den Bergen befinde ich mich jetzt … Es ist lustig … und angenehm … nichts berührt mich … Ich bin ohne Emotionen … gleichgültig … Man wäscht die Wäsche … natürlich nicht ich, ich bin ja ein Mann … also die Frauen waschen die Wäsche in dem Wasser des Flusses … Dieses Leben fließt genauso dahin wie der Fluss … Nichts ist von Bedeutung … es ist ein Nichts, dieses Leben … Ich fühle mich nämlich jetzt jünger als zuvor … Haben Sie mich gefragt, im Alter weiter nach vorn zu gehen?

Ja, die Zeit geht zurück … Welches Alter haben Sie jetzt?

Ich bin fünfundzwanzig Jahre alt … Ich tolle umher, bin ausgelassen … Ich möchte in der Nähe jener Frau sein. Vielleicht ist das meine zukünftige Frau? Diese Frau ist wenigstens mal etwas, das mich interessiert … Ich bin sehr stumpf und oberflächlich … aber diese Frau …

In welcher Epoche der Menschheitsgeschichte spielt diese Szene? Lassen Sie das Datum vor Ihrem Auge erscheinen …

Tausendachthundert … vor unserer Zeitrechnung.

1800 vor der Zeitrechnung … sehr gut.

Es ist überall dasselbe Phänomen zu beobachten: Man ist, ich weiß gar nicht, warum ich verallgemeinere, man ist oberflächlich … In mir ist nichts … ich bin leer … Wir lachen und scherzen, wir amüsieren uns … aber es ist beinahe wie eine große Erschöpfung nach einer großen, nach einer großartigen Epoche … Das werden Sie nicht verstehen, aber ich, der ich jetzt spreche, mache mir Gedanken, warum das so ist, und ich verstehe, warum es so ist … Es ist das Ende einer großen Phase der Geschichte … Sie geht zu Ende, weil die schöpferische Kraft verbraucht ist … wir sind müde …

Spüren Sie die Mutation der Menschheitsgeschichte …

Sie werden jetzt das Ende dieses Lebens erreichen. Was empfinden Sie?

Ich trage einen Umhang aus Federn mit einer Kapuze … etwas, das den Kopf bedeckt und Teil des Umhangs ist … wie eben die Pilger gekleidet sind … Ich berühre die Pyramide, weil man mir gesagt hat, dass das gut tut, bevor man stirbt.

Wie alt sind Sie?

Zweiundsechzig Jahre.

Spüren Sie, dass Sie bald sterben werden?

Ich habe eine Krankheit … man hat mir gesagt, dass ich an dieser Krankheit der Eingeweide sterben werde.

Fürchten Sie sich vor dem Tod? Haben Sie Angst vor dem Tod? Oder fühlen Sie sich ruhig, friedlich und gelassen?

Die Worte sind zu edel und vornehm: gelassen und friedlich – es gibt nichts in mir, auch keine friedlichen Gefühle … Ich habe diese Pilgerreise gemacht … weil es so Sitte ist … und um nicht meine Chance zu verpassen … Ich habe mir gesagt: Man weiß ja nie … also berühre ich die Pyramide. Aber es bedeutet mir nichts, ich verspüre nichts bei dieser Handlung … Ich bin gleichgültig … ich fühle mich leer … Ich erwarte nichts …

Es folgt das übliche Ende der Sitzung.

a. Die Angabe der Jahreszahl 1800 vor unserer Zeitrechnung ist im Zusammenhang mit der von mir erwähnten »großen Erschöpfung nach einer großartigen Phase der ägyptischen Geschichte« erstaunlich korrekt: In der Tat muss zu dieser Zeit von einem Niedergang der ägyptischen

Kultur gesprochen werden. Innere Wirren hatten in der 13. Dynastie eine allgemeine Schwächung auf nahezu allen Ebenen zur Folge. Seit etwa 1715 v. Chr. herrschten die Hyksos über Unterägypten. Der allgemeine Niedergang der »schöpferischen Kräfte«, von dem ich in dieser Rückführung spreche, wird von den Wissenschaftlern genau für die Periode konstatiert, die ich hier nenne. Die Erneuerung der schöpferischen und politischen Kraft Ägyptens ersteht erst wieder mit der Vertreibung der Hyksos und dem Beginn des Neuen Reiches in der 18. Dynastie.

b. Die Erwähnung des Ritus, einen Sterbenden in einem Federkleid zur Pyramide zu führen, damit er diese berühren und damit seinen Weg ins Jenseits ebnen könne, habe ich in den Büchern zur Ägyptologie (bisher) nicht finden können. Trotzdem scheint es mir, als gebe diese Schilderung einen tatsächlich praktizierten Brauch wieder. Immerhin kann das »gefiederte Gewand« des Sterbenden verstanden werden als Sinnbild der Seele, die nach dem Tod den Körper verlässt und die man sich im Ägypten des späten Mittleren Reiches als Vogel vorstellte. Dieser Seelen-Vogel konnte nicht nur beim Tode den Körper verlassen, er konnte auch auf Wunsch zu diesem zurückkehren. Der Sterbende nahm die Gestalt des Vogels an, um per Affinität dem Vogel-Gott des Seelenreiches Reverenz zu erweisen.

c. In dieser Rückführung wird ausdrücklich davon gesprochen, dass die Menschen oberflächlich, ohne Ziel oder Ideale sind und lediglich ein einziges Interesse haben, nämlich Spaß. Das Leben ist inhaltslos und fließt dahin »wie das Wasser des ägyptischen Flusses«, so nenne ich es in der Sitzung. Julius Evola zitiert in seinem großartigen Buch über die hermetische Tradition, »Zur Entschlüsselung einer verborgenen Symbolsprache« *(der Alchimisten), N. Flamel mit einer Passage zu genau dem oben erwähnten Bild der »ägyptischen Wasser«. Sie werden mit den »gewöhnlichen Gedanken der Sterbenden« in Verbindung gebracht. Die »Wasser Ägyptens« sind also ein Sinnbild des oberflächlich gelebten Lebens – und Sterbens!*

Erst mehrere Jahre nach der Serie meiner vierzig Rückführungen habe ich durch die Wissenschaftlerin und Alchimistin Dr. med. Veronika Hückel erfahren, dass ich in veränderten Bewusstseinszuständen zu einer Sprache greife, die auch schon von Alchimisten und den frühesten Weisen und Mystikern verwendet wurde. Die Phänomene jenseits der »Raum-Zeit«, für die es in unserer Sprache kein passendes Vokabular gibt, drücke ich in einer Symbolsprache aus, um schlecht und recht verständlich zu machen, was ich vor meinem geistigen Auge sehe. Wenn ich die »Wasser von Ägypten« als Sinnbild der geistigen, moralischen Erschöpfung und Oberflächlichkeit des Menschen angebe, ist das eine erstaunlich genaue Entsprechung zu der Symbolsprache in den ältesten philosophischen Texten der Menschheit.

30

UR-GRUND · BEWUSSTSEIN · MATERIE

Die in dieser Sitzung erlebten Phänomene im subatomaren Bereich sind selbst im holotropen Bewusstseinszustand äußerst selten. Bekannt sind sie allerdings aus den Schriften der Mystiker wie Meister Eckehart und vieler ostasiatischer Weiser. Einleitung wie in den Sitzungen (1) und (2) wiedergegeben.

Dr. Ducher: Erleben Sie Licht oder Finsternis?

Autorin: Finsternis.

Erleben Sie Einsamkeit oder sind andere Wesen bei Ihnen?

Einsamkeit.

Fühlen Sie sich wohl oder eher nicht so wohl?

Diese beiden Begriffe passen nicht auf dazu dem was ich empfinde.

Haben Sie das Gefühl, einen Körper aus Fleisch und Blut zu haben?

Nein.

Beschreiben Sie Ihren Zustand oder Ihre Struktur.

Ich bin allgegenwärtig ... weit und groß ... ich bin überall, nein nicht überall, aber immerhin in allen Ecken des Universums ... Ich weiß nicht einmal, ob ich im Wasser oder auf dem Lande existiere ... ich weiß noch nicht einmal, ob ich ... ob ich »bin«.

Können Sie sich definieren als eine Energie, als ein Bewusstsein?

Ich bin ein Bewusstsein in der Form einer Wolke ... aber sehr, sehr groß. Es scheint mir, als habe ich einen Körper, aber einen Körper in der Form einer unendlich großen, hellen Wolke.

Ich möchte, dass Sie mir sagen, welches Ihre Funktion ist ... Ihre Funktion als Bewusstsein in der Gestalt einer Wolke.

Ich fülle ... die Leere ... ich existiere ... Aber warum sage ich überhaupt »Leere«? Ich weiß es nicht ... In jedem Fall gibt es nichts außer dieser Leere ... auch keine Begrenzung ... Deshalb ist das Wort Leere vielleicht auch nicht passend ... Die Leere ist deshalb nicht leer, weil sie voller lebendiger, elektrisch vibrierender Teilchen ist ... Diese Teilchen sind unzählig ... und überall ... Sie enthalten alles ... als Möglichkeit.

Ich möchte jetzt, dass Sie die Schwingung von zwei Worten empfinden, die ich jetzt aussprechen werde: »Schwarzer Stein«.

Es ist schwer ... konzentriert ... komprimiert ... von Anfang an ... waren da ... ach, es ist so schwer, es zu beschreiben ... von Anfang an waren da, sozusagen am Horizont, sehr schwarze Wolken ... Aber warum denke ich an den

»Schwarzen Stein«, wenn ich diese dunkle Wolke sehe? …

(Die ganze Zeit über heftiges Atmen und Anstrengung in der Stimme.)

Spüren Sie den Unterschied zwischen diesen beiden Wolken … jener großen, hellen Wolke, die Sie repräsentieren, und der dunklen Wolke.

Ich … bin hell, ich bin leicht … Ich bin nicht so dicht und konkret wie die dunkle Wolke am Horizont …

Welches ist Ihre Bestimmung als helle Wolke und welches ist die Bestimmung der dunklen Wolke? Verstehen Sie die Evolution.

Also, ich weiß bereits, dass ich älter bin als das Dunkle … und dass ich länger leben werde als die dunkle Wolke … Ich weiß es und ich sage es … aber ich verstehe es nicht … Das Dunkle wird sich komprimieren … Worum es sich handelt, wüsste ich gern …

Da Sie als helle Wolke, als diese besondere Vibration, älter sind als das Dunkle und Schwere, können Sie vielleicht sagen, ob Sie anwesend waren in dem Moment, als das Dunkle entstand.

Es ist zu stark als Empfindung.

Sehen Sie, warum diese Schöpfung der schwarzen Wolke erfolgt ist. Mit welchem Zweck, mit welchem Ziel wurde sie erschaffen?

Es ist die Materialisation einer Idee … Aber warum ist es auch in mir? … Dasselbe erwartet auch mich … Auf jeden Fall bin ich nicht unabhängig von diesem Prozess … weil ich es wahrnehme … als Bewusstsein … Vielleicht sollte ich es verstehen, ob ich … der Schöpfer von diesem Dunkel bin?

Sehen Sie, ob das Helle der Schöpfer des Dunklen ist.

Es war einmal … dasselbe wie ich … alles war uniform und … eine Einheit und Ruhe … Dann kam Bewegung … die Vibration eines Gedankens … damit kam das Ende der Ruhe und der Einheit … danach kam die Trennung zwischen schwarz und weiß, zwischen schwer und leicht … da begann das Dunkel, sich von mir zu unterscheiden. Es scheint mir, als könne die Trennung … auch von mir als Bewusstsein geschaffen sein …

Verstehen Sie den Mechanismus der speziellen Formation dieser schwarzen Wolke. Sehen Sie, wie sich die Energie transformiert. Sehen Sie die energetischen Strömungen, die sich bilden und Teil großen energetischen Strukturen und Bewegungen sind.

(Sehr heftiges Atmen während der ganzen Zeit.)

Ich möchte sagen, dass es sich um die Trennung zwischen Geist und Materie handelt … denn die helle Wolke wird heller und heller, sie wird zu Licht … und die dunkle Wolke dunkler und schwerer … sie materialisiert sich und wird zu … Stein.

Verstehen Sie das Wort Schwingung … Spüren Sie, auf welcher Frequenz Sie vibrieren als »helle Wolke«.

Die Frequenz ist sehr hoch … und das Schwere vibriert sehr langsam … Die Frequenzen bedingen sich gegenseitig. Es gibt Verbindungen … Alles hängt miteinander zusammen … Der Prozess ist ansteckend … Er hat eine Wirkung auf mich … oder vielleicht ist es auch umgekehrt und ich habe eine Wirkung auf das Dunkel … Vielleicht projiziere ich und verursache das Dunkel? … Ich kann es nicht beurteilen.

Beeinflussen sich beide gegenseitig?

Ich fühle mich schlecht … Die Vibration ist beinahe zu stark für mich … die Beeinflussung durch das Dunkle spüre ich als sehr stark und sehr negativ … jedenfalls ist es zu stark und zu negativ für mich, die ich hier spreche.

Jetzt möchte ich, dass Sie verstehen, welches die Bestimmung des Dunklen ist. Ich zähle bis drei und Sie werden genau auf der Frequenz sein, die nötig ist, um die Frage zu beantworten …

Es ist die Schöpfung … Es ist der richtige Moment, um die Leere zu füllen, mit Leben … Es ist so etwas wie die Atmung … ein Rhythmus … ein Zyklus … ein ewiger Wechsel … Die Zyklen sind programmiert für alles innerhalb des Universums …

Ist es die Materialisation der dunklen Wolke, die den Beginn des Rhythmus bewirkt oder einleitet?

Nein … Es hat schon vorher begonnen … vor meiner Existenz als Bewusstsein … weil die Leere konkret werden muss … gefüllt werden muss.

Jetzt möchte ich, dass Sie in einer Art Langzeitperspektive Ihre eigene Entwicklung als helle Wolke erkennen. Was wird in ferner Zukunft aus Ihnen und aus dem Dunkel? Bleiben Sie in Kontakt?

Ja, ich hefte mich an die Materie.

Haben Sie den Eindruck, einen freien Willen zu haben? Sie verbinden sich mit dieser schweren, langsamen Schwingung, aber geschieht es aus Ihrem eigenen Willen? Oder wird es gelenkt und entschieden von einem Willen, der über Ihrem eigenen Willen steht?

Nein, es ist ein Magnetismus … Ich bleibe unabhängig

... aber ich muss folgen ... nein, ich muss nicht folgen, ich folge.

Gibt es über Ihrem Willen noch einen übergeordneten Schöpfer-Willen? Oder sind Sie als Bewusstsein frei, autonom, unabhängig, während Sie sich an die Materie binden?

Nein, ich bin sicherlich nicht ... (das Wort »frei« wird nicht ausgesprochen) ... Was heißt denn »frei«? Es gibt Kräfte, die stärker sind ... Kräfte, die mich beherrschen, bestimmen. (Im Französischen sage ich: »qui me dominent«.)

Gibt es Kräfte, von denen Sie als Bewusstsein beherrscht werden?

Ja ... aber ich habe den Eindruck, dass nicht ich allein diese helle Wolke bin ... Es ist eine Vielzahl ... von ...

... eine Vielzahl, die in dieser hellen Wolke zu einer Einheit verbunden sind?

Ja, und diese Vielzahl schwebt als Einheit ... gleichsam wie eine Vielzahl von Individuen in einer einheitlichen Struktur ... Andere Felder haben eine andere Vibration ... und man könnte nicht dort hinüberwechseln ... von einem Feld ... von einem Universum zu einem anderen wechseln, das wäre nicht möglich ... Es ist fremd, es ist nicht meine Struktur, nicht meine Vibration, es ist nicht »Ich«.

Hat diese »Wolke« die Form von einem Ei?

Ich sehe die Form von Anfang an ... Es hat nicht die Form von einem Ei ... Es hat die Form der liegenden Zahl Acht.

(Die Form der »liegenden Acht« ist das mathematische Symbol für »unendlich«. Mein Bewusstsein oder ich als Bewusstsein umschreibe mit dieser Angabe zur Form der

Wolke die Tatsache, dass das Phänomen »Bewusstsein« unendlich groß in einem unendlichen, unbegrenzten Ur-Grund ist. Erstaunlich ist für mich heute, dass ich von der liegenden Acht als Form spreche, ohne mir in jenem Moment darüber klar zu sein, dass ich damit die Unendlichkeit umschreibe.)

Spüren Sie die hohe Schwingung dieser weißen Wolke?

Es ist das Licht … aber nicht zu hell … es ist … das Wort grau passt auch nicht … es ist wie eine Wolke, die von einem Licht in weiter Ferne angestrahlt wird.

Sehen Sie jetzt auf die Evolution der Vielfalt in dieser hellen Wolke, sehen Sie auf die Langzeitwirkung der schwarzen Wolke. Sehen Sie, wie die Energien sich transformieren, ineinander übergehen …

Sie trennen sich … der Knoten in der Mitte der liegenden Acht wird dünner und dünner … danach teilt es sich in der Mitte und es sind zwei Teile … dann vier … dann acht … dann eine Vielfalt … Und ich sehe bereits all die Individuen als Einzelteile …

Fühlen sich die Individuen noch untereinander verbunden oder fühlen sie sich eigenständig, als herausgefallen aus der Einheit?

Sie betrachten sich als getrennt … Jetzt sehe ich ein Ei, aber das Innere eines Eis … das Innere des Universums. Alles ist in Bewegung … Man wird angezogen von der Materie.

Aber wie kann es passieren, dass die Materie anzieht?

Man könnte denken, es handele sich um einen Magneten, aber …

Wollen Sie sagen, dass es nicht dem Willen unterliegt … dass es rein physikalisch bedingt ist?

Nein, es hat nichts mit dem Willen zu tun …

(Die Stimme ist ganz fremd, schwach, angestrengt und leise.)

Was hat die Auflösung der Einheit bewirkt? Handelt es sich immer noch um ein physikalisches Prinzip?

Es ist, als ob das Bewusstsein … seine Unschuld verloren hätte … nein, ich finde einen anderen Ausdruck … es ist, als ob das Bewusstsein seine Verbindung mit demjenigen verloren hätte, das größer ist (als das Bewusstsein) … Aber wessen Schuld ist das?? Ich weiß es nicht … Auf jeden Fall wird das Licht schwächer … die Einheit wurde schwächer … Die Bindung zwischen dem Hellen und dem mächtigeren Großen wurde schwächer.

Es gibt eine Verbindung zu dem Größeren?

Ja.

Können Sie mit diesem Größeren in Kontakt treten? Wie sehen Sie das Bindeglied zwischen dem Bewusstsein und diesem Großen?

Das Große … es imprägniert uns … es ist der Ur-Grund, der Grund unserer Existenz und … diese helle Wolke weiß, dass sie existiert durch den Ur-Grund … dank der Ur-Energie, in der alles existent ist … Sie verbindet alles zu einer Einheit, in ihr existieren nur die Energie und der Geist … Energie und Bewusstsein.

Aber ist diese Einheit aufgehoben?

Die Einheit wird aufgegeben … die Harmonie, die Glückseligkeit und die Neutralität im hellen Bewusstsein beendet … in dem Moment, in dem das »andere« wahrgenommen wird … Nach der Erkenntnis des eigenen Zustands, des Ichs, richtet sich das Bewusstsein auf ein Phänomen au-

ßerhalb des eigenen Ichs, außerhalb der »unendlich großen Acht«, die bereits der Anfang vom Ende war … das Ende der Einheit … Denn am Anfang war die geschlossene Einheit in der Form des Eis – danach erst wurde die Ur-Form zur Acht.

(Mein Höheres Bewusstsein sieht diesen Sinnzusammenhang, nämlich dass das Bewusstsein von unendlicher Größe ist und dass das Bewusstsein die Leere füllt, die der Ur-Grund ist. Meine normale Bewusstseinsebene erfasste diese Botschaft erst beim Anhören der Kassette, auf der diese Rückführung aufgezeichnet ist.)

Könnte man sagen, dass im Inneren der hellen Ur-Form des Bewusstseins eine Art individueller Wille existiert?

Ja. … Ja, so ist es. Das Bewusstsein ist der Grund für die Spaltung, weil es als ein Ich denkt und sich damit von der Einheit abgrenzt.

Sehen Sie jetzt auf die Folgen und Konsequenzen dieses Versuchs, sich aus der Einheit zu lösen.

Ich sehe etwas Schreckliches … Ich sehe … wie wir angeheftet sind an … ja, an einen Stein, an die Materie, vielleicht an die Erde … und den Moment der Zerstörung der Materie, die Zerstörung der Erde … Es ist, als ob diese explodieren würde … während wir noch gebunden, fixiert, angebunden sind an die Erde. Erst wenn man befreit ist durch die Zerstörung der Erde, kann sich erheben, was kein Gewicht hat, das heißt das Bewusstsein kann sich loslösen und erheben …

Ich werde jetzt ein Wort nennen: »MU«. Hat es eine derartige Explosion für den Kontinent »Mu« gegeben? Oder in Atlantis?

Ich sehe, dass es dann überall passieren wird … ein Da-

tum kann ich nicht geben ... Es ist nicht nur eine lokale Explosion ... wie zur Zeit von Atlantis ... Das, was sich in Atlantis ereignet hat, war winzig verglichen mit dem, was kommen wird. Ich spreche von einer wirklichen Explosion der Erde ... Die Erde wird pul-ve-ri-siert werden ... Danach kann sich der Geist nicht mehr an die Erde binden ... weil es die Erde nicht mehr gibt.

(Der Arzt scheint Eile zu haben, mich abzulenken von diesem Ausblick in die Zukunft der Erde.)

Kehrt man danach zu der Einheit zurück?

Ja, automatisch ... Das ist seltsam! ... Es ist ein Rhythmus ... wie schon zuvor, als das Licht von der dunklen Materie magnetisch angezogen wurde ... Jetzt nehmen alle Lichtpartikel die umgekehrte Richtung ... die Richtung zum Licht. Man kann nicht sagen, dass die Partikel sich an das Licht »binden«, so wie sie sich zuvor an die Materie gebunden haben. Sie gehen auf in dem Licht. Sie werden von dem Licht absorbiert ... Ach, welch eine große Freude, diesen Prozess zu erleben!!

Ja, sehen Sie sich das Licht an ... Jetzt möchte ich, dass Sie fühlen, wie sich das, was die Menschen Bewusstsein nennen, aus der weißen und/oder aus der schwarzen Wolke entwickelt.

(Sehr fremde Stimme, tiefe Trance.)

Ich habe nicht zugehört ... Fragen Sie noch einmal, bitte.

In welchem Moment der Evolution schafft sich das, was wir Bewusstsein nennen? Sehen Sie, was das Bewusstsein wirklich ist.

Das Bewusstsein ist identisch mit der hellen Wolke ... Es

gibt am Anfang nichts anderes … Es gibt nur das Eine … Daher verstehe ich Ihre Frage nicht. Also: Das Bewusstsein … partizipiert, wie soll ich es sagen? … Es hat Teil an der Einheit … Die Einheit unterscheidet sich nicht von dem Bewusstsein … Es ist Teil von diesem Ur-Grund … Am Anfang – vor dem Bewusstsein – gab es nur den Ur-Grund … den Geist, den universellen Geist … Es gab keinen Raum und keine Zeit … nur den eindimensionalen Punkt … in dem alles als Möglichkeit existent ist. Das Bewusstsein wurde geboren mit dem Ende der großen Ruhe – es wurde geboren mit dem ersten Gedanken.

Wie verstehen Sie nun Ihre Erfahrung als helle Wolke?

Die helle Wolke mit Namen Bewusstsein bedingt die dunkle Wolke mit Namen Stein oder Materie … Es hat alles seine Ordnung.

Wie empfinden Sie diese Ordnung?

Ich sehe sie als eine helle, klare Struktur, als die kosmische Mathematik … Dieses Bild der universellen Struktur erfüllt mich mit großem Glück.

Sind Sie auch über die Existenz der dunklen Materie glücklich?

Ich erkenne sie als Teil der schöpferischen Struktur, als Teil der Einheit … Aber warum ist es so unterschiedlich, wo es doch aus derselben Kraft entsteht?

In welchem Moment engt sich das Bewusstsein ein? Wann entzieht es sich der Einheit?

Die allererste Teilung und Trennung ist das Entscheidende … Als die liegende Acht in der Mitte auseinander brach. Aber warum?? Warum war die Teilung möglich? (Tiefer Seufzer der Ratlosigkeit.) Warum?? … Es war nicht nötig …

Die Leere, die Einheit und die Ruhe haben keine Agitation nötig!

Was löst die Bewegung aus in dieser Leere, dort, wo alles amorph ist? Kommt es von außen oder von innen?

Es kommt von innen (geflüstert). Die Vibration, die Frequenz hat sich irgendwann verändert … Aber wo ist der Grund? Warum musste sich die Leere verändern? … Es hat begonnen in dem Moment, in dem dieses Phänomen »Bewusstsein/Wolke/Geist« bemerkt hat, dass es existiert … Da war alles bereits entschieden … mit dem ersten Gedanken, das heißt mit der Geburt des Bewusstseins war der Prozess in Gang gesetzt – oder unausweichlich … Ich weiß nicht warum.

Verstehen Sie, was am Anfang des »Endes der Einheit« stand …

Am Anfang – vor dem Bewusstsein – (leise, zaghafte Stimme) … gab es nur den Geist … den Geist des Großen (Gottes) … Es gab keinen Raum und keine Zeit … nur Leere … in der alle Formen schon als Möglichkeit angelegt sind, in der alles als Schwingung und Energie angelegt ist … Es gab nur das Nichts … in der Dunkelheit … als sich der Geist selbst erfuhr, sich selbst erkannte. Er wurde sich über sich selbst bewusst. Das war die Geburt des Bewusstseins. Das gedachte Wort »Ich bin« ist die erste Schwingung in der Ruhe … und das Ende der Ruhe … aber nicht das Ende der Einheit, denn die entstehende Vielfalt ist untereinander verbunden, die verschiedenen Phänomene hängen voneinander ab und bilden wieder ein Ganzes … Zu der Ruhe kommt die Bewegung … Zu der Dunkelheit kommt das Licht. Je heller das Licht, desto tiefer die Dunkelheit, und auch das Licht hat in sich den Gegensatz und die Einheit angelegt: Welle und Teilchen zusammen ergeben das Phänomen Licht.

Die Wolke, mit der ich mich eins fühle, ist hell und Geist … Sie gebiert in diesem Zyklus der Rhythmen das Dunkel der Materie … Die ganze Materie wurde in einem Augenblick geboren … wegen des Gleichgewichts … wegen des Rhythmus … Es ist alles von jeher programmiert. Alles hat seine Ordnung im Weltall.

Akzeptieren wir das. Haben Sie dort, wo Sie sind, einen Wunsch?

Ja, ich wünschte mir, es ginge schnell zu Ende … mit der Erde, weil es auf jeden Fall und ohnehin geschehen wird, dann wäre es besser, alles käme zu einem schnellen Ende. Nicht so wichtig nehmen sollte man den Stein, der sich Erde nennt und der so schwer lastet auf uns … der unsere Füße anzieht, als trügen wir Blei-Schuhe … Man sollte die Materie nicht so wichtig nehmen.

Man sollte ihr keine Wichtigkeit beimessen? Mit all dem, was dieser Planet uns bietet, sollen wir ihm keine Bedeutung beimessen?

(Die Frage des Arztes erscheint mir drohend und kritisch. Ich bemühe mich deshalb um eine ausgleichende Antwort.)

Aber ich sage und denke das wegen des großen Elends auf der Erde. Ich möchte nicht, dass es so weitergeht, dass es fortdauert … Es wäre besser, neu zu beginnen. Vielleicht gelänge es ein späteres Mal besser … an einem anderen Ort.

Gut. Wir werden dieses Leben jetzt verlassen. Ich zähle von zwanzig bis eins, und Sie kehren zurück zu Ihrem Körper mit der Erkenntnis, mit dem Wissen um die Einheit und das Licht.

Ende der Sitzung.

31

SUBTILE BEWUSSTSEINSEBENEN · DER HELD IM BAUERNKRIEG 1525 N. CHR.

In dieser Sitzung sollte ein Leben aus der Neuzeit gefunden werden, weil ich auf diese Weise Namen, Daten, Fakten und Zahlen des gefundenen Lebens nachprüfen konnte.

Autorin: Ich schwebe über einer Wolkenlandschaft … sie fließt … sie ist nicht materiell (heftiges Atmen).

Dr. Ducher: Haben Sie den Eindruck, einen Körper zu haben?

(Ganz leise:) Nein.

Wie fühlen Sie sich?

Ich fühle mich schlecht.

Sind Sie in einem physischen Körper oder schweben Sie noch?

Ich habe keinen Körper … aber ich bin ein Bewusstsein … sonst könnte ich nicht empfinden, dass es mir schlecht geht.

Was nehmen Sie um sich herum wahr?

Es hat sich nicht verändert … hellgraue Wolken … Ich bin überall … Ich kenne diese Eindrücke nicht … Ich kenne diese Landschaft nicht … Alles ist gewaltig groß wie Berge, aber eben nicht aus fester Materie … Alles ist transparent wie Wolken …

Empfinden Sie dort, wo Sie sich befinden, eine Art von Leben?

Ich kann nicht sagen, dass es eine Form von Leben ist … Ich bin einfach da. Ich existiere, aber ich kann noch nicht einmal sagen, dass ich identisch bin mit den Wolken … Es ist unendlich groß.

Haben Sie das Gefühl, allein zu sein?

Was bedeutet das Wort »Ich«? Ich könnte nicht definieren, ob ich es bin … oder ob es andere Wesen sind … Sollten es andere Wesen sein, so unterscheiden sie sich gar nicht von mir … Ich könnte sagen, dass es eine Einheit ist … und gleichzeitig und mit derselben Berechtigung könnte ich sagen, dass ich allein bin … Es gibt zwischen beiden Zuständen keinen Unterschied.

Stimmen Sie sich auf diese Schwingung der Einheit ein …

Es ist majestätisch, fantastisch … und ich könnte in diesem Zustand verweilen … bis in alle Ewigkeit … Es ist das Nichts … Es ist gut … aber man kann nicht wirklich sagen, dass es »gut« ist, weil das Wort »gut« dem Zustand nicht entspricht … Es ist einfach das reine Existieren … Seltsam … die Wolkenformen sind jetzt weniger ausgeprägt … jetzt gibt es nur noch die Leere.

Wie können Sie diese Bewusstseinsebene beschreiben?

Es ist das Innere einer Kugel … das Innere des Universums … Ich sehe es rund … Das Licht und ich sind im

Inneren der Kugel. (Geflüstert:) Es ist eine Art runde Hülle aus Licht …

Haben Sie noch das Gefühl, dass Sie Teil von dem Ganzen sind?

Ja, es ist noch dasselbe Gefühl, aber dieses Gefühl ist jetzt reiner … gewaltiger … universeller … lichtvoller.

(Mir kommt der Gedanke, dass das Licht und das als »Ich« bezeichnete Bewusstsein identisch sein müssen. Dann wäre das Bewusstsein das (numinose) Licht!)

Haben Sie das Gefühl, allein zu sein unter dieser Lichtkuppel?

Man kann nicht sagen, dass es leer ist … aber andere Wesen? Das kann ich nicht beantworten … Alles ist in Bewegung in diesem Licht … Aber sind das andere Wesen?? Wie kann ich das beurteilen? Ich weiß es nicht.

Haben Sie in diesem Bewusstseinszustand Emotionen und Gefühle?

Gefühle?? … Also, ein Gefühl, das ich, die ich jetzt spreche, in meiner Brust, in meinem Herz-Chakra spüre, ist ein kleiner, leichter Schmerz … ein Schmerz … wie eine Sehnsucht.

Was bedeutet Ihnen dieser Schmerz?

Er hat mir offenbart, dass ich lebe.

Können Sie sich auf dieser Bewusstseinsebene bewegen?

Es ist statisch und doch bin ich allgegenwärtig … ich bin überall gleichzeitig.

Ist das Gefühl angenehm oder eher neutral?

Also, neutral ist nicht das passende Wort … stattdessen könnte man es umschreiben mit dem Wort »himmlisch« … dieses Wort kennen die Menschen, sie benutzen es gern …

Wir werden uns jetzt auf eine höhere Bewusstseinsebene begeben und ich werde einen Ihrer Geist-Führer bitten, sich Ihnen zu zeigen …

Es ist jetzt nicht besser als zuvor … Ich sehe keinen Geist-Führer … Aber ich fühle mich unter einer ganz starken Elektrizität … Es ist vielleicht die Gegenwart des Geist-Führers … Ich frage mich, ob ich das Recht habe, noch höher zu steigen, weil ich glaube, dass ich bereits so hoch war, wie es überhaupt möglich ist … Jetzt ist das Licht … verschwunden.

Können Sie akzeptieren, Ihrem Geist-Führer zu begegnen?

Ja.

Ich werde jetzt bis drei zählen und Sie treffen auf einen Ihrer Meister.

So war es früher nicht, so ruhig war die Begegnung mit meinem Geist-Führer noch nie … Vielleicht hat man ja mehrere, verschiedene Geist-Führer … Ich fühle eine große Wärme, eine intensive Energie. Er hatte die Gestalt, die auch ich habe. Ich spürte ihn direkt vor mir … voller Elektrizität, voller Energie … Ich fühle mich erfüllt von dieser positiven Energie.

Bewahren Sie diese Energie in sich. Jetzt ändern wir noch einmal die Bewusstseinsebene … Haben sich die Dinge verändert?

Ich sehe die Erde von sehr hoch oben … Ich sehe einen Fluss, Berge neben dem Fluss … Das Bild bewegt sich nicht … es bleibt immer dasselbe.

Was empfinden Sie beim Anblick der Erde?

Ich fühle mich nicht abgestoßen, aber … ich kann auch

nicht sagen, dass es die reine Freude ist, die ich beim Anblick der Erde empfinde … Allerdings empfinde ich eine gewisse Neugier.

Wissen Sie, dass Sie bald auf der Erde inkarniert sein werden? Spüren Sie, was mit Ihnen geschieht, wenn Sie sich auf die Frequenz dieser Kenntnis einstimmen?

Es scheint, als müsse ich noch ein wenig warten.

Sind Sie einverstanden oder nicht? Hatten Sie die Wahl oder nicht?

Hatte ich die Wahl?? Ich weiß es nicht … Auf jeden Fall sehe ich keine menschlichen Wesen … nur die Landschaft.

Waren Sie einverstanden zu inkarnieren oder fiel es Ihnen schwer?

Es fiel mir nicht schwer … Ich hin mir nicht im Klaren, ob ich eine Entscheidung getroffen habe … Es war vielleicht schon alles entschieden … In diesem Moment … ist es schon entschieden … Ich weiß nicht, ob es für mich entschieden wurde, oder ob ich es selbst entschieden habe.

Und wie empfinden Sie diese Entscheidung?

Ich akzeptiere es.

Gut. Ist Ihnen diese Landschaft, die Sie sehen, schon bekannt?

Ja, ich kenne sie … (kleiner Seufzer) … Das Leben hier an diesem Ort ist wie ein Weg, den man gehen muss, wenn man irgendwo ankommen will.

Welches ist Ihr Ziel?

Ich möchte höher steigen. Ich möchte mich weiterentwickeln, auf eine höhere Bewusstseinsebene kommen. Ich habe verstanden, dass ich jetzt dieses Leben leben muss … dass ich in eine Inkarnation herunterkommen muss, damit ich danach aufsteigen kann ... auf eine höhere Bewusstseinsebene.

Ich werde jetzt bis drei zählen und Sie werden sich zum ersten Mal bewusst, dass Sie sich wieder inkarnieren. Was empfinden Sie?

Wie soll ich das beschreiben? Ich sehe mich bereits ... als Kleinkind (ratloses Seufzen). Hatten Sie mich gebeten, zurückzugehen zu dem Moment, in dem ich eine Entscheidung treffe?

Ja, entweder eine Entscheidung oder einen Grund für die erneute Inkarnation. Konzentrieren Sie sich einfach auf Ihr karmisches Gedächtnis und erkennen Sie, warum Sie dieses Leben beginnen.

Ich kann die Frage nicht beantworten.

Das macht gar nichts. Zwingen Sie sich nicht zu verstehen ...

Ich sehe mich als Mann, als jungen Mann ... über der Landschaft schweben ... ein erwachsener Mann, der eine ehrenvolle Rolle spielt dort in seinem Dorf, in seiner kleinen Stadt ... Ich fühle mich verantwortlich ... Ich akzeptiere dieses Leben ... Ich sehe das alles, aber ich bin noch nicht geboren ... Ich erwarte diese Rolle des Mannes in seiner wichtigen Aufgabe für die Gemeinschaft ... Ich habe diese Rolle gewählt ... Ich kenne das Leben bereits ... und bald werde ich dieses Leben beginnen ... in einem Ort, den ich bereits kenne ... Noch bin ich eine Seele, die über diesem Ort schwebt.

Nehmen Sie zum ersten Mal Kontakt mit Ihren Eltern auf.

Ich sehe die Frau. Sie erscheint mir ziemlich schwer und dick und gar nicht mehr jung. Sie ist schwarz gekleidet ... Es ist ... meine Mutter! (Erstaunen in der Stimme.) Ich weiß bereits, dass ich sie gern mag, dass sie angenehm ist. Anderes weiß ich nicht.

Und der Vater?

Ich sehe sein Gesicht nicht. Er ist dunkelbraun gekleidet, mit einem Gürtel … Er hat immer noch kein Gesicht für mich … Jetzt bin ich im Inneren des Hauses … aber ich bin immer noch nicht geboren … Ich habe mich verirrt zwischen der Ebene der Erde und der höheren Bewusstseinsebene … Jetzt weiß ich gar nicht mehr, wo ich bin.

Konzentrieren Sie sich einfach auf das Leben, das Sie beginnen.

Das Dorf hat größere Probleme und Schwierigkeiten … Der Mann, dessen Leben ich führen werde, erscheint der Dorfgemeinschaft als eine Lichtgestalt, als ein Held … nein, »Held« ist nicht die richtige Umschreibung … Man ist einfach dankbar, dass es ihn gibt und dass er die Angelegenheiten des Dorfes in die Hand nimmt … Er ist wirklich sehr beliebt und geachtet.

In welcher Epoche wird dieses Leben gelebt?

Um 1500 (n. Chr.) werde ich geboren … Jetzt erst sehe ich es … Ich gebe ihnen Mut, denn offensichtlich gibt es auch einen Kampf (Seufzer) … Es sind die Bauern, die unzufrieden sind … Sie rebellieren gegen die Landesherren … Sie sind deswegen in großer Gefahr und müssen sich verstecken, denn der Adel schickt seine Leute aus, um sie zu suchen … und um sie zu töten … Ich helfe diesen Bauern … Ich liebe mein Leben … Ich sterbe früh … warum, weiß ich nicht (tiefer Seufzer) … Ich wüsste gern, warum ich so jung sterbe.

Also, gehen Sie zu dem Augenblick vor dem Tod … 1 … 2 … 3 …

Es gibt dort eine ganze Gruppe von feindlichen Menschen im Zentrum meiner Stadt … neben dem Brunnen, wo man mich tötet. Diese Gruppe, die in Schwarz gekleidet ist, das sind Fremde aus einer anderen Stadt … und wirklich sehr feindselig gesonnen uns gegenüber.

Wissen Sie warum?

Ich bin dabei zu schauen … Man tötet mich mit einem Stilett.

Welcher Körperteil ist getroffen?

Der Stich kam von hinten und ging dann in die Brust.

Was fühlen sie im Moment des Sterbens?

Sie töten mich, weil ich mich ihnen stelle, weil ich mich ihnen in den Weg stelle … Ich habe meine Pflicht getan und die anderen beschützt, ich habe ihnen sozusagen Rückendeckung gegeben, damit sie sich in Sicherheit bringen konnten vor den Feinden.

Was fühlen Sie nach dem tödlichen Stoß in den Rücken?

Wie ich schon gesagt habe, fühle ich mich gut, weil ich das Notwendige getan habe. Ich habe alles getan, was in meiner Macht stand, um den Menschen zu helfen. Ich bin nicht traurig, dass ich das jetzt mit meinem Leben bezahle.

Sind Sie sich darüber bewusst, dass Sie jetzt sterben werden?

Ja. Ich werde ohnmächtig … neben dem Brunnen. … Ich erlebe es bewusst …

Sehen Sie Ihren Lebensfilm. Was hat dieses Leben Sie gelehrt?

Man hat mich wegen meiner Überzeugung getötet… Ich bin darüber froh und zufrieden … Es tut mir gut, dass ich von meinen Leuten geliebt und geachtet werde.

Bevor Sie nun in das Reich des Todes gehen, möchte ich,

dass Sie zu einem Ereignis in diesem Leben gehen, das für Sie von besonderer Wichtigkeit war … 1 … 2 … 3 …

Ja, es ist etwas sehr Praktisches: Ich war auf halber Höhe des Berges bei meiner Stadt … Es ist nicht wirklich ein Berg, sondern eher eine Anhöhe. Ich habe dort mit einigen Männern aus meinem Dorf einen Unterschlupf gebaut für den Notfall, damit sich unsere Leute in einer Gefahrensituation dort verstecken können … dort, in den Weinbergen … es war meine Idee … Das war vielleicht die glorreichste Tat meines Lebens … Ich wollte die anderen retten. Und dann, als ich am Brunnen in der Mitte der Stadt erstochen wurde, waren die anderen dort im Versteck in den Weinbergen und ich habe die Feinde abgelenkt, aufgehalten … durch die Verhandlungen am Brunnen.

In welcher Gefahr befanden sie sich?

Die Männer in Schwarz waren Feinde … Feinde der Bauern … des Glaubens.

Es war ein Glaubenskrieg? Wollten die Männer in Schwarz Ihnen ihren Glauben aufzwingen?

Mmm …

Können Sie etwas über die Unterschiede der Glaubensrichtung sagen?

Nein … Ich sehe die Männer in ihren schwarzen Röcken, mit schwarzen, engen Beinkleidern, eng wie Strümpfe, und sogar ihr Barett ist schwarz.

(Für die Niederschrift dieses Sitzungsprotokolls habe ich über das »Barett« nachgelesen und zu meiner Verwunderung erfahren, dass das Barett in Deutschland (nur) im 16. Jahrhundert getragen wurde, in dem auch dieses Leben gelebt wird.)

Der Unterschied im Glauben? Den wüsste ich nicht zu benennen.

Was haben Sie in diesem Leben gelernt?

Man muss seinen Weg gehen ... seine Aufgaben erfüllen ... Im Grunde habe ich es eben schon gesagt: Man muss seiner Überzeugung treu bleiben. Man muss versuchen, von den Menschen, mit denen man zusammenlebt, geliebt und akzeptiert zu sein ... und wenn es möglich ist, muss man sie auch führen und ihnen helfen ... Man muss seinen Weg gehen, selbst wenn er gefährlich ist. Man muss sich selbst treu bleiben und denen Gutes tun, die von einem abhängen ... Ich möchte dieses Leben aber nicht noch einmal leben, weil es sich lediglich im irdischen Bereich erschöpfte ... Dennoch war es ein richtig und gut gelebtes Leben.

Inwiefern könnte Sie daraus für Ihr heutiges Leben lernen?

Ich könnte vielleicht erkennen, dass auch ein Leben, das sich nur um Greifbares und irdische Dinge dreht, befriedigend und richtig ist. Ich könnte erkennen, dass auch die Konzentration auf das tägliche Leben möglich ist ... so, wie es dieser Mann gemacht hat und dabei sehr zufrieden und glücklich war ... Ich wage zu sagen, dass es in der Kette der auf einander folgenden Leben keine identischen Wiederholungen gibt ... Also, dieses Leben um 1500 ist zu Ende gelebt, es ist abgeschlossen ... Es war ein auf das Praktische, auf das Alltägliche und auf den Umgang mit den Mitmenschen konzentriertes Leben ... Ich sehe überhaupt keine Parallelen zu meinem heutigen Leben ... Jenes Leben erscheint mir vollendet ... und ohne Folgen und Auswirkung auf mein heutiges Leben ... Die Erfahrung wurde gemacht ... und ist nun abgeschlossen.

Aus welchem Grund haben Sie dieses Leben heute erneut erlebt?

Es ist wie ein Kontrastprogramm … Ich habe erfahren, wie unterschiedlich die Leben verlaufen … Ich erkenne jetzt, wie sehr ich mich auf einer Schiene fortbewege, die weitab verläuft von den alltäglichen Leben anderer Menschen. Im Allgemeinen denkt man nicht darüber nach, wie wohl ein anderes Leben gelebt wird … man kann auch gar nicht verstehen, was in anderen Menschen vorgeht. Jetzt verstehe ich, wie sehr ein Mann Zufriedenheit empfinden kann in einer ganz anderen Art von Leben, als ich es heute führe. Das Leben war, wie der Engländer sagen würde, »down to earth«, sehr praktisch, sehr konzentriert auf die alltäglichen Dinge, die gleichzeitig die für ihn wesentlichen Dinge seines Lebens waren … aber das »Wesentliche« war für diesen Mann etwas anderes als für mich heute … Ich glaube, beide Wege sind gut, wenn sie gegangen werden müssen … wenn die Zeit dafür gekommen ist, wird das Programm des Lebens ablaufen … so wie es zuvor bestimmt war.

Ende der Sitzung.

a. Ich berichte in der Sitzung davon, dass ich als junger Mann von den Gegnern der Bauern umgebracht werde. Da ich 1500 geboren wurde, fällt die Auseinandersetzung mit den Feinden der Bauern genau in die Zeit der Bauernkriege (1524–1525), in denen sich die aufständischen Bauern gegen die Landesfürsten und die rechtliche Unterdrückung des Bauernstandes erhoben. Unter anderem kämpften die Bauern – vergeblich – auch für eine freie Wahl des Pfarrers,

was die Landesfürsten auch zu »Feinden der Religion« machte. Luther ergriff Partei gegen die Bauern. Als diese 1525 vernichtend geschlagen wurden, hatte das eine Abkehr der Bauern von den Zielen der Reformation zur Folge. Der junge Mann, dessen Leben ich hier lebe, stirbt am Brunnen seiner kleinen Heimatstadt als Held der Bauernkriege.
b. Aus dem Protokoll der Sitzung (39) wird hervorgehen, dass dieses hier erlebte Leben mit einem Leben in Rothenburg ob der Tauber um 1570 zusammenhängt. (Rothenburg zählte zu den Städten, die sich dem Bauernaufstand anschlossen.) In der Sitzung (39) wird deutlich, dass das in dieser Sitzung (31) wiedergegebene Leben in Lauda gelebt wurde, woher der Rothenburger stammte. Lauda heißt heute Lauda-Königshofen und war 1525 der Schauplatz der heftigsten Kämpfe im Bauernkrieg ... So schließt sich der Kreis.
c. Erwähnt wird in dieser Sitzung auch, dass die Bauern in den Weinbergen Unterschlupf fanden. Heute gibt es in Lauda keine Weinberge (mehr). Aber der Archivar der Stadt, Herr Hördler, erzählte mir 1997, dass noch zur Zeit der Bauernkriege die Hügel rund um die Stadt Lauda für den Weinanbau genutzt wurden. Die Schilderung des jungen Helden der Bauernkriege ist also stimmig: Es gab damals Weinberge in der Nähe des Ortes! Ob allerdings die Rettungsaktion wirklich die Leben der dort versteckten Bauern gerettet hat, bleibt zu bezweifeln, denn am 2. Juni 1525 siegte die Armee der Feudalherren in der Schlacht von Lauda-Königshofen. Alle männlichen Bewohner von Lauda fanden den Tod, wie ich im Archiv der Stadt nachlesen konnte.

32

EMBRYO · GEBURT · GRUNDMUSTER DES LEBENSPLANS

In dieser Sitzung geht es um die Regression in die Geburt. Ich gebe sie gekürzt wieder, da ich Passagen, die sehr persönliche Dinge über meine Eltern und das Eltern-Kind-Verhältnis betreffen, auslassen möchte.

Dr. Ducher: Haben Sie das Gefühl, im Körper der Mutter zu sein, oder sind Sie außerhalb?

Autorin: Ich habe keine Lust, zu antworten.

Haben Sie ein Gefühl der Enge?

Wie kann ich das beurteilen, da ich ja nicht vergleichen kann … Ich kenne es ja nicht anders.

Fühlen Sie sich wohl oder nicht?

Ich kann nicht gerade sagen, dass ich mich wohl fühle.

Wie fühlen Sie sich?

Zerrissen fühle ich mich, zerrissen vor Nervosität … Ich fühle diese Nervosität … und ich frage mich, ob ich drinnen bin oder draußen …

Ist ein Teil Ihres Bewusstseins noch außerhalb Ihres Körpers … auf einer subtileren Bewusstseinsebene?

Ich bin wohl außerhalb … aber nicht auf einer höheren Bewusstseinsebene, sondern sehr dicht an diesem Körper … der mir sehr wichtig ist. Es geht mich etwas an, was mit ihm passiert.

Spüren Sie die Energie der Mutter. Was empfindet sie?

Sie fühlt sich nicht gut … Sie ist zerrissen … in mehrere Richtungen … Sie hat keine Ruhe, keinen Seelenfrieden.

Und der Vater? Wie empfinden Sie ihn?

Ich empfinde ihn gar nicht … Er ist nicht da.

Sie sind jetzt ein Embryo von drei Monaten. Haben Sie das Gefühl, dass eine Beziehung besteht zwischen Ihnen und der Mutter?

Ich bin wie eine Verlängerung ihrer Gefühle … Das ist nicht sehr angenehm … Es ist, als wolle sie explodieren … Jedenfalls ist es das Gegenteil von Ruhe.

Sie gehen jetzt zurück zu dem Moment, in dem die Mutter erfährt, dass sie schwanger ist. Was spüren Sie?

Ich sehe sie (ganz leise gesprochen, Trauer in der Stimme). Sie hat Reaktionen … aber es ist nicht die reine Freude … Sie ist glücklich, schwanger zu sein, aber … sie weint auch … weil sie nervös ist … Sie fühlt sich nicht wohl in ihrer Haut.

Und warum?

Sie erinnert sich, dass die vorige Schwangerschaft nicht gut verlief … und das ist nicht lange her.

(Das Kind starb im dritten Monat der Schwangerschaft.)

Deshalb will sie nicht wieder schwanger sein … gleichzei-

tig aber … sie hat viele verschiedene Reaktionen gleichzeitig … Ich sehe ihr Gesicht (Rührung in der Stimme).

Und was fühlen Sie bei dieser ambivalenten Reaktion der Mutter?

Ich weiß, dass die Wahl getroffen worden ist … dass alles seinen Weg nehmen wird. Ich habe eine Vermutung, dass das begonnene Leben nicht ohne große Schwierigkeiten ablaufen wird.

Und wie reagieren Sie auf die Gefühle der Mutter?

Ich verstehe sie nicht … Ich akzeptiere nicht, dass es so ist. Ich habe diese Nervosität und Unruhe nicht verdient … Ich möchte Ruhe und Frieden … aber die hat sie nicht.

Können Sie verstehen, warum die Mutter so unruhig ist? Ist es ihr Temperament? Sind es die Umstände?

(Was ich nicht erkenne in der Rückführung ist die Tatsache, dass genau zu der Zeit, in der ich ein Embryo von drei Monaten bin, der Zweite Weltkrieg beginnt, was wenigstens teilweise die erwähnte Nervosität der Mutter erklären könnte.)

Gehen Sie noch weiter zurück … bis zum Anfang …

Ist es möglich, dass ich das Baby war, das schon mit drei Monaten gestorben ist? … Ja, ich war dieser Junge … und ich versuche es jetzt noch einmal, zu diesen Eltern zu kommen.

Können Sie sagen, warum diese Eltern von Ihnen gewählt wurden?

Ich sehe sie als für mich nützlich an … Es wird schwierig werden mit ihnen, aber gleichzeitig – dennoch oder deswegen – ist es für mich die richtige Wahl, um ein neues Leben, wie ich es leben möchte, zu beginnen.

(Viele Auslassungen an dieser Stelle.)

Ich sehe mich wie eine Pflanze, die nur dort wachsen kann, wo sie sich befindet. Sie bezieht ihre Kraft aus eben jenem Boden … aber das hat nicht zur Folge, dass die Pflanze dem Boden ähnlich wird, der sie ernährt … Sie unterscheidet sich von dem, was ihr das eigene Leben ermöglicht.

Gut. Sie sind jetzt vier Monate alt. Empfinden Sie Ihren Körper auf der physischen Ebene? Ist es Ihnen angenehm?

Nein, vielmehr empfinde ich eine leise Angst … auf der emotionalen Ebene, nicht auf der physischen. Über den Körper kann ich gar nichts sagen.

Empfinden Sie sich als Bewusstsein inkarniert oder ist ein Teil des Bewusstseins immer noch außerhalb des Körpers?

Ich bin ein wenig überall … Man kann mit dem Bewusstsein reisen und wählen, ob man im Körper oder außerhalb ist.

Wie nehmen Sie die Welt außerhalb des Körpers wahr?

Es ist, als ob ich bereits bedauerte, dass ich vorgesehen bin für eine Inkarnation … denn im Innersten möchte ich zurückkehren … dorthin, von wo ich komme … Was ich nicht mag, ist die Unruhe, die von außen auf mich einwirkt … Sie geht gegen meinen Rhythmus und beeinträchtigt mein Wohlbefinden sehr.

Ist es eine physische Unruhe, durch die Sie sich gestört fühlen?

Es sind die Gedanken der Mutter … Es ist, als ob sie Sorgen hätte … auch mit ihrem Ehemann … Warum sehe ich eigentlich den Vater überhaupt nicht?

(Der Vater ist im Krieg und deshalb abwesend. Der Grund der Unruhe der Mutter liegt vielleicht hier begründet.)

Jetzt sehe ich ihn … wie einen schwarzen Schatten … Man ist nicht glücklich.

Warum erscheint er Ihnen schwarz?

Ich sehe ihn … dreimal größer als meine Mutter … Er erdrückt sie … und sie ist ohnehin schon so schwach.

Sie sind jetzt fünf Monate alt. Ich zähle bis drei … 1 … 2 … 3 … Hat sich etwas geändert?

Ja, jetzt sind alle Menschen um mich herum nervös … Ich sehe sie wie gesichtslose dunkle Schatten herumgehen.

Welche Auswirkung hat das auf Sie?

Zum ersten Mal kann ich sagen, dass ich froh bin, an diesem sicheren Platz zu sein, denn die anderen fühlen sich weniger sicher als ich.

Wer sind die anderen?

Na, alle, nicht nur meine Eltern … alle Menschen sind jetzt nervös. (Der Zweite Weltkrieg ist der Grund.)

Haben Sie immer noch den Eindruck, überall zu sein mit Ihrem Bewusstsein?

Nein, ich kann durch die Haut hindurchsehen … Ich sehe nicht die Menschen selbst, sondern ich sehe sie … ach, ich spreche zu schlecht Französisch … ich sehe sie als amorphe, gesichtslose Puppen … ohne Gesicht … vielfarbige Schatten … mehr oder weniger hell sehe ich die Menschen.

Gut. Wir gehen jetzt zu dem Moment, in dem Sie sechs Monate alt sind. Geht alles gut mit Ihnen, mit Ihrem Körper?

Ja, ich sehe mich in Bewegung … Man beklagt sich nicht über die Enge, man kennt es ja nicht anders.

Und Ihre Gefühlslage?

Ich habe mich auf mich selbst zurückgezogen. Ich habe mich hier gut im und mit dem Körper arrangiert.

Und wie verbringt die Mutter ihr Leben?

Ich will es nicht mehr wissen ... Es ist seltsam ... Es ist ein Faden, eine Verbindung zwischen uns beiden ... aber ich habe mich abgekapselt. Es ist, als ob ich mich damit selbst zu schützen versuchte.

Welcher Art ist der Schutz, den Sie entwickelt haben?

Ich ziehe mich auf mich selbst zurück ... unter einem Schildkrötenpanzer.

Welchen Vorteil hat es für Sie, in einer derartigen Hülle zu leben?

Ich fühle mich besser ... Ich möchte nicht wissen, was draußen passiert ... Ich könnte noch nicht einmal sagen, was draußen passiert ... Ich nehme es nicht mehr wahr.

Gehen Sie zu dem Moment zurück, in dem Sie sich entschließen, sich abzukapseln. Welches Ereignis löste diese Entscheidung aus?

Sie weinte ... wie hysterisch ... Ich weiß nicht, ob sie einen guten Grund dafür hatte ... Ich will es auch nicht wissen.

Wie wirkt sich das Verhalten der Mutter auf Sie aus?

Es ist »ansteckend« ... und ich wollte mich nicht anstecken lassen. Also habe ich mich abgeschirmt hinter einer Art Schildkrötenpanzer.

In welchem Monat haben Sie sich zum ersten Mal hinter diesem Schutz versteckt?

Mit fünf Monaten (im November 1939).

Gut, gehen wir jetzt zum siebten Monat.

Mein Schutz ist nicht mehr ganz so wirksam wie zuvor ... Ich habe festgestellt, dass ich jetzt besser verstehe, was draußen vor sich geht, und mein Entschluss steht immer noch fest: Ich will nicht betroffen sein von den Vorgängen draußen. Aber es funktioniert nicht mehr so gut, mich davor zu schützen …

Wissen Sie mit sieben Monaten, dass Sie weiblich sind? *Wenn mich nicht alles täuscht, war das Baby, das … vor mir … nicht die Chance hatte, bei diesen Eltern geboren zu werden … ein Junge … und ich weiß nicht, ob ich Unsinn rede, wenn ich sage: Ich habe das weibliche Geschlecht gewählt, um meine Eltern zu ärgern (pour les embêter) … denn sie wollten kein Mädchen … und ich bin ihnen böse, weil ich ein zweites Mal versuchen muss, als ihr Kind geboren zu werden.*

Passt es Ihnen selbst, als Mädchen geboren zu werden?

Ich glaube, es spielt keine große Rolle für mein Leben, ob ich männlich oder weiblich bin.

Wissen Sie bereits, dass Sie bald geboren werden?

Ja, ich verstehe es. Es ist unumgänglich.

Haben Sie Lust, geboren zu werden?

Ich habe eine Art Phlegma entwickelt … Ich will mich nicht ängstigen … Ich will es nicht wissen.

Gut. Gehen wir weiter bis zum achten Monat. Wie geht es Ihnen?

Ich will meine Position, meine Situation nicht ändern, weil es hier, wo ich bin, sicher und gut abgeschlossen ist. Ich habe mich hier gut eingerichtet in meinem kleinen Sack … Ich möchte mich nicht aufregen … ich will keine Angst haben … Ich will keine Abscheu empfinden … Es ist, als ob ich keine Lust hätte …

… geboren zu werden?

Ja.

Sind Sie jetzt in dieser Phase ganz inkarniert oder ist noch ein Teil Ihres Bewusstseins außerhalb Ihres Körpers?

Nein, ich bin ganz in meinem Körper ... Ich habe meine Schutzschicht ausgewechselt durch den Willen, nicht berührt zu werden von demallen, was um mich herum passiert ...

Gehen wir jetzt zum neunten Monat des Fötus. Wissen Sie, dass Sie in Kürze heraus müssen?

Ja.

Was empfinden Sie dabei?

Ich werde mich zurechtfinden mit der Situation, sage ich mir ... Ich werde es tun, weil es unausweichlich ist.

Bleiben Sie immer noch neutral? Oder haben Sie Angst?

Nein, ich habe keine Angst ... Ich will keine Angst haben.

Gut, gehen wir weiter voran in der Zeit. Sie kommen zu dem Moment, in dem die Mutter die ersten Wehen verspürt ... Ihre Welt des Fötus ist in Unruhe. Sie können noch nicht heraus ...

Es ist verrückt, wie ich an mir selbst arbeite ... Ich verstehe alles. Mein einziger Gedanke ist, nicht zu leiden. Ich weiß noch nicht einmal, ob mich eine schmerzhafte Sache erwartet ... Zurzeit jedenfalls geht es mir noch gut ... aber draußen ... Ich möchte nicht davon berührt werden.

Sind Sie sich bewusst, dass die Geburt nun unmittelbar bevorsteht?

Mmm ... man wird sehen.

Die Wehen sind jetzt im Gange. Stört es Sie in Ihrem Befinden?

Ja, es stört mich ... das Wort ist zu schwach, um wirk-

lich auszudrücken, wie es mir geht (tiefes Atmen, leises Stöhnen).

Entwickeln Sie eine gewisse Aktivität oder lassen Sie die Dinge geschehen?

Ich sehe mich … meinen Kopf … er ist bereits herausgekommen … Ich bin mir bewusst, dass es gut gemacht wurde … Ich bin zufrieden mit mir selbst, weil es auf diese Weise einfacher ist.

(Dies ist eine sibyllinische Umschreibung der Situation, die in Wirklichkeit nicht »gut« ist, wie der folgende Text zeigen wird.)

Welche Gefühle haben Sie? Denken Sie an Ihre Mutter?

Ich denke an meine eigene Situation … sehr egozentrisch … Aber während Sie mich jetzt fragen, sehe ich sie.

Leidet sie?

Ich will es nicht wissen.

Der Geburtsvorgang schreitet voran. Was nehmen Sie wahr?

Ich sehe meinen Körper … Es war noch nicht einmal so schwer … Die Nabelschnur sehe ich …

Beteiligen Sie sich an der Geburt oder sind Sie eher passiv?

Auf jeden Fall war ich es selbst, die diese Position (für den Geburtsvorgang) eingenommen hat … Jedenfalls ist jetzt alles vorbei.

Wollen Sie sagen, dass alles schon geschehen ist, dass Sie schon das Licht der Welt erblickt haben??

Es war gar nicht schwer.

Haben Sie sich aktiv am Geburtsvorgang beteiligt?

Ich fühle, dass ich meine Arme arrangiere … dass ich

mich ein bisschen drehe … die Nabelschnur behindert mich ein wenig … Wo ist denn die Nabelschnur? Ganz um mich herumgewickelt.

Und das behindert Sie bei dem Geburtsvorgang?

(Ständig ausweichende Antworten.)

Es ist schon vorbei.

Was haben Sie zuerst empfunden?

Viel Licht … höchst unangenehm … ha, wie unangenehm und kalt!

Kümmert man sich um Sie?

Man ist dabei zu diskutieren … man hat noch nicht einmal die Nabelschnur durchgeschnitten … Ich bin zwar kein Experte … und ich weiß nicht, ob das normal ist und ob das korrekt ist … aber ich frage mich: Warum sind sie nicht mit mir beschäftigt?!

(Vorwurf in der Stimme.)

(Die Nabelschnur wird in solchen Fällen nicht sofort durchgetrennt, in denen das Neugeborene nicht lebensfähig ist, »blau« ist und nicht allein atmen kann. Durch die Verzögerung bleibt das Kind noch länger am Kreislauf der Mutter angeschlossen und hat eine bessere Chance zu überleben. Diese Information, die meine Schilderung in der Rückführung voll und ganz bestätigt, erhielt ich zwei Jahre nach dieser Rückführung von einer Gynäkologin.)

Sie können die Zusammenhänge in dem Bewusstseinszustand verstehen, in dem Sie sich zur Zeit befinden. Sie können verstehen, warum man sich nach der Geburt nicht sofort um Sie gekümmert hat. Vielleicht hat die Mutter dringender ärztliche Hilfe nötig? Befinden Sie sich auf der Mutter oder neben ihr?

Zwischen den Beinen … Es sind dort mehrere Personen um uns herum. Warum weiß ich nicht, was sie tun?

Beunruhigt es Sie? Oder ist es Ihnen egal?

Nein, es ist mir nicht gleichgültig! Ich finde, dass sie nicht das angemessene Verhalten zeigen.

Fühlen Sie, dass Sie in Schwierigkeiten sind?

Ich sehe … man arbeitet jetzt an mir (mit dem Ausdruck des Erstaunens). … Das ist doch nicht möglich! Ist doch etwas mit der Nabelschnur gewesen? Sie arbeiten an meiner Brust, an meinen Lungen … Ich bin ganz blau … weil ich nicht … sehr gut … atme.

Was ist passiert?

Es ist wegen der Nabelschnur … In der allerletzten Minute vor der Geburt …

Hat Sie die Nabelschnur behindert und beinahe erstickt?

Ja, deshalb erinnere ich mich nicht wirklich an den Geburtsvorgang … jedenfalls nicht an den physischen Teil … Ich sehe mich heraustreten, aber … Es ist so kalt!!

Versuchen Sie zu verstehen, ob Ihr physischer Körper Schaden genommen hat durch das, was passiert ist.

Jetzt sehe ich es … Ich habe mich vor der Geburt sehr mit der Nabelschnur beschäftigt … ich habe es mit Absicht gemacht!! Als ich mich in die »richtige Lage« gebracht habe, um in einer bestimmten Weise herauszutreten … wollte ich … dass … wollte ich, dass … die Nabelschnur mich daran hinderte zu … atmen.

Wollten Sie nicht leben?

Nein, ich glaube, das war der Grund … Das ist aber doch erstaunlich, wenn man bedenkt, dass ich das Leben ausgewählt habe … Aber die Ärzte tun eine gute Arbeit …

Es war gar nicht so schwer ... nein, es war gar nicht so schwer für sie.

(Enttäuschung in der Stimme darüber, dass die Ärzte ihre Arbeit »gut« gemacht haben und darüber, dass die Nabelschnur nicht direkt nach der Geburt durchtrennt wurde, was ja für mich den (erwünschten) sicheren Tod bedeutet hätte.)

Was passiert jetzt mit Ihnen? Hat man Sie vollständig wiederbelebt?

Ja, ja ... ich bin ... Ist es erlaubt, die Szene auch von außen zu sehen? Ich sehe das Baby ... als Wickelkind ... in den Armen des Vaters ... Er hat ein ganz junges Gesicht. (Auslassungen.) ... Meine Mutter stützt sich auf die Ellbogen und sieht in die Runde ... Es stehen mehrere Personen um das Bett herum ... Alle sind glücklich ... außer mir vielleicht.

Die Tatsache, dass alle so glücklich sind, ändert nicht Ihre Gefühle gegenüber dem Leben, das Sie beginnen sollen?

Nein, aber ... ich bedaure ein wenig, was ich getan habe ... dieses Ding mit der Nabelschnur.

Warum bedauern Sie es?

Aus Freundlichkeit ... weil ich sehe, dass alle so froh sind, mich lebend zu sehen. Es tut mir ein wenig leid, die Absicht gehabt zu haben, sie zu enttäuschen.

Gibt es noch andere Dinge, die Sie hier äußern wollen?

Es ist sehr schönes Wetter draußen ... Ich sehe aus dem Fenster.

Ich möchte, dass Sie mir sagen, welche Verbindung Sie selbst sehen zwischen den verschiedenen Phasen der Schwangerschaft, dem Geburtsvorgang und Ihrem heutigen Leben.

Es ist immer dasselbe … Ich habe mich nie verändert … Ich konzentriere mich auf mich selbst … Ich verschließe mich gegen die Welt … und von Zeit zu Zeit bedaure ich das ein wenig. Ich bin zutiefst davon überzeugt, dass das, was ich von anderen Menschen zu erwarten habe, nicht der Rede wert ist … Es kann mir nichts bringen (ganz leise, wie verschämt gesprochen).

Kommt diese Überzeugung, dass Sie von anderen Menschen nichts Wesentliches zu erwarten haben, aus der Zeit als Fötus oder datiert sie schon aus einer früheren Zeit?

Diese Überzeugung ist schon älter als mein heutiges Leben … Ich habe mir gesagt: Man braucht Eltern, wenn man leben will … und ich wollte leben, um mich weiterzuentwickeln, um auf eine höhere Bewusstseinsstufe zu gelangen. Ich brauchte eine Inkarnation, in der ich Erfahrungen und Erkenntnisse sammeln konnte. Ich wollte besser verstehen und auf eine höhere Ebene des Bewusstseins gelangen … Mich an die Eltern zu binden, war mir nicht so wichtig wie das … Es ist zwar nicht sehr freundlich von mir … aber so ist es eben. Die Eltern sahen mich an wie den Kuckuck in ihrem Nest und ich fühlte mich auch als ein solcher … anders eben.

Ist der Schutz, den Sie während der Schwangerschaft um sich herum errichtet haben, immer noch vorhanden?

Im Grunde existiert er noch immer … Ich lasse an mich nur das heran, was mir entspricht … und ich schirme mich ab vor allem, was für mich eine störende Vibration hat … Es ist eben ein Schildkrötenpanzer, der zur einen Seite hin geschlossen und zur anderen offen ist … Ich bin auch ein

Egoist … aber man hat wohl das Recht, ein wenig egoistisch zu sein, weil man sonst alle seine Energie verschwenden und verströmen würde … in alle Richtungen … und im Zentrum bliebe nichts mehr übrig … Deshalb konzentriere ich mich … auf mich selbst.

Sehen Sie einen Zusammenhang zwischen dem Geburtsvorgang und Ihrer Art zu handeln im heutigen Leben?

Ich habe mich mit der Nabelschnur umwickelt, weil ich … nicht leiden wollte … das war ein hoher Preis … Es hätte das Leben kosten können. Das ist alles nicht logisch, denn ich hatte mich doch für dieses Leben und diese Eltern entschieden … und am Ende wollte ich dieses Leben dann doch nicht beginnen (Seufzer) … Ob es eine Parallele gibt zwischen diesem Leben und dem Leben als Fötus? … Ja … Ich reserviere alle meine Energien für ganz wenige Dinge, in denen ich dann ganz intensiv bin … Was den Rest angeht, so verschließe ich mich ihm … Ich bedaure das übrigens gar nicht …

Ende der Sitzung.

33

REALISATION DES LEBENSPLANS · BEDINGUNGSLOSE LIEBE

Auch in dieser Sitzung gelange ich wieder zu Erkenntnissen über den »Sinn des Lebens« und die Bedeutung des »Bewusstseins«.

Dr. Ducher: Ich werde bis fünf zählen und Sie werden mehr und mehr hineingehen in diese Persönlichkeit … 1 … 2 … 3 … 4 … 5 … Empfinden Sie um sich herum Licht oder Dunkelheit?

Autorin: Man kann weder von Licht noch von Dunkelheit sprechen … Ich bin … in einem sehr schwierigen Leben … an einem grauen nebligen Tag … Ich bewege mich nicht … Ich sehe den Mann von außen … Ich bin im Inneren einer … Bibliothek (Seufzer). Alles ist getäfelt und rundherum Regale mit Büchern. (Das Wort »Bücher« wird ganz leise und wie etwas ganz Besonderes und Geheimnisvolles ausgesprochen.)

Ich … ich bin neben der Person, die ich bin … Diese

Person sitzt … und ich bin sozusagen dahinter. Ich bin nicht diese Person.

Ist es, als seien Sie die beiden Personen, als seien Sie zweigeteilt?

Ich bin nicht der Mann … ich bin neben ihm … aber ich fühle mich ihm sehr verbunden.

Kennen Sie seine Gedanken und Gefühle?

Ja. Sein Leben ist schwer … er fühlt das Leben als eine Last … Man kann nicht einmal sagen, dass er Sorgen hätte, weil es für sein Unglücklichsein keinen speziellen Grund gibt … eher ist es die Normalsituation … Er ist ruhig (tiefer Seufzer). Vor ihm auf dem Tisch liegen Bücher … Ich liebe diesen Mann … Ich fühle mich ihm derartig verbunden!

Was glauben Sie zu sein für dieses Wesen, das Sie so lieben?

Bin ich ein Toter? (Heftiges, lautes Stöhnen.) Ich will nicht!

Sind Sie ein Teil dieses Menschen oder sind Sie ein anderes Wesen?

(Wimmern, Stöhnen, leise und gequält gesprochen.)

Ich bin ein anderes Wesen.

Ich werde jetzt bis fünf zählen und Sie werden sich in einem Zustand befinden, der Ihnen angenehm ist … 1 … 2 … 3 … 4 … 5 … Wo befinden Sie sich?

Es ist ein sehr bescheidener Garten … Es ist Tag, aber das Licht sieht man gar nicht. Es ist finster … Ich sehe den Mann immer noch.

Ist er noch in der Bibliothek?

(Verzweifeltes Stöhnen.) Nein, nein, er ist dort im Garten … Er nimmt nicht wirklich teil am Leben … Er hat

sich in sich selbst verschlossen … und fühlt die Last des Lebens.

Könnten Sie das Bewusstsein dieses Mannes sein?

Ja, denn jetzt … bin ich … jetzt fühle ich mich ein wenig anders … ich bin sozusagen auf dem Rücken dieses Menschen … Ich bin eng mit ihm verbunden …

Sie sind das Bewusstsein dieses Mannes.

Ich spreche von einem bescheidenen Garten … aber das, was hier von Bedeutung ist, ist der Zaun um diesen Garten … dieser Zaun schließt ihn ein. Er schließt ihn ab vom Rest der Welt … Vielleicht ist das auch ein Symbol … Er sieht über den Zaun hinweg … Er bleibt innerhalb seiner eigenen engen Grenzen … und der Garten ist noch nicht einmal schön … nicht so schön wie ein hortus conclusus … nein, es ist kein schöner Garten … ganz klein … (amüsiertes Lachen). Jetzt bin ich mehr in diesem Mann als zuvor … Ich fühle seine Träume …

Nehmen Sie wahr, was dieser Mann erträumt.

Ich sehe die Welt jetzt mit seinen Augen (unglückliches Seufzen). Er ist kein schlechter Mensch … Seine Träume sind gleichzeitig seine Hoffnung … Mit seinen Augen sucht er das Licht … und es scheint ihm, dass das Licht überall ist … außer in seinem Garten … Er sieht das Licht in der Ferne.

Überall ist das Licht außer in seinem Garten.

Ich bin jetzt wieder sehr hoch über der Szene … als Bewusstsein … Von hier oben sieht der Garten noch kleiner aus … winzig … Ich entferne mich von diesem Mann und bin jetzt über ihm.

Versuchen Sie zu sehen, in welcher Epoche der Menschheitsgeschichte diese Szene gelebt wird …

Sofort habe ich die Zahl gesehen ... 1681.

Versuchen Sie zu sehen, an welchem Ort auf dieser Erde sich der Mann befindet.

Es ist keine Stadt.

(Ich erinnere mich, dass das Haus mit seinem kleinen Garten ganz einsam in einer leeren Landschaft stand und noch nicht einmal ein Dorf in Sichtweite hatte.)

Können Sie den Namen buchstabieren?

S.V.E.R.I.G.E.

(Das ist der schwedische Name für »Schweden«.)

Warum verlässt er nicht seinen kleinen Garten?!

Er möchte gern ... Er weiß, dass er nicht dort bleiben sollte ... dass er sich nicht abschotten sollte von der Außenwelt, vom Leben ... von der Realisierung seiner Träume (Seufzer) ... Er ist unglücklich ... er weiß, dass das nicht seine Welt und sein Lebensplan ist ... Er sollte nicht in diesem abgeschlossenen Garten sein ... Er sollte handeln und nicht nur das Licht in der Ferne betrachten ... Er sollte dem Licht nachgehen ... Er könnte fortgehen aus dieser Enge ... aber er bleibt. Er sollte sich mischen mit den anderen Menschen ... die Interaktion mit anderen ... hat er vernachlässigt ... Er ist allein in seinem Garten ... das ist nicht gut. Es ist schön, Träume zu haben, aber ... man sollte sie nicht nur träumen, sondern auch zu realisieren versuchen.

Warum verlässt er seinen engen Lebensraum nicht?

Er sieht sich als zu klein und sein Ziel als zu groß ... als zu großartig ... Er traut sich nicht einmal, den ersten Schritt in die Richtung seines Ziels zu tun.

Welcher ist sein Traum, den er sich nicht zu leben und nicht zu verwirklichen traut?

Warum habe ich ihn umgeben gesehen von Büchern?? Jetzt sehe ich diese Bücher nicht mehr ... Es sind aber die Bücher der Grund für das Problem ... Sie können mir vielleicht helfen, die zwei Phasen dieses Lebens miteinander zu verbinden und die Zusammenhänge zu erkennen und zu verstehen ...

Ja, erinnern Sie sich ... er saß im Inneren der Bibliothek, in der es zahllose Regale mit Büchern gab.

Er wurde enttäuscht von der Welt. Ich spüre seinen Schmerz ... Er hat sich völlig verschlossen ... und der Welt Lebewohl gesagt ... Auch seine Studien hat er aufgegeben ... Er hat sich in seinen kleinen Garten zurückgezogen, um nichts mehr zu hören ...

... Er glaubt, je mehr er sich von der Welt absetzt, desto größer wäre die Ruhe in ihm ... Auf diese Weise möchte er versuchen, dem Schmerz und dem Leiden zu entkommen ... Ist es möglich, dass ich gleichzeitig sein Bewusstsein und dann noch ein anderes Wesen bin, das tot ist?

Das wissen nur Sie ... Es ist also der seelische Schmerz, der ihn hindert, seinem Lebensziel, seinem Traum nachzugehen. Lebt er allein? Hat er keine Frau, keine Freunde und keine Kinder?

Er ist ganz allein ... Er hat noch nicht einmal ein Dorf in seiner Nähe ... Es ist vielleicht ein Symbol, aber ich sehe sein Haus mit diesem dummen kleinen Flecken Erde vor der Haustür, den ich »Garten« nenne, ganz allein auf weiter Flur ... nirgends ist ein zweites Haus zu sehen.

Sie werden sich jetzt einer anderen Phase zuwenden, die wichtig ist im Leben dieses Wesens und für Sie selbst ... 1 ... 2 ... 3 ...

Ich kenne ein solches Erlebnis nicht aus meinem Leben: Ich sehe absolut gar nichts … ein Schleier … ein hellgrauer Schleier … (Seufzer).

Ich zähle bis drei und Sie werden den Schleier öffnen …

Seltsam … ich schwebe über einer Landschaft, die übrigens schöner ist als jede Postkarte …

Gibt es Gedanken, während Sie über diesem schönen Ort schweben?

(Auf der Kassette ist minutenlang Stille, ich bin offenbar in eine sehr tiefe Trance verfallen …)

Oh … ich bin so weit weg gewesen. Ich sehe winzig klein und nur zur Hälfte … nicht ganz klar … die Kirche und den Friedhof …

Wollen Sie sagen, dass dieser Mann tot ist?

Ich sehe ihn nicht mehr. Der Mann ist verschwunden … und ich bin … wie eigentlich die ganze Zeit über schon … eine Wolke, oder besser gesagt, ein Geist oder … ich weiß nicht was …

Fühlen Sie sich als Bewusstsein eher gut oder eher nicht so gut?

(Geflüstert:) Gut … Ich fühle mich gut … oder eher neutral.

Spüren Sie, mit welchen Erkenntnissen und Erfahrungen dieser Mann aus dem Erdenleben scheidet?

Der Durst nach … Wissen … Er hat den Durst nicht gestillt. Er hat seine Chance vertan, zur Erkenntnis zu kommen … und es ist schon klar, dass er seinem Lebensplan nicht gefolgt ist … und noch einmal beginnen muss in einem anderen Leben …

Ist das ein Bedauern, das Sie aus diesem Leben mitnehmen?

Er hätte die Trauer ausleben sollen ... Er hätte aus ihr lernen sollen ... Und dabei hätte er seinen Weg weitergehen sollen ... Aber er hat alles aufgegeben, um seiner Trauer davonzulaufen ... um das Leiden zu vermeiden ... Aber das Leiden war Teil seines Lebensprogramms ... Deshalb hat die Trauer dann eine andere Form angenommen ... Die Trauer hat ihn verfolgt ... Sein Lebensplan blieb immer derselbe ... Das Leiden ... In seinem Garten war die Situation im Grunde viel ernster, weil er sich dort einengte, weil er dort sein Streben nach Wissen aufgegeben hatte ... weil er sich dort von seinem eigentlichen Weg abgeschnitten hatte.

Er hat sich geweigert, seinen intellektuellen Möglichkeiten entsprechend zu leben und damit seinem Lebensplan zu folgen.

Ich fühle eine große, warme Zuneigung zu jenem Menschen ... Ich liebe ihn nicht, weil er so oder so ist, sondern ohne Grund und Beurteilung seiner Person ... Es ist ein viel größeres Gefühl, als ich es bisher kenne ... Selbst wenn dieser Mensch ganz anders wäre, empfände ich für ihn dasselbe warme Gefühl der Zuneigung. Ich liebe ihn nicht, weil er es »verdient«, geliebt zu werden. Ich »verstehe« ihn, deshalb liebe ich ihn.

Sie werden nun aufsteigen in das Licht ...

Ich sehe kein Licht ... Es ist wie eine grauer Vorhang.

Ende der Sitzung.

Der »graue Vorhang« wird in Nahtod-Erlebnissen dann wahrgenommen, wenn nach dem Sterben der Aufstieg in eine als »Licht« empfundene Bewusstseinsebene nicht möglich ist, weil das zu Ende gegangene Leben oder die begangenen Fehler und Versäumnisse noch verstanden werden müssen. Es kann als ein Läuterungsprozess gesehen werden. Die telepathisch vermittelten Mahnungen an das eigene Bewusstsein, Fehler und Versäumnisse zu erkennen und als solche anzuerkennen, wird als sehr unangenehm empfunden und aus diesem Grund gelegentlich als (der Ersatz für) die Hölle bezeichnet. Eine andere Hölle als diesen »grauen Schleier« habe ich in veränderten Bewusstseinszuständen nie erlebt.

34

KONTAKT ZU WESEN AUS PARALLELWELTEN · ZUKUNFT DER ERDE UM 3020 N. CHR.

Obgleich vor jeder Sitzung zwischen dem Arzt und mir abgesprochen wurde, in welche Zeit der Vergangenheit und zu welchen Erkenntnissen ich im veränderten Bewusstseinszustand gelangen wollte, ergab es sich in dieser Sitzung, dass ich in die Zukunft, das heißt in die Zeit 3020 nach unserer Zeitrechnung gelangte.

Dr. Ducher: Was passiert dort, wo Sie sind?

Autorin: Es gibt genug Licht, um zu sehen ... Das Licht ist ein wenig grau ... Die Formen sind wie versteinerte Wolken ... Es gibt hier keinen großen Unterschied zwischen dem, was Form ist, und dem, was fließt ... zwischen Materie und Licht ... Ich empfinde einen fortdauernden Austausch zwischen den beiden Sphären Geist und Materie.

Haben Sie den Eindruck, inkarniert zu sein, oder nicht?

Ich schwebe … ich sehe mich schweben zwischen den beiden Sphären … zwischen der Luft und der Form … eine Landschaft … nicht real … sie ist wie ein Gleichnis der Seele …

Sehen Sie, wie Sie von der einen Welt hinübergehen in die andere … Verstehen Sie die Transformation …

Ich sehe den Austausch von Energie …

Lassen Sie Ihre energetische Frequenz sinken … auf eine Schwingung, die der Materie entspricht …

Ich könnte mich mit dem identifizieren, was vielleicht die Erde ist … aber ich habe kein Verlangen danach. Ich ziehe es vor, in meinem jetzigen Zustand zu bleiben … in der Zwischenwelt.

Sie wissen aber, dass Sie nicht in dieser Zwischenwelt bleiben können. Ich werde von eins bis fünf zählen und Sie werden Ihre Frequenz senken auf das Niveau, für das Sie bestimmt sind …

Schon jetzt fühle ich mich weniger gut … Die Formen sehe ich jetzt nicht mehr … Ich sehe mich nicht als getrennt von den anderen … Ich sehe keine Trennung.

Sie sehen keine Trennung zwischen sich selbst und den anderen? Heißt das, dass Sie die anderen fühlen, als seien Sie es selbst?

Ja, wie ein Fluss erscheint es mir … eine fließende Verbindung zwischen allem und mir … Es ist eher wie etwas, das lebt, sich bewegt und sich verändert … wie ich schon sagte: wie ein Fluss … ein Fluss aus Lava … nicht angenehm … Der Fluss fließt schwer wie Lava.

Vielleicht erscheint Ihnen meine Frage jetzt ohne jeglichen Sinn, aber welches Alter haben Sie?

Nein, das kann ich nicht beantworten … Mein Alter? … Ewig, das ist mein Alter.

Während Sie das sagen, sind Sie da vollständig inkarniert oder nicht?

Nein, ich bin der menschliche Geist … Ich bin mit den Menschen verbunden … ich bin in ihnen, aber nicht als eine separate Entität … Ich bin in allem … (geflüstert)

Das, was Sie gerade fühlen, ist sehr wichtig. Fühlen Sie, wie Sie mit den anderen verbunden sind, und gleichzeitig, wie Sie eine Art individuelles Bewusstsein haben, das aber in Wahrheit nicht individuell ist.

In jener Epoche … war das Unglück größer als das Glück … so, als ob das Unglück ansteckend war … Ich spüre dieses Unglücklichsein der Menschen …

Welcher Art ist dieses Unglück?

Ich sehe den Fluss in alle Richtungen fließen … ich bedaure das, weil es eigentlich ein Fließen in nur eine einzige Richtung sein müsste … Es gibt jetzt kein Ziel mehr … Der Fluss hat kein Ziel … er hat zu viele Richtungen … Es scheint, als ob das der Grund für das Unglück sei.

(Der Begriff »Fluss« ist hier sicher ein Symbol für »Leben«.)

Als ob es in der Richtung keine Einheit mehr gäbe?

Ja, … es ist ein Fluss, der fließen müsste und sich dabei fortbewegen müsste … Aber es gibt stattdessen Turbulenzen und … eine totale Unordnung.

Sehen Sie, warum es zu dieser Unordnung kam, warum die Entwicklung sich in alle Richtungen zersplitterte, anstatt in eine einzige Richtung zu gehen. Sehen Sie, warum es zu dieser Ziellosigkeit kam … Was passierte wirklich?

(Stöhnen.)

Was passiert? … Also, um es zu erklären: Ein idealer Fluss ist sozusagen nach oben offen … er steht in Verbindung mit Luft und Licht … Aber dieser Fluss hier ist eine Masse, die eine Haut hat, die nach oben verschlossen ist … Dieser Fluss ist ein Kokon … er ist eben nicht offen … alles, was in ihm lebt, ist eingeschlossen … abgeschnitten … von dem Nicht-Materiellen … Es gibt keinen Austausch mehr zwischen oben und unten in diesem seltsamen Fluss … er ist denaturiert, entartet …

Wollen Sie sehen, zu welchem Zeitpunkt es zu diesem Einschnitt kam und warum es zwischen oben und unten keinen Austausch mehr gibt? Ich zähle bis fünf und Sie werden verstehen, warum es so gekommen ist … 1 … 2 … 3 … 4 … 5 …

Bei dieser Frage sehe ich einen Fluss vor mir, der noch fließt … Ach, wie angenehm das ist! Ich sehe das Wasser … und das Licht, das sich in ihm spiegelt … Das Wasser fließt … Es bedeckt große Teile unserer Erde … Aber warum hat sich das geändert? (Heftiges Atmen und Stöhnen.) Es war eine Aggression dieser fremden Wesen … die nicht nur den Fluss verunreinigt haben, sondern … (unglückliches Seufzen). Es ist das Resultat ihrer Intervention … Das Wasser wurde vermischt … mit ihrem Gift … mit etwas sehr Schädlichem, das von jenen fremden Wesen fabriziert wurde … das von ihren Gedanken ausging … Aber das ist es nicht allein … (Mühsames Sprechen, Stöhnen.)

Sind diese Wesen Teil der ursprünglichen Harmonie oder kommen sie von jenseits der Erde?

Sie sind nicht wie ich … Es ist sehr aggressiv, was sie

tun … Sie haben das klare Wasser, in dem sich das Licht spiegelt, nicht nur mit dem Gift vermischt, sondern auch mit etwas Immateriellem … mit einem Willen. Ihr Gift hat alles transformiert … Die Kraft ihrer Gedanken hat alles verändert … Das Wasser hat sich zu einem dunklen Kokon verengt … Das ist wohl ein Symbol, das ich sehe … Es war das Ende des Lichts, des wahren Lichts und des klaren Wassers … In Symbolen gesprochen steht das Licht für das »Immaterielle« und das Wasser für die »Materie« … Die sprühenden Funken über dem Wasser sind das Symbol für den Austausch und die Verbindung von oben und unten – und gleichzeitig für die Schönheit der ursprünglichen Harmonie. Das ist vorbei … Ich sehe die beiden Phänomene gleichzeitig, nebeneinander … und dieser seltsame, schwere Fluss … hat sich gewandelt … zu einer schwarzen Bedrohung … wie ein Menschenfresser …

(Mit Hoffnung in der Stimme.) Das ist alles sehr traurig, aber ich sehe dennoch, dass dieses schwarze Element, das ich »Fluss« nenne … eine Entität ist, die gewandelt werden könnte, gereinigt werden könnte … Danach könnte die ursprüngliche Klarheit des Wassers wiederhergestellt werden … Übrigens: Indem ich mich auf diesen amorphen schwarzen »Fluss« konzentriere, erscheint er mir weniger als ein Fluss … Er ist jetzt aufrecht … eben wie ein Menschenfresser … aber je mehr ich an ihn denke, desto weniger erscheint er mir drohend, bedrohlich … Er ist natürlich bedrohlich, aber die Gefahr wird immer kleiner … Es ist, als ob meine Gedanken … die Feinde des Menschenfresser-Flusses seien … es ist, als ob man ihn mit den Gedanken bekämpfen könnte …

Merken Sie sich das gut, es ist sehr wichtig.

Ich verjage die Gefahr mit meinen Gedanken … und jetzt ist das schwarze Ungeheuer nicht mehr größer als … meine Hand.

Verstehen Sie die Bedeutung der Gedanken.

Ich kann jetzt den schwarzen Lava-Fluss nicht mehr sehen … Alles, was ich jetzt noch sehen kann, ist der Fluss … mit dem sich darin spiegelnden Licht.

Erscheint Ihnen das, was Sie jetzt sehen, als der ursprüngliche Zustand der Harmonie?

Ja, das, was ich jetzt sehe, ist der ursprüngliche, ideale Zustand … Ich schwebe übrigens über all dem … Ich bin ein wenig überall und nirgends.

Gibt es einen Ort, den Sie jetzt aufsuchen möchten?

Trotz der Schönheit auf der Erde … habe ich Heimweh … nach »anderswo« …

Nach einem anderen Ort oder nach einer Zeit davor?

Davor?? … Nein, davor und danach ist in dieser Hinsicht dasselbe. Ich habe Sehnsucht nach diesem Ort fern von der Erde.

In welcher Weise fühlen Sie sich von diesem Ort angezogen?

In welcher Weise? … Wie von einem Magneten … Ein Lächeln steht auf meinem Gesicht bei dem Gedanken an diesen fernen Ort … Ich weiß, dass es dort … herrlich ist. Die Erde ist friedlich und schön … aber sie bedeutet mir nicht viel … ich wäre lieber … (tiefer Seufzer) ich wäre lieber anderswo.

Was gefällt Ihnen nicht an der Erde?

Das Dasein auf der Erde befriedigt mich nicht, weil ich

weiß, dass das Leben an diesem fernen Ort schöner … ja, von einer ganz und gar anderen Qualität sein kann als hier auf der Erde … Man kann es gar nicht vergleichen … Und wenn man sich an diesen Zustand der Glückseligkeit erinnert … dann kann man sich nicht zufrieden geben mit … einem Leben auf der Erde …

Es ist, als ob die Wesen von jenseits der Erde die Schönheit auf der Erde geschaffen hätten, um es den menschlichen Wesen leichter zu machen, hier auf der Erde zu bleiben und sich fortgesetzt an diesen Planeten zu binden … um sich zu binden an dieses so genannte Leben … Ich weiß nicht, warum es überhaupt notwendig ist.

Verstehen Sie, warum das Leben auf der Erde erforderlich ist.

Jetzt muss man es erklären: Man kommt von einem anderen Platz im Universum, der weit fort ist von der Erde. Man fühlt sich angezogen von der Erde wie von einem Magneten, weil man von diesem Planeten transformiert wird … Ich sehe, wie die Transformation sich vollzieht, während die Anziehung und die Nähe der Erde wirkt. Während man die Erde umkreist, geschieht die Transformation.

Ich sehe die Erde als eine Art Spindel, als eine Spule, die elektromagnetische Wirkung erzeugt oder auf die Kette der Menschenleben ausübt. Diese Kette erscheint mir wie ein (Lebens-)Faden, der die Erde »energetisch« umwickelt. Wenn man die Erde verlässt, hat man Kenntnisse und Erkenntnisse gewonnen … die man nur auf der Erde gewinnen kann. Ich sehe diese Verbindungen zwischen der Erde und dem fernen Stern als Strahlen.

(Zufriedener Seufzer.)

Aber warum das Ganze?? Mein Blickwinkel ist zu begrenzt. Ich kann es nicht erkennen (ganz leise). Ich sehe nicht, woher wir kommen und ich sehe nicht, wohin wir gehen. Ich habe einen zu kleinen Bildausschnitt ... einen zu kleinen Blickwinkel, einen zu kleinen Rahmen ... Ich sehe nicht das Gesamtbild ... Ich kann die Zusammenhänge nicht verstehen ... Ich hätte gern die Möglichkeit, umfassender zu verstehen.

Ja, ich werde bis fünf zählen und Sie werden Ihr Bewusstsein auf etwas Neues richten ... 1 ... 2 ... 3 ... 4 ... 5 ...

Ich sehe die Erde nicht mehr (tiefer Seufzer) ... Man hat Angst, es auszudrücken, weil man es nicht versteht: Es ist eine Kraft, die überhaupt nicht zu vergleichen ist mit der Kraft der Erde ... und ich empfinde sehr starke Emanationen ... Im Grunde ist es dieser Platz im Universum, von dem wir als menschliche Wesen stammen ... Es ist ... oh, wie ist das schwierig, sich auszudrücken ... es ist unsere Heimat.

(Auch in der Sitzung (18) erwähne ich den Platz im Universum, von dem die Erdbewohner stammen. Dort benenne ich den Planeten »ULEX«, was ich mithilfe von Johannes von Buttlar und Wolfram von Eschenbach als »Heimat« übersetzen konnte – oder wollte.)

Nehmen Sie die Frequenzen dieser Heimat der Menschen in sich auf ... Erforschen und erfahren Sie diese Energien ...

(Fast geflüstert:) Ich habe ein wenig Angst ... Es ist gewaltig ... zu stark ... Die Intensität der Strahlung oder Schwingung ist sehr groß. Ich empfinde es als unerträglich und bekomme Angstzustände. Ja, es ist unsere Heimat, unser Ursprung. (Lautes Stöhnen.)

Wenn es für Sie zu stark ist ...

(Ich unterbreche den Arzt wimmernd.) Ja, ja.

Also, verlassen Sie diesen Ort und richten Sie sich auf etwas Friedliches, Angenehmeres … 1 … 2 … 3 …

Also, zurück zur Erde … zum Wasser und zum Licht … so ist es vielleicht besser … Ich habe den Eindruck, als ob man wirklich mit seinen Gedanken all das verdrängen könnte, was die Klarheit (des Wassers) verdunkelt hat … Ich habe Visionen von der Klarheit … aber … das hat nichts mehr mit unserer Erde zu tun, denn ich sehe die Menschen nicht mehr … Sind sie überhaupt noch da? Wenn das Wasser klar ist und das Licht leuchtet … sind dann die Menschen überhaupt noch auf der Erde?

Sehen Sie genau hin.

Ich sehe viel Stahl … Konstruktionen aus Stahl … sehr sauber, sehr kalt … Ich verstehe das nicht … ja, da ich von sehr hoch oben schaue, sehe ich die Menschen nicht … aber ich sehe die Konstruktionen.

Ist es möglich, dass Sie eine Epoche, eine Jahreszahl nennen für diese Szene?

Sie fragen mich nach dem Jahr? Das ist ganz einfach. Ich sehe die Zahl ganz groß vor mir: Dreitausend und am Ende steht da etwas wie zwanzig, aber das ist nicht wichtig, jedenfalls ist es das Jahr 3000 … vielleicht 3020 (nach Christus).

Gut, sehen Sie sich die Konstruktionen an. Wie sehen sie aus?

Es sind Kuben … es ähnelt überhaupt gar nichts, was ich kenne … Das Licht spiegelt sich darin … es spiegelt sich in dem Stahl.

Ja, sehen Sie, wie die Energie genutzt wird, verstehen Sie es …

Nichts passiert … alles ist ruhig und friedlich … Die Aggressionen gibt es nicht mehr … und das Wasser spielt wieder eine wesentliche Rolle … das Wasser und wieder die Sonne … Die Menschen sehe ich nicht … aber ich möchte sie sehen.

Gehen Sie auf ein tieferes Niveau der Schwingungen …

Seltsam … sie tragen Helme, die den ganzen Kopf bedecken … Schutzhelme und Schutzanzüge … Vielleicht sind auch die Kuben, die in der Sonne glänzen, ein Schutz?

Verstehen Sie die Bedeutung der Kuben.

Das hat zu tun mit dem, was man Elektrizität nennt … Es gibt Turbinen … Die Kuben haben verschiedene Größen … sie sind in Gruppen angeordnet.

Sehen Sie sich das Material an, aus dem die Kuben gemacht sind.

Ich habe schon gesagt, dass es wie Stahl aussieht … es glänzt … Es ist ein Material, das aussieht wie polierter Stahl … nein, nicht poliert, sondern wie ein Löffel, der lange und häufig benutzt wurde, ein wenig matt, trotzdem aber glänzend.

Was tun diese Wesen, und was tun Sie?

Ich verstehe, dass alles sich geändert hat … Die Beziehungen zwischen diesen Wesen sind viel ruhiger … Alles ist sehr effizient und funktional … sehr … Ich empfinde es nicht als freundlich … eher könnte man es neutral nennen … Auf jeden Fall gibt es keine Aggressionen mehr … Man könnte sagen, es ist besser als heute … aber es ist sehr unpersönlich … beinahe wie … Roboter … nicht genauso, aber doch sehr ähnlich.

Gehören Sie zu diesen Wesen oder nicht?

(Lange Pause, Seufzen.) Wie schwer es ist, zu antworten. Ich kann es nicht beantworten … Ich bin nicht unter diesen Wesen, und da ich mich selbst nicht sehe, weiß ich nicht, ob ich zu ihnen gehöre und ob ich bin wie sie … vielleicht ja, weil ich genau weiß, was in ihnen vorgeht … Ich kenne ihre Gefühle, ihre Reaktionen, ihr Verhalten …

Versuchen Sie, das Verhalten und die Denkweise dieser Wesen zu verstehen. Wie funktionieren sie? Wie kommunizieren sie untereinander?

Alles läuft schweigsam ab … Wie ein Stummfilm … Aber sie kennen doch ein wenig die Freude … Sie empfinden ein wenig Vergnügen darüber, dass alles so sauber, ordentlich und gut organisiert abläuft. Ich erwähne noch einmal das Wasser und das Licht … Das macht ihnen Freude. Im Grunde sind sie zufrieden. Emotionen gibt es nicht mehr … Ja, das ist es … Sie haben keine Emotionen … wie seltsam! (Ganz leise.)

Aber gibt es Gefühle, was ja etwas anderes ist als Emotionen?

Ja, die Freude … und ein Verantwortungsgefühl.

Haben Sie den Eindruck, dass sich alle Wesen auf der Erde ähneln?

Ja, ja, das ist ganz sicher.

Welche Geisteshaltung herrscht unter diesen Wesen? Sind sie der Meinung, dass sie eine Mission erfüllen oder dass sie so etwas wie Kundschafter oder Entdecker sind?

Warum sehen die Häuser eher aus wie Generatoren? Es sind eigentlich gar keine Häuser … Auf jeden Fall sind die Wesen nicht unsere Enkel … das ist schon mal klar … Sie sind eine Mischung … das ist das Wenigste, was man über sie sagen müsste ... Sie sind eine Mischung (Seufzer) aus Erdbewohnern und Wesen von anderen Orten im Universum. Man kennt diese anderen Wesen im Übrigen ... Es ist nicht das erste Mal, dass sie zur Erde kommen. Ob das Ganze zu etwas dient, wüsste ich gern.

Ist die Erde wie eine Basis, auf der die anderen Wesen von anderen Plätzen im Universum aufgenommen werden oder Station machen? Ist die Erde eine Art Trampolin, mit dessen Hilfe man zu anderen Orten im Universum gelangt?

Auf jeden Fall sind sich die Erdbewohner dessen nicht bewusst ... sonst wären sie nicht so ... zufrieden. Für die Erdbewohner entwickelt sich alles sehr zufriedenstellend ... und nur die Funktion einer Basisstation für andere zu haben, wäre ja ein wenig ... demütigend, wenn sie es wüssten. Sie wissen es aber nicht ... Sie haben auf jeden Fall eine sehr begrenzte Auffassung ... eine begrenzte Möglichkeit zu verstehen ... Vielleicht haben sie eine Ahnung, einen Verdacht ... aber da, in diesem Punkt haben sie jedenfalls keine Ahnung. Sie haben sozusagen ein begrenztes Verständnis ... Sie funktionieren ... und da ich jetzt wie sie bin, weiß ich auch nicht, wozu das Ganze dient, denn ich habe nicht den nötigen Weitwinkel-Blick, um das Ganze zu überschauen ... Vielleicht könnte ich dieses Wissen ... finden?

Sie werden sich in eine höhere Bewusstseinsebene erheben ... auf eine andere Frequenz ... 1 ... 2 ... 3 ...

Also, man war auf der Erde immer schon nützlich für andere Planeten ... und das Einzige, was sich geändert hat, ist, dass man unsere Situation etwas verbessert hat ... Jetzt empfinden wir die Situation als befriedigender ... und auf diese Weise können wir nützlicher sein für jene Wesen.

Unsere Rolle wird nicht als demütigend empfunden, weil … es so arrangiert worden ist … von denen, die uns überlegen sind … von denen, die die Erdbewohner angepasst … und verändert haben … Es ist eine Gruppe, die uns wirklich überlegen ist … Sie sind mit uns verbunden … Ahh … Das gefällt mir überhaupt nicht (Seufzer).

Was gefällt Ihnen nicht?

Diese Rolle … immer mit diesen Begrenzungen … Sie wollen gar nicht, dass wir alles so gut verstehen … Sie selbst wissen alles viel besser … Sie haben einen ganz großen Plan … und für uns bleibt … die Rolle des Dieners (geflüstert). Das gefällt mir nicht … Auf jeden Fall handelt es sich bei jenen um menschenähnliche Wesen … Es sind keineswegs Engel oder göttliche Wesen … Man muss nicht zu viel Respekt oder Ehrfurcht vor ihnen haben … Sie kommen aus einer anderen Dimension und sind weiter fortgeschritten als wir.

(In den viertausend Jahre alten indischen Texten (Veden und Upanishaden) wird von den »Göttern« gesagt, sie wollen nicht, dass der Mensch die Erkenntnis gewinne. Die »Götter«, so heißt es dort, verfolgen jenen mit Neid, der ein Wissen und Verstehen erstrebe (vgl. Brihad-Aranyaka-Upanischad, I, 4, 22). Und die Bibel verbietet es den Menschen, vom »Baum der Erkenntnis« zu essen!)

Können Sie sehen, welches das Ziel dieser quasi menschlichen Wesen auf unserem Planeten ist?

Ja, man braucht unseren Planeten … seit jeher ist das so … Man hat eine Mischung erschaffen … ein bisschen von diesem, ein bisschen von jenem Erbgut … Man hat sie erschaffen als Arbeiter auf der Erde … Und das hat nicht gut funktioniert. Deshalb hat man ein bisschen Ordnung gemacht … und jetzt gibt es nur noch Zufriedenheit unter den Menschen … und ein wenig Freude … Man hat die Menschen auf eine neue Weise manipuliert und gemischt … Ach, ja. (Resignation in der Stimme.)

Sie kommen jetzt zum Ende dieses Lebens …

Ende der Sitzung.

Im Schöpfungsmythos der Sumerer, dem Atra-Hasis, heißt es, die Götter benötigten den Menschen als »lulu amelu«, als primitiven Arbeiter. Diesem viertausend Jahre alten Text zufolge wurde der Mensch geschaffen, damit er für die Götter deren irdische Arbeiten erledigte.

Die Anunnaki, was wörtlich heißt: »Jene, die vom Himmel hernieder kamen«, spielen in allen alten Texten eine große Rolle. Die biblische Genesis zitiert Gott mit dem Satz: »Lasset uns Menschen machen nach unserem Ebenbild.« Diese alten Texte habe ich erst drei Jahre nach der letzten Sitzung in der Praxis des Dr. Ducher zum ersten Mal gelesen. Umso erstaunlicher ist es, wie genau ich die Beziehung zwischen menschlichen Wesen und den überlegenen, »vom Himmel gestiegenen Göttern« im veränderten Bewusstseinszustand erlebe und schildere. Wesen, die den Menschen als »Fremde«, als »vom Himmel Herabgestiegene« erschienen, werden heute auch als »Wesen aus Parallelwelten« bezeichnet. Die Wesen können ihre Erscheinungsform wechseln und auf die irdische Schwingungsfrequenz einstimmen. Diese Wesen sind wohl nicht alle gleich. Man unterscheidet die Schutzgeister, die Lichtwesen, die Wohlmeinenden und die weniger Wohlmeinenden. Einige gelten als intellektuell hoch entwickelte Wesen, die aber spirituell auf einer niedrigen Stufe stehen.

Der Psychoanalytiker Stanislav Grof schreibt: »Andere erfahren das Prinzip des Bösen als eine anthropomorphe Gestalt von gewaltiger Größe, die das allgegenwärtige, universale Böse versinnbildlicht, den Gott des Bösen.« (Zitiert nach Stanislav Grof, »The Cosmic Game«, *New York 1998, S. 119.) Ich spreche in dieser Sitzung von einem gewaltig großen »Menschenfresser« als einem Archetypus, als dem Prinzip des Bösen, genau wie es Stanislav Grof tut, wenn er von der gewaltig großen anthropomorphen Gestalt des Bösen spricht. Im veränderten Bewusstseinszustand kommt es häufig zu erstaunlich geistreichen und symbolhaften Umschreibungen nicht-gegenständlicher Phänomene.*

35

VERWEIGERUNG DER INKARNATION · LICHTERLEBNIS · DIE ROLLE DES GEIST-FÜHRERS

Die Aufnahme dieser Kassette ist technisch mangelhaft und hat deshalb einige Lücken in der Wiedergabe, auf die ich an den betroffenen Stellen aufmerksam mache.

Dr. Ducher: Wo befinden Sie sich?

Autorin: Ich schwebe über den Dächern ... Den Ort, über dem ich schwebe, kenne ich schon aus einem früheren Leben. Ich habe eine unangenehmes Gefühl, wenn ich die Schwingungen dieses Ortes wahrnehme. Es wird sehr schwer werden ... dort unten teilzunehmen am Leben.

Haben Sie den Eindruck, dass Sie bald inkarniert sein werden?

Ich kenne diesen Ort bereits ... Ich verspüre eine Ablehnung gegen ihn ... Ich weiß, wovon ich rede, wenn ich ihn ablehne.

Sind Sie also ein Beobachter über den Dächern?

Ein Beobachter, der kein Beobachter sein möchte … Ich sehe das Haus, das mein Haus war.

(Ich sehe auch die Dächer einer Kleinstadt, die von oben dräuend, feindselig und eng im Sinne von engstirnig erscheint.)

Spüren Sie die Verbindung zu dem Ort und warum sie existiert.

Es ist ein schlechter Start … in ein neues Leben … wenn man gar nicht beginnen möchte. Ich will dieses Leben nicht beginnen … aber die Bindungen sind zu stark … Man hat keine Chance … Ich spüre schon die Schwingungen dieses Ortes und des ganzen vor mir liegenden Lebens … Alles hier ist banal. Ich erwarte gar nichts von diesem Leben, keine Weiterentwicklung. Es dient zu gar nichts, dieses Leben. Ich will nicht wieder beginnen (drohende Stimme).

Haben Sie um Hilfe gebeten?

Hier ist niemand! (Mit fast weinerlicher Stimme gerufen.) Wen sollte ich denn um Hilfe bitten? Warum sind sie (die Geist-Führer) nicht da? Ich weiß, dass es sie gibt, aber sie sind nicht da! (Eher vorwurfsvoll als verzweifelt.)

Aber warum bitten Sie nicht um diese Hilfe?

Die Geist-Führer sind es, die bei mir sein sollten!

Wollen Sie versuchen, um Hilfe zu bitten? Ja oder nein? …

(Lange Zeit der Stille.)

Man hat mich mitgenommen … Ich bin jetzt auf einer anderen Seinsebene … Das ist sehr freundlich von jenen Geist-Mächten. Wie herrlich das ist!

(Mit ganz veränderter Stimme, sehr bewegt gesprochen.)

Ändern Sie weiter Ihre Frequenz … Steigen Sie in höhere Bewusstseinsebenen … Was empfinden Sie in diesem Licht?

Ich will bleiben, wo ich bin … in diesem Licht … Ich nehme es in mich auf …

Während Sie dieses erleben, können Sie die Erfahrungen, Symbole, Konzepte, Strukturen in Worten ausdrücken.

Es ist wie ein Feuer aus Licht … Ein Feuer, das nicht brennt …

Fahren Sie fort, sich in Harmonie zu bringen mit diesem Feuer …

Ich möchte nie wieder zurückkehren zur Erde! Das ist mein Wunsch! (Mit Emphase gesprochen.)

Sie können von dem, was Sie gerade erleben, profitieren, um die Aufgaben zu meistern, die es noch zu meistern gilt.

(Lange Stille.)

Ich frage mich, ob es zu etwas gut wäre, seiner Dankbarkeit Ausdruck zu geben … und nicht nur Hilfe zu erbitten.

Wenn Sie es so fühlen, zögern Sie nicht, es zu tun …

Das Licht … hat sich geändert (tiefer Seufzer). Es sind jetzt Formen … aus blauem Licht … vorher war es eine absolute Leere … ein Meer von klarem Licht.

Sie sehen, wie die Formen aus dem Licht entstehen. Sehen und verstehen Sie diesen feinen, subtilen Mechanismus, der abläuft und die Formen ins Leben ruft.

Es bewegt sich nicht mehr … Die Bildung der Formen kommt zu einem Stillstand, indem man sie beobachtet und in Worte kleidet … Und ich befinde mich mitten in diesen Formen.

Sehen Sie, woher die Formen kommen und woher Sie selbst kamen, bevor Sie zu einer Form wurden …

Ich bin eine Fortsetzung des Lichts, das jetzt eine festere Form hat … das zu Wolken oder Wellen geworden ist …

Das Ganze scheint zu vibrieren mit einer Frequenz, die weniger hoch ist als die Schwingungsfrequenz des Lichts. Spüren Sie, wie sich die Schwingungsfrequenz allmählich weiter senkt.

Es berührt mich nicht mehr … Wie sehr die Schwingung sich jetzt verändert hat!

Fühlen Sie, wie Sie sich vom Ur-Licht immer weiter entfernen …

Ist es zu spät, um wieder in das herrliche Licht zurückzukehren?

Nein, denn alles ist immer gleichzeitig existent.

Ich sehe mich in einer Welle, die ich nicht verlassen kann … Es ist eine gewaltige … und gefährliche Woge! … Es gibt zu viel Energie, die uns in diese Wellenbewegung bringt … Die Energie ist zu stark, die uns in die Materie zwingt … Wenn es doch nur eines Tages zu Ende wäre damit! … Ich wüsste gern, ob wir eine Chance haben, in dieses Licht zurückzukehren.

Sie können es erfahren, wohin sich dieser Prozess entwickelt.

Die Zukunft ist rundherum … Es gibt Möglichkeiten in allen Richtungen … die man wählen kann …

(Bei dem Physiker Stephen Hawking lese ich lange nach dieser Sitzung: »Ein System hat in der in sich selbst gekrümmten Raum-Zeit nicht nur eine Möglichkeit der Entwicklung, sondern unzählige bzw. alle Wege und Richtungen sind

möglich.« Die Bilder, die ich im Zustand des erweiterten Bewusstseins sah, entsprechen dieser physikalischen Erklärung der Gegebenheiten im Universum.)

Man kann doch heraus aus dieser Bewegung … Man braucht es nur wirklich zu wollen.

(In dieser laienhaften Formulierung erkenne ich beim späteren Anhören der Kassette dieser Sitzung das physikalische Phänomen der »Unberechenbarkeit«, das heute in der modernen Physik eine wichtige Rolle spielt. Die Entwicklung ist nicht von vornherein festgelegt, sondern wird bestimmt durch das Bewusstsein, das ich hier Wille nenne.)

Die Bindung an die Wellenbewegung funktioniert wie bei einem Magneten, den man überwinden kann … Es ist aber nicht leicht, sich aus dem Rhythmus auszuklinken, weil die »Anziehung« – in einem doppelten Sinn – sehr stark ist. Es ist auch nicht angenehm, diese Entscheidung zu treffen, weil rundherum und außerhalb dieses Rhythmus alles leer, schwarz und ungewiss ist … Die universelle Bewegung in der Form, in der Materie, ist dagegen doch anziehend. In einiger Entfernung sehe ich die Erde … ihre Pole … die Wellen … Ich weiß nicht, ob man den ganzen Prozess noch einmal bei null beginnen kann … Alles, was sich im Leben ereignet, wird winzig klein … wie ein Partikel … Eine Energie setzt alles in Gang … Vielleicht war das notwendig … Vorher, im Licht der Leere, war es die reine Glückseligkeit … Warum hat man das Licht verlassen? Warum hat man der magnetischen Kraft der Formen und der Materie nicht Widerstand entgegengesetzt? In der Leere, in der Ruhe, in der Totalität des himmlischen Lichts war man so glücklich … aber nicht in der festen Form der Energie …

(Vor meinen Augen sehe ich die »Wellen« des Lichts in einem Wechsel mit der festen Form der »Teilchen« des Lichts. Dieser Rhythmus wiederholt sich ständig. Jetzt bei der Abschrift der Kassette verstehe ich, dass die Quantentheorie die Eigenart des Lichts in identischer Weise beschreibt: Teilchen – Welle – Teilchen.)

Alles ist besser als das Leben in der Materie. Ich weiß nicht, ob das alles notwendig ist … und ich wollte, dass das Leben auf der Erde bald zu Ende ist. Es herrscht so viel Leid.

Zuvor muss der begonnene Prozess zum Abschluss kommen.

Das ist schon geschehen. Was kann man von den Menschen, so wie man sie kennt, noch erwarten?!

(Es folgen ca. 10 Minuten Stille.)

Wollen Sie Ihren Geist-Führer um Hilfe bitten?

Kann mein Geist-Führer für die ganze Welt antworten?

Er kann schon mal Ihnen antworten … Alle Welt stellt nicht dieselben Fragen und öffnet sich nicht in derselben Weise den Antworten eines Lichtwesens.

Ich wollte ihn bitten, dass das Leben auf der Erde wegen des unerträglichen Elends allerorten durch Licht erträglicher gemacht wird. Die Geist-Mächte können uns helfen, das Licht zu suchen, zu sehen und es in uns aufzunehmen … Das war mein Wunsch an das Lichtwesen … Was ich jetzt sehe, erstaunt mich sehr … Alles hat eine braune Farbe … und das Temperament der Menschen hat sich verändert … Man sieht die Katastrophe nicht mehr … Die Menschen leben jetzt unter ganz anderen Bedingungen … Alles ist verändert … Man hat seine Mühe, die Oberfläche der Erde überhaupt wiederzuerkennen ... Alles bewegt sich ganz langsam ... Alles ist ruhig ... Alle sind zufrieden ... Gibt es die Menschen überhaupt noch auf der Erde? Wo sind die Menschen? ... Ich nehme die Menschen nur als kleine, helle Lichtpunkte wahr. Die alte Erde mit ihren Menschen gibt es nicht mehr ... Und die Erde, die ich hier sehe, interessiert mich nicht mehr.

Wir verlassen diese Bewusstseinsebene nun ...

Es folgt das übliche Ende der Sitzung.

Was ich am Ende der Sitzung empfinde, aber nicht verstehe, ist die veränderte Erscheinungsform der Menschen. Ich nehme den Menschen als »Lichtpunkt« wahr, als Schwingung und nicht als physisches Wesen. Der Mensch wird ewig leben – aber nicht unbedingt in der physischen Erscheinungsform, die ihm auf der Erde eigen ist. Sollte die Erde eines Tages unbewohnbar sein für den Menschen in seiner heutigen Form, dann kann das Wesen Mensch an anderen Orten des Universums – oder auch auf der Erde – in einem feinstofflichen Zustand weiterleben – als ein »Lichtpunkt«, wie ich es hier nenne. Das Bewusstsein, das den Menschen in seinem irdischen Leben begleitet und leitet, ist von der physischen Form unabhängig – es lebt ewig.

36

JENSEITS DER RAUM-ZEIT · DIE ZEIT-KUGEL · DIE LEERE

Dr. Ducher hat angeblich vergessen, die folgende Sitzung mitzuschneiden. Ich gebe wieder, was ich unmittelbar nach der Sitzung in Erinnerung hatte – und das ist wegen der ungewöhnlichen Dimension des Erlebten bis heute in meine Erinnerung eingebrannt.

Das erweiterte Bewusstsein nimmt schemenhaft Formen wahr, die an die Formation von Wolken erinnern. Die Bewegung wird zu regelmäßigen Kreisbahnen. Ich fühle mich eingebunden in diesen Kreislauf. Das Phänomen erkenne ich als die »Zeit«, die keinen Anfang hat und kein Ende. Ich drehe mich in ihr und mit ihr.

Dr. D. fordert mich auf, meine Frequenz zu erhöhen, um aus dem Kreislauf herauszukommen. Ich erreiche einen leeren, hellgrauen »Raum«, endlos groß, ohne Bewegung. Es ist die absolute Leere. Ich fühle aber eine gewisse Sehnsucht nach der Existenz in der »Zeit«. Jetzt, aus der größeren

Entfernung zur Erde, sehe ich die kreisende »Zeit« als eine geschlossene Einheit, als einen hellen, nicht konkreten, nicht materiellen »Wolkenball« im All, der mit der materiellen, dunklen Erde verbunden, gekoppelt ist.

Ich rufe überrascht aus: »Ach, das ist ja die Zeit, die ich dort unten sehe. In ihr habe ich mich zuvor gedreht. Sie haftet an der Erde und hier oben spielt sie überhaupt keine Rolle.«

Der Arzt lässt mich meinen Bewusstseinszustand noch einmal verändern. Ich empfinde erneut eine Anziehung und Sehnsucht, dieses Mal aber nicht nach der Existenz in der Zeit, sondern nach dem Licht, das vor mir in einer abgeschlossenen Mandorlaform erscheint. Ich fühle mich als Teil dieser Energie. Danach erfahre ich die Energie als eine ewig große Kugel. Ich sehe die äußere Begrenzung der Kugel in Abgrenzung gegen das Nichts. Das Licht tritt aus durch einen feinen Spalt und erscheint wie eine Lichtfontäne. Ich verspüre eine Sehnsucht nach diesem Licht und das Verlangen, mich mit diesem Licht zu verbinden.

Dr. Ducher fragt, ob ich in dieses Licht hineingehen möchte. Ich bin in dieser Phase der Sitzung in sehr tiefer Trance und gebe zunächst keine Antwort. Später aber sage ich: »Ich möchte jetzt nicht in das Licht gehen. Es gibt Wichtigeres zu tun. Das Licht ist nicht das Wichtigste …«

Mit diesen Worten wende ich mich ab von dieser Vision der Lichtform und gehe hinein in den leeren Raum, den ich als graues, lebendiges Energiemeer empfinde. Es vibriert von unzählig vielen Energieteilchen. Ich wende mich von allem ab … Raum, Zeit und Licht lasse ich zurück und wende mich hinein in die Leere, in das Nichts.

Meine Erinnerung an den Verlauf der Sitzung setzt hier aus. Im Allgemeinen weiß ich aber sehr genau, was in einer Sitzung gesprochen (und von mir gedacht) wurde. Jede Einzelheit einer Sitzung hat sich fest in meinem Bewusstsein und meiner Erinnerung eingegraben. Bei dieser Sitzung war es anders!

Dr. Ducher gibt nach intensivem und über Monate hinweg immer wiederholtem Befragen zu, dass ein Mensch, der sich jenseits von Raum, Zeit und Licht im Absoluten, im Nichts befindet, in eine tiefe Bewusstlosigkeit fallen würde. Er sagt nicht, dass das bei mir der Fall war, gibt aber auch keine Auskunft über das Ende der Sitzung, das er als begleitender Arzt eigentlich in Erinnerung haben müsste und üblicherweise auch hatte. So ist es mir weiterhin ein Rätsel, wo ich mit meinem Bewusstsein war, nachdem ich Licht, Raum und Zeit hinter mir lassen wollte, um etwas zu erreichen, das ich als »wichtiger« erkannte als alles andere.

Ich weiß auch nicht, ob ich noch bei »Bewusstsein« war.

1998 las ich bei Stephen Hawking die Ergebnisse seiner Berechnung zur mathematischen »Form« der »Zeit«, die zu meiner Freude genau dem entsprechen, was ich in tiefer Trance als »Bild« der »Zeit« gesehen und beschrieben hatte: »Die Krümmung der Raum-Zeit, die durch die im Universum existierende Materie verursacht wird, lässt die vierte Dimension ›Zeit‹ eine in sich geschlossene Kugel bilden.« Während also Stephen Hawking 1993 mit der Berechnung des abstrakten Phänomens »Raum-Zeit« beschäftigt war, formulierte ich zur selben Zeit in Trance das

Bild seiner mathematischen Formel. Ich finde das sehr erstaunlich!

(Vgl. Stephen Hawking, »Les Trous Noirs et les Bébés Univers«, *Paris 1993, Ed. Odile Jacob, S. 79.)*

37

AUSSENSEITER · TAGELÖHNER AUS WILNA (1856–1914)

Die Qualität des Kassetten-Mitschnitts ist bei dieser Sitzung sehr schlecht. In einigen Passagen muss ich mich auf meine Erinnerung verlassen, um den Dialog wiederzugeben. Ich mache in der Niederschrift deutlich, wo es sich nicht um den O-Ton handelt.

Autorin: Ich fühle mich nicht sehr gut.

Dr. Ducher: Beschreiben Sie, was Sie an den Füßen tragen.

Stiefel.

Sind Sie ein Mann oder eine Frau?

Ich bin ein Mann.

Welches Alter haben Sie?

Fünfundvierzig Jahre.

Fühlen Sie Ihren Kopf, Ihre Haare, Ihre Kopfbedeckung.

Ich habe einen sehr dichten Vollbart … auf dem Kopf trage ich … eine runde, weiche Kappe …

(Sehr leise, fast flüsternd gesprochen, so, als ob die Kopfbedeckung wichtig, aber peinlich wäre. Wie später klar wird, handelt es sich um eine jüdische »Kippa«.)

Was spüren Sie am Körper?

Ich trage … Handschuhe … ohne Finger … Sie wärmen die Hand … und man kann trotzdem gut die Finger bewegen bei der Arbeit.

Wo sind Sie zur Zeit?

Ich liege … auf der Bank vor dem Kachelofen in der Küche … Die Kacheln sind grün.

Gehört das Haus Ihnen?

Nein, es gehört den Leuten, für die ich arbeite.

(Einige der nachfolgenden Passagen sind wegen der schlechten Tonqualität der Kassette nicht wiederzugeben.)

Ich verlasse das Haus dieser Leute … Ich nehme den Weg an den Feldern entlang in Richtung Sonne … Ich gehe der untergehenden Sonne entgegen.

(Die »untergehende Sonne« könnte auch ein Symbol sein, aber aus dem Kontext wird deutlich, dass dieser Mann wohl tatsächlich nach jeder Erntesaison gen Westen wanderte.)

Wohin gehen Sie denn?

Zum Horizont … Ich gehe für immer von hier fort … Es ist das Ende der Saison, das Ende der Ernte … Hier gibt es jetzt für mich keine Arbeit mehr … Ich bin ohne festen Wohnsitz … Nach jeder Ernte wandere ich fort, um irgendwo Arbeit zu suchen.

Ich zähle bis drei und Sie erleben eine andere wichtige Phase desselben Lebens … 1 … 2 … 3 … Wo befinden Sie sich jetzt?

Es ist ein kleines Dorf, und ich frage mich, ob man mich hier vielleicht gebrauchen könnte.

Treffen Sie dort Menschen, mit denen Sie sprechen?

Man interessiert sich nicht für mich ... Niemand spricht mit mir ... Zuerst muss ich mich etwas orientieren ... Ich gehe durch das Dorf und sehe mir alles an ... Eine kleine Kirche ... alles ist sehr hell ... Es ist sehr früh am Morgen.

(Wegen der schlechten Tonqualität der Aufzeichnung ist eine längere Passsage nicht zu verstehen. Ich erinnere mich, dass ich von meiner Arbeit auf dem Feld erzähle. Genau erinnere ich mich allerdings daran, wie sehr ich mich als Fremder und Außenseiter unter den Arbeitern auf dem Felde fühlte.)

Sie gehen jetzt zu der Zeit, in der Sie bald sterben werden ...

Ich sehe mich ... von außen ... wie ein Zuschauer ... ich bin nicht verletzt ... aber sehr krank ... ich leide an der Ruhr-Krankheit, die auch ansteckend ist.

Wie alt sind Sie?

Ich gebe mein Alter nicht preis ... Weil ich für andere Menschen arbeite, muss ich jung sein ... sonst würden sie mir keine Arbeit geben ... Ich bin sechzig Jahre alt, aber ich gebe nur fünfundvierzig Jahre zu.

Sind Sie im Moment des Todes allein?

Ja ... Ich habe ja keinen festen Wohnsitz. Da ist es schwer oder unmöglich, eine Familie zu haben.

Was empfinden Sie kurz vor Ihrem Tod?

Ich bedaure es nicht ... Ich empfinde eine große Erleichterung, dass dieses Leben jetzt zu Ende geht ... Ich bin von diesem Leben enttäuscht ... Ich habe es nicht in den

Griff bekommen ... Ich habe es nicht richtig gelebt. Meinen Wohnsitz habe ich zu häufig gewechselt ... und ich gehörte deswegen nirgendwo hin ...

Ich zähle bis drei und Sie fühlen genau, wie das Bewusstsein den physischen Körper verlässt ... 1 ... 2 ... 3 ...

Es ist schon geschehen ... Ich sehe den Körper bereits von außen.

Wo befinden Sie sich im Augenblick Ihres Todes?

Ich bin in Schlesien, der Ort heißt Neukirch, nahe bei Breslau.

Jetzt wird das Bewusstsein wahrnehmen, welcher Name auf dem Grabstein steht ... der Name des Mannes, dessen Leben gerade zu Ende gegangen ist und der auf diesem Friedhof begraben liegt.

Es ist ein polnischer Name ... wie seltsam ... Anton Czermak. (Geflüstert:) 1914 ... Das ist das Datum meines Todes ... aus Wilna ... steht darauf ... Das ist der Ort, an dem ich geboren wurde ... Ahh ... der Name lässt mein Herz höher schlagen ... Wilna ... (ganz leise und bewegt gesprochen) ... Das ist meine Heimat ... Wilna ... war sehr wichtig für mich ... Es war so schön in Wilna ... aber ich habe Wilna verlassen ... Ich musste es verlassen, weil man mich dort gedemütigt hatte ... Man hat sich auf meine niedere Herkunft bezogen und mich deshalb ausgeschlossen ... ich stammte aus der niedrigsten Schicht ... Meine Mutter war Jüdin ... meinen Vater kannte ich nicht ... Man hat mir die Arbeit nicht gegeben, weil ich polnischer Jude bin. Man wollte mir die Verantwortung für eine Arbeit nicht übertragen, obgleich ich viel besser geeignet war als der andere. Es war falsch, die Stadt deswegen zu verlassen, aber ich wollte nicht mit

Menschen leben, die mir meine Herkunft vorwarfen ... Nach dieser Demütigung (heftiges Stöhnen) gab es in meinem Leben nur noch eine erfreuliche Sache ... nämlich meine Gedanken ... Sie waren die Sonne in meinem Leben.

Nachdem Sie Wilna verlassen hatten, wollten Sie sich nie wieder an irgendetwas oder an irgendwen binden, nicht wahr?

Ja ... aber es war die falsche Reaktion ... Ich habe mich gefühlt wie ein Hund, der von einem Ort zum nächsten gejagt wurde. Aber es waren eigentlich ja nicht die anderen Menschen, die mich jagten, sondern ich selbst habe mich verhalten wie ein herrenloser Hund ... Ich bin von einem Ort zum nächsten gezogen ... Die anderen Menschen haben mich danach nie wieder wirklich schlecht behandelt ... aber ich hatte kein Vertrauen mehr in die Menschen. Keiner sollte mir zu nahe kommen. Ich wollte unabhängig sein ... Aber das sehe ich jetzt, am Ende meines Lebens, auch als lächerlich an, denn ich war ja keineswegs unabhängig. Ich hing ab von den Menschen, die mir Arbeit gaben ... Warum ich Wilna einst verlassen habe, kann ich heute nicht mehr verstehen. Dieser Entschluss war der Anfang vom Desaster meines Lebens ... von einer Serie von Niederlagen, Enttäuschungen und Demütigungen ... Jetzt sehe ich alles viel deutlicher als in meinem Leben ... Auch wenn die Polen in Wilna wie die räudigen Hunde behandelt wurden, war das doch kein ausreichender Grund, der Heimat den Rücken zu kehren und vor den Menschen zu fliehen, die mich gedemütigt hatten. Ich habe versucht, der Demütigung davonzulaufen, aber ich habe es nie geschafft ... Ich habe sie nie überwunden ... Statt zu fliehen hätte ich mir meines Wertes als Mensch bewusst sein sollen ... Ich war genauso gut wie die anderen, aber das konnte ich nach der ersten Zurückweisung in Wilna nicht mehr sehen. Man hatte mich getreten und ich benahm mich von da an wie ein Hund.

Es folgt das Ende der Sitzung.

In Wilna gab es in den Jahren vor dem Ersten Weltkrieg, von denen hier die Rede ist, 170 000 Einwohner, von denen 100 000 Polen waren. In der Stadt lebten damals 55 000 Juden. Die in der Rückführung durchlebten Gegensätze und Feindseligkeiten innerhalb der verschiedenen Bevölkerungsgruppen von Wilna stehen somit in Übereinstimmung mit der geschichtlichen Situation in der litauischen Hauptstadt.

Litauen war zu Beginn des 20. Jahrhunderts ein ausgesprochenes Agrarland. Vor allem in der Land- und Forstwirtschaft war es um 1900 gang und gäbe, dass Tagelöhner (nur) für die Dauer der Erntezeit beschäftigt wurden. Was »Anton Czermak«, der Pole aus Wilna, um 1900 erlebt und schildert, gibt ein stimmiges Bild der damaligen Situation.

38

AUSSENSEITER · KÜNSTLER · PHYSISCHE UND PSYCHISCHE NOT

In Sitzung (38) geht es vor allem um ganz persönliche Äußerungen, die für die Aussage und das Verständnis des gesamten Textes nicht erforderlich und nicht geeignet sind.

Die Sitzung wird hier deshalb nicht abgedruckt.

39

VERIFIZIERUNG EINES LEBENS IN ROTHENBURG UM 1570

Vor allem in den letzten meiner von Anfang an auf vierzig begrenzten Sitzungen habe ich versucht, in Leben hineinzugehen, die sich verifizieren lassen. Gerade das Leben in Rothenburg ob der Tauber konnte ich in sehr vielen Punkt nachprüfen und fand alle von mir gemachten Angaben bestätigt. Am Ende der Wiedergabe dieser Sitzung gehe ich detailliert auf die Verifizierung ein.

Autorin: Es ist ein unbestimmtes Grau … es ist nicht die Leere … Es ist einfach ein lebendiges, graues Energiefeld.

Dr. Ducher: Gibt es in diesem Grau irgendetwas, von dem Sie sich angezogen fühlen?

Ich fühle ein gewisses Unwohlsein … und ich habe keine Lust, mich der Erde zu nähern oder das Ganze klarer zu sehen.

Worum könnte es sich bei diesem Unwohlsein handeln?

Es sind rote Ziegelsteine … die Wände von Häusern. Sie erscheinen mir wie Gefängnismauern … Ich wende mich ab.

Was erscheint Ihnen so unerträglich?

Es ist so unangenehm, weil es so nutzlos ist … so sinnlos … Ich habe ein schwer belastetes Gemüt … Das ist der Normalzustand … die Schwere der Atmosphäre, die über diesem Ort hängt.

Selbst an diesem schweren, mühsamen Ort wird es irgendwo einen Platz geben, zu dem Sie hingehen möchten.

(Kleines Lachen.) Wie seltsam! Ich würde jetzt sagen: Der einzige Ort, zu dem ich hingehen möchte, ist der kleine Brunnen im Zentrum des Ortes … Dort möchte ich das Wasser anschauen, die Fontäne im Herzen der Stadt möchte ich anschauen, denn ich liebe das Wasser … Ich liebe den Brunnen … Ich wäre gern an irgendeinem anderen Ort. (Die Stimme klingt erschöpft und traurig.)

Aber es gibt sicher einen guten Grund, weswegen Sie dort sind.

Es ist wie ein Gefängnis für mich … Alle Mauern wirken auf mich wie Gefängnismauern (Seufzen).

Versuchen Sie zu verstehen …

(Ich unterbreche den Arzt.)

Es ist, als ob jemand … oder eine Macht oder eine Kraft mich zwingen würde, an diesem Ort zu sein … ich fühle mich gezwungen … ein sehr durchschnittliches Leben zuführen an diesem Ort … Hier hat man keine Chance, dem banalen Alltag zu entkommen … Man muss das Spiel der anderen spielen … Man kann sich nicht zurückziehen und mit sich selbst allein sein … Nichts gibt es hier, außer dem kleinen Brunnen, der mich träumen lässt … (Verzweiflung in der Stimme). Ich fühle mich gezwungen, dieses Leben zu leben.

Wie sind Sie gekleidet?

Ich bin anständig gekleidet mit einem Wams und mit einer kleinen Weste, die mit Schnüren zugebunden ist. Auch die Schuhe sind anständig … geschnürte Lederschuhe … Ich bin ein ganz normaler Mann … Ich bin nicht der Bürgermeister, aber ich bin auch kein armer Mann … mittelmäßig … wie mein ganzes Leben (Stöhnen).

Welche Rolle spielen Sie in der Gesellschaft, in der Sie leben?

Ich zähle nicht viel, weil ich nichts von mir selbst einbringe in die Gesellschaft … Solche wie mich braucht man nicht. Es ist nicht wegen meiner Depression, es ist eher eine Rebellion … Ich möchte nicht teilnehmen … wirklich nicht … Es macht mir keinen Spaß, womit die anderen ihren Tag und ihr Leben füllen (leises Wimmern).

Warum wollen Sie nicht teilnehmen am Leben?

Ich erinnere mich … ich habe genau dieses Leben früher einmal aus der höheren Ebene (ich will sagen: als nichtinkarniertes Wesen, vgl. Sitzung (35), »Verweigerung der Inkarnation«) gesehen … und es war mir – mithilfe meines Geist-Führers – möglich, nicht in dieses Leben hineinzugehen … Und jetzt ist es genau dieses Leben, das ich zuvor vermeiden wollte und das ich nun doch leben muss … Ich war gegen dieses Leben, weil ich weiß, dass die Leute dieser Stadt mir nichts geben können (fast weinend gesprochen). Was mache ich nur hier? Ich will hier nicht sein!

Sind Sie verheiratet?

Ah, to hell with her! (Ich sage das nicht auf Französisch, sondern auf Englisch. Auf Deutsch heißt das: Zum Teufel mit dieser Frau!) Beim Gedanken an diese Frau wird mir übel … Ich liebe diese Frau wirklich nicht. Ich finde sie widerlich! Ihr Aussehen! Ich muss sie immerhin seit Jahren ansehen!

Aber warum haben Sie sie denn irgendwann einmal gewählt?

Es ist die Tochter des Müllers, die als reiche Frau gilt …

Und welche Rolle spielen Sie in der Gemeinschaft? Ich werde bis fünf zählen und Sie werden noch tiefer hineingehen in dieses Leben … Sie werden fühlen, was dieser Mann fühlt …

Ich sehe mich neben diesem Mann … Ich sehe, dass er in der Kirche ist … oder aber, dass er darauf wartet, zur Kirche gehen zu können … Die Kirche ist der Fluchtpunkt, die Zuflucht … Der Mann flieht in die Kirche.

Ist es eine Flucht oder hat er auch den Wunsch, Gott nahe zu sein?

Beides stimmt … Zuerst war es nur eine Flucht vor dem täglichen Einerlei … vor der Familie … Dann wurde die Kirche ihm wirklich ein Bedürfnis.

In welchem Ort befinden Sie sich?

Rothenburg … der Name ist nicht sehr klar vor meinen Augen … und er berührt mich vibratorisch nicht sehr stark … Aber es ist immerhin Rothenburg … (jetzt geflüstert).

Welches Datum schreiben Sie? …

Fünfzehnhundertsiebzig (1570 nach Christus).

Jetzt frage ich Sie nach Ihrem Namen.

(Stöhnen.) Herrmann ... der Vorname ist einfach ... aber der Nachname ... (lange Pause der Konzentration) ... Er beginnt mit einem »F« ... Ich empfange ihn nicht sehr stark Er heißt Folker ... Folcker, mit »ck« und nicht mit »V«, sondern mit »F« geschrieben. Ich weiß, es ist ein männlicher Vorname, aber bei mir ist es ein Nachname.

Sie erleben nun einen anderen wichtigen Moment desselben Lebens ... 1 ... 2 ... 3 ...

Mehrere Personen in schwarzen Gewändern stehen um mich herum, die nicht zu meiner Stadt gehören ... Ich sehe sie überall herumlaufen ... Ich mag sie gar nicht ... Ihre Gegenwart bedeutet eine gewisse Gefahr ...

Sind es Feinde? Um wen handelt es sich bei diesen Personen?

Einen Augenblick, ich werde überlegen ... ich schaffe es nicht, mich zu konzentrieren ... Ich sehe sie als Katholiken, aber ich weiß nicht, ob das möglich ist ... Das würde ja bedeuten, dass ich selbst nicht katholisch bin ... Ich schaffe es nicht zu überlegen, ob das stimmen kann ... Warum weiß ich das nicht? ... Ja, jetzt war da ein klarer Moment. Ja, es ist möglich: 1570 gab es bereits zwei Gruppen von religiösen Gegnern ... die Katholiken und die Lutheraner, die sich gegenseitig befehdeten ... nicht sehr ernsthaft ... Es war wirklich keine große Gefahr, die von diesen Gegnern und den Gegensätzen ausging ...

Was tun Sie also? Denken Sie daran zu fliehen?

Aber nein! Jene wollen uns mit ihren religiösen Vorstellungen beeinflussen und uns kontrollieren. Man muss im Ort bleiben, sonst hätten jene es zu einfach ... Man muss doch seine Stadt verteidigen gegen sie ... Aber wie ich schon sagte: Es ist nicht wirklich eine Schlacht … Es geht vor allem um die Kirche … Vielleicht ist sie deshalb in meinem Leben so wichtig … Ich sehe jetzt andere Kostüme … rot und weiß … und alles spielt vor den Toren der Stadt … in Zelten … eine ganze Kompanie … bereitet sich auf eine Schlacht vor … aber es ist nicht sehr feindselig.

Sehen Sie die Kostüme, den Platz vor den Toren der Stadt …

Ich fühle mich schon sehr viel besser, weil diese Stimmung mir mehr gefällt als das eintönige Leben zuvor und die Familie … All die Vorbereitungen, die Aktivitäten … und zudem geht es auch noch um die Kirche, die mich ohnehin interessiert … Es lebt sich gut unter Männern. Eigentlich passiert hier ja gar nichts, aber es gefällt mir.

Werden Sie die Kirche verteidigen? Oder die Stadt?

Wir demonstrieren und zeigen, dass wir genauso stark sind wie die Katholischen, und wir zeigen ihnen unsere Geschlossenheit, indem wir alle diese rot-weißen Uniformen tragen … Ja … es ist seltsam, dass ich nicht engagierter bin … dass ich nicht mit mehr Leidenschaft bei der Sache bin … Ich finde die anderen … dumm, ja!

Vielleicht finden Sie die anderen Menschen dumm, weil Sie selbst Ihrem Leben einen anderen Sinn gegeben haben.

Ja, aber auch die Einstellung zur Religion … Vielleicht sehe ich den Sinn in diesen ganzen Aktivitäten und Kriegsvorbereitungen nicht … Vielleicht empfinde ich auch deshalb keine Feindseligkeit den sogenannten Feinden gegenüber. Im Grunde ist es mir egal, ob ich zur Partei der Schwarzen (Katholiken) oder der Partei der Rot-Weißen (Lutheraner) gehöre … denn ich sehe nicht den Unterschied, so wie ihn die anderen sehen. Ich sehe den Unterschied nicht … und ich akzeptiere ihn nicht als Vorwand für eine Schlacht. Ich muss aber zugeben, dass die Vorbereitungen für den Kampf mir gefallen, weil es etwas zu tun gibt.

Immerhin bereiten Sie eine Schlacht vor, bei der es viele Tote und Verletzte geben könnte. Denken Sie daran gar nicht?

Doch, aber die Schlacht liegt noch in weiter Ferne … Man muss doch auf alle Eventualitäten vorbereitet sein, weil die Katholischen viel stärker sind als wir … Und wir möchten ja schließlich nicht wieder zurück müssen in deren Arme … Vielleicht verstehe ich den Unterschied zwischen den beiden Gruppen auch nicht so gut.

Sie sagten, dass die Unterschiede für Sie nicht wichtig seien.

Ja. Für mich bleibt die Kirche die Kirche … Sie ist in jedem Fall kein guter Grund, um eine Schlacht zu beginnen.

Wollen Sie sagen, dass Ihre Kirche lehrt, alle Menschen seien gleich?

(Ich falle dem Arzt ins Wort.) Ich denke nicht an die Menschen, ich denke an Gott, an das Wesentliche. Und was die Menschen aus der Religion machen, lässt mich kalt, sozusagen. Ich ziehe es vor, Protestant zu sein, weil das immerhin eine Verbesserung der Situation der Gläubigen bedeutet. Es gibt bei uns Lutherischen weniger Bestechlichkeit … nein, wie heißt das Wort? … weniger Unehrlichkeit … auf jeden Fall ist die Idee ganz gut, den Rhythmus der kirchlichen Zeremonien etwas zu verändern … Aber das ist ja nur das Äußerliche der Kirche und berührt mich deshalb nicht so

sehr ... Mit meinen Ideen sehe ich mich etwas im Abseits meiner Gruppe. Ich glaube nicht, dass die anderen meines Ortes mit meinen Ideen einverstanden wären. Ich halte es für lächerlich, sich in Rot-Weiß zu kleiden ... zum Beispiel.

Glauben Sie nicht, dass auch andere diese Meinung haben?

Ich spreche mit anderen, aber niemals über das Wesentliche ... Man lacht und scherzt zusammen während der Vorbereitungen für den Kampf ... Die Tische und die Bänke werden aufgestellt in den Zelten ... Aber wozu das alles dient, weiß ich nicht. Was ich aber vor allem fühle, ist, dass mein Gefühl der Frömmigkeit gestört wurde durch diese Aktivitäten ... Ich habe es verloren ...

Das Gefühl für Gott? Existiert Gott für Sie?

Für mich? Was für eine Frage!!

Aber Sie sagten, dass Ihr religiöses Gefühl verloren gegangen ist.

Ja, ich war früher gefühlsbetonter zu der Zeit, als ich noch der Gefangene meines monotonen Lebens war ... Damals war ich immer in der Kirche ... und die Kirche bedeutete für mich die einzige Zufluchtsstätte ... Die Kirche war für mich alles. Ich hatte wirklich eine tiefe Frömmigkeit. Aber auch, wenn diese Gefühle inzwischen schwächer geworden sind, so heißt das doch nicht, dass mein Glaube an Gott schwächer geworden ist!

Sie werden jetzt zum Ende dieses Lebens kommen ... 1 ... 2 ... 3 ...

Ich sehe einen Leichenzug ... mit Trompetern ... und Fahnen, die an den Trompeten hängen ... ein Leichenzug für eine wichtige Person ... und das bin ich. Man ist großzügig mit der Ehrenbezeugung gegenüber dem Toten ... grade so, als ob ich Bürgermeister gewesen wäre! Aber vielleicht war ich relativ wichtig ... nach ihren Maßstäben ... ich weiß noch nicht einmal, was ich im Leben überhaupt getan und geleistet habe ... es war mir immer unwichtig.

Wie sind Sie gestorben?

Was war die Todesursache? Ich fühle das Metall und auch ein wenig den Lärm des Waffengetümmels ... ach, welch ein unangenehmer Lärm ... ich finde ihn schrecklich!

(Ich schüttle mich vor Abneigung gegen das metallische Geräusch, das ich höre.) Vor allem das Geräusch von Metall auf Metall habe ich als furchtbar erlebt ... Es war ein Kampf mit metallischen Waffen ... ich war in der Mitte des Getümmels ... und offenbar bin ich dabei getötet worden. Ich erinnere mich nicht mehr daran, verletzt worden zu sein ... seltsam.

Und bei Ihrem Trauerzug erweist man Ihnen große Ehre?

Es sind vor allem die Fahnen, die den Trauerzug zu etwas Besonderem machen.

Sie werden jetzt aufsteigen ... Ich zähle bis zehn ... Steigen Sie höher und höher ... *(Es wird gezählt.)*

Jemand hängt sich an mich ... etwas Dunkles ... ein Schatten ... Er lässt mich nicht aufsteigen (Seufzer).

Lösen Sie sich von diesem Schatten und steigen Sie trotzdem auf in das Licht ... höher und höher ... *(Stöhnen)* ...

Alles ist weit und hell ... Es ist ein Saal (leises Stöhnen) mit viel Bewegung, vielen Aktivitäten ... Ich sehe amorphe Gestalten in verschiedenen Grautönen, die in Bewegung sind ... Ich verstehe, dass an diesem Ort geordnet, unterwiesen und geklärt wird, dass ein Lern- oder Erkenntnisprozess abläuft für jedermann in diesem gewaltig großen »Saal« ... Es ist eine Vorbereitung in einer Art »Bahnhof« ... Ich weiß nicht ... jedenfalls ist es nicht die Endstation ... Man lernt, man verändert sich ... Rechts und links, oben und unten verlässt man diesen Saal. (Heftiges Atmen.) ... Es ist nicht unangenehm ... Ich erkenne die Idee dahinter nicht, den Plan, der hinter dem Ganzen steckt, den verstehe ich nicht ... Aber er ist positiv ... Man kann diesen Ort verlassen (tiefer Seufzer der Erleichterung). Es gibt einige, die dort bleiben ... Ich selbst verlasse den Ort.

Gehen Sie allein?

Man kann nicht sagen, dass ich »allein« gehe, weil ich viele Dinge gleichzeitig bin ... ich bin eine große Wolke ... die dunklere Schatten nach oben zieht, wenn sie steigt. Die Schatten klammern sich sozusagen an diese hellere Wolke, die aufsteigt ... seltsam ... schwarz gibt es hier nicht ... höchstens grau ...

Und jetzt steigen auch Sie nach oben?

Für einen kurzen Moment ... habe ich ... das Licht gesehen ... aber es war nicht das ganz helle Licht ... Wenn man nicht ganz hoch steigt ... auf dieser Ebene ist das Licht nicht so großartig ... nicht so hell ... Hat man das Recht, sich auch in diesem schwachen Licht wohlzufühlen? Ich fühle mich in einem Meer von Energie, und es ist gar nicht hell ... aber ich fühle mich wohl in dieser Energie ...

Es folgt das Ende der Sitzung.

Drei Jahre nach dieser Sitzung habe ich begonnen, den Mitschnitt der insgesamt vierzig Sitzungen zu Papier zu bringen. Bei der Gelegenheit habe ich, wann immer möglich, meine in Trance geäußerten Angaben zu verifizieren versucht. Gerade bei den Leben, die – wie dieses Leben der Sitzung (39) – in der Neuzeit gelebt wurden, war die Überprüfung gut möglich, und die von mir in Trance gemachten Angaben erwiesen sich ausnahmslos als stimmig und korrekt:

1. Es war mir möglich, in den Dokumenten des Archivs der Stadt Rothenburg ob der Tauber den Bürger und Ratsherrn mit dem Familiennamen Folcker (diese Schreibweise wird von mir in Trance genau angegeben) unter den Eintragungen des Jahres 1570 (und nur da) zu finden. In den Jahren vor und nach 1570 wird der Familienname auf andere Weise geschrieben, z.B. ohne »ck« oder mit dem Anfangsbuchstaben »V«. Die von mir in Trance gemachten Angaben sind somit sehr genau und richtig.

2. Der Bürger Folcker hatte verschiedene ehrenvolle Posten, wie die Unterlagen im Rothenburger Archiv belegen. Er hatte also auch Anspruch auf ein »ehrenvolles« Begräbnis, so wie es von mir während der Rückführung geschildert wird.

3. Zu dem ehrenvollen Begräbnis gehörten auch die Fahnen an den Blasinstrumenten, die ich in der Rückführung als einfache, gerade (nicht-gekrümmte) Blechposaunen gesehen habe. Solche Instrumente sind die Vorläufer der heute üblichen Trompeten oder Hörner, die nun einen mehrfach gebogenen Tonkörper haben. Im Mittelalter noch spielte diese einfache, gerade Trompete eine wichtige Rolle bei fei-

erlichen Anlässen. Danach entwickelte sich die gewundene Form des Blasinstruments. In der Rückführung beschreibe ich also genau das Instrument mit seinem Fahnenschmuck, das um 1570 in Gebrauch war.

4. Ich schildere die rot-weißen Uniformen, die seit 1570 in Rothenburg getragen wurden. Meine Nachforschungen u.a. bei der Trachtenforschungs- und -beratungsstelle des Bezirks Mittelfranken in Schwabach haben ergeben, dass die Farbkombination Rot-Weiß in der genannten Zeit zur offiziellen Stadtfarbe gemacht wurde. Ich erfuhr dort ferner, dass es in Rothenburg seit dem Bauernkrieg 1524/25 eine organisierte Bürger- und Landwehr gab. Spätestens seit dem Dreißigjährigen Krieg, so die Trachtenforschungsstelle in Schwabach, wurden auch für die Uniformen der Schützen die Farben Rot-Weiß verwendet. Ein genaueres Datum konnten sie mir aber nicht geben. Es scheint, dass ich in der Rückführung genauer als die Trachtenforschungsstelle sagen kann, seit wann die Bürgerwehr Rothenburgs für ihre Uniformen die Farben Rot und Weiß wählte.

5. Erstaunlich genau beschreibe ich in der Rückführung die politische Situation im Jahre 1570. In Rothenburg wurde bereits 1544 – und damit erheblich früher als in jeder anderen deutschen Stadt – die Reformation eingeführt. In dem hier genannten Jahr 1570 sah sich die Reichsstadt Rothenburg somit einer feindlich eingestellten und mächtigen katholischen Mehrheit jenseits der eigenen Stadtgrenze gegenüber. Ich schildere sehr genau das Ungleichgewicht zwischen den beiden religiösen Lagern und spreche auch von den Versuchen der Katholischen, die geschlossen zum Protestantismus übergetretene Stadt wieder in den Schoß der römisch-katholischen Kirche zurückzuholen, und sei es auch mit Gewalt. Es muss wohl nicht betont werden, dass ich diese Fakten vor der Rückführung (39) nicht kannte.

6. Folcker erwähnt die Mühle, die durch Heirat in seine Familie kam. Da die Chronik der Stadt Rothenburg aufzeichnete, dass Folcker aus Lauda in Baden nach Rothenburg zugezogen ist, habe ich das Archiv von Lauda nach dieser Mühle durchsucht. Mithilfe des Archivars Hördler in Lauda gelang es mir 1998, die Urkunde zu finden, die bestätigt, dass 1515 die Bachmühle in Lauda von zwei Brüdern der Ehefrau des Folcker gekauft wurde. Ausdrücklich wurde auf der Kaufurkunde vermerkt, dass diese Mühle (im Falle des Todes der Besitzer) nicht an den Schwager Folcker fallen solle. Zehn Jahre nach diesem Kaufvertrag waren aber in Lauda alle männlichen Bewohner tot, denn der Bauernkrieg 1524/25 hatte hier gewütet. In seiner größten, letzten und vernichtendsten Schlacht waren die Bauern die Verlierer und Lauda wurde dezimiert (vgl. hierzu Sitzung (31)). Folcker war – vielleicht aus religiösen Gründen, vielleicht wegen der politischen Wirren um seine Stadt – nach Rothenburg gezogen (70 Kilometer südöstlich von Lauda). Die Bachmühle wird sicher »herrenlos« gewesen sein, weil (auch) die Besitzer der Mühle den Bauernkrieg nicht lebend überstanden hatten. So fiel denn die Mühle doch noch in die Hände des Rothenburger Neubürgers Folcker.

7. Warum verlässt Folcker das Städtchen Lauda in Baden, um sich in der bereits 1544 zum Protestantismus übergetretenen Reichsstadt Rothenburg niederzulassen? Ich kann nur meine Vermutung äußern, für deren Richtigkeit ich allerdings bisher noch keine Beweise gefunden habe: Im Leben des Folcker spielt die Kirche eine sehr wichtige Rolle, wie er immer wieder deutlich sagt (z.B.: »Die Kirche ist meine Zuflucht«). Lauda war – wie alle anderen Städte der Region – eine katholische Stadt, während im nahe gelegenen Rothenburg bereits 1544 die Reformation eingeführt wurde. Für seine religiöse Überzeugung tat der Mensch in jenen Jahren sehr viel, das wenigste war da noch ein Wohnortwechsel! Im neuen Wohnort konnte Folcker ungestört seiner religiösen Überzeugung leben, so vermute ich, seitdem ich im Stadtarchiv von Rothenburg hinter der Eintragung Folcker die Worte »aus Lauda in Baden« gelesen habe.

8. Sowohl das ehrenvolle Begräbnis als auch die Beschreibung seiner Position innerhalb der Rothenburger Gesellschaft (»Ich bin kein Bürgermeister«) deuten darauf hin, dass er eine wichtige Stellung in seiner neuen Wahlheimat Rothenburg innehatte. In der Tat war er Ratsherr, Baumeister und zuletzt Pfleger des Altenheims etc. Er war nicht der Bürgermeister, wie er sagt. Warum erwähnt er diesen Posten ausdrücklich? In den Archiven seiner Geburtsstadt Lauda ist ein »Folcker« vermerkt, der 1559 Bürgermeister war. Welch eine Koinzidenz! Es ist wohl so, dass er diese herausragende Position »Bürgermeister« erwähnt, weil er sie in Lauda innehatte, in Rothenburg als Neubürger aber nicht wieder angetragen bekommen hat.

9. Ein anderer Aspekt dieses Lebens des Ratsherrn Folcker im Rothenburg des 16. Jahrhunderts ist seine Einstellung zum Leben. Zunächst wird betont, dass er das Leben gar nicht beginnen wollte. Dann beklagt er sich intensiv darüber, dass er zu diesem Leben gezwungen wird und dass er ein »schwer lastendes Gemüt« habe. Schließlich betont er immer wieder, wie wenig er Anteil nimmt an allem, was um ihn herum geschieht. »Ich bringe in die Gesellschaft nichts ein von mir selbst«, sagt er über seine Haltung dem öffentlichen Leben gegenüber. Selbst seine herausgehobene Position in der Stadthierarchie und schließlich die Ehrenbezeugungen anlässlich seiner Beerdigung kommentiert er mit fast ironischem Abstand. Er scheint geistesabwesend, unbeteiligt, freudlos und gleichsam wie am falschen Platz, wie fremdgesteuert. Psychiater, Psychologen und Regressionstherapeuten kennen dieses Phänomen und haben dafür folgende Erklärung: »Besessenheit«! Der Besessene zeigt Verhaltensmuster, die denen des Rothenburger Folcker sehr genau entsprechen. Ich zitiere hierzu aus dem Buch »Reinkarnation« *des Psychiaters Ian Stevenson, der sich jahrzehntelang mit der wissenschaftlichen Erforschung der Erinnerung an frühere Leben befasst hat und verschiedene Standardwerke zum Thema Reinkarnation verfasste. Zum Thema »Besessenheit« sagt er Folgendes: »Er (der Tote) wiederholt oft in routinehafter, gleichbleibender Weise einen Akt aus dem (vergangenen) Leben ... etwa die Vorgänge, die dann zu seiner Ermordung führten. Diese Toten benehmen sich wie lebende Menschen mit einer Zwangsneurose, die endlos eine Handlung wiederholen, welche zum Teil ein Ereignis der Vergangenheit noch einmal aktiviert.« (Ian Stevenson,* »Reinkarnation«, *Braunschweig 1976, S. 380.)*

9a. Die Idee, dass es sich bei dem Leben des Folcker vielleicht um das eines Besessenen gehandelt haben könnte, kam mir bei der Abschrift der Kassette. Mir fiel plötzlich auf, dass nicht nur in dem Rothenburger Leben um 1570, sondern auch in dem etwas früher gelebten Leben des »Helden des

Bauernkrieges 1525« (vgl. Sitzung (31)) der Brunnen des Ortes eine ganz zentrale Rolle spielte. Der Mann, der 1500 geboren und ca. 1525 von den Feinden seiner Heimatstadt erstochen wurde, stirbt als Held … am Brunnen. Das ist eine klassische Situation, die in den Abhandlungen über Besessenheit beschrieben wird: Das Leben geht sehr plötzlich zu Ende … durch einen Mord. Das Lebensprogramm ist noch nicht abgeschlossen. Der Verstorbene klammert sich noch an das Leben … an das Leben eines Lebenden. Und dieser Lebende, der sich besetzen lässt, muss unbedingt ein schwacher Mensch mit wenig Lebenswillen sein. Das trifft bei Folcker sicher zu.

9b. Das wichtigste Ereignis des Heldenlebens war der Tod am Brunnen der Stadt, die er mutig verteidigen wollte, indem er sich gerade an dem Brunnen den Feinden in den Weg stellte. Diese Szene soll nun nach dem Tod neu und immer wieder neu gelebt werden. Ein Präzedenzfall laut Lehrbuch! In diesem Sinn versteht man Folckers Interesse und Freude an dem Brunnen, der ihn »träumen lässt«, wie er sagt. Die einzigen Lichtblicke in dem als freudlos empfundenen Leben des Folcker sind die Momente am Brunnen, den er mit großer Regelmäßigkeit ansteuert … wie gesteuert von einer Kraft, die nicht seine eigene ist. Er selbst spricht ausdrücklich davon, gezwungen zu sein.

9c. Auffallend ist auch, dass Folcker offenbar Gefallen an den Kriegsvorbereitungen findet, was so gar nicht zu seiner eigentlichen stets verneinenden Natur passt. Auch hier könnte er von der anderen Wesenheit gesteuert sein, die in Folcker das Leben eines »Helden« leben möchte.

9d. Folcker stirbt genau wie der »Held« des Bauernkrieges

durch metallene Waffen – oder sind es die Erinnerungen des »Helden« an seine Stichverletzung, die dort verbalisiert werden? Die Symbiose von Besessenem und seinem Besetzer macht es möglich, dass auch Gedankengut des lange verstorbenen Besetzers vom Besessenen ausgesprochen wird.
9e. Für eine eventuell Überschneidung der beiden Persönlichkeiten spricht auch der in der Rückführung genannte Vorname Herrmann, der ganz spontan auftaucht, während der Nachname Folcker erst nach gründlicher Vertiefung der Hypnose in der Erinnerung wieder auftaucht. Einen Herrmann Folcker gab es um 1570 in Rothenburg nicht. Der Vorname Herrmann ist überdies in Rothenburg sehr selten. Dagegen ist er in Lauda äußerst häufig. Leider ist er zu häufig, als dass es mir gelingen konnte, einen jungen Herrmann in den Annalen der Stadt zu finden, der 1525 den Helden des Bauernkrieges gespielt hat.
9f. Der Held wird 1525 am Brunnen mit einem Stilett erstochen, wie er sagt. Diese Waffe, eine Art Dolch, wird im 13. Jahrhundert zu einem wichtigen Teil der ritterlichen Bewaffnung in Nord- und Mitteleuropa. Im 16. Jahrhundert, der Zeit der Bauernkriege, wird sie dann zu einer bürgerlichen Waffe, und ab dem 17. Jahrhundert ist das Stilett nicht mehr in Gebrauch. Auch hier konnte die in Trance gemachte Angabe (»Stilett«) überprüft und genau bestätigt werden.

Alle Äußerungen, die ich in dieser Rückführungssitzung getätigt habe, wurden von mir mit Erfolg nachgeprüft. Alle Äußerungen, Angaben, Fakten, Zahlen, Namen, Berufe, historischen Situationen, Farben, Waffen, kirchengeschichtlichen Details sowie emotionalen, psychologischen

Strukturen, Verhaltensweisen und Denkmodelle sind stimmig. Alles Nachprüfbare wurde bei der Nachprüfung als richtig und korrekt bestätigt.

Für die Skeptiker sei noch einmal betont, dass die Vielzahl der nachprüfbaren und genauen Angaben zu diesem Leben des 16. Jahrhunderts es verbietet, von einem Zufall zu sprechen oder auch nur daran zu denken. Wie wahrscheinlich ist es, unter den wenigen Einwohnern der kleinen Orte Lauda und Rothenburg im Jahr 1570 einen Hans (Herrmann) Folcker zu finden, der in seinem Ort ein hohes Ehrenamt (Bürgermeister) bekleidet hat … dem die Religionsfreiheit ein so großes Anliegen war, dass er dafür seinen Heimatort verließ … der die Erbin einer Mühle heiratete … der in rotweißer Uniform an den Vorbereitungen eines Religionskrieges teilnahm … dessen Stadt die erste und einzige lutherische Insel im Meer der Katholischen war? Die Wahrscheinlichkeit, dass all diese Elemente zufällig übereinstimmen, ist – mathematisch gesprochen – gleich null.

(Bei den Nachforschungen in den Archiven der Stadt Rothenburg half mir Frau Krösche. Bei den Recherchen in Lauda halfen mir der Archivar Hördler und Herr Ingo Hauer.)

40

VERIFIZIERUNG DES LEBENS EINES ANALPHABETEN IN MAUTERN-STEIN UM 1470

Die meisten Angaben, Daten und Fakten, die ich in dieser Sitzung zu meinem »Schäfer-Leben« äußere, konnte ich mit Erfolg nachprüfen. Am Ende der Sitzung nenne ich die Ergebnisse meiner Recherchen.

Dr. Ducher: Was nehmen Sie wahr?

Autorin: Zuvor war ich ein Teil der amorphen Formen, die sich beständig wandelten, ineinander aufgingen, sich auflösten und sich neu bildeten … Jetzt gibt es nur noch die Leere … eine alles umfassende Leere … und ich bin ein Teil dieser Leere … und einer großen Ruhe (lange Phase der Stille). Ich sehe wieder die fließenden Formen … alles ist in Bewegung …

Wo befinden Sie sich?

Ich bin kein menschliches Wesen (heftiges Atmen) … Die

Erde ist sehr nahe, aber ich sehe sie nicht ... Es gibt noch nicht einmal Licht (resigniertes Seufzen) ...

Was geschieht?

Vielleicht könnte man sagen, dass ich im Zustand der Erwartung bin ... Ich warte ... Es ist ein neutraler Zustand ... aber mit einer Tendenz zur Ablehnung.

Die Zeit wird sich jetzt beschleunigen … 1 … 2 … 3 … Sind Sie immer noch am selben Ort?

Jetzt sehe ich Formen ... es sind Häuser ... die Dächer von Häusern ... aber ich sehe sie nicht an, denn ich will sie nicht sehen ... (unruhiges, heftiges Atmen).

Sehen Sie es sich an … Welche Entscheidung treffen Sie?

Ich fühle mich hineingestoßen ... gezwungen wäre ein zu harter und ernster Ausdruck ... aber es ist jedenfalls nicht freiwillig, dass ich mich der Erde zuwende ... Ich schwebe über ihnen ... ich fühle mich von dem Ort angezogen ... aber gegen meinen Willen. ...

Sie werden also von einer fremden Kraft nach unten gestoßen … Fühlen Sie diese Kraft, fühlen Sie die Schwingungen dieser ganz speziellen Kraft, der Sie gehorchen …

Ich bin nicht auf der Erde ... aber ich sehe eine große Weide mit Hunderten von Schafen ... Die Häuser sehe ich nicht mehr ... auf jeden Fall suche ich sie nicht mit den Augen ... Das grüne Tal ist gewaltig, großartig, beeindruckend weit ... umgeben von hohen Bergen ... Ich sehe keinen Menschen ... auch mich selbst sehe ich nicht ... Nur meine Aufmerksamkeit ist gegenwärtig ... Ich nehme wahr ... Ich bin mir meiner bewusst ... Es ist, als ob die Schafe von oben gesehen ein Teil der Erde sind. Sie erscheinen mir wie an den Boden geheftet ... Sie bilden eine Einheit mit der

Vegetation ... Ich empfinde sie wie in einer Fusion mit der Erde ... Eine für mich sehr überraschende Idee!

Ich werde jetzt erneut bis drei zählen. Ihre Schwingungsfrequenz wird sich verändern ... 1 ... 2 ... 3 ... Was nehmen Sie wahr?

Ich blicke von außerhalb eines Hauses auf ein Fenster ... Das Haus liegt neben der weiten Landschaft ... Es scheint mir, als überwache man von diesem Fenster aus die Schafherde ... Ich selbst sehe mich nirgends.

Überwachen Sie die Schafe?

Ja ... ich sehe mich aber nicht physisch ... als Mensch. Ich bin nur die Aufmerksamkeit, die sich auf die Schafe richtet. Ich projiziere diese Aufmerksamkeit durch dieses Fenster. Ich weiß, dass ich meine ganze Aufmerksamkeit den Schafen widmen sollte ... aber das füllt mich nicht aus ... es macht mir keine Freude ... Ich blicke deshalb nur wenig durch das Fenster nach draußen ... Ich sehe jetzt das Fenster in meinem Rücken, genauer gesagt sehe ich meinen Körper von oben ... Ich bin nicht drinnen in meinem Körper, dessen Rücken ich sehe ... Der Rücken ist gebeugt ... Der Mann beugt sich über etwas, das ich nicht erkenne ... (Seufzer) Was ich tue, ist falsch, aber ich tue es dennoch.

Was tun Sie denn?

Ich bin in dem hohen Haus ... in einem Turm ... und konzentriere mich auf mich selbst.

Versuchen Sie zu verstehen, warum Sie sich auf sich selbst konzentrieren.

Weil ich es tun muss ... Wieder werde ich getrieben, mich so zu verhalten ... ich fühle mich gezwungen zu dieser Konzentration ... Ich weiß nicht, ob es eine Arbeit ist ...

ich sehe nur den gebeugten Rücken … ich schließe mich ab gegen die Welt … mit einem schlechten Gewissen, weil ich nicht das Recht dazu habe (angestrengtes Sprechen).

Hören Sie gut zu. Ich werde jetzt erneut bis drei zählen und Sie werden wirklich hineingehen in diese Person … 1 … 2 … 3 …

Ich sehe jetzt, dass es ein dickes Buch ist, über das er sich beugt … ein Buch mit einem Ledereinband … er studiert das Buch … heimlich … Warum hat er Angst? Warum schämt er sich? Ich weiß es nicht.

(Der Körper ist in dieser Phase immer noch nicht verbunden mit dem Bewusstsein, das weiterhin von außen wahrnimmt.)

Versuchen Sie zu verstehen, um welche Art von Lektüre es sich handelt.

Ich sehe die Buchstaben … heute würde man solche Buchstaben in alten Bibeln finden … Ich sehe die Buchstaben, aber ich kann sie nicht lesen … sie sind verschnörkelt, sehr kunstvoll … von Hand gefertigt, nicht von einer Maschine …

(Sehr heftiges Atmen, mit großer Bewegung nach langer Pause.) … Es besteht eine sehr enge Verbindung zwischen dem Buch und mir … Es ist ein sehr wichtiges Buch.

Jetzt werden Sie den Inhalt energetisch erfassen … die Energie des Buches spüren …

Ich empfinde fast … eine Liebe zu diesem Buch … aber ich weiß nicht, was in ihm geschrieben steht … (Seufzer) … Zwei intensive Gefühle habe ich: Die Liebe zu dem Buch … und das schlechte Gewissen, weil ich meine Arbeit als Schafhirte vernachlässige, um allein mit meinem Buch zu sein. Ich verstehe jetzt, warum ich nicht weiß, was in diesem Buch steht: Ich kann nicht lesen!!

(Plötzliches, lautes Aufschluchzen.) … Ich würde es so gern lesen, aber es ist unmöglich, weil ich nicht lesen kann!

(Zunächst unterdrücktes, dann anhaltendes Weinen.) … Ich habe keine Chance … weil ich nicht zu der Klasse gehöre, der man das Lesen beibringt … Bei meinem Buch handelt es sich um die Bibel … (Trauer in der Stimme, untröstlich über die Erkenntnis, dass der Bibeltext für ihn unzugänglich ist und immer bleiben wird.) …

Woher kommt dieses Buch? Verstehen Sie seine Herkunft.

Man hat mir die Bibel geschenkt … jemand aus einer anderen Klasse der Bevölkerung … jemand aus der Oberschicht (leise und sehr bewegt gesprochen). Ich weiß nicht, wer der Besitzer war … Er ist jetzt tot … Ich habe die Bibel von ihm geerbt … warum, weiß ich aber nicht.

Welches Alter haben Sie?

Weiß ich nicht.

Sind Sie jung? Oder in reifem Alter?

Ja, ja … auf jeden Fall rede ich ja nicht von einem bestimmten Tag meines Lebens, sondern von der täglichen, allgemeinen Situation meines Lebens … Manchmal ziehe ich mich eben in dieses hohe Steinhaus zurück und verbringe eine Stunde mit meinem geliebten Buch … Ich tue das am Tag, weil ich ja abends noch nicht einmal die Buchstaben erkennen könnte … Aber am Tag habe ich nicht das Recht dazu … Da ist es meine Pflicht, die Schafe zu überwachen. (Trauer in der Stimme während des ganzen Gesprächs.) Es gibt hier niemanden, der mich im Lesen unterrichten könnte.

(Erneutes Weinen.)

Die Zeit wird sich beschleunigen … 1 … 2 … 3 … Was geschieht jetzt?

Ich bin bei den anderen … im Dorf … Das Haus aus Stein, von dem ich vorher gesprochen habe, ist weit weg vom Dorf … Ich sehe dort kleine Häuser mit Balkons aus geschnitztem Holz … Ich rieche das Holz gern … aber das alles interessiert mich nicht … Ich kann über diese Szene nichts sagen.

Jetzt wüsste ich gern, zu welcher Zeit der Geschichte Sie dies alles erleben. Ich zähle bis drei und Sie können mir die Epoche sagen, in der sich diese Szene abspielt … 1 … 2 … 3 …

Es sind die Berge zwischen Italien und Deutschland … vierzehnhundert … eintausendvierhundertsiebzig (1470 n. Chr.).

Können Sie den Namen des Dorfes oder der Region nennen?

Ich bin nicht sehr sicher, weil das Wort ganz schwach kommt … Ich spreche es aus: Maut … es ist Maut … Mauten … Mautern … Es kommt nicht sehr stark.

Die Zeit wird sich wieder beschleunigen und Sie richten sich auf einen anderen Moment desselben Lebens … 1 … 2 … 3 … Was fühlen Sie jetzt?

Ich lebe mit den anderen Personen zusammen. Sie bearbeiten das Holz … Es riecht gut. Die Atmosphäre und Stimmung unter den Menschen ist gut und angenehm … Das Leben verläuft … ganz normal … Man lebt zusammen … ohne Höhen und Tiefen … Und die Schafe sehe ich nicht mehr … vielleicht bin ich auf dem Altenteil.

Haben Sie den Eindruck, nun älter zu sein als in der Zeit in dem Steinhaus?

Ja.

Sind Sie glücklich oder eher unglücklich?

Zufrieden.

Und das Buch?

Ja, das Buch … Ich werde mich darauf konzentrieren … Ich werde es suchen … Ich sehe es in meiner Kammer … Es ist mein Geheimnis … ich hüte es wie ein Geheimnis … in einem Versteck. Ich sehe das Versteck nicht, aber es scheint mir, als hielte ich es unter meinem Bett versteckt … Die Gefühle, die mich mit diesem Buch verbunden haben, existieren nicht mehr … Es hat nun denselben Wert für mich wie ein Goldschatz … Man würde dasselbe tun mit seinem Geld … Man versteckt es. An die Tatsache, dass ich das Buch nicht lesen kann, habe ich mich inzwischen gewöhnt … Emotionen löst es nicht mehr aus … Das Buch ist zu einem Objekt geworden.

Sie können immer noch nicht lesen?

Nein.

Aber das Buch ist für Sie immer noch wertvoll?

Ja … vielleicht könnte ich den Namen des Herrn finden, der mir die Bibel seinerzeit geschenkt hat?

Ich werde jetzt bis fünf zählen und die Zeit wird zurücklaufen, sie wird sich in umgekehrter Richtung bewegen bis zu dem Moment, in dem Ihnen das Buch übergeben wurde … 1 …

(Ich unterbreche den Arzt mit meiner Antwort, die prompt kommt und die Überraschung über die plötzliche Erkenntnis deutlich macht.)

Ich bin sein unehelicher Sohn!! Ach, so etwas! Das ist gar nicht komisch! Um mir eine Freude zu machen, hat er mir diese Bibel geschenkt … auch wegen seines schlechten Gewissens … Und deshalb war ich auch so unglücklich … denn dieser Herr, mein leiblicher Vater, konnte lesen. Es gab zwei gute Gründe für meine Trauer. Erstens: Ich konnte das kostbare Buch nicht lesen. Und zweitens: Es ist nicht leicht, der zurückgewiesene, abgelehnte, uneheliche Sohn von jemandem zu sein, der lesen kann … Der Grund für meine Traurigkeit war nicht nur, dass ich lesen wollte, es war auch, dass ich zu der Klasse gehören wollte, zu der mein Vater gehörte … Ich war Schäfer! Wer war dieser Vater? Ich werde mich darauf konzentrieren, das herauszufinden, weil ich glaube, dass es wichtig ist.

Sie werden jetzt die Schwingungsfrequenz spüren, die von diesem Mann ausgeht …

(Ich falle dem Arzt erneut ins Wort, weil ich das Bild bereits sehe.) Ich sehe das Haus, in dem er lebt … aber das ist ja gar nicht möglich! Das ist ja unglaublich! Es ist spektakulär, dieses Haus … Es ist das Schloss! … Das Haus, in dem ich lebe, ist solider gebaut als die anderen Häuser im Dorf … Es hat einen ganz anderen Stil als die Häuser im Dorf, die mit sehr viel Holz gebaut sind … denn das Haus, in dem ich wohne, ist höher und aus Stein gebaut … es ist ein Turm … Er gehört zu dem Besitz vom Schloss … und alle Schafe gehören auch zum Schloss … Das ist nicht gerecht! … Er lässt mir die Arbeit mit den Schafen und amüsiert sich auf seinem Schloss.

Wer ist dieser Herr? Wie ist der Name des Schlosses?

(Stöhnen, die Stimme ist fremd wie in tiefer Trance.) …

Mautern-Stein, Maut-Stein …

(Leise, fragende Wiederholung des Namens.)

Spüren Sie die Schwingung dieses Namens, des Ortes und des Bewohners dieses Schlosses … Welchen Namen trägt er?

Der »Mautner« … so nennen wir ihn … dieses Wort kommt mir in den Sinn … immer wieder das Wort Maut … Das hat auch zu tun mit dem Fluss und seiner Brücke … der Mautner … das ergibt gar keinen Sinn als Name des Ortes Mautern … Mautern und Stein … Heißt das Schloss Maut-Stein?

Die Zeit wird sich weiterbewegen. Ich zähle bis drei … 1 … 2 … 3 … Sie stehen unmittelbar vor dem Ende dieses Lebens. Welches Gefühl haben Sie?

Sie dürfen darüber nicht lachen, aber ich sehe mich … in einem Sarg … und … ich weiß nicht, ob ich vor meinem Tod den anderen meinen Schatz (die Bibel) gezeigt habe … jedenfalls habe ich gesagt, dass ich die Bibel unter meinem Kopf haben möchte, wenn ich begraben werde … und das sehe ich jetzt … Ich spüre es … das Buch hat eine ganz intensive Energie, eine hohe Strahlung, die ich spüre (mit großer Bewegung gesprochen) … Welch eine Geschichte!

Bis zum Ende Ihres Lebens ist das Buch wirklich von großer Wichtigkeit für Sie, nicht wahr? Welches Alter haben Sie zur Zeit Ihres Todes?

Mein Leben war ausreichend lang … Ich habe keine offenen Wünsche mehr … Ich habe dieses Leben bis zum Ende gelebt, es ging langsam und ruhig zu Ende … Ich weiß noch nicht einmal die Todesursache.

Haben Sie im Moment des Todes ein Gefühl des Bedauerns, der Trauer oder des Zorns?

Nein, es war nicht Traurigkeit, was ich fühlte. Nur manchmal habe ich mich gefragt, ob es gerecht sei, dass es einen solchen Unterschied gibt zwischen Vater und Sohn ... Damit war ich bis zum Ende meines Lebens nicht einverstanden.

Sie empfanden es als Ungerechtigkeit?

Ja. Es war kein sehr heftiges Gefühl, aber es waren meine letzten Gedanken im Leben ... dass es ungerecht war ... dass ich das Buch nicht lesen konnte ... Die Bibel spielt jetzt keine Rolle mehr ... gar nichts ist wichtig ... Es gibt nur eine große Klarheit um mich herum ... ein Licht, das mich mit Friede und Glückseligkeit erfüllt ... Die Erde kennt dieses Gefühl nicht ... Die Klarheit ist überall ... Sie ist rund wie eine Kugel ... Sie ist groß wie das Universum ... Sie ist größer ... denn außer ihr gibt es nichts. Die Leere und das Licht ... (tiefer Seufzer der Erleichterung).

Die Schafe ... (sehr bewegte Stimme, Schluchzen vor Rührung). Warum liebe ich sie so? Es sind doch nur Schafe! Ich empfinde ein großes Gefühl der Wärme für die Erde. Und die Schafe sind ein Teil dieser Erde ... Ich liebe die Schafe ... und die Erde ... (Ich erinnere mich, dass ich am Ende dieser Sitzung die Erde als einen lebenden Organismus sah, dessen zyklisches Werden und Vergehen sich in allen irdischen Lebensformen spiegelt. Flora, Fauna und auch den Menschen sah ich in einer Einheit mit der Erde, was für mich eine beglückende Erkenntnis war.)

Ende der Sitzung wie unter (1) und (2) aufgeführt.

Die Schafe erscheinen zumindest am Ende der Sitzung als Symbol, genau wie in einer der früheren Sitzungen (vgl.

Sitzung (27)), in der mir von einem Geist-Führer ein Lamm als Symbol gezeigt wurde. Obgleich zwischen Lamm und Schaf laut »Dictionnaire des Symboles« *von Jean Chevalier kein Unterscheid in der Symbolik besteht, habe ich das Lamm in einem rein eschatologischen (seinsmäßigen) Sinn verstanden, während mir die Schafe als das Sinnbild der Lebewesen schlechthin erschienen. Die Einheit, die die Lebewesen mit der Vegetation und der von mir als lebend empfundenen Erde verband, erlebte ich im erweiterten Bewusstseinszustand als sehr beglückend und als Ur-Form, als Ideal-Form des Lebens auf diesem Erdball.*

Verschiedene Angaben, die ich während dieser Rückführung gemacht habe, konnte ich in Geschichtsbüchern und im Stadtarchiv von Mautern, Kreis Krems, verifizieren. Es gibt in den Bergen zwischen Italien und Deutschland ein Mautern, sogar ein Mautern-Stein, wie ich es während der Rückführung genannt habe. Mautern und Stein liegen zu beiden Seiten der Donau, einander gegenüber. Sie sind verbunden durch eine Brücke, die zur Zeit des Schäfer-Lebens erst sieben Jahre alt war, denn sie wurde laut Urkunde im Stadtarchiv Krems (bei Mautern) 1463 gebaut. Der Schäfer erwähnt die Brücke im Zusammenhang mit dem Mautner. Auf dieser Brücke wurde in der Tat eine Maut erhoben. Es war der Mautner, der dafür zuständig war, diese Einnahmequelle zu nutzen. Der Schlossherr am Brückenkopf zwischen Mautern und Stein wird vom Schäfer zu Recht als der »Mautner« bezeichnet.

Nicht jedes Dorf in den Alpen hat ein Schloss. Ich war also einigermaßen überrascht, als ich Jahre nach dieser Rückführungssitzung nachlesen konnte, dass Mautern ein

Schloss besitzt, das bereits im 10. Jahrhundert errichtet wurde. Im erweiterten Bewusstseinszustand beschreibe ich somit sehr korrekt die historischen und städtebaulichen Gegebenheiten der Ortschaft Mautern. Im Wappen des Städtchens Mautern erscheint seit 1467 ein Turm. Der Schäfer erwähnt einen Turm »aus Stein gebaut und höher als die Holzhäuser des Dorfes«. Dieser Turm war dem Schäfer vom Schlossherrn zugewiesen worden, damit er von dort aus die Schafherde des Schlossherrn überwachen konnte. Im Ganzen hatte Mautern sogar drei Türme, die alle im weiteren Sinn zur Schlossanlage gehörten. Sie stammen aus dem 13., 14. und 15. Jahrhundert und damit alle aus der Zeit vor dem Schäfer-Leben dieser Rückführung. Ich habe den letzten heute noch existierenden Turm in Mautern im Jahr 2002 aufgesucht, um festzustellen, ob mich mein alter Wohnsitz in irgendeiner Weise »anrührt«. Das war nicht der Fall. Der Turm ist heute völlig umbaut mit moderneren Häusern und kaum noch als Turm zu erkennen.

Das Schloss von Mautern war im Besitz des Landesbischofs von Passau, der das Schloss und seine Ländereien von einem Pfleger, einem Mann aus dem niederen Adel, verwalten ließ. Dieser Herr war den Bewohnern lediglich als »Mautner« bekannt, einen Namen gaben sie ihm wohl nicht. Der Schäfer ist deshalb auch nicht in der Lage, sich diesen Namen in Erinnerung zu rufen, obgleich es sich bei dem Pfleger um seinen leiblichen Vater handelte. Ohnehin habe ich in den vierzig Sitzungen mit dem Regressionstherapeuten Dr. Ducher immer wieder feststellen müssen, dass es sehr schwer ist, in veränderten Bewusstseinszuständen Namen zu erinnern.

Der Schäfer betont ausdrücklich, dass seine Bibel »von Hand« geschrieben wurde und nicht von einer Maschine. Tatsächlich gab es um 1470, in der hier zur Debatte stehenden Zeit, bereits die ersten gedruckten Bibeln. Die Gutenberg-Bibel entstand 1455, sodass die Worte des Schäfers Sinn ergeben.

Die Bibel in den Händen zu halten, sie aber nicht lesen zu können, war für den Analphabeten der größte Schmerz. Im veränderten Bewusstseinszustand erlebte ich die tiefe Trauer, die der Schäfer darüber empfand, dass er den Zugang zu dem heiligen Wissen niemals finden würde. Einen Schäfer unterrichtete um 1470 niemand im Lesen. Die allgemeine Schulpflicht gab es noch nicht. Mit Worten kann die Trauer darüber, als Analphabet keinen Zugang zum Wissen zu haben, nicht ausgedrückt werden – genauso wenig wie seine Glückseligkeit und Freude beim Anblick der Erde und ihrer Schafe, die er als reines Bewusstsein mit seinen nicht-physischen Augen als »Einheit« sieht.

NACHWORT

Die Zahl Vierzig ist in vielfältiger Weise sinnhaft belegt. Sie spielt eine Rolle im Totenkult und in der Heilserwartung, in der Metaphysik und in der Alchimie, in jeder Religion und in jeder Region. Die Zahl Vierzig symbolisiert den Zyklus von Leben und Tod und ist als solches mit dem Thema dieses Buches verbunden. Vierzig Mal gelang es mir, in veränderten Bewusstseinszuständen neue, mir unbekannte Welten zu erfahren. Ich verließ die vertrauten Ebenen der »Raum-Zeit« und erlebte mich in Sphären, in denen die physikalischen Gesetze nicht mehr gelten. Mein Bewusstsein stimmte sich ein auf Frequenzen, in denen frühere – und spätere – Leben gespeichert sind und von mir durchlebt werden konnten.

Das Bewusstsein ist heute zu einem viel diskutierten Forschungsgebiet geworden, auf dem es noch viele offene Fragen gibt. Als sicher gilt heute, dass das Bewusstsein außerhalb des physischen Körpers, außerhalb des Gehirns existiert, wobei der Begriff »existieren« für das Phänomen Bewusstsein letztlich nicht passend ist. Was in unserem Schädel dingfest gemacht werden kann, ist nicht das Bewusstsein, sondern das Gehirn, und das hat die Funktion eines Computers, der unsere Physis steuert. Der Computer ist ohne Elektrizität ein wertloses Bündel Materie – und so ist auch das Gehirn ohne das Bewusstsein lediglich ein Bündel Materie. Unser Gehirn dient als Verbindungskanal zwischen Materie und einer anderen Dimension, dem ewigen Bewusstsein, das ich im erweiterten Bewusstseinszustand erfahren habe als ein Energiemeer, in dem alles Erdenkliche als Möglichkeit gespeichert und angelegt ist. Das Bewusstsein »verliert« man, wenn der Verbindungskanal zwischen Gehirn und Bewusstsein unterbrochen ist und das Gehirn nicht mehr arbeiten kann.

Letztlich ist der Begriff »veränderte Bewusstseinszustände«, der in diesem und anderen Büchern durchgängig verwendet wird, nach meiner Erfahrung nicht richtig, denn nicht die Zustände des Bewusstseins verändern sich, sondern die Frequenzen des Gehirns. Sie sinken von den normalen vierzig Schwingungen pro Sekunde auf bis zu nahe null, wenn die Trance sehr, sehr tief ist. Der mich begleitende Arzt und Regressionstherapeut stellte fest, dass in meinem Fall die Gehirnwellen sehr häufig auf eine extrem niedrige Frequenz fielen. Bei null allerdings ist der Mensch dann tot. So erklärt sich vielleicht auch, dass einige der typischen Nahtod-Erfahrungen durchaus zu vergleichen sind mit den außersinnlichen Erfahrungen, die ich während der Sitzungen in der Praxis des Pariser Arztes gemacht habe. Ich selbst möchte das Phänomen des »holotropen Bewusstseinszustands« gleichsetzen mit der Befreiung aus dem Gefängnis, genannt physischer Körper. Es ist der Weg zu dem absoluten, universellen Bewusstsein, das als Freiheit, Ewigkeit, göttliche Wahrheit und Unendlichkeit empfunden wird. Einstein nennt dieses Energiemeer die »einzige Realität«.

Vierzig Mal erfuhr ich mich als Teil der kosmischen Energie und als Teil der Einheit des Universums. Indem ich die Begrenzung durch die physisch-materielle Existenz überwunden habe, erfuhr ich das »Ich« als Teil des All-Bewusstseins und erkannt den Ur-Grund als ein Energiefeld, in dem der Geist, die (göttliche) Intelligenz, Feldstrukturen schafft und der Schöpfung Form gibt. Das energetische Netzwerk unzähliger Dimensionen habe ich vor meinem geistigen Auge gesehen und empfand die Ordnung der Schöpfung als etwas Beglückendes.

Im veränderten Bewusstseinszustand wurde mir »einsichtig«, dass das numinose Licht die erste Manifestation der universellen (göttlichen) Energie ist. Auch verstand ich, dass das Bewusstsein überall und auch im Licht-Photon existent ist. Das Licht-Photon erschien mir als der Ursprung und das Ende der menschlichen Existenz. Mein Ich-Bewusstsein, das während der Regressionssitzungen gleichzeitig ein Universal-Bewusstsein war, empfand sich als das einzig Existierende, das einzig »Seiende« im Licht-Photon, das im veränderten Bewusstseinszustand als Universum gesehen wurde.

Alle Farben, Formen, Emotionen und Zustände definieren sich durch die verschiedenen Frequenzen des energetischen Feldes im Universum. Materie erscheint im Zustand des erweiterten Bewusstseins als vergänglich und als die einem ständigen Rhythmus unterworfene Verdichtung der universellen Energie. Im eindimensionalen Punkt ist die Vielfalt des Universums als Möglichkeit angelegt, und das Bewusstsein – auch mein Bewusstsein – ist die schöpferische Kraft in diesem Universum. Diese Einsicht erschloss sich im erweiterten Bewusstseinszustand nicht nur mir, sondern seit jeher auch den Mystikern aller Zeiten und Regionen. Die verschiedenen Geheimwissenschaften, Logen der Freimaurer, Rosenkreuzer, Anthroposophen, Theosophen, Alchimisten und Geheimbünde aller Zeiten und Regionen widmen sich – jeder auf seine Weise – der Suche nach dem »geistigen Gold«, nach dem »Stein der Weisen«, nach der »Erleuchtung«. Der Begriff »Arkanum« bezeichnet symbolisch ein mystisches Geheimnis, das vor den Augen der Profanen verborgen wird. Die hermetische Kunst »verschließt« sich, wie der Name sagt, und erschließt sich nur den Illuminaten, den Erleuchteten. Die Alchimisten sprechen von der »königlichen Kunst«, zu der nur die »Eingeweihten« den Zugang finden. Für die Kabbalisten spielt der Begriff »Ain Soph« eine zentrale Rolle, der für das Grenzenlose, Endlose, für die emanierende Gottheit steht, die nicht als der Schöpfer verstanden wird, sondern als der Ur-Zustand vor der Schöpfung. Um das alles zu erkennen und zu verstehen bedarf es der Einweihung des Adepten. Darüber, wie der Suchende zu seiner Einsicht kommt oder kommen kann, herrscht obligatorisch das Schweigen der Wissenden, der Eingeweihten, der Großmeister und wie sie sonst noch genannt werden. Die indischen Upanishaden und das Neue Testament (Matth. 7,6) äußern sich beide im gleichen Sinn: »Ihr sollt das Heiligtum nicht den Hunden geben und Eure Perlen nicht vor die Säue werfen«.

Der Weg, der mir in den vierzig Sitzungen mit dem Regressionstherapeuten aufgezeigt wurde, scheint mir identisch zu sein mit dem Weg bzw. mit dem Ziel, das sich die Mitglieder der verschiedenen Geheimwissenschaften setzten. Ich verstehe all ihre Texte zum Thema »mystische Schau«

und »geistiges Suchen«, weil ich selbst Einsichten gewinnen durfte. Was ich nicht verstehe, ist die Verpflichtung, die sich die Eingeweihten seit jeher selbst auferlegten und weiterhin auferlegen: Das geheiligte Wissen geheim zu halten.

Ich bin nicht die Einzige, die es für erforderlich hält, das »geheime Wissen« mit anderen zu teilen. Gelegentlich erscheinen heute Bücher, die die alten Wege zur Erkenntnis neu formulieren. Einige meiner Zeitgenossen erleben im veränderten Bewusstseinszustand gelegentlich, was ich in diesem Buch zu Papier gebracht habe. Ich erwähne hier exemplarisch den Philosophen Dr. Peter Reiter, der in einhundert Rückführungen mit Werner Meinhold, dem Vorsitzenden der Gesellschaft für Therapeutische Hypnose und Hypnoseforschung, weit gespannte, universelle und spirituelle Erkenntnisse erfuhr. Werner Meinhold schrieb sie nieder in seinem Buch »Der Wiederverkörperungsweg des Menschen durch die Jahrtausende« (Freiburg, 1989). Reiter spricht – wie ich – von kosmischen Phänomenen, von multidimensionalen Energiestrukturen, von Lichtpunkten als Universen, vom eindimensionalen Punkt, der gleichzeitig das Ganze enthält, er spricht von der Einheit des ganzen Universums und davon, dass das Bewusstsein eine schöpferische Kraft ist. Er beschreibt genau wie ich die Lichttür zu einer anderen Dimension und sogar die Form, in der er das Lichtwesen wahrnimmt, stimmt überein mit meinem Erlebnis: Das Lichtwesen sieht er als umrahmt von einem Oval, während ich als Kunsthistorikerin es von einer »Mandorla« gerahmt sehe.

Zum Thema »Schuld« erkennt Reiter, genau wie ich in den Sitzungen (3), (4) und (33): »Schuld ist ein Nicht-Verwirklichen seiner selbst.« Auch das Thema »Reise« als

Symbol der Suche nach sich selbst ist identisch bei Peter Reiter. Das Gleiche gilt für das Bild vom »Fluss«, das auch Reiter die Umschreibung der Entwicklung der Menschheit verwendet für.

Und nun überrascht schon nicht mehr, dass auch Reiter während der Rückführungen Begegnungen mit »fremden Wesen« hatte, die sich von den Erdenmenschen in jeder Hinsicht unterschieden. Auch er beschreibt das große Wissen der Nicht-Irdischen, und auch er erlebt, dass sie dieses Wissen den Erdenmenschen vermitteln wollen. Zwar brauchte ich nicht wirklich eine Bestätigung der Richtigkeit meiner außersinnlichen Erfahrungen, aber ich kann nicht leugnen, dass es doch beruhigend ist zu wissen, dass nicht nur die frühen Mystiker, sondern auch die zeitgenössischen Philosophen in veränderten Bewusstseinszuständen mit ihrem geistigen Auge dasselbe »sehen« wie ich in den vierzig hier wiedergegebenen Regressionssitzungen.

Und nun werden die Bilder der »mystischen Schau« seit einigen Jahrzehnten auch noch von den Quantenphysikern bestätigt. Diese Wissenschaftler kommen zu Einsichten, die mit denen der Mystiker im Kern im Wesentlichen identisch sind. Die Erkenntnis, dass das Bewusstsein schöpferische Kraft hat, war nicht nur für mich eine der wichtigsten, auch die Quantenphysiker erfahren das Bewusstsein als essenziell wichtig, da sie das Bewusstsein (den »Beobachter«) als bestimmende Größe in ihre Messergebnisse einbeziehen müssen. Die Quantenphysiker erkennen, dass im subatomaren Bereich das Paradoxon regiert – auch ich spreche in vielen der Regressionssitzungen von widersprüchlichen Phänomenen jenseits der »Raum-Zeit«.

Die allerneueste »Stringtheorie« der Quantenphysiker beschreibt das Universum als ein kubistisches Bild aus geometrischen Körpern. Auch ich sehe in tiefer Trance im leeren Universum »Gebilde aus Blöcken und Konstruktionen« aufeinander getürmt (vgl. Sitzung (21)). Einen besseren Beweis für die Nachprüfbarkeit und Stimmigkeit der von mir in Trance beschriebenen Bilder der kosmischen »Realität« ist wohl kaum vorstellbar!

Dasselbe gilt auch für meine in Trance gegebene Beschreibung der »Zeit-Kugel« (vgl. Sitzung (36)). Stephen Hawking errechnete 1989 die mathematische Form der »Zeit« als Kugel. Und ich sehe und beschreibe im holotropen Bewusstseinszustand tatsächlich die Zeit als eine Kugel, die sich an die Materie »hängt« und jenseits der »Raum-Zeit« keine Bedeutung hat.

Da ich nicht nur an die Symbolkraft der Zahl Vierzig glaube, sondern auch an die besondere Bedeutung der »Sieben«, habe ich mich gefreut, dass die vierzig Sitzungen mit dem Pariser Arzt und Regressionstherapeuten unter sieben verschiedene Aspekte zu gliedern sind.

1. Der erste Aspekt wurde zuvor genannt und könnte unter dem Begriff der Kongruenz von Mystik und Physik subsumiert werden.

2. Als zweites sollte vielleicht der Aspekt der Forschung zur Urzeit und Megalithzeit genannt werden, zumal er der eigentliche Anlass für meine Sitzungen in der Praxis des Pariser Regressionstherapeuten war. Ich gewann im erweiterten Bewusstseinszustand neue Einsichten in den Kult

und Alltag der vorgeschichtlichen bzw. urgeschichtlichen Menschen, aber auch in deren Furcht und Ehrfurcht vor den »Göttern«. Ich gewann Einsichten in die »unmenschliche« Anstrengung, mit welcher die »unglaublichen« Leistungen der Steinzeitmenschen erbracht wurden. Sie bearbeiteten gewaltig große Steine, transportierten sie über kilometerlange Strecken und errichteten mithilfe von erstaunlichen, mathematisch weit fortgeschrittenen Kenntnissen ihre »rätselhaft« perfekten und korrekten kosmologisch ausgerichteten Steinmodelle.

Die erstaunlichen, mathematisch und kosmologisch weit fortgeschrittenen Kenntnisse der frühesten Steinzeitmenschen erscheinen in Kenntnis der in den Regressionssitzungen »erlebten« und beschriebenen Szenen in einem ganz und gar neuen Licht. Wenn man die im holotropen Bewusstseinszustand gesprochenen Worte liest, versteht man den Zwang, unter dem der frühe »homo sapiens sapiens« stand. Die enormen Anstrengungen, die zur Errichtung der Megalithkonstruktionen nötig waren, wurden von den »Göttern« gefordert. Die enormen Kenntnisse aller Art, die für die Herstellung der kosmologisch ausgerichteten Steingiganten erforderlich waren, wurden den frühen Menschen von eben jenen »Göttern« unterrichtet. So habe ich es in mehreren Regressionssitzungen »erlebt« – und so steht es in nahezu jedem Weisheitsbuch der ältesten und alten Kulturvölker unserer Erde.

Auch zur Datierung der Megalithepoche erfuhr ich in den Sitzungen Neues und Überraschendes. Zurzeit datiert man die Anfänge der Steinzeit noch in das 7. vorchristliche Jahrtausend. Ich aber »erlebte« die Anfänge der

Megalithzeit um Zehntausende von Jahren früher. Dass ich in meinen Sitzungen auch in diesem Punkt nachprüfbar richtige Angaben machte, beweisen mir und der Fachwelt inzwischen die Meeresarchäologen. Seit einigen Jahren entdecken sie immer häufiger und immer größere Megalithbauten unter Wasser. Die eindeutig von Menschenhand behauenen Riesensteine liegen in großer Tiefe vor den Küsten von u.a. Japan, Ägypten, Malta und Indien. Wie ist das zu erklären? Mir selbst fällt die Erklärung sehr leicht: Nach der letzten, der Würm-Eiszeit, schmolzen vor 18 000 Jahren die zum Teil viele Kilometer dicken Eisdecken auf den Landmassen. Das Ergebnis war ein Anstieg des Meeresspiegels um 120 Meter! Weite Landstriche gerieten auf diese Weise unter den Meeresspiegel. So liegt zum Beispiel die Westküste Indiens auf einer Breite von 700 Kilometern seit 18 000 Jahren unter dem Meeresspiegel. Auf diesem breiten Landstrich haben die Menschen vor der Flut gelebt und gebaut. Dann versanken die Zeugnisse dieser frühen Kultur und nur die gewaltigen Steinblöcke überlebten … unter Wasser.

Alles, was die Meeresarchäologen in einer Tiefe von vielleicht 25 Metern heute entdecken, liegt dort auf jeden Fall seit 18 000 Jahren. Da nicht anzunehmen ist, dass die Menschen die gigantischen Steinbauten erst kurz vor der großen Überflutung fertig gestellt haben, kann man also davon ausgehen, dass die Megalithkonstruktionen vielleicht dasselbe Alter haben, das man heute bereits den ältesten Höhlenmalereien z.B. im französischen Lascaux und in Australien zugesteht: 40 000 Jahre!

Die Höhlenmalereien legen Zeugnis ab über die Intelligenz des modernen Menschentypus, zu dem auch wir uns zählen und der erst seit 70 000 Jahren auf unserem Globus existiert. Dieser »homo sapiens sapiens« ist auch der Erbauer der gewaltigen, inzwischen unter Wasser geratenen Steinkonstruktionen. Daran besteht für mich kein Zweifel, seit ich einzelne Phasen dieses Kapitels der Menschheitsgeschichte »miterlebte«.

Aber was weiß man sonst noch von dieser frühen Phase der Menschheitsgeschichte? Die Geschichtsbücher beginnen mit der Zeit vor maximal 10 000 Jahren. Was aber geschah zwischen 70 000 und 10 000? Meine »Einsichten«, die ich während der vierzig Rückführungen gewinnen konnte, geben, wie ich meine, wertvollen Aufschluss über diesen blinden Fleck in der Menschheitsgeschichte.

Sollten meine Schilderungen der geschichtlichen Situation vor 40 000 Jahren die Skeptiker nicht zufrieden stellen, so empfehle ich das Buch des Bestsellerautors Graham Hancock, der (erst) 2002 sein Buch »Underworld« auf den Markt brachte, zwei Jahre nach der französischen Ausgabe dieses meines Buches. Hierin wird derart ausführlich von den vorgeschichtlichen Megalithfunden unter Wasser berichtet, dass für Zweifel kein Raum bleibt.

Unser Globus ist seit 70 000 Jahren vom modernen, »intelligenten« Menschen bevölkert Das ist heute unbestritten. Eine Frage bleibt dennoch offiziell bisher von den Paläontologen und anderen Wissenschaftlern unbeantwortet: Woher kam plötzlich vor 70 000 Jahren die Intelligenz des neuen Menschentypus, zu dem auch wir gehören? Die Vorgänger des heutigen Menschen waren als Hominide zwar nicht »dumm«, aber ihnen fehlte die Begabung für das analytische, abstrakte Denken. Woher kam diese Intelligenz, wenn sie nachweislich plötzlich und nicht etwa in einem langsamen Evolutionsprozess entstand? Der Neandertaler war jedenfalls nicht der Vorfahr des modernen Menschen, das belegen die unterschiedlichen Gene der beiden Menschentypen.

3. Quantensprung der Evolution des »homo sapiens sapiens« – so nenne ich den dritten Aspekt der Ergebnisse meiner vierzig Sitzungen. In den Rückführungen lebte ich verschiedene Leben in der Zeit zwischen 70 000 und 30 000, in welchen die Menschen der Erde mit Wesen höherer Intelligenz – von anderen Planeten oder aus Parallelwelten – Kontakt hatten und von diesen »Fremden« beeinflusst und belehrt wurden. Ich erlebte mich während der Rückführungen vier Mal im durchaus begrenzten Bewusstseinszustand eines Neandertalers, der die an ihm und seinen Zeitgenossen vorgenommenen (Gen-) Manipulationen zwar nicht verstand, deren Wirkung und Systematik aber dennoch sehr genau beschreiben konnte.
Wäre ich es allein, die von derartigen Manipulationen erzählen könnte, würde ich es unterlassen und hätte die Passagen aus den Protokollen der Sitzungen gestrichen. Viele Texte der ältesten und auch der nicht so alten Kulturen unseres Planeten erwähnen aber genau dasselbe Phänomen. Jeder, der Interesse, Wissensdurst und Mut genug hat, kann diese Texte lesen und verstehen. »Da sahen die Göttersöhne nach den Töchtern der Menschen.

Sie sahen, wie schön sie waren und nahmen sich zu Weibern, welche sie wollten … Und zeugten mit ihnen die Helden.« (Genesis 6,2 ff.). Oder: »Da ließ Gott der Herr einen tiefen Schlaf fallen auf den Menschen und er schlief ein. Und der Herr nahm eine seiner Rippen … und Gott baute ein Weib aus der Rippe … (Genesis 2,21 ff.). Im Urtext heißen die Göttersöhne Nefilim, was zu übersetzen ist mit »Jene, die heruntergestiegen sind von oben«.
Die mehr als 4000 Jahre alten indischen Veden-Texte beschreiben unmissverständlich die fliegenden Fahrzeuge, in denen die »Götter« zur Erde herunterkamen. »In Wolken getragene Triumphwagen kamen … in beweglichen Lüften, geflügelte Suparnas … rein und erhaben … leuchtende Himmelswagen segelten geschlossen über den wolkenlosen Himmel.« (Zitiert aus dem Mahabharata.) Im mesopotamischen Atra-Hasis-Epos lautet die Erschaffung des ersten Menschen mit Namen Adamu wie folgt: Enki, der Sohn der Annunaki (zu übersetzen wie Nefilim: »Jene, die vom Himmel herunterkamen«) schlägt seinem Bruder Enlil vor, einen Arbeiter zu erschaffen: »Warum binden wir ihm (dem Hominiden) nicht das Bildnis der Götter auf?« Auch die Bibel erzählt dasselbe: »Lasst uns einen Menschen machen … uns zum Bild«. So entstand der Mensch als ein Mischwesen, das für die Götter arbeitete – aber seine Rolle nicht verstand.
Ich habe diese Rollenverteilung in mehreren Rückführungen »erlebt« und kann die weisen alten Texte der Sumerer, Inder und Juden »aus eigener Anschauung« bestätigen. Bestätigt wird der Austausch und das Miteinander von »Göttern« und Menschen auch durch die 1951 am Toten

Meer gefundenen Qumran-Schriftrollen. Diese Texte gehen zum Teil zurück auf die Zeit vor der Sintflut, die heute um 4000 v. Chr. datiert wird. Sie sprechen detailliert von dem Gebrauch der »sprechenden« Steine und ebenso von den »Riesen« und der Vermittlung von Wissen an die Erdenmenschen.

4. Der Zyklus von Leben und Tod ist der vierte Aspekt der Erkenntnisse, die ich im erweiterten Bewusstseinszustand gewinnen konnte. Genau wie alle anderen Phänomene im Kosmos lässt auch die Existenz des Menschen einen Zyklus erkennen, der über Inkarnation, Geburt, Leben und Tod wieder zurückführt zu einer neuen Inkarnation. Der Papst spricht von dem Zustand nach dem physischen Tod als einem »speziellen Zustand«, einem Zwischenstadium, in dem das »mit Willen und Bewusstsein ausgestattete Ich des Menschen weiter besteht«. (Papst Johannes Paul II. anlässlich seiner Generalaudienz vom 6. November 1998.) In diesem »speziellen Zustand« erfährt das Ich die Einsicht in sein Lebensprogramm und unterzieht sich (selbst) einem Prozess der Läuterung und der Erkenntnis des eigenen Versagens. In dieser Phase erlebt das nichtinkarnierte Ich die Präsenz von Geistigen Führern, von Schutzengeln oder Lichtwesen. Danach erfolgt die Einsicht in die Notwendigkeit einer erneuten Inkarnation und die Erkenntnis, dass die Evolution des Ich erst dann abgeschlossen ist, wenn der Dualismus zwischen Ich und Welt aufgehoben, wenn der Mensch also nicht mehr im irdischen Wünschen und Wollen verhaftet ist, wenn er »Erkenntnis« erlangt hat.

5. Die Gesetzmäßigkeit der Inkarnationen ist schließlich als fünfter Aspekt zu nennen. Gleichsam als »roter Faden« zieht sich ein Grundmuster, das häufig ein ungelöstes Problem ist, durch die Kette der Inkarnationen. Das zu erkennen, ist von großem Wert für das Einlösen des Lebensprogramms, für die Verwirklichung des Ich. Bei aller Verschiedenheit meiner in vierzig Rückführungen durchlebten Leben ist ohne Schwierigkeit zu erkennen, dass alle Leben sich vor allem darin gleichen, dass ich immer die Rolle des »Außenseiters« gespielt habe. Mal erscheint diese Außenseiterrolle eher mit positivem und mal mit eher negativem Vorzeichen, mal erscheint sie freiwillig gewählt, mal scheint sie von Mitmenschen aufgezwungen. Vom »vagabundierenden Tagelöhner« über die »Kulttänzerin« bis zum »Steinzeit-Priester« und »Wüstenheiligen« reicht die Bandbreite der Sonderstellungen innerhalb der Gemeinschaft der Mitmenschen. Dieses Sich-Abgrenzen von der Norm, die Verweigerung der Hingabe an das Leben in der Materie, die Weigerung, sich auf den Alltag mit einer als Norm geltenden Ausschließlichkeit zu konzentrieren, all das ist offenbar ein noch nicht bewältigtes Problem. Aber die weisen, alten Bücher sagen auch, dass die »Erkenntnis«, das »Verstehen des Lernprogramms«, nachdem sie einmal erreicht wurde, aus dem ewigen Zyklus der Wiedergeburten befreit. Die »Einsicht« in die Zusammenhänge zwischen der zeitgebundenen physischen und der zeitlosen metaphysischen Existenz des Menschen ist die Aufgabe, deren Bewältigung vom »Anhaften« an die materielle Existenz »erlöst«.

6. Kosmische Erkenntnis ist schließlich der sechste Aspekt unter meinen Erfahrungen im »holotropen Bewusstseinszustand«. Das Ich erfährt sich als Teil der universellen Einheit, als Punkt im Netz der energetischen Strukturen und der multidimensionalen Zusammenhänge. Diese Erfahrung löst Empfindungen aus, die mit Glückseligkeit, Harmonie und universeller, bedingungsloser Liebe (unzulänglich) umschrieben werden können. Diese genannten Erfahrungen sind so verschieden von irdischen Erfahrungen, wie der Erlebnisbereich innerhalb der fünf Sinne verschieden ist von dem Frequenzbereich kosmischer Schwingungen. Das »numinose Licht« wird als ein Zustand der Erleuchtung und die kosmische Energie und ihre Strukturen werden als etwas Beglückendes erfahren. In der Einheit des Universums, im unteilbaren Ganzen mit seiner Gesetzmäßigkeit ist das Bewusstsein (des »Beobachters«) die schöpferische Kraft – auch das war für mich eine beglückende Erkenntnis – und für den Quantenphysiker ein neues Axiom. Auch die Erkenntnis der als mathematisch empfundenen »Ordnung« der Schöpfung ist beglückend. Wenn Raum, Zeit und Materie im holotropen Bewusstseinszustand transzendiert werden, erfährt sich das Ich – das reine Bewusstsein – als Teil der göttlichen Einheit. Etwas Herrlicheres hat das Leben nicht zu bieten, als wenn sich das Ich erfährt als Licht im Licht, als existierender Teil des Ur-Grunds, der von Einstein als die »einzige Realität« bezeichnet wird.

7. Die religiös-spirituelle Erkenntnis ist schließlich der siebte Aspekt. Die Erfahrungen in einem Bewusstseinszustand auf hoher Frequenzebene verändern den Zugang zu religiösen Lehren, zur ursprünglichen Form oder Essenz der Religionen. Der Zugang zu religiösen Texten wurde mir erst durch die kosmische Schau einsichtig. »Am Anfang war das Wort«, wie es in der Bibel heißt, bekam für mich im holotropen Bewusstseinszustand einen neuen Sinn. Das »Wort« verstand ich nun als Manifestation des Bewusstseins. Es wurde gedacht, bevor es zum Wort wurde. Das Bewusstsein steht somit am Anfang der Schöpfung. Dann heißt es in der Bibel: »Es werde Licht.« Ich erfuhr das Licht als die erste Schöpfung aus dem unendlich-ewigen Ur-Grund, aus dem Energiemeer, das für mich Gott ist. Christus, das »Licht der Welt«, ist als erste Schöpfung aus der Leere des göttlichen Ur-Grunds der »Sohn« Gottes. Er verkündet, dass der Weg zum »Vater« nur über ihn führt. Nur wer das »Licht« erkennt – im Gebet, in der Meditation, im veränderten Bewusstseinszustand, bei einer alltäglichen Handlung oder durch einen Akt der göttlichen Gnade –, geht als Ich-Bewusstsein ein in das All-Bewusstsein, er geht als »Atem« ein in den »Wind«, er geht als »Seele« ein in den »Himmel«. All diese Vorstellungen können in einem kontemplativen Zustand als Wahrheit »erkannt« werden.
»Du sollst dir kein Bildnis machen von Gott«, heißt es, denn jedes Bildnis kann nur die Wahrheit entstellen. Gott ist der unendliche, zeitlose Ur-Grund, aus dem heraus alles erschaffen wurde, in dem alles Erdenkliche als Möglichkeit angelegt ist (vgl. Sitzung (35)). Zu dieser

Erkenntnis kamen seit jeher die Mystiker und Metaphysiker, und nun kommen auch die Quantenphysiker zu dieser Einsicht. Das Bewusstsein erdenkt und erschafft die Welt, es ist ein bestimmender Faktor in den Messungen der Quantenphysiker. In der Leere des subatomaren Bereichs bewahrheiten sich die Prophezeiungen von der Unsterblichkeit des Menschen – von der Göttlichkeit seines Geistes, seines Bewusstseins. »Erkenne dich selbst« – dieser Aufruf der Philosophen hat nie seine Bedeutung für die Sinnsuche des Menschen verloren. Und wenn heute die Wissenschaftler dem Menschen bestätigen, dass sein Bewusstsein eine essenzielle Kraft des Universums ist, kommt das einer wunderbaren Bestätigung aller frommen Versprechungen der heiligen Schriften gleich. Der Mensch ist wesentlich, wichtig, ewig und göttlich.
Die Erkenntnis von der universellen Bedeutung und Kraft des menschlichen Bewusstseins sollten wir einbeziehen in die Planung unseres Lebens. Die daraus resultierende Weltsicht würde uns zurückführen zum Wesentlichen unseres Menschseins. Indem wir uns unserer spirituellen Dimension bewusst werden, können wir uns ausrichten auf ein Lebensziel. Wir erkennen uns als integralen Bestandteil der Schöpfung, aber auch als Teil der Schöpferkraft im Universum. In diesem Sinn ist der Mensch göttlich – das Ebenbild Gottes.

SCHLUSSBEMERKUNG EINES NATURWISSENSCHAFTLERS

Von Dr. Klaus Volkamer

Frau Dr. Heinke Sudhoff, Historikerin aus Berufung, setzt mit ihrem Buch »Ewiges Bewusstsein« neue erkenntnistheoretische Maßstäbe. Ihr Vorgehen entspricht einer neuen geisteswissenschaftlichen Methode, die ganz offensichtlich prinzipiell nachprüfbare Aussagen liefert, die denen der Methodik der Naturwissenschaften vergleichbar und zudem synergetisch ergänzend zu diesen sind. Genauso bereichernd wie die neue Methodik sind die damit gewonnenen Informationsinhalte.

Der geschilderte »Methodensprung« erfordert letztlich, wenn er zu einem wertvollen Teil moderner Forschung werden soll – was zu wünschen ist – eine systematische Erweiterung der heutigen Naturwissenschaften. Er erfordert ein Wissenschaftsverständnis, in dem ein alles durchdringendes, physikalisch real wirkendes Bewusstseinsfeld kosmischer Natur zum Ursprung und Träger aller sinnlich erfahrenen Erscheinungen wird – bis hin zum jeweiligen individuellen Eigenbewusstsein. Im derzeitigen Weltbild, in dem man versucht,

Bewusstsein auf mikrobiologische, dynamische, neuronale Netzwerkprozesse zu reduzieren, kann das nicht gelingen, da dort kein Platz besteht für ein eigenständiges, von Materie unabhängiges, kosmisch ausgedehntes Bewusstseinsfeld.

Versucht man, für die von Dr. Heinke Sudhoff beschriebenen Phänomene einen allgemein gültigen, vielleicht sogar universellen Rahmen zu finden, so bleibt eine Möglichkeit, auf die die Autorin interessanterweise selbst hinweist, indem sie auf das sehr alte, interkulturelle Vedische Wissen zurückgreift, das auch Denker wie Schopenhauer und Schelling immer wieder heranzogen, wenn sie sich mit dem menschlichen und kosmischen Bewusstsein befassten. In diesem Vedischen Wissen wird Bewusstsein kosmischen Ursprungs als Ausgangspunkt der Weltformung beschrieben. Damit wird alles für uns Erkennbare zu einer Teilmenge kosmischen Bewusstseins, welches das Universum durchspannt.

Der Veda (das »Wissen«) ist nicht nur die feinstoffliche Vorstufe für die Raum-Zeit-Struktur und das grobstoffliche Universum, sondern auch eine spezielle feinstoffliche reale Ebene hohen Informationsinhaltes, ein kosmischer Informationsspeicher, der das universelle Wissen des *Alls* um die Vergangenheit, die Gegenwart und die Wahrscheinlichkeitsentwicklung der Zukunft beinhaltet. Und dieses *All*-Wissen ist dem Menschen in einem veränderten Bewusstsein zugänglich.

Die Autorin ist ganz offensichtlich fähig, in diese Ebene des *All*-Wissens hineinzuschauen und auf Befragen des begleitenden Arztes relevante und durchaus objektiv überprüfbare, universell gültige Antworten zu geben. Voraussetzung für einen derartigen Zugang zum *All*-Wissen ist eine hinreichende Entwicklungsreinheit, die zum Beispiel beinhaltet, dass das gewonnene Wissen nur altruistisch und zum Vorteil der Menschheit benutzt wird. Dass diese Zensur in unserer Zeit von der Autorin passiert werden konnte, deutet darauf hin, dass die kosmische Ebene einen Nutzen darin sieht, gewisse Aspekte ihres Wissens der Allgemeinheit in dem vorliegenden Buch zur Verfügung zu stellen. Das ist sehr ermutigend in einer Zeit der zunehmend materiellen Verengung des Bewusstseins vieler Menschen. Seit über fünfzig Jahren setzt sich ein großer Vedischer Weiser, Maharishi Mahes Yogi, für eine systematische Nutzung des von ihm wiederbelebten uralten Vedischen Wissens ein.

Wie ich in meinem Buch »Feinstoffliche Erweiterung der Naturwissenschaften« eingehend darlege, gelang der Nachweis einer heute wissenschaftlich unbekannten Ebene realer, aber unsichtbarer Feinstofflichkeit, die aus ubiquitären, feldartigen und räumlich ausgedehnten Quanten mit wägbarem Masseinhalt und klar charakterisierten physikalischen Wechselwirkungen mit normaler grobstofflicher Materie besteht. Es zeigt sich, dass die Quanten der neuartigen Materieform elementare Lebenseinheiten darstellen. Die schrittweise erfolgende »Kondensation« solcher freier feinstofflicher Quanten beinhaltet die Ausbildung der Raum-Zeit-Geometrie, in der wir leben.

Dieses universelle Netzwerk suchte bereits Albert Einstein, nachdem er erkannt hatte, dass seine allgemeine Relativitätstheorie einer solchen universellen, physikalische Eigenschaften beinhaltenden Struktur bedurfte. Die sichtbare Materie trägt eine mikroskopische, heute unbekannte Hintergrundstruktur, die aus bewusstseinstragenden, elementaren Lebensformen aus feldartiger Materie besteht, die zur Ebene der Quantenmechanik führt. Andererseits tragen alle Lebewesen ein individuelles, feinstoffliches und raumartig weit ausgedehntes Lebensfeld als ihren individueller Bewusstseinsträger mit sich. Zudem formen sich um die Erde, die Sonne und alle Himmelskörper gravitativ gebundene feinstoffliche, aber ansonsten ganz reale Felder, die einen hohen Energie- und Informationsinhalt tragen und selbst wieder individuelle Lebensformen auf kosmischer Ebene darstellen. So erschaute das auch schon der bedeutende Naturphilosoph Giordano Bruno, ein Vorgänger von Dr. Heinke Sudhoff, könnte man sagen.

Da individuelles Leben auch ohne grobstofflichen Körper existieren kann, werden viele der von der Autorin beschriebenen Erfahrungen auf globaler oder kosmischer Ebene einer erweiterten physikalischen Erklärung zugänglich – auch das Phänomen des Wiedergeborenwerdens. Es zeigt sich, dass das alles durchdringende Durchgangselement eben das »Bewusstsein« ist, ein zwar in Erinnerung und Vergessen wechselndes, aber dennoch ewiges Bewusstsein. Nach dem Vedischen Wissen besteht die Kunst des Lebens darin, sich dieser Prozesse im eigenen Leben und Bewusstsein erfahrungsgetragen gegenwärtig zu werden, wobei die Erfahrung des Ursprungs des Veda von besonderer Bedeutung ist – auch darauf weist die Autorin hin.

Dr. Heinke Sudhoffs Buch kann nur ein großer Erfolg gewünscht werden, denn es weist in dieser Zeit eines übermächtig verfestigten Materialismus mutig einen Weg hin zu einem Weltbild, in dem das Bewusstsein erkannt wird als eine reale, nutzbare allgegenwärtige Feinstofflichkeit voller Leben und Erkenntnis.

LITERATURVERZEICHNIS

Böhm, David, Quantum Theory and Beyond, University of Cambridge 1985

Bohr, Niels, Atomic Physics and Human Knowledge, New York 1958

Buttlar, Johannes von, Der flüsternde Stein, Kreuzlingen/München 2000

Capek, Michael, The Philosophical Impact of Contemporary Physics, Princeton 1961

Capra, Fritjof, Das Tao der Physik, München 1983

Chevalier, Jean, Dictionnaire des Symboles, Editions Robert Laffont, Paris 1969

Chew, G. F., Bootstrap. A Scientific Idea, In: Science, Bd. 161, 1968

Chuang-Tzu, Ace Books, New York 1997

Drouot, Patrick, Nous Sommes Tous Immortels, Paris 1987

Eisenmann, Robert, Jesus und die Urchristen. Die Qumranrollen entschlüsselt, München 1992

Evola, Julius, Die Hermetische Tradition, Rom 1971

Gell-Mann, Murray, Das Quark und der Jaguar. Vom Einfachen zum Komplexen. Die Suche nach einer neuen Erklärung der Welt, München 1995

Goodman, Felicitas, Trance, Gütersloh 1996

Hancock, Graham, Underworld. Flooded Kingdoms of the Past, London 2002

Hawking, Stephen, Trous Noirs et Bébés Univers, Paris 1994

Hawking, Stephen, Eine kurze Geschichte der Zeit. Die Suche nach der Urkraft des Universums, Hamburg 1994

Heisenberg, Werner, Physik und Philosophie, Berlin 1973

Hesiod, Werke und Tage, Stuttgart 1996

Horn, Arthur, David, Götter gaben uns die Gene, Güllesheim 1997

James, William, The Varieties of Religious Experience, London 1971

Kossak, H. Ch., Hypnose, München 1989

Meinhold, Werner, Der Wiederverkörperungsweg des Menschen durch die Jahrtausende, Freiburg 1989
Oppenheimer, J. R., Science and the Common Understanding, London 1954
Popper, Karl, Das Ich und sein Gehirn, Heidelberg 1977
Ravn, Ib, Chaos, Quarks und Schwarze Löcher, München 1997
Reiter, Peter, Gehe den Weg des Mystikers. Meister Eckharts Lehren, Freiburg 1999
Reiter, Peter, Der Seele Grund, Würzburg 1993
Steiner, Rudolf, Aus der Akasha-Chronik, Dornach 1975
Stevenson, Ian, Reinkarnation, Braunschweig 1994
Volkamer, Klaus, Feinstoffliche Erweiterung der Naturwissenschaften, Berlin 2004
Wigner, E. P., Symmetries and Reflections, Cambridge/Mass. 1970
Wigoder, Geoffrey, Dictionnaire Encyclopédique du Judaisme, Editions Robert Laffont, Paris 1989
Wise, Michael, Die Schriftrollen von Qumran, Rom 1971